“十二五”普通高等教育本科国家级规划教材

新编21世纪财务管理系列教材

国际财务管理学

第5版

International Financial Management

王建英　支晓强　许艳芳　袁　淳　编著

中国人民大学出版社
·北京·

前　言

过去几年，国际形势日趋复杂，经济全球化与民族经济主义的声音交织，包括欧洲、美国在内的各国政治经济政策和国际关系都变得脆弱和动荡。中国企业在全球化的道路上面临更多政治风险，人民币国际化的进程放缓，企业国际化的步伐受阻。这种外部环境的动荡带来的风险和困难，是对我们政府和企业战略智慧的极大考验。各国为了吸引国际投资，提振本国经济，纷纷发布优惠政策。很多已经国际化和正在走向国际化的企业面临是从国外市场退出还是更积极地进行海外部署的决策。企业国际化的相关决策和资金安排较以往更具挑战性。

希望投身经济、金融和企业管理的同学们，需要更加精进、灵活地学习和掌握控制汇率风险、跨国投资风险的方法，管理跨国融资和资金成本及风险，规划国际税收负担。本书此次修订，基本保持上一版的风格和框架，但对上一版作了更新和细化。本版全面更新教材内容和课后案例、外汇相关数据，反映最新的国际环境变化对企业业务和决策的影响，更新了课堂案例讨论和网络学习资料，继续打磨课程内容和练习以贴近实务。希望教材的使用者能更真切地感受我国企业与国际市场之间的紧密联系，体会国际财务管理理论和技术在现实世界中的应用和效果，希望使用教材的师生能够有更灵活的学习方式，拓展自己的思考空间。

本书由中国人民大学商学院财务与金融系王建英博士、支晓强博士、许艳芳博士和中央财经大学会计学院袁淳博士共同修订。修订过程中多方征求此课程任课教师、学生、出版机构相关负责人的意见和建议，在此，向关心本书修订的中国人民大学商学院同仁、中国人民大学出版社的编辑，以及使用本书的师生、本书忠实的读者表示真挚的谢意！你们的热心支持和不断促进，是本书不断完善的强大动力。

目　录

第 1 章

国际财务管理导论

知识要点

- 国际财务管理的概念和主要内容
- 企业国际化的历史和现实动力
- 经济全球化的推动力
- 企业的国际经营方式
- 国际财务管理的目标和内容
- 国际财务管理的集权和分权

1.1 国际财务管理的相关概念和内容框架

1.1.1 国际企业、跨国公司、全球公司

从广义上讲，国际企业（international corporation）是指任何超出本国界限从事商业活动的公司，包括各种类型、各种规模的参与国际商务的企业。国内生产、国际销售是国际企业最简单的国际业务。

跨国公司（multinational company）是国际企业发展的较高阶段，是企业国际化程度较高的组织形式，通常被认为是最具代表性的国际企业。根据1980 年 5 月联合国跨国公司委员会（1994 年改名为联合国国际投资和跨国公司委员会）对跨国公司概念达成的共识，跨国公司是指一个工商企业在两个或更多的国家经营业务，该企业有一个反映企业全球战略经营政策的中央决策体系，企业内的各个实体共享资源、信息并分担责任。

全球公司（global corporation）是近年来提出的新概念，它是跨国公司全球化发展的新阶段。全球公司拥有全球战略，建立全球管治架构，承担全球责任。与一般跨国公司相比，全球公司的全球化程度大大提高，其跨国指数（海

外资产/总资产、海外销售/总销售和海外雇员/总雇员的平均数）超过50%。

本书将对这三种国际化程度不同的企业的基本财务管理问题进行阐述和介绍。在概念的使用上，鉴于全球公司也是跨国公司，同时照顾读者的习惯，本书主要使用国际企业和跨国公司概念，必要时使用全球公司的提法，专指全球公司面临的特殊情况。书中对于从事国际业务的所有企业，均称为国际企业；如果强调在多国拥有一组企业的公司形式，则称为跨国公司，包括一般跨国公司，也包括全球公司。本书展现的是任意一个国际企业、一般的跨国公司或者全球公司在国际化运营和发展中都有可能面临的具有普遍性的财务管理内容和方法。

1.1.2 国际财务管理的内容框架

本书以国际企业和跨国公司的财务管理环境及其业务环节为基础。

第1章对国际企业及其财务管理进行框架式的介绍，包括国际企业的形成和发展历程、财务管理在国际化过程中的组织、国际财务管理目标的确定。与单纯的国内企业相比，国际企业的业务全球化，股东全球化，甚至雇员全球化，使得国际企业财务管理目标的内容和层次更加丰富。跨国公司在不同国家建立子公司和分支机构，多级的组织层次和巨大的环境差异使公司本身存在的委托-代理问题更加严重和复杂，财务管理目标的制定和落实需要更多权衡。

第2章是对国际企业在全球化过程中面对的东道国环境和国际环境的分项介绍和决策影响分析。经济一体化和全球企业的出现，不仅造成不同东道国的文化、政治、经济、法律等环境差异对国际企业风险和决策产生影响，而且在互联网的作用下，产品市场、劳动力市场、金融市场等出现一体化趋势，各国及其企业（甚至非国际企业）都不可避免地进入全球价值链，在其中创造价值或分配价值。国际企业财务管理的组织模式、财务管理目标的制定和落实，都受到这个环境的制约和影响。

第3、第4章是对外汇理论和外汇风险管理方法的介绍。外汇和汇率是国际企业和跨国公司财务管理面临的最直接的风险，它使得企业的资金存量和流量价值直接发生改变。管理外汇风险是国际企业财务管理最基础的内容。第3章介绍外汇风险形成和汇率预测的理论，第4章介绍企业管理外汇风险的具体手段和方法。

第5～9章按照企业财务管理的环节，介绍国际企业在这些环节上的特殊业务和特殊决策。国际企业在全球环境中面对的汇率波动及各国税率、利率等差异，给国际企业三大主要财务管理环节——筹资、对外投资、运营创造了更多的选择机会和决策空间，每一个环节的决策都需要对这些因素进行考量。第5章介绍考虑汇率变化和各国利率差异的信用融资和金融市场融资决策。第6

章介绍考虑国家风险、企业母公司利益和全球利益的对外投资决策。第 7～9 章从不同角度介绍国际企业在日常经营中的资金调配、转移的方法和利益。其中，第 7 章从资产管理的角度介绍现金管理、应收账款管理、存货管理的方法；第 8 章介绍转移价格在国际企业资金转移中的运用；第 9 章介绍国际企业通过财务和非财务手段进行纳税筹划的方式。

第 10 章介绍国际企业的财务分析与业绩评价。基于国际企业所面临的环境，以及由此导致的财务管理目标、治理方式、决策因素等特点，国际企业财务对内部单位和全球业绩的分析和评价，需要从企业的全球利益出发，而非仅依据单个企业或单个国家内的业绩高低。

本书所涉及的内容对拥有国际业务的企业无疑十分重要，对于没有国际业务的企业而言，由于经济全球化和全球价值链的形成，它们在国内市场也无法回避拥有国际业务的国内同行和进入本国市场的跨国公司的竞争，因此，了解国际财务管理的相关知识，认识这些竞争对手如何受到国际经济环境的影响，利用国际经济环境的变化成长为国际企业，也是十分必要的。

1.2　企业的国际化进程

1.2.1　企业国际化的历史沿革

早在 17 世纪，伴随着产业革命带来的国内和国际生产分工，一些国家的企业开始了以商品贸易为主的国际经营活动。随着资本主义的进一步发展，到 19 世纪中叶，国内投资机会逐渐减少，投资利润下降，一些西方国家的资本出现剩余，西方企业的海外活动重心逐渐由贸易转向资本输出。在海外投资初期，间接投资是占主导地位的投资方式，如购买外国公债以及不足以拥有控股权的股票投资。在此期间，也有一些发达国家的大型企业通过对外直接投资在海外设立分支机构和子公司。例如，1867 年美国的胜家缝纫机公司最先到欧洲进行直接投资。这一时期的对外直接投资以铁路修建、殖民地半殖民地资源开发等为主，制造业的投资比重较小，而且主要分布在欧美经济发达地区。

由于第一次世界大战造成的巨大破坏，参战各国无力发展对外投资，再加上频繁的经济危机和动荡的金融环境，发达国家企业对外投资的步伐放慢。与间接投资相比，这一时期的对外直接投资比重有所上升，制造业的投资增长尤为明显。美国、英国和欧洲大陆主要资本主义国家大公司的国外子公司的数量由 349 家增加到 1 441 家。

第二次世界大战之后，主要西方发达国家对外投资增长速度加快，战后 30 年，发达国家对外投资总额增长了近 11 倍，尤其是对外直接投资增长了

318倍，对外直接投资已经远远超过间接投资，占主导地位。对外直接投资的增长意味着跨国公司数量的增加、规模的扩大，跨国公司在战后成为发达国家对外投资的主体。战后迅速发展的国际金融市场也为企业筹资和投资开辟了新的途径和更广阔的领域，特别是使企业的筹资范围从过去的仅在国内筹资发展为从国外多个渠道筹措资金，促进企业的国际化发展。

20世纪90年代，随着国际贸易自由化、统一产品标准、信息化的发展，经济全球化的趋势越来越明显。据统计，全球对外直接投资存量1967年仅为1 050亿美元，1979年为5 290亿美元①，1990年为2万亿美元，2005—2007年年均达到15万亿美元②，2017年超过30万亿美元③。在这场风起云涌的全球化浪潮中，跨国公司成为最活跃、最重要的推动力之一。全球扩张使其成为国际生产一体化的主要载体。1968年，全球跨国公司总数只有7 276家，其国外分支机构为27 300家；1987年，跨国公司总数增加到2万家，国外分支机构增加到10万家④；2017年年底，跨国公司达到10万家，海外分支机构达到86万家。2007年开始的金融危机和2010年开始的欧洲主权债务危机造成发达国家跨国公司投资停顿甚至撤离，但是发展中国家的企业在此期间的海外投资迅速增长。2012年，将近1/3的全球直接外资流出量来自发展中经济体。⑤ 跨国公司总体上得到继续发展，跨国公司的海外资产、海外销售、海外雇员数量急剧增加。其中，跨国公司海外销售额2005—2007年年均为21.22万亿美元，2017年达到30.823万亿美元；海外子公司的总资产额2005—2007年年均为54.79万亿美元，2017年达到103.43万亿美元；海外子公司创造的就业岗位2005—2007年年均为5 739万个，2017年达到7 321万个。⑥

跨国公司的全球战略促使它在海外的直接投资、生产销售、研发等活动在公司全部业务中的比重越来越大，这种按照最优化原则进行资源配置和成本控制的组织形式使得跨国公司成为当今经济全球化的主要执行者。跨国公司不仅在生产要素上全球布局，而且将产品价值的创造环节分割后，结合全球资源配置，通过多中心化、外包、并购等手段，在全球范围进行价值链环节的分工。形成在全球范围内通过连接生产、销售、回收处理等过程来实现商品或服务价值的全球性跨企业的网络组织，涉及从原料的采集和运输、半成品和成品的生产与销售直至最终消费和回收处理的全过程，涵盖所有参与者和生产销售等活动的组织和价值、利润的分配。许多发展中国家的企业尽管是国内投资，却通

① 葛顺奇，赵玉镜．500强跨国公司：世界与中国的比较．国际经济合作，2010（6）．

② 同①．

③ 联合国贸易和发展组织．World Investment Report 2018．http://worldinvestmentreport.unctad.org/world-investment-report-2018/．

④ 同①．

⑤ 联合国贸易和发展组织．世界投资报告2014．北京：经济管理出版社，2014．

⑥ 同③．

过代工加工、代工设计、原始品牌设计等方式纳入全球价值链，迅速参与全球化的分工和利益分配。由于全球价值链的作用，以及金融危机对发达国家的影响，世界直接投资的流入国和流出国的结构发生了改变。2012 年，发展中经济体吸收的直接外资首次超过发达国家，占全球直接外资量的 52%。可以说，全球价值链推动了发展中国家企业的国际化进程。

然而，企业全球化的进程也不是一帆风顺的。经历了 2015 年的对外投资高峰后，全球经济放缓，尽管贸易加速增长，但是 2016—2017 年，全球外国直接投资呈下降趋势，主要原因在于跨国并购大幅减少。2017 年全球海外直接投资为 1.43 万亿美元，比 2016 年减少 23%。近年来，越来越多的国家出于对国家安全及外国人拥有土地和自然资源所有权的担忧而加强了对外资收购的审查，一些国家正在考虑收紧投资审查程序。人工智能的进步、人口结构的变化、新能源的应用等，引发企业国际化的一些传统动因逐渐消失，海外投资回报率从 2012 年的 8.1%下降到 2017 年的 6.7%。在新的国际形势和技术条件下，全球化的进程将会有所起伏。

1.2.2　企业国际化的动因

世界范围内产品和生产要素市场的不完善性和各国经济优势的差异促使企业在国际范围内寻找产品和要素差价的机会。企业走向海外的传统的动因如下。

（1）获得关键要素的供给，尤其是对矿物、能源和稀缺原材料等的供给。这些关键要素自身的特点导致其生产不可转移，因此得到这些要素的办法必然是与对方国家发生贸易往来。为了尽可能地避免受制于供应商，自行控制这些关键要素的方法是到当地建立子公司或合资企业。例如，轮胎公司到海外发展橡胶种植园，石油公司到中东开发新油田。

（2）获取低成本生产要素。尽管有些生产要素可以转移，但是现实中某些生产要素的转移成本过高，最好的办法是直接到生产要素所在国建立企业或直接进入低资本成本国家融资。例如，为了利用发展中国家廉价的劳动力，许多发达国家将传统的制造业生产厂转移到发展中国家。

（3）寻找必要的市场。工业化生产需要而且可能供应比传统农业化生产大得多的产品市场，这是最早的欧洲国家企业对外扩张的重要原因。欧洲市场狭小，难以容纳食品、烟草、化工制品、汽车等行业的大规模制造加工能力，由此导致大批欧洲国家企业很早就跨越国界寻找新的市场，代表性公司如雀巢、福特等。

（4）发挥企业自身优势。根据比较优势理论，每个国家不一定要生产全部的商品，而应集中生产优势最大或劣势最小的产品，然后进行国际贸易。一些国家的企业具有生产成本低、区域分工和专业化生产等竞争优势，因此有利用竞争优势进入国际市场获取利润的可能性。我国江浙、广东一带的中小企业大规模来料加工、贴牌加工等出口业务的发展，正是这一理论的最好见证。

在经济全球化的今天，又出现了许多新的动力和条件，使企业能以更快的速度、更低的成本进行国际扩张。这些动力和条件如下。

（1）企业规模经济要求的产能扩大。随着科学技术的发展，许多产业，如精细化工、汽车和炼油等，达到规模经济时的产量要超过众多单个企业销售水平的总和，很少有国家能够为各公司如此大的生产规模提供消费市场。在全世界范围内争夺市场、销售产品是企业降低成本、提高利润的必要途径。

（2）研究与开发投资激增，产品生命周期缩短。研究与开发成本的增加和产品生命周期的缩短，使得产品成本上升，但是产品的更新速度加快，要维持在相关领域的经营，公司必须进入世界范围市场，以便分摊过去的研发支出，并支持不断发展的研究与开发工作。例如，数据技术的出现使得开发一套公共电话交换系统的成本上升到大约10亿美元，与此同时，由于技术的快速发展，电信公司在销售特定产品时，面对的是该产品更新换代的周期日益缩短的现实。要维持在相关领域的经营，公司必须进入世界范围市场，以便加快研发成本的回收。

案例1－1　飞利浦的跨国成长之路

创建于1892年的飞利浦公司经过最初几年的挫折，在19世纪90年代后期，采用单一产品策略和加速折旧快速更新机器，创造了灯泡生产的惊人效率。为了赶上通用电气这类强大的竞争对手，飞利浦设立了物理和化学两个试验室，到1900年成为欧洲第三大灯泡生产厂家。荷兰市场的狭小迫使飞利浦在荷兰之外寻求具有足够生产和销售潜力的市场。1899年，飞利浦聘请了公司第一批出口部经理，建立国外代理网络，经理们每年花8～10个月在日本、澳大利亚、加拿大等国寻求建立新的市场。1912年，飞利浦公司开始在美国、加拿大、法国等反卡特尔的国家建立销售组织，并在荷兰之外的许多国家与当地公司创办合资企业，从而被当地市场接纳。

资料来源：克里斯托弗·A．巴特利特，等．跨国管理教程、案例和阅读材料．大连：东北财经大学出版社，2000.

（3）金融危机提供跨国并购机会。发达国家市场拥有大量的优质战略资产，但近年来，金融危机造成了这些国家的资产贬值。而高成长的发展中国家尤其是中国的企业，则通过海外并购迅速获取短缺的技术、品牌、分销渠道，以及母国政府支持国内经济发展所必需的重要自然资源。

1.2.3　经济全球化的推动力

进入20世纪90年代，经济全球化已经成为世界经济发展的必然趋势，也是各国经济未来发展所依赖的外部环境。经济全球化给人类带来前所未有的繁荣和发展机遇，同时也带来了巨大的风险和严峻的挑战。世界经济的相关性越来越大，在这一发展潮流下，一个国家的经济乃至一个企业的发展日益受其影响。任何国家要想经济有更大发展，除了依靠国内资源和国内市场，还要善于利用国际资源和国际市场。经济全球化的飞速发展使得国内市场和国际市场的界限日益模糊，任何企业要想获得稳健发展，都必须主动融入经济全球化的浪潮，更新传统的工业化时代和国别经济时代的经营思路，以信息化和全球化的观念参与国际竞争，否则就会跟不上世界经济全球化和信息化的潮流，削弱甚至丧失竞争力。正视经济全球化的现实，迎接经济全球化的挑战，是每个求生存、谋发展的企业都无法回避的问题。

"经济全球化"一词至今仍无公认的准确定义和权威理论。大体上可以从三个层面探讨和论述经济全球化的含义。第一，它作为一个经济过程表现为经济活动正在通过生产、贸易、金融和资本的跨国网络，以空前的广度、强度和速度向全球扩张，使世界上一个地区的行动和决定可以影响到距离遥远的国家、群体乃至个人，整个世界经济空前地联系在一起。第二，它虽然主要是一个经济过程，但在社会文化的层面也会产生强烈的渗透和深刻的影响。一方面，世界各民族文化相互借鉴、吸收和交融；另一方面，世界各种文明之间、民族性与世界性之间、传统性与现代性之间发生碰撞和冲突，深刻影响着人们的文化心理和价值选择。第三，各主权国家要求平等参与国际政治和经济事务、改变既有的游戏规则、建立国际政治和经济新秩序的呼声日益高涨。在本书中，我们更关心经济全球化在第一个层面的含义，即世界范围内各国各地区的经济相互交织、相互影响、相互融合，成为一个整体，不仅是商品和服务跨国界流动，更重要的是生产要素在全球范围内自由流动和优化配置。这一过程主要通过追求利益最大化的个人和企业在市场机制下的跨国投资来实现。

经济全球化浪潮的推动因素主要有以下几个方面。

1. 贸易和投资的自由化

随着冷战的结束和社会主义国家改革的不断深入，各国纷纷实行对外开放政策，全球性的合作和交流进一步加强。各国间为削减关税和达成一致的技术和经济标准而签订的区域贸易协定减少了国与国之间阻碍贸易发展的壁垒，使协议国家之间的贸易实现自由化，这类区域性组织有欧盟、北美自由贸易区、亚太经合组织等。仅 1996 年一年世界各国签订的区域贸易协定就达 108 项，几乎是 1992 年以来所达成协议总和的两倍。大多数区域贸易协定是在 20 世纪 90 年代以后签订的。截至 2018 年 10 月 24 日，向 WTO 通报的区域贸易协定（RTA）已经达到 675 个，其中已经生效并实施的有 461 个（254 个为自由贸易协定）。[①] 但是最近两年，贸易和投资自由化的势头有所减弱，原有的多边

① 马俊炯. 全球贸易规则重构的演变趋势及潜在风险. 经济观察，2018（12）.

贸易规则正受到反全球化和贸易保护主义的冲击，国家间限制性贸易政策措施增加，给企业和消费者带来不确定性；主要国家的货币紧缩政策也引发汇率和资本流动的波动；全球主要经济体之间贸易摩擦升级对全球贸易造成损害，根据世界贸易组织的预测，2019 年全球贸易增长将从 2017 年的 4.7%、2018 年的 3.9%进一步降至 3.7%。①

2. 产品、技术标准的全球化

出于全球范围内竞争的需要，企业努力按照国际统一的技术标准生产产品，以降低调整标准的成本。商品和服务在世界各地的技术标准基本一致，不仅使生产者在全球的生产效率更高，而且让世界范围的消费者更容易购买和使用其他国家生产的产品和提供的服务；产品的技术标准在全球范围内取得一致，极大地促进了产品在全球范围内的生产和销售。

3. 经济体制的趋同

越来越多的国家认识到，只有选择市场经济体制，才能加快本国经济发展的速度，提高本国经济的运转效率和国际竞争力。计划经济体制存在信息不完全、不充分、不对称和激励不足等问题，导致资源配置与使用的低效率。因此，20 世纪 90 年代以来，各计划经济国家不约而同地走上了向市场经济转型的道路，即使是以市场经济为主的发达国家，也纷纷减少计划经济的内容。这种经济体制的转型主要表现在世界各国出售政府拥有的企业或对国有企业进行改组。其中，发达国家通过出售政府企业，减少了这些企业对政府贸易保护的依赖，促使它们迈向市场，特别是进入国际市场参与竞争，刺激它们在经济全球化环境中增强竞争力；发展中国家出售政府企业则给外国公司提供了低成本投资的捷径，吸引国外大公司跨国购买。即使是未被购买的企业，为了生存和盈利，也不得不在国内外市场寻找获取利润的机会，这使得国际市场的竞争更加激烈。

4. 信息技术革命的推动

高速发展的信息技术，尤其是网络技术促使计算机技术与通信技术一体化，为经济全球化提供了技术条件。网络技术增强了企业跨国经营的能力，降低了远距离控制的成本，扩大了企业的活动半径。计算机技术的应用使得总部与万里之外的子公司可以通过覆盖全球的信息系统，实时交换生产、销售等信息，接受或传达总部的指令，因此，企业可以在世界各地从事研究开发、生产或销售，企业经营的全球化程度更高。随着计算机价格下降，即便是较贫穷国家的企业也能以较低的成本享受信息技术带来的便利，参与国际经营。竞争者的增加和竞争能力的增强使超国界的竞争更加激烈。另外，发

---

① 回眸 2018：全球贸易多事之秋却也不乏亮点. http://chinawto.mofcom.gov.cn/article/ap/q/201812/20181202821227.shtml.

达的全球通信技术也促进了金融和资本的全球化，投资者能够在世界范围内方便快捷地进行证券投资，企业则能够选择以较低的成本向世界范围的投资者筹集资金。

1.2.4　企业国际经营的方式

企业从事国际经营的方式有很多，主要有产品出口、对外经济合作、许可经营、特许经营、合资、新建境外子公司、跨国并购等。其中，合资、新建境外子公司和跨国并购可称为对外直接投资。企业国际化程度如何、承担的风险和收益如何都与采用的方式有直接关系。

1. 产品出口

产品出口是最简单、风险最小的国际经营方式。它所需要的初期投入较少，见效快，而且资金投入和使用都在国内，相对于在国外投资，风险要小得多。特别是当出口遇到进口国政治或经济环境变化而减少时，公司可以较低的成本减少或终止这种经营。产品出口往往是企业迈向国际化的第一步，也可以成为成熟的跨国公司探索新市场的一种方式。

按照出口企业与中介或中间商的关系，产品出口分为间接出口和直接出口。在间接出口的情况下，本国市场的中间商向企业提供出口所需的服务，出口企业与国外没有直接联系。小企业或新的出口企业通常因缺乏介入国际市场的经验，或出于成本等因素的考虑，愿意采用间接出口方式。与间接出口相对应，直接出口是指出口企业直接与国外市场的中间商或最终用户联系开展出口业务。直接出口的企业通常利用国外销售代理、国外分销商或国外零售商将产品销售给最终用户，也有许多企业在国外建立自己的销售分支机构。

2. 对外经济合作

对外经济合作是指向国外提供工程承包、物料采购、技术咨询以及提供劳务和技术服务等的经营方式，这种方式实际上是劳务和服务的出口。目前在国际市场上，这种方式已经成为各国非贸易交易的重要内容。这类业务一般通过在项目的国际招标中投标中标而取得。对外经济合作的风险因不同的业务而有所不同，比如对外工程承包一般金额较大，利润较高，但风险也较大；对外提供劳务合作只提供活劳动，资金投入较少，风险也较低。

3. 许可经营

许可经营是许可方企业向受许可方提供技术，包括版权、专利技术、技术诀窍或商标以换取使用费的一种经营方式。当许可方企业和受许可方企业分别位于不同国家时，就形成了国家间的许可经营。这种方式也可以看作技术出口。根据被许可方的不同，这种国家间的许可经营可区分为国际企业对外许可经营和国际企业内部的许可经营。前者的被许可方是国际企业之外的独立企业，后者则是国际企业内部的海外子公司。国际企业与海外子公司之间的许可经营可以用于企业内部转移资金或利润，实现企业的总体效益。而通过与国外的独立企业签订许可协议，国际企业可以在不投入任何资金的情况下取得收益，因而风险很低，并且简便易行。不仅如此，通过许可经营，国际企业还可以获得额外资金弥补高额的研发成本。另外，由于许可经营通常许可的是在本国投入使用时间较长，很难再取得正常收益，但对于被许可方仍有利用价值的技术，因此可以利用这些技术为国际企业带来二次收益。许可经营的最大缺陷是许可方很难对国外的被许可方进行控制，可能导致被许可方成为许可方的竞争对手或障碍。

4. 特许经营

特许经营是一种特殊的许可经营方式，特许经营的许可方通过向被许可方提供全套专业化的企业经营手段，包括商标、销售或服务策略和培训等定期取得特许权使用费，被许可方则必须同意遵守严格的规则和程序以实现经营的标准化。特许权使用费通常以被许可方的销售收入为基础收取。著名的国际特许经营商有麦当劳、肯德基、Dairy Queen冰淇淋、假日酒店等。同许可经营一样，特许经营使国际企业能在国外用不多的投资占领市场并取得收益。

5. 合资

合资是指来自不同国家的两个或多个企业通过在一个独立企业中分别拥有所有权进行的合作经营。合资可以使两个企业在一个项目上发挥各自的优势。例如，一些中外合资企业中，中方提供廉价的劳动力和原材料，外方则提供中方所需的技术、管理经验和资金。合资还可以使国际企业在进入一个陌生的国外市场时节约大量资金，降低进入市场的风险。例如，可以充分利用合资方对当地市场的了解和对消费者习惯、偏好的熟悉以及在当地市场上已经建立的销售网络和知名品牌，减少了解市场的初期投入，降低投资成本。有时合资还是国际企业进入某国市场的唯一方法，比如我国政府将外商在我国某些行业的投资比例限定为49%以下，外商要在这些行业投资就只能通过合资的形式。合资的过程还是合资双方风险共担的过程，在项目投资数额巨大时，可以减少国际企业的风险。但是，合资的一个重要缺陷是合资双方容易因文化差异、管理方法差异等发生冲突，甚至最终导致合资失败。在合资过程中，国际企业由于持股比例的原因，很难完全按照自己的意愿运用自己的管理系统，比如质量管理、作业管理、信息管理等系统，也较难将合资企业的资金和利润在自己的子公司之间进行合理分配和转移。

6. 新建境外子公司

国际企业可以通过在其他国家新建任何类型的子公司（从事研究开发、销售、生产等)，打入国外市场。这种方法需要大量的投资，从投入到取得收入的时间较长，而且要承担相当大的风险，在某些时候可能导致投资全部受损。但是，国际企业可以通过对子公司的部署和控制，实现企业的总体利益，比如利用国外廉价的资源，规避关税壁垒和其他贸易壁垒，实施市场渗透策略，分散企业的风险等。

7. 跨国并购

与新建境外子公司相比，并购国外企业可以使国际企业在国外市场上迅速形成生产能力。在经济全球化的今天，速度和规模是企业获取竞争优势的关键，在这方面，跨国并购比在境外新建子公司更具优势。并购可以使国际企业迅速增强自身的竞争力；可以使企业规模迅速扩张，增强抵御单个市场风险的能力；可以使企业在全球范围内迅速抢占市场。由于存在这些优势，跨国并购已经成为当今世界上跨国公司直接投资的主要形式。据联合国贸易与发展会议的统计资料，1998 年跨国直接投资流入量达到 6 440 亿美元，其中跨国公司并购总额达到 4 110 亿美元；2010 年，跨国直接投资流入量达到 11 200 亿美元，跨国并购金额为 3 414 亿美元；2017 年，受到反全球化和贸易保护主义的影响，跨国直接投资和跨国并购的上升趋势受到遏制，呈现一定的下降趋势，但是仍分别达到 14 300 亿美元和 6 940 亿美元。

1.2.5　单个企业国际化经营的进程

1. 阶段式国际化进程

单个企业是怎样从单纯的国内企业发展为国际企业的呢？传统上，可能会经历以下几个阶段。

(1) 出口产品。在该阶段，由于国外对某种产品的需求，国内或国外的进出口代理商组织订单并寻找国内的企业进行生产。生产企业只是完成这些订单，自己并没有参与到出口业务管理中，因而是间接出口。但是随着出口数量的增加或企业对出口业务的熟悉，企业试图设立自己的出口部与国外市场上的客户进行直接联系，并加大对出口产品的各项资源投入。当企业发现进口国或地区对产品的需求激增时，就可能考虑在当地设立销售分支机构，派驻专门的销售经理或招募当地人员参与管理。这时企业的出口就变成了直接出口。

(2) 建立国外分支机构进行生产。随着时间的推移，企业发现国内其他竞争者在与之竞争，特别是国外市场上出现了同类产品的竞争者。为了维持产品的竞争优势，企业要考虑如何降低产品的成本，其中一个重要方法就是利用国家间的比较优势，将生产转移到低成本的国家，这些国家可能并非产品的需求国，但拥有较低成本的劳动力或自然资源。另外，企业有可能发现出口产品会受到进口国政府关税壁垒或非关税壁垒的影响，于是考虑在进口国当地生产产品或向进口国企业转让技术，以回避出口遇到的阻碍。企业在国外生产产品的方式通常有国际许可经营、合资或其他直接投资方式。

（3）实现跨国经营。当企业发展到在海外拥有大量直接投资时，就需要采取统筹、连贯的政策使母公司与分散在各国的子公司、分公司间的业务成为服务于统一目标的整体，这时该企业就成了跨国公司。在跨国经营阶段，企业的管理思维不再受国界的分割，世界各地的业务都被看作企业业务的一部分，企业需要在世界范围内配置资源、利用资源，实现全球业务范围的整体利益。

案例1-2　海尔集团的跨国历程

1984年10月23日，青岛电冰箱总厂和德国利勃海尔公司签约引进当时亚洲第一条四星级电冰箱生产线。这一年，青岛电冰箱总厂还是一个亏损147万元、产品滞销的地方小厂。1985年开始，通过“名牌战略”，它以高质量和服务赢得了国内市场。这之后，更名后的海尔将目光投向国外市场。海尔在国外的发展一直遵循“先有市场后有工厂”的原则。1990年，海尔向欧洲出口了第一批冰箱；2001年6月，海尔收购意大利迈尼盖蒂公司所属的一家冰箱厂。1995年，海尔开始向美国出口冰箱，起初是以OEM的方式，然后开始打自己的品牌；1999年4月28日，美国海尔贸易有限责任公司的揭牌仪式在联合国大厦举行；30日，美国海尔生产中心在美国南卡罗来纳州首府哥伦比亚市附近的汉姆顿举行奠基仪式，加上之前在洛杉矶建立的“海尔设计中心”，海尔在美国形成了设计、生产、销售“三位一体”的经营格局。

2011年10月18日，海尔与日本三洋电机株式会社正式签署协议，收购三洋电机多项业务；2012年11月6日，海尔正式宣布完成对新西兰斐雪派克规模为9.27亿新西兰元（约合7.66亿美元）的并购。

截至目前，海尔已在全球拥有10大研发基地（其中海外8个）、24个工业园、108个制造中心、66个营销中心。2019年1月10日，世界权威市场调查机构欧睿国际的数据显示，2018年海尔全球大型家用电器品牌零售量第一，这是海尔第10次蝉联第一。

资料来源：根据海尔官方网站资料整理.

2. 天生全球化

自20世纪90年代以来，欧盟各国、加拿大、澳大利亚、新加坡和韩国等国的新型中小企业的国际化完全不同于上述传统的阶段式发展过程，它们因刚成立或成立不久就快速进行国际化而被称为“天生全球化企业”。与传统企业相比，天生全球化企业具有鲜明的特征：（1）在成立之初就将世界视为一个完整的市场，而不仅仅是国内市场的简单延伸；（2）在成立不到两年的时间里就出口一种以上的产品，出口额很快就超过总销售额的 1/4；(3) 由活跃的企业家成立，往往是过程或技术获得重大突破的结果；(4) 能够发展独特的产品创意或使用新的方式开展业务；(5) 产品中包含了较多的价值增值，一般为工业用品。

研究发现，这些天生全球化企业之所以出现，与企业家精神、企业家的国际化经历和经验、企业家的国际化关系网络、具有国际竞争力的产品或服务，以及全球范围存在的被大企业忽视的小众市场有关。得益于互联网、信息技术的发展以及国际人才的普及，具有以上特征的企业能够从一开始就在全球范围开展业务并获取利润。

案例 1-3　赛维 LDK：天生的全球化公司

创办于 2005 年的江西赛维 LDK 太阳能高科技有限公司（以下简称赛维 LDK），从投产到成为全球第一，只用了短短 5 年时间。

光伏产业的许多企业家与高科技密切相关，他们的共同特点是：学历高、技术高、管理起点高。赛维 LDK 的董事长彭小峰是这类企业家的典型。他掌握世界先进技术，在国外时敏锐地察觉到全球光伏产业发展的大趋势，从一开始就懂得如何站在制高点上整合全球资源。

光伏产业自身的特点决定了其市场的国际化。21 世纪，全球经济在高速增长的同时，面临能源紧缺和环境污染两大社会问题，各国政府纷纷出台促进光伏产业发展的政策法规，使得太阳能光伏产业在数年间以平均年增长率将近 40%的速度迅猛发展。2003—2005 年，由于欧洲光伏市场主要是德国市场的拉动，中国的光伏生产能力迅速增长。2006 年，中国成为世界第三大光伏电池板生产国。由于光伏产业天生具有国际性，中国企业 90%以上的产品销往国外，全球化成为必然的选择。

赛维 LDK 于 2005 年 7 月注册成立，2006 年 4 月投产，全年实现销售收入 8.48 亿元人民币。2007 年 6 月 1 日，公司在美国纽约证券交易所成功上市，融资 4.86 亿美元。2009 年，赛维 LDK 全球市场份额接近 20%。

彭小峰的战略目标非常清晰，从一开始就进行全球化布局。他放弃了之前的团队，重新组建更加国际化的团队。赛维 LDK 的首席技术官是美国人，财务主管是中国香港人，总工程师是意大利人，工艺研发主管是日本人。

为了获得政府支持，赛维 LDK 将总部设在江西新余，投资部设在金融中心上海。而把上市地点选在纽约证券交易所，是为了最大程度整合全球资本。

然而，欧债危机和欧盟委员会于 2012 年启动的对欧盟从中国进口的太阳能电池板的反倾销和反补贴（双反）调查，以及对中国太阳能电池板征收惩罚性关税的决定，让依赖欧洲市场的光伏产业遭受重大打击。2012 年起，赛维 LDK 陷入了严重的债务困境，一度濒临破产。

资料来源：节选自赛维 LDK：天生的全球化公司. http://cn.ckgsb.com/Article/Detail.aspx?ColumnId=401&ArticleId=8945.

1.3 国际财务管理的目标和内容

1.3.1 国际企业的目标与财务管理的目标

总体上讲，国际企业财务管理的目标与国内企业十分类似，通常受企业目标的影响。在不同国家，由于文化和制度的差异，企业的目标也不一致。国际上典型的企业目标和由此导致的财务管理目标有两类。

1. 股东价值

最为典型的以股东价值最大化为企业目标的国家是美国。股东价值最大化强调最大限度地增加股东的财富。虽然人们目前对于股东价值的理解有所不同，但一般而言，强调股东价值最大化的企业，其企业目标与财务管理目标是一致的，或者说企业目标就是财务管理目标。具体表现为强调影响股票价格的有关财务指标，如资金收益率、每股收益、利润、股利等。

2. 雇员利益

强调维护雇员的利益，这样的企业目标在欧洲和亚洲十分普遍，其表现是企业多以非财务指标为目标，如职工福利、市场份额、企业声誉等。在企业的财务目标上，不是将最大限度地提高股东价值作为主要目标，强调的重点是保持企业财务稳健，保持企业的发展和安全，如降低企业账面收益、低股利支付等。

不同国家存在的对企业财务目标的不同选择对国际企业，尤其是在国外设立子公司甚至在国外进行权益融资的跨国公司构成了挑战，企业需要不断权衡公司总体目标与子公司或投资者所在国对财务管理目标要求的差异。但是，随着经济全球化的发展，不以股东价值为企业目标的国际企业越来越难以保持竞争力，甚至濒临破产。道理十分简单，在经济全球化趋势下，国际资本的流动越来越容易，许多以前封闭的资本市场也向世界开放。资本流向高回报率的企业是必然趋势，如果某国的企业由于文化或制度原因未给予投资者较高的回报，就会因投资者转向其他国家投资而造成资本短缺，在全球竞争中越来越落后。当前许多欧洲国家和日本的国际企业都意识到了这一点，纷纷改变原来的企业目标，转向股东价值最大化。例如，20世纪90年代以来，德国大公司调整企业经营目标，提出旨在增值的企业经营管理目标：为股东提供适当的利润；为顾客提供有吸引力的产品与服务；为员工提供待遇优厚的有保障的工作职位。1998年亚洲金融危机后，日本公司大幅调整企业经营目标。不少公司认为，企业必须重视为股东盈利，如索尼公司把股东、员工和客户三者的利益摆在同等重要的地位。

1.3.2　国际企业的全球责任与财务管理的目标

近 20 年，在经济全球化的推动下，跨国公司逐渐向全球公司转型。跨国公司在全球范围布局营销服务、制造组装、研发设计等价值链条的各个环节，而且在全球范围内进行股权融资，股权的全球化意味着公司从对一个国家的股东负责逐步转变为对全球股东负责。公司从董事会到员工都出现全球化趋势。为了增强全球竞争力，跨国公司在为股东创造价值的目标下，还必须强化在全球的社会责任。跨国公司不仅需要为总部所在母国的经济、社会和环境负责，也需要对海外子公司的行为负责。正如诺维信公司所称，“强大的社会行为表现可以帮助我们赢得‘人才之战’、品牌价值、社会责任投资、客户要求，否则可能冲击我们的底线：声望、股票价值、运行许可、员工士气”。强化全面的责任，创造先进的公司责任理念已经成为为股东创造价值的不可或缺的软竞争力。

1.3.3　国际财务管理目标的层次

股东价值最大化是越来越多的国际企业财务管理首选的总体目标，但是，由于国际企业经营范围的全球化，涉及的国家和地区可能存在巨大的文化、经济制度、法律甚至道德标准的差异，国际企业在实现财务管理目标时不得不考虑这些因素的影响。为了实现股东价值最大化的总体目标，国际企业还需要设定相应的辅助目标，主要有以下几个方面。

1. 长期合并收益

股东价值不等于企业的收益，但企业的收益的确会对股东价值产生直接的影响。长期合并收益要求跨国公司不能只注重眼前的、局部的收益，而必须关注长远的、整体的收益。当国际企业的利益与经营所在国的利益发生冲突时，国际企业为了长远的、整体的收益，甚至必须暂时放弃或牺牲眼前的、局部的收益。同时，某一子公司利益的最大化并不一定导致企业总体利益的最大化，在子公司利益与企业总体利益发生冲突时，必须考虑企业的总体利益，从而使企业的合并收益最大。

2. 资产流动性

与国内企业相比，国际企业更需要保持资产的流动性。不仅要保持企业整体的资产流动性，而且要保持各子公司的资产流动性，以消除相关债权人和供应商的风险，保障其正当权益，避免所在国政府可能进行的某些干预。

3. 子公司或分部的目标

国际企业的子公司或分部设置在不同的国家，由于所在国的政治、经济、法律、文化等各方面所具有的特殊性，这些子公司或分部的财务管理目标有时很难与母公司保持一致，如果只强调与国际企业的总体目标相协调，很可能与子公司所在国发生矛盾或冲突，最终影响国际企业总体目标的实现。因此，必要时，国际企业需要为不同地区的子公司设置不同的财务目标，通过对所在国环境的暂时妥协实现长远的目标。

案例 1-4　微软（中国）亏损的背后

2003年，《福布斯》撰文指出，过去10年里，微软在中国一直是亏损经营。此文同时预估，微软在中国的亏损局面还将持续5年，微软在中国盈利尚需等待10～20年。但与此同时，中国的相关文章指出，2002年微软（中国）员工人均创造的价值为40万美元，这个数字远远超过了美国同行，2002年美国排名前50的软件公司平均每位员工创造的价值为20.258 7万美元。微软（中国）员工人均创造的价值与微软全球员工平均创造的收入60万美元相差不大，何况中国的人力成本、运营成本远远低于美国。IT评论家认为，如此算来，微软（中国）不但没有亏损，其人均利润率反而应该超过微软全球和微软（美国）。微软在中国的收入一直是个秘密，各种渠道对微软的收入数据的反映截然不同，从8 500万美元到接近4亿美元，众说纷纭。微软（中国）公司总裁唐俊在2003年给自己定的任务是38亿元人民币。除上述收入外，微软还有一部分不直接体现在账面上的收入，那就是随品牌个人电脑（PC机）销售的Windows操作系统（即OEM），有大笔的OEM订单都是在中国香港或海外完成的，产品却实实在在销往中国内地。按照较低的价格计算，每套Windows操作系统50美元，微软2002年的这部分收入大约为2.5亿美元。

在全球科技产业放慢步伐使得PC机销售量整体下滑的情况下，中国一枝独秀，2001年中国市场PC机销售增长率高达24%，2002年比2001年增长14%，预计随着电脑的更新换代，销售量还将大幅提升。微软看得见的账面收入与看不见的账面收入均将同步提升。与微软全球数百亿美元的销售规模相比，微软（中国）仅有区区几亿美元的收入，却使得比尔·盖茨自1992年以来10年之内到中国来了7次，这在其他国家和地区并不多见。

2014年，在中国全面加入G20框架下国际反避税大行动之际，中国联合多国税务部门调查出“中国反避税第一大案”，全球知名公司微软的中国子公司补税及利息共计8.4亿元人民币（约合1.4亿美元），未来每年将为中国增加税收1亿多元。虽然微软公司实力强大，但蹊跷的是，它在中国的子公司自设立以来几乎没有盈利。企业财务报表显示，除个别年度微利外，微软（中国）多年来一直处于亏损状态，6年累计亏损20多亿元。而从微软公司所处的行业看，北京市该行业的平均利润率在12%以上，但这家公司的平均利润率只有-18%。调查发现，微软（中国）亏损，并不是因为产品在市场上销售差，而是因为利润的一半以上都要支付给美国母公司，作为提供研发服务和技术支持的特许经营费用，也就是说中国子公司的利润至少超过目前的一半以上才能盈利。

资料来源：微软中国亏损的背后. 21世纪经济报道，2003-02-24；微软向中国补交税款　为何实力强大还连年亏损?. http://www.js.xinhuanet.com/2014-11/27/c_1113426661.htm.

1.3.4　国际财务管理的内容

财务管理是组织企业财务活动、处理财务关系的一项经济管理工作。国际财务管理与国内财务管理在性质上是相同的，但是，国际财务管理并不是国内财务管理在全球范围内的简单扩展和延伸，国际企业财务活动环节的管理以及财务管理的整个内容都具有一定的特殊性。

1. 国际企业财务活动环节的管理

根据资金运动的规律，企业的财务活动环节包括筹资、投资、营运资金流动和利润分配几个环节。由于国际企业财务活动的范围是全球的不同国家或地区，地区上的延伸导致这些活动受到许多因素的影响，因此国际企业财务管理需要关注这些财务活动环节的特殊性，采用特殊的方式或更复杂的管理方法。

（1）国际融资管理。国际企业的筹资渠道比国内企业多得多，筹资的方式也更灵活多样，尤其是货币和资本市场全球一体化进程的进一步加快，为国际企业在筹资风险和成本的组合上提供了更多选择，从总体上讲，通过国际筹资风险和成本组合的管理，国际企业可以获得比国内企业综合资本成本更低的资金。除了企业内部的资金和总部所在国的各种资金外，国际企业还可以利用子公司或分部所在国的各种资金，以及其他国际资金。国际企业可以根据不同资金来源地的特点，利用不同的筹资方式，构建最优资本组合，降低筹资成本。与国内融资不同的是，国际融资成本决策中不仅需要考虑融资利率的高低，而且需要考虑汇率变化对资本成本的影响。

（2）国际投资管理。国际企业的经营活动范围涉及全球，各国税制不同，利率有高有低，劳动力、生产资料价格存在明显的差异，商品的价格也不相同，再加上各国产品和劳务市场需求具有多样性，这些都为国际企业提供了比国内企业更具优势的投资获利机会。但是在国际投资活动中，国际企业遇到的风险比国内企业多。除外汇汇率的变化可能导致投资本金和收益脱离预期外，投资所在国的经济状况和市场变化以及投资所在国政府更迭、资金管制等都会引起国际投资资金回收和利润流回受阻，影响投资的安全性和资金的流动性。这并不意味着国际企业投资的总体风险会比国内企业大，相反，由于国际企业经营的全球化，可以有更多的机会分散单个国家国内经济、政治状况变化的风险，但是，在投资管理时国际企业更需要进行风险评估和控制。

（3）国际营运资金管理。与国内营运资金管理相比，国际营运资金管理除了现金、应收款项和存货的最佳存量管理之外，还增加了营运资金流量管理的内容。国际营运资金流量管理主要是指国际企业利用内部资金转移机制实现资金的最佳配置。国际企业的子公司和分部分散在全球各地，利用不同国家和地区的资源优势、市场差异、税率差别等获得超过国内经营的收益，实现国际企业的总体目标等经营全球化给国际企业带来的好处需要通过资金的转移来实现。然而，全球化经营中存在大量不利于资金转移的因素，比如国际上对资金国际流动的数量限制、进出口经营所在国资本市场的限制、经营所在国的资本管制等，国际企业如果利用正常的资金外部转移方式转移资金，会导致成本高昂，只有借助资金内部转移机制，才能避开资金转移障碍，实现其全球化经营的优势。营运资金管理的具体内容包括：转移价格的设定、特许权使用费和管理费的管理、子公司间信用账户支付时间的管理、内部交易计价货币的选择以及冻结资金的管理等。

（4）国际利润管理。国际企业利润管理的核心是利润分配和业绩考评。国际企业避开资金转移障碍的各项措施可能导致子公司或分部的业绩及其资金的留存与其经营的努力程度以及实际效果之间存在巨大的差异，如果不能制定合理的财务业绩评价和考核体系，或者利润分配不当，可能导致国际企业内部的利益冲突，甚至导致国际企业子公司与各经营所在国利益的冲突。

2. 国际财务管理的特殊内容

与国内财务管理相比，国际财务管理有以下几项特殊的内容，这些内容贯穿国际财务管理活动的各个环节，也可以理解为国际财务管理的前提和拓展。

（1）汇率预测和外汇风险管理。国际企业的经营范围涉及许多国家，这些国家货币币值的变动本身就可能导致国际企业已有的或未来的资产价值、负债价值、收入、费用、利润发生变动，使国际企业发生或可能发生损失或收益。这种由于不同国家货币币值的变动引起的风险就是外汇风险。为了控制外汇风险，需要利用一系列金融工具和技术，在减少外汇风险给国际企业带来损失的同时，设法利用币值的变动取得收益，这是国际企业财务管理的一项特殊内容。要掌握外汇风险管理的知识和技术，国际企业的财务管理人员必须先了解有关外汇币值的知识，也就是各国货币之间的兑换关系——汇率是如何决定的，在此基础上对汇率的变化进行预测。预测的结果为国际财务管理人员应对经济风险、交易风险、折算风险这三类外汇风险提供依据。

（2）国际资金转移管理。虽然国际资金转移管理的主要内容是营运资金流量的管理，但在国际筹资、国际投资以及利润管理中，也涉及资金的转移，并且同样面临国家间正式或非正式的障碍阻碍资金的正常流动。为此，国际资金转移的管理也是国际财务管理的一项重要内容。

国际资金转移管理主要是通过设计有效的国际企业内部资金转移机制达到避开障碍、保证国际企业总体利益的目的。国际企业内部资金转移管理主要包括：

1）转移价格的制定。国际企业通过总部与子公司、子公司与子公司之间相互提供商品或劳务，可以有效应对各经营所在国设置的贸易壁垒，满足自身经营对自身产品的特定需求，保持技术垄断。利用国际企业内部转移价格的不同设置可以保证国际企业内部贸易的顺利进行，更重要的是可以避开价格管制，逃避征税和外汇管制，占领市场，为实现国际企业的总体利益服务。

2）投入子公司资本及分红的管理。由于各国对国外企业在本国的投资和分红从数量到形式都有不同程度的规定和限制，国际企业对子公司投资和分红的管理比国内企业更复杂。对子公司的投资决策中，子公司利益的最大化或总部利益的最大化不一定意味着国际企业总体利益的最大化；另外，对子公司的投资形式也是国际企业需要考虑的内容，采取股权投资还是债权投资，采取全部控股还是部分控股，采取何种形式将多少股利汇回总部等，这些选择都可能受到投资所在国政府的限制。如何既满足投资所在国政府的要求，又能够为企业整体或长期利益服务，是国际企业需要考虑的内容。

3）子公司收入和费用的管理。子公司收入和费用的管理同样是为了避开子公司所在国对资金转移的限制，在投资和分红资金的转移受到限制的国家，可以利用特许权使用费、管理费等支付方式应对。根据需要，向子公司收取费用的既可以是总部，也可以是其他子公司。

4）冻结资金的管理。如果子公司所在国实施外汇管制，子公司投资的回收以及投资收益就无法汇回总部或汇往其他子公司，即使采用转移价格或费用支付等其他方式也无法将资金转移。对国际企业来说，在投资之前就需要充分考虑资金冻结的可能性，设计运用和调动资金的渠道和方式；在投资过程中，随时根据具体情况制定尽量减少冻结资金的对策；在资金被冻结的情况下，寻找冻结资金保值和增值的途径，等待资金的解冻。

（3）国际税收管理。国际企业财务管理的另外一项特殊内容是国际税收管理。国际企业面对的税收制度的差异远远大于国内企业之间的税收政策差异，该项管理的重点就是利用各国间税收制度的差异，在国际企业的筹资、投资、营运资金流动及利润分配的各个财务环节设计减少双重纳税的措施，利用税收优惠实现税收减免或利用国际避税地减少所得税支付，从而减轻企业的税收负担，增加企业的税后收益。

1.4　国际企业财务管理的组织

国际企业在全球范围内开展经营活动，面临的环境复杂多变，经营业务远较国内企业丰富和繁杂，跨国经营程度越大，这种复杂性越明显。因此，国际企业经营和财务管理必须适应这种环境和经营的变化，形成不同的组织形式，保证国际企业实现发展战略。

1.4.1　国际企业经营和财务管理的组织结构

1. 职能式组织结构

职能式组织结构是最简单的组织结构（见图1－1），组织中的各个部门履行独立的企业职能，如生产、销售、财务管理、研究开发等。国际企业设置职能式组织结构时，通常在一般的职能机构之外，还要根据国外业务的多少设置与国外生产或销售业务有关的职能机构。这种职能式组织的最大好处是符合专业化的原则，使每项职能因专业化而实现成本的节约和效率的提高，而且容易为高层管理提供严密的控制。但是，由于各职能部门之间相对独立，沟通和协调困难，加之各部门服务于不同的职能目标，容易产生本位主义，因此对环境变化的反应迟钝，使得企业总体的效率受到影响。该种组织方式适合技术和市场变化较慢、产品品种少、涉及的国家地区有限、规模中等的国际企业。

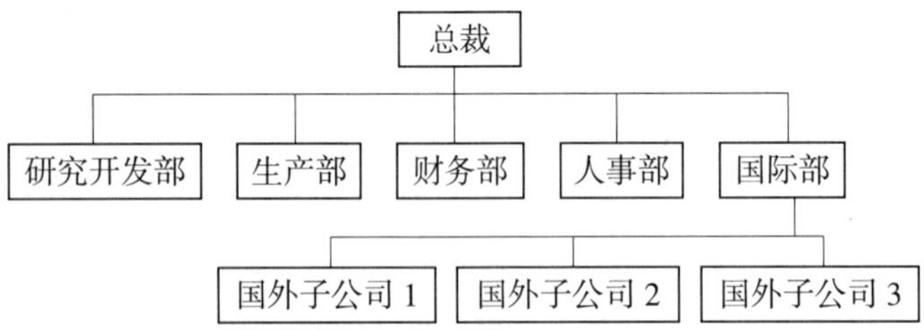

图1－1　职能式组织结构

2. 分部式组织结构

分部式组织结构是根据不同产品或地区建立部门或安排下属单位的一种组织结构。每一个产品或地区分部都是一个利润中心，设置各职能机构。国际企业的分部式组织结构按照划分的依据可分为两类：一类是地区组织结构；另一类是产品组织结构。

（1）地区组织结构。适合产品类别较少，但业务分布于多个国家或地区的市场，需要依据国家或地区实现产品或服务差异化的企业。它可以减轻企业总部经营全球业务的负担，具有较大的地区灵活性，可以因地制宜地适应不同市场的需求。其主要缺点是地区负责人容易重视地区业绩而忽略企业的整体利益和总体战略；同时，职能机构的重复设置造成人员重叠，影响职能效率。地区组织结构的模式如图1－2所示。

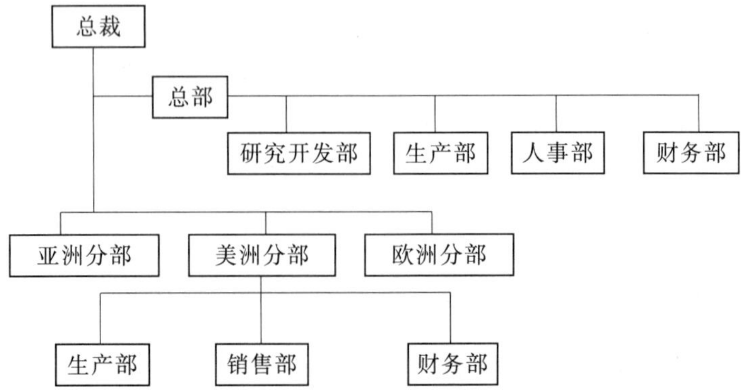

图1－2　地区组织结构

(2) 产品组织结构。能够组织和集中为全球市场生产和销售某类产品的资源，确保与产品有关的信息和技术的沟通和统一管理，能够发挥产品开发和制造的规模优势，有利于下属单位树立全球市场营销的观念。最大的缺陷是缺乏不同产品在同一地区的信息和技术沟通，可能产生职能重复设置，降低职能效率。产品组织结构适用于生产线分散、最终用户差异很大，但对于同类产品不同地区的用户要求差异较小的企业。产品组织结构的模式如图 1-3 所示。

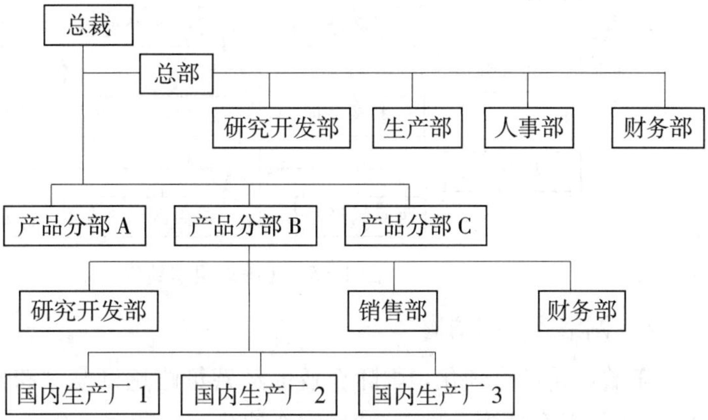

图 1-3　产品组织结构

3. 混合式组织结构和矩阵式组织结构

产品组织结构与地区组织结构，一个强调产品的全球性，一个强调当地的适应性，具有各自的优势和劣势，但对许多国际企业而言，可能需要两者兼顾，因此混合式或矩阵式组织结构更适应这些企业的要求。

产品或地区的重要性决定了混合式组织结构是以产品为基础还是以地区为基础进行设置。以产品为基础的混合式组织结构如图 1-4 所示。

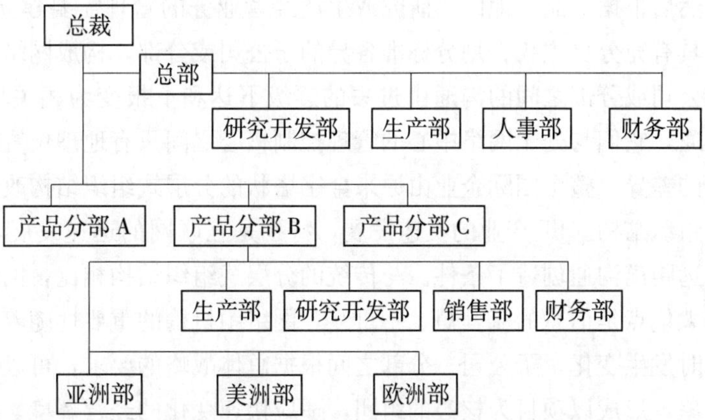

图 1-4　混合式组织结构

矩阵式组织结构往往会因为产品分部和地区分部负责人的利益差异在决策时难以达成一致意见而导致决策缓慢、烦琐。矩阵式组织结构的模式如图1-5所示。

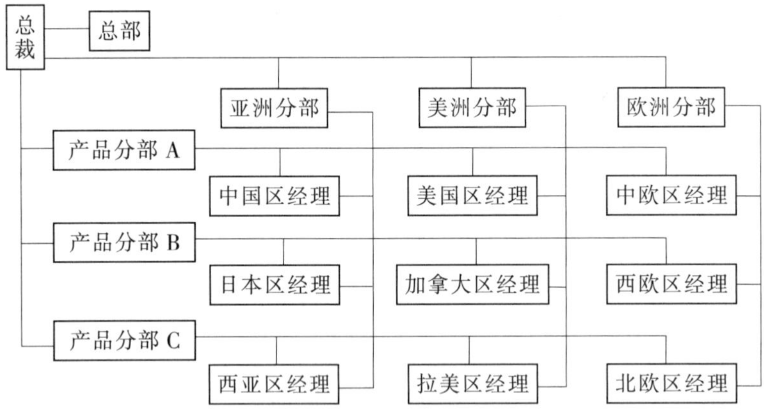

图1-5 矩阵式组织结构

4. 网络式组织结构

随着经济的全球化，国际企业的经营策略逐渐从“跨国界”变为“无国界”。它们以全球为立足点，“思维全球化，经营本土化”，一方面，全面利用全球不同国家和地区的资源优势，并将这些资源在企业内部重新配置；另一方面，更强调经营和产品的本土化，适应不同经营地的环境，提高经营的效率。按照传统的分层式组织结构设计，这种经营的复杂性将导致组织层次的增加，层次间的信息传递途径延长，反应迟缓。因此，20世纪90年代以来，越来越多的国际企业进行了组织结构的改造，将原来的职能部门如战略管理、人力资源、财务管理与其他职能部门分离，形成一个管理控制的核心（总部），处于网络中心点，负责全局战略计划的制定和提出，并连接所有的子公司或分部；然后根据产品、地区、研究或生产经营业务的管理需要建立一个个地位平等、具有充分自主权、划分标准各异的子公司或分部，构成网络上的节点，这些子公司或分部之间的沟通由过去的逐级下达和上报变为相关单位之间的直接沟通，它们与处于网络中心的管理控制核心之间只有地理位置的远近，没有等级的差异。整个国际企业由原来金字塔状的分层式组织结构改变为扁平的网络式组织结构。IT产业的飞速发展，特别是互联网的迅速发展，为这种单位间的远距离沟通创造了条件。与传统的分层式组织结构相比，网络式组织结构的最大优点是信息的流程短、不重复，网络中机构的重要性随着业务性质的变化随时发生变化，子公司、分部之间根据总体战略的要求，可以随时改变连接的对象，形成以项目为核心的组团，适应快速变化的经营环境。网络式组织结构如图1-6所示。

随着跨国公司将价值创造环节在全球进行布局，这种网络式组织结构进一

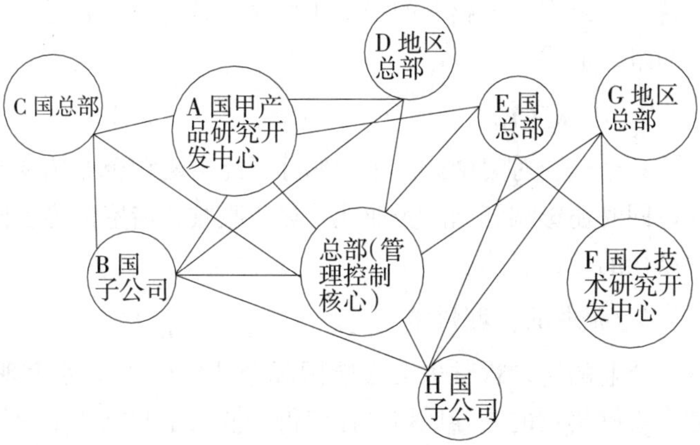

图 1－6　网络式组织结构

步演化，打破功能齐全的地区总部概念，将总部功能分散到全球具有战略意义的地区，形成以价值链环节为中心的全球功能总部，如全球人力资源总部、全球采购中心、全球服务中心、全球会计服务中心等。以这些功能中心为节点，支持公司在全球的业务需要和客户需要。

1.4.2　影响国际企业经营和财务管理组织形式的因素

影响国际企业选择经营和财务管理组织形式的因素有以下几种。

1. 企业国际化经营的程度和阶段

从单个企业迈向国际化的进程中组织形式的变化，以及历史上国际化经营的发展对组织形式的影响来看，国际企业经营和财务管理组织形式的演进顺序如图 1－7 所示。

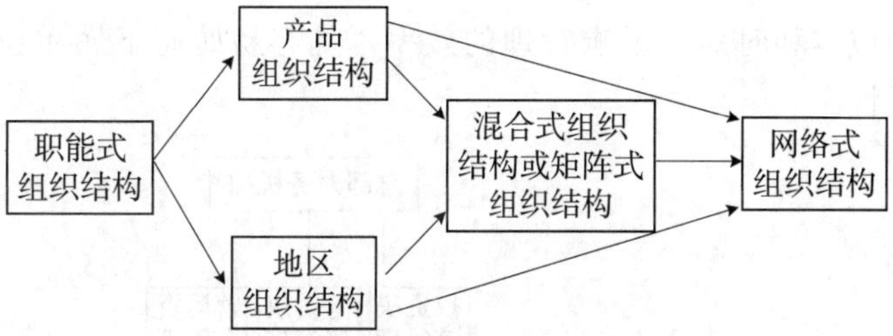

图 1－7　国际企业组织形式的演进

2. 国际企业的产品和技术特点

针对不同的产品和技术特点，各类国际企业经营和财务管理的组织形式有各自的优缺点。产品和技术的特点往往决定了国际企业如何选择组织形式。比如产品种类较少、技术标准较统一的企业，往往愿意采用产品组织结构；反之，则可能愿意采用地区组织结构或混合式组织结构。当产品和技术复杂程度进一步提高时，企业就可能更愿意采用网络式组织结构。国际企业的产品和技术特点对组织形式影响的一个典型表现是同一产业竞争的国际企业往往拥有类似的组织形式。

3. 国家文化

一个社会对集中或民主的偏好可能会影响企业选择职能式或分部式组织结构，同时还影响到国际企业能否尽快吸收、借鉴世界上同行业其他国际企业组织结构的设计思路。

4. 企业的管理哲学

企业的管理哲学也会影响国际企业经营和财务管理的组织形式。思想保守、喜好集权的领导风格往往使得企业采用职能式组织结构；反之，则可能偏好分部式甚至网络式组织结构。

1.4.3 国际企业财务管理的决策控制模式

国际企业处理总部与子公司或分部以及各组织层次上下级子公司或分部之间的财务管理决策的控制模式有集权模式和分权模式两种。

1. 集权模式

集权模式的财务管理（见图1－8）是将国际企业的财务决策权集中在企业的总部，子公司或分部的财务机构只负责日常的财务事务。在这种模式下，企业总部的管理者可以有效地控制和管理下属机构的财务活动，保证下属机构的财务活动更好地符合企业的总体目标。但是，这种模式的缺点也十分明显，那就是在信息不畅的情况下，随着国际企业全球化程度的提高，总部的管理者不能及时了解下属单位环境和经营的变化并作出及时的反应，有可能决策不当；而下属单位的每一项财务需要都必须层层上报和审批，产生大量的成本和时滞，影响管理的效率，且容易妨碍下属单位应变的主动性和灵活性。

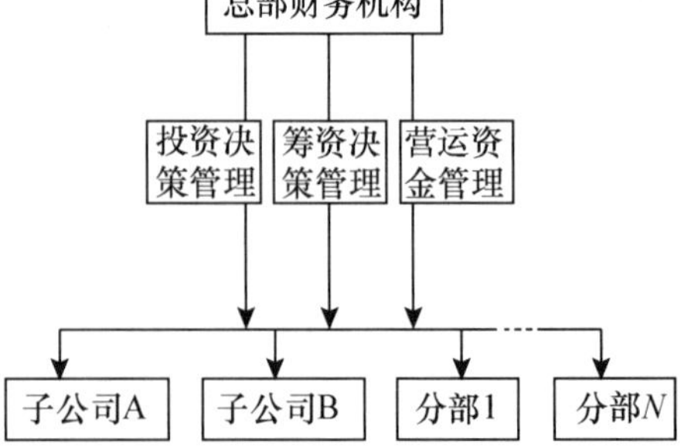

图1－8 财务管理的集权模式

当前信息技术、网络技术的快速发展使母公司和子公司之间的信息交流更加快捷，集权导致的应变能力不足问题容易得到解决，为跨国公司总部实行集权式管理提供了强有力的技术支撑。因此，跨国公司在集权和分权的选择上更倾向于强化集权，特别是在资金管理以及投资决策和实施方面加强控制。许多跨国公司直接设立全球会计中心、筹资中心、资金管理中心等进行财务集中管理，财务部门的人员直接由总公司管理，不再对部门经理负责。

2. 分权模式

与集权模式相反，财务管理的分权模式（见图 1－9）是将财务管理决策的一部分或大部分权限下放给各下属单位。分权没有确定的标准，但一般而言，各组织层次的财务负责人拥有本层次业务范围的财务决策权。例如，总部集中与企业整体利益和全球战略有关的财务决策权，包括海外的市场开发与投资、从海外某地的撤退或转移、在海外建立子公司的股权安排、企业在全球市场信誉的建立等；地区分部或产品分部主要负责与地区或产品战略有关的财务决策，如地区或产品市场开发的投资、生产和技术的投资或撤资等；地区分部或产品分部的下属子公司则只负责日常的财务事务。分权模式的最大优点是各下属单位可以根据所在国或地区、产品市场的经营环境、资本市场供求等发生的变化，及时调整财务战略，捕捉机遇，规避风险，进而提高国际企业的整体应变能力和总体利益。分权模式的缺点是下属单位分散在世界各地，它们拥有各自的利益。在分权模式下，下属单位的负责人可能只考虑本单位的财务目标，而忽视企业整体的财务目标，总部如果不能有效监督，有可能导致企业总体利益下降。

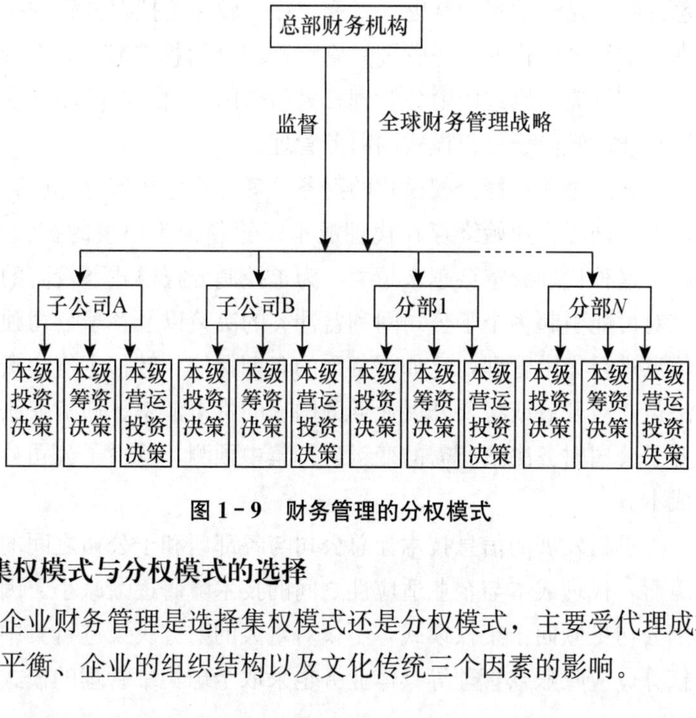

图 1－9　财务管理的分权模式

3. 集权模式与分权模式的选择

国际企业财务管理是选择集权模式还是分权模式，主要受代理成本与企业适应性的平衡、企业的组织结构以及文化传统三个因素的影响。

(1) 代理成本与企业适应性的平衡。在现代企业中，所有者与经营者之间存在利益的差别，经营者有可能不是按照所有者的利益行事，因此所有者为了监督经营者的行为而耗费的成本就成为代理成本。在国际企业中，这种代理成本比国内企业更高，因为除了经营者与所有者之间的差别外，处于不同国家或地区的子公司与子公司之间以及子公司与总部之间可能存在利益上的不一致，某个子公司的管理者作出的决策可能使子公司利益最大，但对其他子公司或企业总体的利益构成损害。集权模式可以减少这种代理成本，但可能降低企业的灵活性和应变能力；分权模式会增加这种代理成本，但可以提高企业的灵活性和应变能力。代理成本与企业适应性的平衡成为选择财务决策控制模式最需要考虑的问题。不同的企业对代理成本与企业适应性的选择是不同的。

1) 企业的国际化程度。国际化程度较低的企业，国际业务相对较少，产品和部门比较集中，企业的适应性问题较小，而集权模式下代理成本更低，因此适宜采用集权模式进行财务管理。国际化程度较高的企业，产品或分部多且分散，产品或分部所处的环境差异大，为了保证企业的适应性，更需要采用代理成本较大的分权模式进行财务管理。

2) 企业的规模。小规模和大规模的国际企业，其总部通常没有足够的人员和精力对下属单位的每项财务活动进行决策和监督，因此常采用代理成本较高的分权模式进行财务管理；而中等规模的国际企业多采用代理成本较低的集权模式进行财务管理。针对美国187家跨国公司的调查表明，小型跨国公司因总部缺乏足够的资金和财务专家，往往较多地把财务管理决策权授予子公司经理，实行分散化的财务管理；中型跨国公司拥有较强的经济实力和财务专家，大多实行集权模式的财务管理；大型跨国公司因产品品种多、分布广和所处环境复杂，倾向于分权模式的财务管理。

国际企业选择分权模式的财务管理并不意味着总部放弃所有的决策和管理职能。国际企业始终存在代理成本，随着企业规模的扩大和国际化程度的提高，这种代理成本会越来越大。为了控制分权模式下较高的代理成本，总部应该对可能引起多个子公司间利益冲突的决策以及各子公司独立决策所需的公共信息进行集中管理，比如就货币的套期保值、转移定价、资本结构等进行集中决策，对开展或将要开展业务的国家的货币汇率、通货膨胀率、利率、贸易额等子公司财务决策所需的变量进行集中预测，减少子公司分别预测造成的重复成本。

迅猛发展的信息技术让总公司与各部门和子公司之间的信息沟通不再存在障碍，代理成本与企业适应性之间的技术障碍逐渐减小。因此，近些年来，跨国公司更倾向于集权模式，不仅对重大的财务决策进行集中管理，而且对会计核算、应收账款管理等具体业务也采取全球集中管理的模式。实现这一切的前提是，跨国公司需要在内部构建一个强大的信息管理系统，以及必要的组织重构。

（2）国际企业的组织结构对财务管理的决策控制模式有很大影响。通常情况下，在职能式组织结构中，总部的财务管理部门进行绝大多数的财务管理决策；在分部式组织结构中，根据地区分部或产品分部的划分，有关地区或产品的财务决策权主要授予分部的财务负责人，分部的财务自主权非常大；在网络式组织结构中，总部并不是经营的唯一核心，网络节点上一些子公司或分部往往构成不同职能或战略的核心。因此，分权还是集权是相对而言的，财务决策的权力根据子公司或分部的战略地位以及每个阶段的任务组合，或集中在发挥核心作用的各个子公司或分部，或分散给这些子公司或分部的下属单位。

（3）文化传统对国际企业财务管理的决策模式的影响也非常大，在不同文化下形成的国际企业对采用集权模式还是分权模式进行财务管理有不同的偏好。比较容易接受权力不平等、希望有统一思想、尊重专家与权威的国家（地区），比如欧洲和日本，企业倾向于采用集权模式；在需要对权力的不平等明确解释、人们努力争取权利平等的国家，比如美国，企业倾向于采取分权模式。

本章小结

在本章中，我们理解了企业国际化的原因以及国际化对财务管理的重大影响。企业走出国门的动力从过去对生产要素和市场的追逐上升到生存竞争的必要，不论是国内企业还是跨国企业都不可避免地要面对经济全球化的浪潮。

企业进行国际经营的方式有产品出口、对外经济合作、许可经营、特许经营、合资、新建境外子公司、跨国并购等。在这种背景下，国际企业的财务管理包含公司总目标与适应不同国际环境背景的子公司财务目标、短期财务目标与长期财务目标的权衡和协调；财务管理的内容也因经济全球化背景下风险和机会的增加，形成以外汇风险管理和资金转移管理为特殊内容的独特的国际企业财务管理体系。

受企业国际化经营的不同程度和阶段、产品和技术的特点、国家文化以及企业管理哲学等因素的影响，国际企业的组织结构有职能式、分部式、混合式和网络式等多种模式。与之相应，国际财务管理需要考虑如何对集权模式和分权模式作出选择，国际企业需要依据代理成本与适应性的平衡选择组织结构和财务控制模式。

名词术语

国际企业	经济全球化	对外经济合作	许可经营
特许经营	职能式组织结构	分部式组织结构	混合式组织结构
矩阵式组织结构	网络式组织结构	分权模式	集权模式

练习题

一、思考题

1. 国际财务管理与财务管理有何异同？

2. 与国内企业相比，为何国际企业的财务管理目标冲突更大？

3. 企业国际化经营的主要动因有哪些？

4. 说明不完全市场的存在怎样导致国际企业在国外市场上建立子公司。

5. 如果完全市场存在，那么劳动力成本、商品价格、国家间的利率会比非完全市场的更为类似还是差别更大？为什么？

6. 说明产品生命周期理论与国际企业的国际化进程有怎样的关系。

7. 哪些因素推动了经济全球化？

8. 传统制造企业和高科技网络公司在向国际企业迈进的过程中，其动力和国际化的步骤有什么区别？

9. 在加入世界贸易组织之后，中国企业的国际化进程为什么会加快？

10. 经济全球化给中国的经济和文化带来哪些影响？

11. 全球价值链的形成会对中国企业和中国经济带来哪些影响？

12. 国际企业制定财务目标时需要注意哪些问题？

13. 国际财务管理与国内财务管理在内容上有哪些重要区别？

14. 可口可乐公司60%的资产在国外，在200多个国家占有全球10%的市场，海外雇员占83%，70%的收益来自国外。饮料品牌有400多个，涵盖2 600多种产品。用企业国际化的相关动因，说明为什么像可口可乐这样的跨国公司仍然有大量的国际投资机会。

二、课堂案例

瑞智公司是一家生产和销售办公用品的企业。公司位于广州，向国内提供办公用品。公司通过定期邮寄产品目录占有市场，客户可以通过电话订货，公司根据需求送货。过去，公司有着很高的生产效率，这是因为公司雇员流动率较低。在中国提供办公用品的市场中，瑞智公司占有很大的市场份额。它在中国的竞争者主要是一家中国公司和一家日本公司。一家英国公司占有一小部分市场份额，但由于距离遥远而处于不利地位，在中国的市场开发和运输成本较高。瑞智公司的产品与其他竞争者类似，因生产效率高、提供给零售商的产品价格低占领了国内大部分市场。公司预计未来中国市场的办公用品总体需求会下降。今后几年，日本和东欧对办公用品会有很大的需求。瑞智公司的经理正在考虑为应对国内市场需求下降而出口其产品。

要求：

(1) 瑞智公司计划通过出口进入日本或东欧市场。在决定应进入哪个市场时，应该考虑哪些因素？

(2) 一位财务经理负责制定一项应急计划，以防某个国家设置出口障碍。这位经理建议在所考虑的国家建立子公司。这是不是一项合理的策略？有没有这项策略行不通的明显原因？

三、课后上网练习

1. 选择一家你感兴趣的外国跨国公司。上网收集相关信息，回答以下问题：

(1) 该公司的全称、设立时间、主要业务。

(2) 该国际企业在哪些环节进行了国际化经营（研究开发、采购、生产、销售）。

(3) 该国际企业最近一个年度在不同国家的销售收入分布情况（在各地区的销售收入金额、所占百分比）。

(4) 该国际企业的组织结构属于何种类型。

2. 选择一家你感兴趣的中国国际企业。上网收集相关信息，回答以下问题：

(1) 该公司的全称、设立时间、主要业务。

(2) 该国际企业在哪些环节进行了国际化经营（研究开发、采购、生产、销售）。

(3) 该国际企业最近一个年度在不同国家的销售收入分布情况（在各地区的销售收入金额、所占百分比）。

(4) 该国际企业的组织结构属于何种类型。

3. 上网搜索相关信息，回答以下问题：

(1) 登录中华人民共和国国家统计局的网站，了解中国近3年对外直接投资的趋势（投资额和地区分布，选取投资额前十的地区）。根据近3年中国公司对外直接投资的趋势（投资额和地区分布），说明中国国际企业主要在哪些地区寻找商机，可能的原因有哪些。

(2) 登录美国国家统计局或美国国家经济分析局的网站，查询美国近3年对外直接投资的趋势（投资额和地区分布）。解释美国和中国在对外直接投资趋势方面存在差异的可能原因。

四、小企业的困境

创立一家国际小企业

小强刚刚从体育大学毕业，他学的专业是乒乓球。他了解到欧洲、美洲有许多人对乒乓球非常热衷，但是当地市场上只销售高档乒乓球，这对乒乓球爱好者来说是一个巨大的挑战。小强觉得低价乒乓球在欧洲、美洲市场有广阔的前景，决定自己创办一家体育用品公司，专门生产低价乒乓球，并将产品卖给海外的体育用品经销商，这些经销商再以零售价在当地出售。他决定将公司命名为"小强体育用品出口公司"。为了节省租金和其他费用，小强决定在自家院子里经营业务，父母也表示支持。这样，他的主要费用就是购买原材料的费用、雇用工人加工的费用以及寻找国外经销商的费用。

1. 小强体育用品公司是一家跨国公司吗？

2. 与国外当地生产和销售乒乓球的竞争对手相比，小强体育用品出口公司是否有比较优势？

3. 小强在决定进入国外市场时，最初应当集中于一个市场还是进入多个市场？

五、真实案例在线文章

在网上寻找一篇近期的文章。文章内容（最好与某一特定国际企业有关）能够诠释本章所阐述的一个或多个概念。可以使用的搜索关键词包括直接对外投资、企业国际化经营、特许经营与跨国公司、跨国公司的组织结构等。

六、推荐书目/视频/网站

1.《地球是平的》，（美）托马斯·弗里德曼，长沙，湖南科学技术出版社，2008。

2.《丝绸之路：一部全新的世界史》，（英）彼得·弗兰科潘，杭州，浙江大学出版社，2016。

3.《贸易打造的世界》，（美）彭慕兰等，上海，上海人民出版社，2018。

4.《公司的力量》，中央电视台10集纪录片，2010。

5.《大国崛起》，中央电视台12集纪录片，2006。

6. FI中文网站。

7. 中国经济网站。

8. 雅虎财经网站。

9. 环球财经网站。

10. 彭博网站。

第2章

环境与国际财务管理

知识要点

- 东道国和母国政治环境对国际财务管理的影响
- 法律环境对国际财务管理的影响
- 经济环境对国际财务管理的影响
- 国际收支失衡的定义、原因和对策

2.1 国际财务管理环境概述

2.1.1 国际财务管理环境的特点

国际财务管理与国内财务管理产生区别的根本原因在于它们面临的环境的差异。与国内企业相比，国际企业财务管理面临的环境有以下特点。

1. 环境差异性大

国内企业在一个国家内经营，虽然一国之内各地域的文化、习俗可能存在差异，有时由于政府的政策倾斜，不同地理位置、不同行业的企业可能享受不同的税收待遇、政府补贴，但是总的来说，相对于世界范围而言，一国之内政治体制、经济体制、法律制度、文化传统等方面的地域差异比较小，因此国内企业在经营和管理上，包括在财务管理上，一般不会与环境产生激烈矛盾和冲突。

对于国际企业而言，它们的投资和经营跨越了国界，跨越了政治、经济制度的界限，跨越了民族甚至种族界限。不同国家、不同地区的环境差异非常大，国际企业每进入一个新的国家或地区，都必然面临不同制度、文化、法律等诸多冲突，国际企业往往又同时在多个国家或地区经营，因此需要同时应对不同的矛盾，导致包括财务管理在内的管理目标、管理手段、决策过程、沟通和控制方式等各方面都需要在考虑整体利益一致性的基础上，具备强大的适应和调整能力。谁能更全面地研究环境、更深入地理解环境、更迅速地适应环境，谁就更有可能在全球化经营中取得成功。

2. 环境变化频繁

一个国家的环境在长期内也会发生变化，比如经济体制改革、行业产业政策的变化、法律的修改、政府的更迭等；另外，随着经济全球化的深入发展，其他国家经济和政策的变化会较快波及国内，导致国内企业经营环境的改变。尽管如此，相对于世界范围而言，国内企业面临的本国环境在短期内更具稳定性。同时，一国范围之内信息来源丰富，信息传递渠道比较畅通和透明，国内企业对于国内环境的变化一般都较容易预见，能够及早做好应对环境变化的准备。

国际企业面对的是世界上各种制度的国家和政府，随时可能遭遇经营所涉及的某个国家或地区环境的改变，比如吸引外资的政策改变、政治动荡等；同时，一国政治或经济的变化波及国际企业某个经营所在国的可能性更大。尽管近些年来通信技术高速发展，但相比国内而言，跨越国界的信息来源仍然有限，信息沟通存在时滞。种种因素导致国际企业面临的经营环境的变化更加频繁，也更加难以预测。环境的频繁变化要求国际企业在管理的组织设计和决策过程方面具有更强的应变能力。

2.1.2 国际财务管理环境的分类

按照不同的标准，影响国际财务管理的环境因素可以划分为以下几类。

1. 自然环境和社会环境

自然环境是指自然资源或自然条件的总和。与国际财务管理有关的自然环境因素包括：投资和经营所在国或地区的地理位置，距总部的远近，是否拥有在国际上有优势的自然矿产或其他资源等。自然环境的差异可能导致诸如是否设置财务管理机构、是否从总部派遣财务人员以及是否进行以原材料取得为目标的投资等不同的决策。

社会环境是指人类有意识构建的经济基础和上层建筑的整体，包括文化、教育、人口数量及构成、经济体制、政治体制、法律制度等。国际财务管理本身就是社会活动的一种，因此社会环境对财务管理的影响比自然环境要大得多，因而也是国际财务管理更加关心的环境因素。

2. 宏观环境和微观环境

国际财务管理所指的宏观环境是指超越国境的国际性境况，主要包括国家间的贸易、金融市场、区域性或国际性的组织、国际性的协议等。不论国际企业在何处经营，这些宏观环境因素都可能对其产生影响。宏观环境是国际财务管理活动无法回避的前提环境。

国际企业的经营所涉及的单个国家的环境称为微观环境。也有人认为国际企业自身的内部环境是微观环境，国家环境是中观环境。单个国家的环境包括自然环境及社会环境，对国际企业的筹资、投资、经营等全方位的管理都产生重大影响，财务管理目标的设定、组织安排、控制、业绩评价等很大程度上取决于这个微观环境的状况。

3. 政治环境、法律环境和经济环境

按照社会环境的具体内容，可以把与国际财务管理密切相关的环境因素分为政治环境、法律环境和经济环境。

本章对环境的分析主要依据这种分类，具体介绍政治、法律和经济环境的内容以及它们对国际财务管理可能产生的影响。

2.2 国际财务管理与政治环境

政治环境是企业活动不可回避的环境因素之一。企业能否取得经营权、企业经营活动的范围有多大、企业资金能否顺利流动、企业可以支配多少利润等，都处在政府的管辖控制之下。显然，不论是国内企业还是国外企业，政府的这种影响都十分直接而且非常重要。对于国际企业而言，更不能忽视这样一个事实：任何一个独立的国家都百分之百地拥有允许或禁止国外企业在其政治边界内开展业务的正当权利。国际企业要在其他国家进行经营和财务管理，就需要认真考虑东道国的政治环境。同时，尽管目前许多国际企业纷纷采取战略全球化与经营本土化相结合的方针，尽量减少自身在文化、意识形态、利益等方面的母国色彩，把自己装扮成一个没有国籍特点的全球性企业，但是，毋庸讳言，国际企业在国外仍被视为其母国的一个代表，而且国际企业在国外的发展也离不开母国政府的支持。就国际企业的财务管理而言，不仅要考虑东道国的政治环境，还要考虑本国政府的政策。

2.2.1 东道国政府对待国外企业的政策态度

各国都有自己的国家利益和国家目标，比如维护主权和独立，减小外来威胁，改善和提高本国人民的生活水平，促进本国国际地位不断上升，增强自身在国际事务中的影响力，坚持和促进本国的政治思想意识等。国际企业在其他国家经营时不可避免地会对东道国的产品市场、劳动力市场、资本市场产生积极或消极的影响，国际企业带去的文化、道德观念甚至政治观点也可能与东道国社会的理念相冲突，有的大型国际企业甚至可能影响这些国家政府的决策。国际企业对东道国的这些冲击可能会促进东道国的国家利益和目标的实现，也可能被认为会妨碍这些利益和目标的实现。因此，在对待国外企业时，不同理念的政府可能会采取不同的政策态度。有的国家政府认为国外企业与国内企业的自由竞争会对国内企业产生促进作用，维护市场公平，因此采取国外企业与本国企业一视同仁的政策，不干涉国外企业的经营和资本运作；有的认为国外企业在本国的经营会损害本国企业的利益，或者危害本国的文化和价值观，因此采取禁止或严格限制的政策，比如进口管制、对企业形式和股权比例的严格限定、借款的限制、利润汇出的限制、投资领域的限制、产品原料来源和产成品销售地点的限制等；有的则采取鼓励与限制和干预相结合的政策，比如虽然规定了许多限制条件，但同时提供税收方面的优惠、外汇业务上的便利等，它们既希望国外企业的投资能够带动本国经济，提高本国企业的生产和管理水平，又担心国外企业给本国经济带来消极的影响。政府对国外企业的政策态度直接影响国际企业的经营和财务管理决策，尤其是东道国政府对国际企业的限制政策通常会直接影响国际企业的现金流量、资本成本、资本结构等财务决策的重要指标，在有这些影响时，财务管理人员的决策模型会更加复杂。

案例 2-1　美国单方面宣布终止合同　中国在美首个高铁项目告急

北京时间2016年6月9日晚间，美国私营铁路公司西部快线（XpressWest）在其官网发布公告称，正式终止与中国铁路国际（美国）有限公司为建造美国高速客运铁路而组建合资公司的一切活动。上年9月，中国铁路国际（美国）有限公司和美国西部快线发表联合声明称，将组建合资公司，加速启动连接拉斯维加斯和洛杉矶的高速铁路项目。该高铁全长约370公里，初始投资1亿美元，原计划2016年9月开工建设。

西部快线在其公告中表示，终止与中方的合作关系，主要是基于中方不能及时履行其相关义务所处的困境，以及在项目推进过程中中方无法获取必要授权所面临的挑战等。

西部快线首席执行官托尼·马奈尔表示，西部快线公司将继续积极寻求其他可行的合作开发的资源与方案，以期项目实施更为高效和经济。此外，马奈尔还表示，“我们最大的挑战仍是联邦政府要求高速列车必须由美国制造。众所周知，美国并不制造高速列车。这个刻板要求是制约美国高铁融资的主要障碍。我们真正的疑问是：华盛顿特区的决策者是否有此勇气和高瞻远瞩来支持高铁项目？还是迫不得已要让美国的基础设施工程都必须依赖外国政府的资助？”

中国国际问题研究院美国所所长滕建群表示，美国西部快线终止合作的原因主要是美国联邦政府的反对。美国联邦政府提出，自己的铁路自己建设，不允许其他国家参与，这实际上是美国保护主义的具体体现。而从西部快线和中国铁路国际（美国）有限公司所签署的协议来看，其中有一条是不管公布协议还是取消协议，都必须经双方一致同意。西部快线采取突然袭击的方式宣布这一决定，显然是美方违约。

资料来源：改编自美国单方面宣布终止合同，中国在美首个高铁项目告急.（2016-06-10）[2018-10-16]. http://china.cnr.cn/xwwgf/20160610/t20160610_522366555.shtml.

2.2.2　东道国政治的稳定性

稳定的政治包括稳定的政权、稳定的社会，以及连续、稳定的政策。东道国政治稳定可以使影响国际企业财务决策的变量变化较小，企业决策的准确性更高。但是，政治稳定对国际企业的经营和财务管理到底是利还是弊不可一概而论。政治稳定并不一定意味着国际企业经营的经济利益就高，因为当前稳定的政府或政策并不一定对国际企业有利。因此，对东道国政治变化的预测以及对政治变化给企业带来何种影响的分析和判断是国际企业经营和财务管理的一项重要内容。

稳定的政权不一定代表政策的延续，但政权的更迭往往伴随着政策的变化，特别是对国外企业政策的变化。对于国际企业而言，政权变化给财务管理带来的最大风险是，新政府因对国外资本的敌视或对该国际企业母国的敌视导致对在境内的国际企业子公司实行国有化或进行征收，或出台严格限制国外企业在本国活动的政策。如果存在这种政权更迭的可能，国际企业的财务管理人员在进行投资决策时就必须加大对风险因素的考虑；如果决定投资，则需要事先准备减少损失的方案；当损失不可避免时，应采取必要的措施最大限度地减少损失。

东道国社会的稳定性，比如没有暴乱、政治性罢工、仇视国际企业的行动、战争、恐怖活动等社会动荡，对于国际企业的财产安全和人员安全极为重要。危害国际企业安全的社会动荡的诱因有许多，其中一些与国际企业的行为有关，比如国际企业的文化或产品与东道国民众的宗教信仰发生激烈冲突；国际企业的产品挤占了东道国的产品市场，导致东道国企业倒闭和员工失业；国际企业从东道国获取资源和巨额利润的行为被当地民众视为对他们财富的剥夺；国际企业的母国与东道国发生激烈冲突；等等。国际企业在进入其他国家时，需要特别注意自身的行为对东道国可能造成的危害，在处理与东道国政府和民众利益时，眼光一定要放长远，不要为一时的财务利益或其他利益导致东道国政府和民众的反感和抵制。有时一些社会动荡与国际企业本身的行为无关，但社会动荡导致的产品和资本市场萎缩、人心恐慌也会对国际企业的经营和财务管理造成消极的影响。在进入这些国家之前和之后，必须时刻警惕这种社会动荡的发展趋势，根据形势及时作出保留投资或撤出投资的决策。

东道国连续、稳定的政策使得国际企业在进行财务决策和决策实施时能够提高准确性和可控性。但是，这种连续、稳定的政策可能会限制或阻挠国际企业的经营活动，因此并不一定对国际企业有利。政策的大幅度变化并不只是在政权变更时才会出现，当执政当局的思想意识发生改变，比如对经济运行规则有了重新认识时，也会出现这种政策的改变。在当前的国际社会中，许多国家都发生了这种大幅度的政策改变，主要是朝着对国际企业有利的方向发展，比如从拒绝和限制国际企业到设法提供更优惠的政策措施吸引海外投资；取消对国际企业在投资领域、股权比例、企业形式等方面的种种限制性措施；改善投资环境；实施促进市场自由竞争的措施，国有企业从许多重要行业退出，允许海外资本进入原来的国家垄断行业；等等。

从上面的分析可以看出，国际企业在进行财务决策时应该辩证地看待东道国的政治稳定，特别是对于即将或正在发生政权更迭和政策重大变化的国家，绝不能因为这些变化而裹足不前，因为这些变化并不一定会使企业或项目的风险增大，有时甚至意味着新的获利机会，谁能较早地预见并利用这些变化，谁就能获得更高的收益。但是，如果这些变化的确会导致企业或项目风险增大，就需要在决策模型中增大风险变量，重新作出决策。

案例2-2　墨西哥高铁“毁约”背后

2012年夏天，培尼亚·涅托成为墨西哥新任总统。上任伊始，培尼亚就制定了能源改革方案，放开国有限制，并着力加强基础设施建设，重振国家的铁路客运。在上述背景下，墨西哥一直想推动首都墨西哥城至该国第三大城市克雷塔罗高速铁路项目（以下简称高铁项目）的建设。

墨西哥通信和交通部于2014年8月15日就高铁项目进行了国际公开招标。10月15日，中国铁建联合中国南车及墨西哥当地4家公司按墨西哥《公共工程与相关服务法》和招标文件的要求按时提交了标书。中国铁道建筑总公司（上市公司中国铁建的母公司）领导的一个财团成为墨西哥高铁建设工程项目的“唯一竞标者”。11月4日，墨西哥通信和交通部部长埃斯帕扎在墨西哥城的新闻发布会上宣布，中国铁建牵头的国际联合体中标墨西哥国内首条高铁——墨西哥城至克雷塔罗高速铁路项目。然而11月7日，在中国南车和中国铁建对外发布公告后第三天，培尼亚却宣布取消本次招标结果。

埃斯帕扎解释称：“培尼亚·涅托的这一决定主要基于以下两点考虑：一是参与此次高铁项目竞标的公司太少；二是竞标程序的处理时间不充足。”墨西哥媒体引用该国官员的话称，这次被宣布取消的投标文件递交及时并且符合法律规定，“但因总统对于这样一个庞大的项目非常敏感，此举是希望消除社会公众的质疑”。

那么，为何会“非常敏感”呢？

在招标结果出来后，路透社就称，墨西哥反对党议员11月6日“指责政府在竞标过程中偏袒中国铁建为首的团队，使得它们成为唯一的竞标方”。

财经网进一步解释，招标结果公布后，墨西哥反对党领袖激烈批评此次招标不透明，并指出中方联合体中的某个墨西哥公司与培尼亚“关系密切”，这是中方联合体中标的“最重要因素”。

值得注意的是，反对党炒作的一个话题就是培尼亚的豪宅。《环球时报》称，一个叫卡门·阿丽丝特基的记者在网站上发表一篇长文，指责培尼亚的夫人里维拉“涉嫌收受参与墨西哥高铁项目竞标的中国企业赠送的一套豪宅”。这家公司是墨西哥企业 Grupo Higa 的一家子公司，而同属 Grupo Higa 的建筑子公司 Teya 与中国铁建联合已中标另一墨西哥高铁项目。“阿丽丝特基的文章发表后，迅速引起墨西哥网民的关注。”《环球时报》称。

“在权衡了政治压力和国际信誉后，墨西哥总统宣布中标结果无效，墨西哥城至克雷塔罗的高铁项目重新招标。”财经网称。

资料来源：整理自国际金融报，2014-11-17.

2.2.3　母国政府的政策态度

尽管国际企业的经营越来越全球化，但是通常情况下，国际企业的总部、最大的子公司、所有者以及资产的集中地都设在母国；国际企业在东道国也被看成是其母国的一个企业，东道国对待国际企业的态度和政策也往往与其母国有关。因此，国际企业在海外经营的成果和受到的待遇对于母国政府而言具有重要的经济意义和政治意义。母国政府为了本国的利益，通常会采取一些扶植和保护本国国际企业、提高本国企业国际竞争力的政策措施。这种扶植和保护对于发展中国家的国际企业尤为必要，因为这些国家的国际企业往往在经验、资金、实力等方面落后于发达国家的国际企业，在国际竞争中常处于劣势。发达国家的经验和致力于促进本国经济国际化发展的发展中国家的实践证明，一国政府能否给予本国企业政策扶植，对于它们能否加快国际化经营的进程和增强国际化经营的实力至关重要。这些国家对本国的国际企业提供支持的政策一般体现在以下几方面：

(1) 在税收政策上，一般都有抵免和延迟所得税以及对出口产品返还增值税税款等政策。这些政策通常可以降低企业成本或直接增加企业项目的现金流入量。

(2) 在财政信用政策上，通过专门的银行向本国国际企业提供优惠贷款，对其研究开发活动提供财政补贴，提供国外投资保险等。这类政策对国际企业拓宽资金渠道，得到低成本的资金有明显的作用。

(3) 在投资情报信息上，向本国国际企业提供有关国家的经济状况和投资机会的情报并提供咨询，不仅大大降低企业搜寻信息的成本，还能帮助企业降低海外投资的风险。

(4) 在外交政策上，不少国家政府通过与其他国家政府进行会晤和谈判，组团考察与互访，签订双边或多边协议，积极为本国国际企业争取各种优惠待遇和有利的投资条件；有的国家政府为了保护本国国际企业的利益而对有关国家施加政治和军事压力。这些措施能够减少本国企业在海外投资和经营可能受到的不利限制，为其创造良好的投资和经营环境。

除了以上直接影响国际财务管理的政治因素外，其他一些政治因素也会间接地作用于国际企业的经营和管理，比如东道国的政治制度是公有制还是私有制，执政党是左翼还是右翼，政府形式是民主共和还是军人专政等，这些因素可能给国际财务管理带来风险和机会，必要时应考虑。此外，政治环境决定了法律环境和经济环境，因为政体和社会制度往往决定了该国法律的原则和内容，政府的政策是通过各种法律法规、文件条例等形式颁布并经执法和检察部门落实的，政治体制决定了经济体制和经济运行规则，决定了经济中各种关系的处理方式。因此，政治环境、法律环境和经济环境在许多方面是相互作用、相互影响的。

2.3 国际财务管理与法律环境

国际企业的经营和财务管理活动涉及多个国家或地区，其面临的法律问题不再局限于母国的有关规定，东道国、国际社会的法律也会对它的活动产生效力。实际上，东道国政府对待国外企业的许多政策措施都是通过法律形式颁布的。本节只介绍一些有关东道国的法律特征、国际法和东道国法律对国际企业的法律管制内容、国际经营活动中的司法管辖权问题，不涉及法律的具体内容，但国际企业的财务管理人员还需要了解东道国的法律状况以及有关经营和财务管理方面的法律条文，因为遵循这些法律法规是国际企业在东道国取得经营资格和顺利经营的前提，同时熟悉和利用这些法律法规可以保护国际企业在东道国的利益。

2.3.1 法律制度的主要类型

当前世界上各个国家的法律体制大致可以分为两大法系：普通法系和大陆法系。

1. 普通法系，又称英美法系或判例法

它以少量的成文法为基础，由法庭依据过去的惯例和判例进行解释而形成。该法系起源于英国，以英国及以前曾处于英国影响之下的其他国家为代表。普通法系注重对社会经济生活中出现的具体问题在法律上加以规定，尤其重视前人的法律处置先例，法律多为先前法官所作的判例。因此其法律的构成形式不同，来源不一。

2. 大陆法系，又称成文法系

它是一种在法律中规定详细规则的法律体系，法院的判决依据已有的法律条文进行。世界上大多数国家采用的是这种法律体系。大陆法系强调法律条文的完整性、系统性和逻辑性。各种法律一般都包括基本原则和细则，自成体系、形式完善、内容完整、原则性强，整个法律体系无所不包。

这两大法系对于国际企业经营和财务管理的影响主要体现在管制的程度不同。普通法系的国家法律对经济活动的约束比较宽泛灵活，强调保护私有财产，主张契约自由。而大陆法系的国家政府借助法律对经济活动进行较为全面的干预，整个社会的经济活动处于国家详细完备的法律约束之下，企业的自主权受到一定的限制。

2.3.2　国际法对国际企业的管制

国际法包括所有影响国际交易的法律法规，其中调整涉外民事法律关系的法律称为国际私法，调整主权国家之间关系的法律称为国际公法。国际企业属于国际私法调整的范畴，因此这里所称的国际法主要是指国际私法。与国内法相比，国际法没有统一的立法机关和强制执行机构，因此一般通过国家之间的协议或认可来制定，并通过有关国家单独或集体采取强制措施来保证实行。目前，规范国际企业行为的国际法主要是联合国的有关文件和区域性国际组织的有关条约，比如，联合国通过的《建立新的国际经济秩序宣言》《各国经济权利和义务宪章》《跨国公司行为守则》《经济合作与发展组织关于国际投资与多国企业的宣言》《联合国全球契约》等法律或文件；区域性的条约规定如《关税及贸易总协定》，欧共体（即现在的欧盟）的《罗马条约》《反倾销条例》等。这些法律或文件对国际企业尤其是跨国公司的活动，比如竞争、雇佣和劳资关系、内部交易、垄断、倾销、社会责任等各方面进行约束。相关法律和文件数量众多，在此不一一列举。尽管这些国际法对企业没有强制力，但是，违反这些契约的企业很可能受到东道国甚至国际组织的处罚、抵制或被列入黑名单。对国际公约的遵守逐渐成为企业全球化成功的重要因素。

案例 2-3　列入世界银行黑名单的中国企业

根据世界银行的规定，通过行贿受贿违规经营的企业将进入黑名单，进入黑名单的企业数年内不得从事与世界银行有资金合作的工程项目。2010 年，其他国际银行例如亚行、非行等与世界银行联网，对进入黑名单企业的处罚扩大到所有国际银行。到 2018 年夏天，进入世界银行黑名单的中国企业增加到 58 家，这些企业分别被处罚2～8 年不得从事世界银行贷款的工程项目。

资料来源：http://web.worldbank.org/external/default/main?theSitePK=84266&contentMDK=64069844&menuPK=116730&pagePK=64148989&piPK=64148984.

2.3.3 国内法对国际企业的管制

国际企业在东道国的活动受东道国法律的管制。为了发挥国际企业的积极作用，抑制其对本国的不良影响，各国都有相关的法律法规调整和控制国际企业的行为以及这些行为所产生的各种关系。这些法律法规涉及包括财务管理在内的国际企业活动领域，比如对国际企业在本国设立企业的股权比例、分红原则、共同管理、采用当地原材料和劳务等进行限制；对国际企业的资本转移、转移定价、税务、信息披露、垄断行为、资本退出等进行管制。除此之外，国内法中还有一些不是专门针对国际企业的法律法规，也是国际企业在该国进行经营活动和财务管理所必须遵守的，比如公司法、破产法、税法等经济法律法规。各国法律体制不同，法律的规定也不完全相同，有的甚至截然不同，因此，国际企业在进行经营和财务管理时要特别针对东道国的相关法律法规进行决策。

2.3.4 国家对国际企业的管辖权

迄今为止，国际关系领域并不存在能够处理不同国家非政府组织之间纠纷的法律机构，国际组织也没有依据国际法约束非政府组织行为的强制力。因此，当国际企业与东道国企业或其他组织、个人发生法律纠纷时，即便有相关的国际法为依据，解决纠纷的仍然是相关国家的法律机构，解决纠纷所依据的也仍然是相关国家的法律。关于国际企业到底受哪个国家的法律机构管辖、适用哪国法律的原则是，国际企业的各个实体应受各自东道国法律的管制。但是在实践中，各国对国际企业实体所主张的管辖权有领土原则和国籍原则两种，而且对国籍的认定也存在差异，因而可能产生管辖权冲突。若无特殊说明，一般是领土管辖权优先，即国家对其领域内的任何人、事、物和行为有权实施管辖。为了避免发生纠纷时因对管辖权理解上的差异引起的诉讼难题，国际企业在签订合同时最好包含有关司法管辖权的条款。

2.4 国际财务管理与经济环境

与政治环境和法律环境相比，经济环境变化最快，对国际财务管理的影响也最直接。例如，东道国的经济制度往往影响国际财务管理活动的灵活性；经济周期、经济发展水平和发展速度决定了国际企业投资的规模；金融体系影响国际企业资金筹措的渠道和方式；税收制度会对国际企业财务管理的资本成本、现金流量产生最直接的影响；东道国的通货膨胀、国际收支状况可能导致影响国际企业现金流的汇率的改变。一国经济环境包含的内容众多，本节只介绍对国际财务管理产生较大影响的几个环境因素。

2.4.1 通货膨胀或通货紧缩

通货膨胀或通货紧缩都可能给国际企业的经营带来风险。东道国的通货膨胀对国际企业财务管理的影响主要体现在以下几个方面。

1. 通货膨胀对国际企业现金流量的影响

东道国通货膨胀对国际企业财务管理最直接的影响是，导致在东道国市场上销售的产品价格上涨，从东道国市场上取得的原材料、劳动力、资本的成本上升，从而导致国际企业现金流量的波动。由于国际企业的产品市场和原材料等生产资料市场不一定分布在同一个国家，因此某东道国的通货膨胀对国际企业整体现金流的影响需要根据具体情况来确定。比如，使用大量进口原材料或零部件并在当地销售产品的子公司在当地发生通货膨胀时，当地币值的现金流入量可能增加，如果当地的货币没有随着通货膨胀发生贬值，则从国际企业总体角度看，该子公司带来的现金流量可能增加；反之，如果子公司在东道国取得生产资料进行生产，将产品销往国外市场或其他子公司，则通货膨胀引起的成本上升将导致国际企业现金流量减少。但如果考虑到通货膨胀与汇率的影响之间可能存在相互抵消作用，某东道国的通货膨胀将引起国际企业的现金流量难以估计，企业的经营风险和决策风险都将增大。

2. 通货膨胀对财务状况的影响

东道国的通货膨胀可能造成在该国生产的子公司实物资产重置成本增加、货币性资产贬值、货币性负债获得收益，在该国销售的子公司收益虚增；另外，由于价格波动，国际企业难以设计不同国家子公司之间的转移定价，这些因素都给国际企业评价子公司的财务业绩造成困难。由于重置资产的需要以及因收益虚增带来的纳税增加，子公司的资金需要量上升，为了保持实物资产的规模和经营能力，对子公司的投资额需要不断增加，给国际企业的筹资带来压力。由于发生通货膨胀的国家的资本成本相应上升，子公司在当地的融资受到制约，国际企业的筹资策略可能因此发生改变。

3. 通货膨胀通过汇率和利率对财务管理的综合影响

通货膨胀、汇率和利率三者之间的关系十分微妙。一般而言，一国的通货膨胀可能吸引国外商品大量进入当地市场，而当地商品在国际上的竞争力下降，从而导致当地贸易产生逆差，引起当地货币币值下降。在通货膨胀条件下，当地对投资的需要量增加，投资者对资金的预期收益提高，导致当地利率上升；当地利率的上升又会吸引国外的资本进入该国，引起该国货币币值上升；利率上升有可能导致经济停滞，使得通货膨胀率降低。但这种关系不是绝对的，有时候在政府的干预下，即使存在通货膨胀，汇率或利率也不发生明显的变动。汇率的变化将导致国际企业产生外汇风险，如企业的资产和负债产生的折算风险、未来的现金流量发生改变产生的经营风险、未来现金交易的价值发生波动产生的交易风险等，都可能给国际企业带来损失或收益。而利率的变化直接影响国际企业的资本成本和资本结构，国际企业可能需要考虑改变筹资的地点，或改变企业内部子公司之间的资金转移方式。可以说，由于通货膨胀与汇率和利率之间这种复杂的关系，当一国发生通货膨胀时，国际企业财务管理受到的影响很难用一种模式推测，国际企业财务决策的难度加大，财务活动面临的风险也会变大。

与通货膨胀一样，通货紧缩也会从反方向增大国际企业的风险，增加国际企业财务管理的难度。通货紧缩时整个国家的经济过剩运行，当地产品市场需求锐减，企业资产贬值，原有的债务负担加重，企业利润骤减，企业经营出现困难。但是通货紧缩也会使出口产品的竞争力增强、银行利率下降。对于国际企业而言，如果某个东道国发生通货紧缩，会导致在该国的子公司现金流量骤减，运营出现危机；如果这种通货紧缩发生在一个比较大的地区，涉及多个国家，那么国际企业面临的风险就更大。通货紧缩往往导致一国的经济严重衰退，与通货膨胀相比，通货紧缩给国际企业带来的风险可能更大。

2.4.2 经济状况

东道国的经济状况包括其经济发展水平及发展速度，以及所处的经济周期的阶段，经济状况的好坏通常与市场条件和利润潜力相联系。衡量经济发展水平的指标很多，比如国民生产总值（GNP）或国内生产总值（GDP）、人均GDP或人均GNP、对外贸易及国际收支状况、通货膨胀率、失业率等；按照经济发展水平，世界上的国家可以分为发达国家、发展中国家和经济落后国家。经济发展水平对产品市场的影响最为明显，经济发展水平高的国家或地区市场细分程度高，产品需求具有多样性，人们的购买力相对较高。经济发展速度则表现为市场规模和投资规模扩大的快慢，经济发展快的国家，产品市场、投资需求迅速扩大，给国际企业提供的销售和投资机会也多，国际企业更易在这些国家扩大自己的经营活动。

经济周期是市场经济条件下常见的经济波动现象，并且不断循环往复。经济周期会对一国或一个地区甚至世界范围的产品需求规模和投资需求规模产生重要的影响。在经济周期的繁荣阶段，产品市场需求量扩大，企业的销售和投资需求旺盛，国际企业在该国的财务管理主要以扩大收入、扩大投资为中心；而在经济周期的衰退和萧条阶段，产品市场萎缩，企业销售减少，投资需求减少，现金流量急剧减少可能导致资金短缺，引起财务困难，国际企业在该国的财务管理活动以维持基本的运营、避免财务危机为主。

案例 2-4　金融危机终结全球海运业盛宴

金融危机导致全球海运业萧条。由于欧美消费需求下降、原材料需求锐减，海运需求因此一落千丈。同时，资金链面临的压力使得规模较小的海运公司面临生存考验。专家预计全球海运市场需要至少 2～3 年的时间才能恢复正常。

欧美消费需求下降，一度"皇帝女儿不愁嫁"的亚洲电子产品和纺织品不得不长期"待字闺中"，这可急煞了守在港口的"抬轿人"。而成品消费下降直接削弱了原材料需求，导致南美地区的铁矿石及其他矿产资源出口锐减，海运需求急剧下降。据了解，全球不少重要港口都出现了船只半舱出航的情况。

大起之后的大落让很多海运公司措手不及。从 2008 年 5 月 20 日开始，全球干散货船运费继创下历史新高之后呈现连续几个月的"自由落体"状态，跌破运营成本。有关业内人士提供的数据显示，就在当年春季，全球顶级海运公司对从亚洲到欧洲的货物还执行每个集装箱 2 000 美元的运费标准，而现在已经降到了每个集装箱 500 美元；当时一艘装有 2 500 个标准集装箱的包船运费为每天 3 万美元，现在已经不足 1.2 万美元；6 月巴拿马型船的包租费用为每天 6.4 万美元，现在则不足 1.1 万美元。

因此，越来越多的船运公司开始削减运力，选择将船只暂时"束之高阁"。业内人士估计，航行在太平洋上的货运船只中，至少有 1/4 处于"歇业"状态。

除了运价大幅下跌，资金链的压力使得规模较小的海运公司面临生存考验。粗略估计，过去几年间，银行和投资者总计向这个行业投入了数千亿美元，该行业的资本总量以每年 20%的速度增长。然而，伴随全球信贷市场降至冰点，支撑海运业的融资渠道纷纷亮起红灯，"资本稀缺"成为新的关键词。有业内人士预计，全球在建船只中，至少有 1/4 面临融资困难，涉及金额约 5 000 亿美元，而已预订的 2 000 多艘干散货船中，绝大部分都无法获得或实现融资。

与此同时，由于缺乏信任及紧张情绪蔓延，很多银行拒绝为买家开立信用证，致使一些地区的原材料装运陷于停滞。由于全球贸易的 90%使用信用支付，信贷危机对于外贸出口行业来说无疑是致命的打击，同时更扼住了海运企业的咽喉。

资料来源：陶冶．金融危机终结全球海运业盛宴．金融时报，2008-12-10．

2.4.3　金融市场

国际企业在全球范围内进行资金的筹集和投放，某个国家金融市场的优势可以吸引国际企业进行筹资和投资操作，比如有丰富或特殊的金融工具可供国际企业选择，有足够大规模和高流动性的股票市场吸引国际企业在此筹集大额资金，投资者对收益率要求合理等。国际企业的财务管理人员可以根据不同国家金融市场的特点设计筹资和投资战略。

不同国家金融市场的特点还对该国国际企业的财务管理特征产生影响，比如在股票市场发达、中小投资者云集的国家，其国际企业资本结构中股权资本的比重相对较高；而在以银行为主要融资机构的国家，企业对银行资金的依赖更大，企业中债务资金的比重也就较高。在以机构投资者为主的市场中，尤其是在以银行为企业主要资金供应者的国家中，企业经营战略以长期目标为主，财务管理的目标更多地考虑股东利益以外的其他内容，如社会稳定、雇员利益等；而在以个人投资者为主的市场中，企业财务管理的目标更多是股东利益至上。

东道国金融市场的完善程度对国际企业在该国的经营也会产生影响，比如该国银行结算体系是否快速、有效，银行结算工具是否多样、便利等都会对国际企业的子公司在该国的资金周转产生影响，从而影响国际企业的资金收益。

2.4.4 税收制度

投资者最为关心的是税后收益的多少。因此，每个企业对税收制度的内容和变化非常敏感。研究各国的税收制度对国际企业而言更有意义，因为比起国内企业，国际企业的财务管理者可以在世界范围内利用不同的税收制度，有更多的途径和方式进行税务筹划，最大限度地减少纳税支出。

国际企业财务管理上需要考虑的税收制度包括以下几方面。

1. 各国的税种和税率

世界各国对国际企业设置的税收种类名目繁多，最常见的有：公司所得税，即各国政府对税收管辖权内的企业收入征收的税赋；增值税，即各国政府对税收管辖权内的企业在商品生产和流通环节的新增价值或商品附加值征收的税赋；预提税，即各国政府对税收管辖权内的企业向国外机构或个人支付股利、利息、租金以及特许权使用费等资金流出行为征收的税赋；资本利得税，即各国政府对税收管辖权内的企业出售资本性资产所得收益征收的税赋，但有的国家将其合并在企业的经营收入中，作为一般收入征收所得税；关税，即各国对过境的应税货物征收的税赋。

各国就同一税种执行的不同税率是国际企业财务管理关注的一项内容。国际企业可以利用这种税率上的差异安排企业内部的资金流向，制定最优的资本结构和投资决策，运用诸如内部转移价格等手段将资金或收益转往低税率国家，减少企业的税收支付。各国在同一税种上的税率差异很大，如果再考虑有的国家为了吸引外国投资而给予税收的减免，或者国家之间对某些税种的征收协定，这种税率的差异就更明显了。表2-1列出了一些国家（地区）公司所得税以及与我国协定的针对企业向母国公司支付股息和利息的预提税税率，可以看出这种差异的幅度。近年来，作为海外投资主要投出国的美国、英国等欧美发达国家，为了吸引其跨国企业的业务回流本国，提升本国的就业和经济，纷纷通过税制改革大幅降低对企业的税收。这种做法可能导致本国跨国企业回缩本国投资，同时也会吸引其他国家的资金流向这些国家进行投资。

表 2-1　　一些国家（地区）公司所得税和协议预提税税率

国家	所得税税率	协定股息税率	协定利息税率
英国	20%或 21%或 21.5%	5%（持股 25%以上）	10%
芬兰	20%	5%（持股 25%以上）	10%
法国	33.33%	10%	10%
印度尼西亚	25%	10%	10%
日本	35%	10%	10%
澳大利亚	30%	15%	10%

注：在美国推出减税计划以后，世界各国紧紧跟随，纷纷进行税制改革或者税率调整。比如，法国计划在 2018—2022 年将企业所得税税率降至 25%；英国将 20%的企业税税率下调至 17%；如果欧盟对脱欧后的英国采取贸易限制，那么英国的企业税税率还将进一步下调至 10%；瑞士、荷兰、泰国等也都在调降增值税税率和企业所得税税率。

资料来源：唐滔．特朗普税改冲击下的政策应对．中国金融，2018（7）.

案例 2-5　　美国税制改革对全球的影响

美国总统特朗普 2017 年 12 月 22 日在白宫签署了 1.5 万亿美元税改法案，自 2018 年起大幅降低企业税率，联邦企业所得税税率从现在的 35%降至 21%，下降 14 个百分点，对海外企业留存利润实行一次性征税，其中，现金利润的税率为 15.5%，固定资产的税率为 8%，同时，规定美国企业的海外利润只须在生产国交税，无须再次向美国政府交税。

联合国贸易和发展组织 2018 年 2 月 6 日发布的《全球投资趋势监测报告》指出，美国税制改革的主要目标是增加对美国的投资并创造就业机会。为此，该法案包含了改善美国投资环境的措施（主要通过减税和简化税制），以及鼓励跨国公司将海外资金汇回国内并减少某些海外资产或经营活动的措施，将对全球国际投资的流动、存量及结构产生重要影响。税制改革不仅将影响流入美国的外国投资，还将影响美国跨国公司在海外的投资。考虑到外国公司在美外资存量以及美国公司在海外的投资存量占全球 FDI 存量的近一半，税制改革将对全球投资格局产生重大影响。

联合国《世界投资报告》主编、联合国贸易和发展组织投资和企业司司长詹晓宁分析指出，税改可能导致美国跨国公司海外分支机构的收益留存大幅下降，可能导致美国跨国公司近 2 万亿美元海外资金的很大一部分回流美国，近期内可能导致美国对外投资负增长；税改可能致使美国跨国企业海外投资模式及路径出现新的调整，尤其是技术密集型和先进制造业投资；降低税率以及资本支出全额计入成本等刺激投资的措施，会一定程度上促进美国吸收外资，并可能导致部分制造业回归美国。但从长期看，国际投资格局还可能受到各国竞相减税的影响，美国税改的影响将在一定程度上被抵消。

资料来源：改编自邓靖，李敬．税收竞争视角下特朗普税改的基本特点及全球影响研究．现代经济探讨，2018（7）；许娜．美国税制改革对全球外国直接投资的影响．国际经济合作，2018（3）.

2. 税收优惠政策和亏损弥补

一些国家为了吸引外国投资或鼓励外国在国内某些行业、地区进行投资，在某些税种的税率方面给予特定的优惠政策，比如中国对外资企业曾经实行的所得税三年免税、两年减税的政策，以及在某些经济开发区注册的外国企业可以得到类似的税收优惠政策，这些政策为中国吸引外国资金发挥了重要的作用。除所得税外，为了鼓励出口，一些国家还可能对企业出口产品退还部分税收。国际企业利用这类税收优惠政策可以有效地减少子公司的所得税支付，而且可以利用转移价格等方式，将收益转移到这类国家，有效地减少整个企业的税收支付。但是，这种税收优惠政策往往具有阶段性，国际企业的财务管理人员在进行最初的投资决策时必须十分谨慎，不仅要考虑税收优惠阶段项目的可行性，而且要考虑丧失税收优惠后整个项目的可行性，对项目的现金流量作出整体安排。

许多国家都允许境内的外国企业在亏损发生后的一定时间内利用所得税弥补亏损，即当纳税人发生亏损时，可以用下一年或延续有限几年的所得税弥补；个别国家甚至允许利用以前年度的所得税抵补发生的亏损。这种所得税弥补亏损的政策对国际企业的意义在于，可以利用亏损年度的亏损减少盈利年度的所得税支付。

3. 国家间避免双重征税的协议

各国都根据税收管辖权对管辖权内的企业进行征税，由于对税收管辖权的理解不同，企业可能面临同一笔收入需要在不同国家分别纳税的情况。如果没有国家间避免双重征税的协议，将大大加重企业的税收负担。为了避免双重纳税造成的损失，国际企业的财务管理人员需要格外关注有关国家间是否签订有避免双重征税的协议。

后面的有关章节将详细介绍国际企业财务管理人员如何利用税务筹划减轻企业的税收负担。

2.4.5 国际收支

国际收支是指一定时期内某一经济体（通常指一国或者地区）与世界上其他经济体之间的各项经济交易。经济交易作为流量，反映经济价值的创造、转移、交换、转让或削减，包括经常项目交易、资本与金融项目交易以及国际储备资产变动等。一国国际收支的情况反映了该国通货膨胀、利率、汇率、国民经济状况、国内经济政策、财政政策和经济结构、国际环境等诸多因素的作用结果，国际收支情况的变化信息有助于国际企业分析判断一国经济在这些方面的变化；另外，这些因素本身也会受到国际收支情况的反作用。因此，国际企业需要了解国际收支情况对这些因素可能产生的影响，尤其是对汇率可能产生的影响，及时制定应对策略。

1. 国际收支和国际收支平衡表

一个经济体的国际收支情况是通过国际收支平衡表反映的。国际货币基金组织颁布的《国际收支和国际投资头寸手册》（第六版）① 提供了国际收支平衡表的账户分类标准，各国可以根据本国具体情况进行必要的调整，但总体的分类基本一致，包括以下内容。

（1）经常账户。经常账户是指实质资源的流动，包括进出口货物、输入输出的服务、对外应收及应付的收益，以及在无同等回报的情况下，与其他国家或地区之间发生的提供或接受经济价值的经常转移。

当某个企业出口货物或输出服务时，资金流入本国，在国际收支平衡表上将产生货物或服务贷方的增加；反之，资金流出本国，在国际收支平衡表上将产生货物或服务借方的增加。货物和服务的出口和进口之间的差额，称为贸易差额。如果是出口大于进口，即贷方金额大于借方金额，称为贸易顺差；反之，如果是进口大于出口，即借方金额大于贷方金额，称为贸易逆差。我国国际收支平衡表涵盖的经济体范围只限于中国大陆（以下简称该经济体为“我国”），不包括港澳台地区。从历年的数据看，我国一直保持贸易顺差，近几年顺差规模有所降低，2014 年贸易顺差额为 2 225.4 亿美元，到 2017 年降至 2 107 亿美元，其中，货物进出口顺差 4 761 亿美元，服务贸易逆差 2 654 亿美元。②

初次收入包括雇员报酬和投资收益两类。雇员报酬是指本国居民在境外工作（1 年以内）而从境外得到并汇回的收入（贷方）以及国内支付外籍员工（1 年以内）的工资福利（借方）。投资收益包括直接投资项下的利润利息收支和再投资收益、证券投资收益（股息、利息等）和其他投资收益（利息）。当我国投资者因购买 QDII（合格境内机构投资者）产品取得外国国债利息或其他金融产品收益时，形成了资金流入，投资收益贷方增加；当我国企业输出工人在国外取得工资和薪酬时，也会形成资金流入，雇员报酬贷方增加；反之，如果我国对外支付投资收益和员工薪酬，则导致借方增加。我国初次收入通常存在逆差。2017 年，我国初次收入项目逆差 344 亿美元，其中投资收益净流出 499 亿美元，境外短期工作 1 年以内的雇员报酬净流入为 150 亿美元。

二次收入主要包括侨汇、国家或经济体之间的无偿捐赠、援助、赔偿等项目。2017 年，我国二次收入逆差 114 亿美元。

（2）资本和金融账户。资本和金融账户包括资本账户和金融账户。

1）资本账户。资本账户显示的是资本转移、非生产/非金融资产交易。资本转移是指涉及固定资产所有权的变更及债权债务的减免等导致交易一方或双

---

① 《国际收支和国际投资头寸手册》（第六版）将上一版的“收益”改为“初次收入”，“经常性转移”改为“二次收入”，金融项目中的金融资产只列示净获得，金融负债只列示净产出。

② 2017 年中国国际收支报告．（2018－03－29）［2018－10－16］．http://newweb.safe.gov.cn/safe/2018/0329/8796.html.

方资产存量发生变化的转移，主要包括固定资产转移、债务减免、移民转移和投资捐赠等。

非生产/非金融资产交易是指非生产性有形资产（土地和地下资产）和无形资产（专利、版权、商标和经销权等）的收买与放弃。我国出版企业向国外出版商购买图书版权时，资金流出，资本账户借方增加。我国政府减免非洲国家债务时，资本账户借方增加。

当前的国际收支平衡表上，经常账户和资本账户按全值列示交易，表上分别列示这些账户及其具体内容的借方发生额和贷方发生额，以及交易的净额。

2）金融账户。金融账户显示的是金融资产和负债的获得和处置净额。金融账户采用净额填列，反映特定期间内金融资产的净获得和负债的净产生，也就是一国或一个经济体对外投资和收回对外投资的活动，最终只反映其投资的净额；一国或一个经济体接受国外的投资，最终只反映被投资的净额。

金融账户分为非储备性质的金融账户和储备资产账户。

①非储备性质的金融账户。非储备性质的金融账户反映一国或一个经济体的金融交易，具体包括直接投资、证券投资、金融衍生工具和其他投资账户。当境外企业通过并购或合资方式在我国直接投资时，直接投资负债账户的股权贷方增加，撤回投资时，直接投资负债账户的股权借方增加，其净额反映一国接受外国投资的股权负债净额。当我国企业通过并购或合资方式在海外直接投资时，直接投资资产账户的股权借方增加，当企业出售撤回海外直接投资时，直接投资资产账户的股权贷方增加，其净额反映一国海外投资的股权资产净额。证券投资、其他投资账户的填列原理也是如此。

非储备性质的金融账户顺差意味着投资的净流入，即一国接受国外投资多于对外投资；金融账户逆差意味着投资的净流出，即一国对外投资超过接受国外投资。传统上，我国一直是非储备性质的金融账户顺差国家，随着近些年我国企业对外投资步伐加大，以及“沪港通”“债券通”等便利境内外居民证券投资的措施出台，从2012年起，我国非储备性质的金融账户每年的余额情况出现正常的波动，2014—2016年，我国非储备性质的金融账户出现逆差，2017年又回归顺差。2017年，我国直接投资账户顺差663亿美元，其中我国对外直接投资净流出1 019亿美元，境外在华直接投资1 682亿美元；证券投资顺差74亿美元，其中，我国对境外证券投资净流出1 094亿美元，境外对我国的证券投资净流入1 168亿美元；金融衍生品顺差5亿美元。其他投资是指除直接投资、证券投资、金融衍生品以外的所有金融交易，分为贸易信贷、贷款、货币和存款、其他资产、负债。2017年，我国其他投资的顺差为744亿美元，表明相比我国对境外的贸易信贷、贷款以及我国企业和居民在境外持有的外国货币和存款资产，境外更多地对我国提供贸易信贷、对外贷款，在我国持有货币和存款。

②储备资产账户。储备资产由货币当局控制，可随时用来满足国际收支资金需求，干预汇兑市场影响货币汇率，以及用于其他相关目的，例如，维护人们对货币和经济的信心，作为向外国借款的对外资产①，包括货币黄金、外汇、特别提款权、在国际货币基金组织的储备头寸和其他储备资产。

经常账户、资本账户和非储备性质的金融账户反映一国在年度内累计实现的外汇收入和发生的外汇支出，是国际收支平衡表的核心；储备资产账户则反映该国在年度内由于外汇收支业务导致的外汇资产的变化。由于国际收支平衡表采用复式记账法编制，经常账户、资本账户、非储备性质的金融账户资金流出记录借方时，储备资产减少，应记入贷方；反之，经常账户、资本账户、非储备性质的金融账户资金流入记录贷方时，储备资产增加，应记入借方。表上体现的账户净额为贷方减借方的差额，因此，差额为正时表明储备减少，差额为负时表明储备增加。2017 年，我国储备资产增长约 915 亿美元，其中，外汇储备增加 930 亿美元，在国际货币基金组织的储备头寸减少 22 亿美元，特别提款权增加 7 亿美元。

（3）净误差与遗漏项目。净误差和遗漏是基于会计上的需要，在国际收支平衡表中，当借贷双方出现不平衡时，设置的用以抵消统计偏差的项目。一般认为，当“净误差与遗漏”出现较大借方金额时，可能存在异常资本流出，当其出现较大贷方金额时，可能存在异常资本流入，如未通过官方登记的地下渠道投资和撤资。

经常账户差额与资本账户差额之和体现一国与世界其他地方之间的实体经济业务，金融账户体现一国与世界其他地方之间的金融业务。一国实体业务产生的净额需要通过金融业务进行投资或借款，因此从理论上讲，这两者的净额应该金额相等，净额借贷方向相反。理论上，经常账户与资本账户的净额应该等于一个国家与世界其他地方之间的净贷款（顺差）或净借款（逆差），也就是这两个账户的净额之和应该与金融账户的净额相等。但是实践中，这两部分之间通常不会恰好抵消。原因可能是数据来源不完备、报告质量不佳等导致的统计误差等，也可能是一些统计口径变化、估值基础变化导致某个项目的金额调整，因此，国际收支平衡表需要增加一项净误差与遗漏，从而维持这种平衡。考虑净误差与遗漏项目，国际收支平衡表永远是平衡的，但这并不意味着该国的国际收支就是平衡的。2017 年，我国净误差与遗漏项目借方超过贷方 2 219 亿美元，说明由于种种原因，有 2 219 亿美元的价值没有收回，或者流出未被记录，因此未被表内已有的各个项目反映。

我国 2016 年和 2017 年国际收支平衡表如表 2－2 所示。

---

①　国际货币基金组织．https://www.imf.org/external/pubs/ft/bop/2007/bopman6.htm.

表 2-2　　中国国际收支平衡表（年度表）　　单位：亿美元

项目	2016年	2017年
1. 经常账户	2 022	1 649
贷方	24 546	27 089
借方	−22 524	−25 440
1.A 货物和服务	2 557	2 107
贷方	21 979	24 229
借方	−19 422	−22 122
1.A.a 货物	4 889	4 761
贷方	19 895	22 165
借方	−15 006	−17 403
1.A.b 服务	−2 331	−2 654
贷方	2 084	2 065
借方	−4 415	−4 719
1.A.b.1 加工服务	184	179
贷方	185	181
借方	−2	−2
1.A.b.2 维护和维修服务	32	37
贷方	52	60
借方	−20	−23
1.A.b.3 运输	−468	−561
贷方	338	372
借方	−806	−933
1.A.b.4 旅行	−2 057	−2 251
贷方	444	326
借方	−2 501	−2 577
1.A.b.5 建设	42	36
贷方	127	122
借方	−85	−86
1.A.b.6 保险和养老金服务	−88	−74
贷方	41	41
借方	−129	−115
1.A.b.7 金融服务	11	18
贷方	32	34
借方	−20	−16
1.A.b.8 知识产权使用费	−228	−239
贷方	12	48
借方	−240	−287
1.A.b.9 电信、计算机和信息服务	127	77
贷方	254	270
借方	−127	−193

续前表

项目	2016 年	2017 年
1. A. b. 10　其他商业服务	147	161
贷方	580	586
借方	−432	−426
1. A. b. 11　个人、文化和娱乐服务	−14	−20
贷方	7	8
借方	−21	−27
1. A. b. 12　别处未提及的政府服务	−20	−18
贷方	12	17
借方	−32	−35
1. B　初次收入	−440	−344
贷方	2 258	2 573
借方	−2 698	−2 918
1. B. 1　雇员报酬	207	150
贷方	269	217
借方	−62	−67
1. B. 2　投资收益	−650	−499
贷方	1 984	2 349
借方	−2 634	−2 848
1. B. 3　其他初次收入	3	5
贷方	6	7
借方	−2	−3
1. C　二次收入	−95	−114
贷方	309	286
借方	−404	−400
1. C. 1　个人转移	—	−25
贷方	—	70
借方	—	−95
1. C. 2　其他二次收入	—	−89
贷方	—	216
借方	—	−305
2. 资本和金融账户	272	570
2. 1　资本账户	−3	−1
贷方	3	2
借方	−7	−3
2. 2　金融账户	276	571
资产	−2 320	−3 782
负债	2 596	4 353
2. 2. 1　非储备性质的金融账户	−4 161	1 486
资产	−6 756	−2 867
负债	2 596	4 353

续前表

项目	2016年	2017年
2.2.1.1　直接投资	−417	663
2.2.1.1.1　资产	−2 164	−1 019
2.2.1.1.1.1　股权	−1 470	−997
2.2.1.1.1.2　关联企业债务	−694	−22
2.2.1.1.1.a　金融部门	—	−187
2.2.1.1.1.1.a　股权	—	−185
2.2.1.1.1.2.a　关联企业债务	—	−2
2.2.1.1.1.b　非金融部门	—	−832
2.2.1.1.1.1.b　股权	—	−812
2.2.1.1.1.2.b　关联企业债务	—	−21
2.2.1.1.2　负债	1 747	1 682
2.2.1.1.2.1　股权	1 649	1 422
2.2.1.1.2.2　关联企业债务	98	260
2.2.1.1.2.a　金融部门	—	144
2.2.1.1.2.1.a　股权	—	105
2.2.1.1.2.2.a　关联企业债务	—	38
2.2.1.1.2.b　非金融部门	—	1 539
2.2.1.1.2.1.b　股权	—	1 316
2.2.1.1.2.2.b　关联企业债务	—	222
2.2.1.2　证券投资	−523	74
2.2.1.2.1　资产	−1 028	−1 094
2.2.1.2.1.1　股权	−382	−377
2.2.1.2.1.2　债券	−645	−717
2.2.1.2.2　负债	505	1 168
2.2.1.2.2.1　股权	234	340
2.2.1.2.2.2　债券	271	829
2.2.1.3　金融衍生工具	−54	5
2.2.1.3.1　资产	−65	15
2.2.1.3.2　负债	12	−10
2.2.1.4　其他投资	−3 167	744
2.2.1.4.1　资产	−3 499	−769
2.2.1.4.1.1　其他股权	0	0
2.2.1.4.1.2　货币和存款	−643	−370
2.2.1.4.1.3　贷款	−1 103	−397
2.2.1.4.1.4　保险和养老金	−3	0
2.2.1.4.1.5　贸易信贷	−1 008	−194
2.2.1.4.1.6　其他	−743	192
2.2.1.4.2　负债	332	1 513
2.2.1.4.2.1　其他股权	0	0

续前表

项目	2016 年	2017 年
2.2.1.4.2.2　货币和存款	91	1 055
2.2.1.4.2.3　贷款	−174	496
2.2.1.4.2.4　保险和养老金	−7	7
2.2.1.4.2.5　贸易信贷	162	−12
2.2.1.4.2.6　其他	259	−32
2.2.1.4.2.7　特别提款权	0	0
2.2.2　储备资产	4 437	−915
2.2.2.1　货币黄金	0	0
2.2.2.2　特别提款权	3	−7
2.2.2.3　在国际货币基金组织的储备头寸	−53	22
2.2.2.4　外汇储备	4 487	−930
2.2.2.5　其他储备资产	0	0
3. 净误差与遗漏	−2 295	−2 219

2. 国际收支失衡及其原因

国际收支平衡表中的经常项目、长期资本项目和部分短期资本项目代表的是一国内各经济主体或居民出于自身特别的目的进行的自主性交易活动，这类交易通常会使借贷双方出现差额；而政府或货币管理当局为了弥补自主性交易产生的差额，会出面进行交易，这类调节性交易反映在平衡账户和部分短期资本账户上。但是即便经过调节性交易，国际收支仍然可能不平衡。当两类交易产生的不平衡延续一段时间并达到一定程度后，就称为国际收支失衡。

从国际收支平衡表上看，国际收支失衡指经常项目和资本项目借贷方发生持久或巨额的借贷方余额。自主性交易和调节性交易都真正涉及外汇收支，只有它们才能引起国际收支失衡，净误差和遗漏不涉及真正的外汇收支，因此不予考虑。当某个项目的贷方金额大于借方金额时，称为出现“顺差”；当某个项目的借方金额大于贷方金额时，称为出现“逆差”。国际企业的财务管理者在分析一国的国际收支失衡时，一方面，应研究大的项目的平衡情况，同时注意各账户内部各项目的平衡情况，找出背后隐藏的经济关系及作用程度，为预测可能受到国际收支状况影响的因素的变化提供分析资料；另一方面，通过对影响国际收支平衡原因的了解，预知各因素变化对企业贸易及投资的影响方向和影响程度，在环境变化时及早采取应对措施。

一国国际收支出现失衡的原因有许多，这里只选取几类加以说明。

(1) 结构性失衡。一个国家内部的经济结构受到它的资源、环境、技术、制度等的限制，在国际分工和全球价值链中会形成特别的优势或劣势，由此形成特定的进出口贸易结构，这种结构在特定环境下可能导致进出口不平衡。或者过去平衡，但当国外的需求发生改变时，原有的结构不易调整，原有的平衡被打破。如果这种改变是永久性的，就可能出现国际收支的结构性失衡。

案例2-6　改革开放40年来我国国际收支的发展演变

我国经常账户顺差总体呈现先升后降的发展态势。1982—1993年，我国经常账户差额有所波动，个别年份出现逆差。但1994年以来，经常账户开始出现持续至今的顺差局面。其中，1994—2007年，经常账户顺差与GDP之比由1%左右升至9.9%，外向型经济特征凸显，在此期间带动了国内经济的快速增长。但2008年国际金融危机进一步表明，我国经济应降低对外需的依赖，更多地转向内需拉动。2008年起我国经常账户顺差与GDP之比逐步回落至合理区间，2017年降至1.3%，说明近年来内需尤其是消费需求在经济增长中的作用更加突出，这也是内部经济结构优化与外部经济平衡的互为印证。

跨境资本由持续净流入转向双向流动。在1994年经常账户开启长期顺差局面后，我国非储备性质的金融账户也出现了长达20年左右的顺差，“双顺差”一度成为我国国际收支的标志性特征。在此情况下，外汇储备余额持续攀升，最高接近4万亿美元。2014年以来，在内外部环境影响下，非储备性质的金融账户持续了近3年的逆差，外汇储备由升转降，直至2017年外汇储备再度回升。

上述调整也引起了我国对外资产负债结构的变化，2017年年末对外资产中储备资产占比为47%，较2013年年末下降18个百分点；直接投资、证券投资和其他投资占比分别上升10个、3个和5个百分点，体现了对外资产的分散化持有与运用。同时，2017年年末对外负债中的证券投资占比较2013年年末上升11个百分点，其他投资占比下降9个百分点，国内资本市场开放的成果有所显现。

资料来源：2017中国国际收支报告资料.

（2）周期性失衡。当世界经济或一国经济发生周期性波动时，企业的生产水平、原料和产品价格及需要量、投资意愿、个人收入水平和相应的消费能力也会随之发生周期性改变，对进出口和资本流动产生影响。例如，欧洲主权债务危机发生前，欧元区内部就存在经常账户失衡问题，但是这一时期，受利率趋同和欧元乐观前景的影响，大量私人资本从以德国为主的欧元区经常账户顺差国流向南欧等经常账户逆差国，为这些国家的经常账户赤字融资，从而使得欧元区内国际收支基本保持平衡。危机爆发后，欧洲银行间市场借贷基本停滞，私人部门融资意愿下降，而且，危机国出现了不同程度的资本外逃，德国的经常账户盈余不断上升，希腊、爱尔兰、葡萄牙和西班牙等南欧国家的进口也越来越多，经常账户赤字不断扩大。欧元区各国出现了严重的国际收支失衡。

（3）货币性失衡。当一国发生通货膨胀或通货紧缩时，国内物价与国外物价出现差异，会引起进口或出口价格和产品竞争力的改变，从而引起进出口数量和金额的变动。例如，通货膨胀国家的出口成本上升，削弱产品在国外的竞争力，抑制出口；同时进口商品价格下降，促进了进口，导致经常项目出现贸易逆差。或者一国的货币由于市场力量或政府干预而发生升值时，货币升值国家的进口商品出现价格优势，商品进口增加，同时出口商品的价格升高，出口受阻，该国可能出现经常账户逆差；反之，如果一国的货币发生贬值，则该国可能出现经常账户顺差。如果预期一国的货币会升值或正在升值，国外的资本就可能流入该国，购买该国的证券，希望以此取得货币升值的利益，导致该国资本账户顺差；反之，如果预期一国的货币会贬值或正在贬值，则国外的资本就可能流出该国，导致该国资本账户逆差。

（4）政府的干预。一国政府出于种种原因可能对进出口、资本的国际流动实行政策性干预，比如出台一些限制或鼓励进出口的政策、限制或鼓励外国和本国资本流入或本国资本流出的政策措施等，这种干预通常会导致进出口或资本流动发生明显的变化，引起国际收支中经常账户或资本账户出现顺差或逆差。例如，我国长期以来的出口导向政策，以及居民的高储蓄意向，加之我国对外国资本投资的鼓励和对本国企业对外投资所需的外汇资金的管制，使我国的国际收支出现长期的双顺差格局。

案例2-7　国际金融危机对我国国际收支的主要影响

国际金融危机爆发以来，贸易、金融和信心渠道对我国国际收支运行产生了较大的影响，涉外经济活动放缓，国际收支顺差减少，具体表现为：

（1）贸易渠道。由于全球经济不景气，消费萎缩，外部需求明显下降，我国出口自2008年11月起持续负增长，2009年上半年出口降幅达22%。

（2）金融渠道。国际金融危机加大了金融市场风险，加重了国际投资者的风险厌恶情绪。同时，金融部门信贷规模收紧，企业和个人融资受限，国际资本流动规模和速度均有所降低。2008年下半年以来，我国直接投资、证券投资等项目外资流入一直呈同比下降态势，外商投资企业利润汇出和撤资有所增加。

（3）信心渠道。全球经济普遍衰退，国际上对我国经济的担忧增加，而我国出口下降、外资流入减缓等因素也抑制了人民币汇率的升值预期。在国际金融危机的影响下，2008年人民币对美元汇率预期经历了从升值预期减弱到贬值预期出现的变化过程。2009年上半年人民币升值预期依然较弱，跨境资金大规模流入的动力不足。

我国是一个经济外向度较高的国家，一方面，国际金融危机通过影响我国国际收支运行，给我国经济增长和就业带来一定压力；另一方面，危机意味着对以往经济发展中突出矛盾的调整，这可能是一个缓慢而长期的过程，但国际金融危机也为我国促进国际收支平衡创造了有利的经济和政策条件。主要发达国家“低储蓄，高消费”的经济发展模式被动调整，过度消费倾向减弱，全球经济失衡状况有所改善，美国作为世界主要贸易逆差国，2009 年上半年货物贸易逆差同比减少 40%以上。我国经济结构在外部压力和内部推动的双重作用下加快调整，2008 年经常项目顺差占同期 GDP 的比例为 9.8%，比 2007 年低 1.2 个百分点，为 2002 年以来首次下降，2009 年上半年进一步降至 6.6%。

资料来源：改编自 2009 年上半年中国国际收支报告. http://www.safe.gov.cn.

3. 国际收支失衡的影响和调节措施

长期的国际收支失衡会给一国经济带来负面影响。长期的逆差可能耗竭一国的储备，过度增加政府为调节失衡而采取的对外短期融资，同时对外币需要量的持续增加会给本国货币带来贬值的压力。长期的顺差则会导致外国对本国货币需要量的增加，给本国货币带来升值的压力；还可能迫使本国政府增加货币供给量，引发通货膨胀。经常项目的长期逆差会使国内生产和就业形势变得严峻，经常项目的长期顺差则可能引起其他国家的不满，导致贸易摩擦。

理论上，在一个自由经济体中，政府不需要干预国际收支，国际收支失衡的状况也会自动调节。当通货膨胀引起国际收支出现逆差时，进口商品的增加将引发本国货币贬值，本国货币贬值又会反过来抑制进口的增加，带动出口的增加，最后使国际收支的逆差消失。但在现实中，由于各国政府都希望通过采取措施使本国的国际收支朝有利于自己的方向发展，因此这种自动调节往往无法实现；另外，这种自动调节本身还有一个时滞，在这个过程中，其他因素的改变又可能妨碍这种调节的实现。为此，各国政府对本国国际收支失衡一般不会袖手旁观，而会采取调节措施。可能采取的调节措施包括以下几个方面：

（1）动用储备。这只是临时性改善逆差的措施，由于储备是有限的，如果逆差很大或持续时间很长，有可能耗尽储备。

（2）调整汇率。调整汇率最直接的影响对象是进出口额。本币贬值可以直接刺激出口，抑制进口，消除经常账户的逆差。

（3）调整利率。调整利率一方面可以直接影响资本的国际流动，另一方面可以改变进出口状况。比如，当利率提高时，国际资本进入本国，国际收支逆差减少；当中央银行提高利率时，商业银行的利率随之提高，国内投资需求减少，物价下跌，通货膨胀得到抑制，商品出口增加，进口减少，国际收支逆差状况也会得到改善；反之，则作用相反。

（4）管制。对商品进出口或资本的流入流出实施政府管制，比如采用提高关税、减少配额、增加出口补贴或出口退税、外汇管制等措施，限制国外商品进口，增加本国商品出口，限制资金流出本国，可以有效地缩小国际收支逆差，但有时会遭到其他国家的报复。

国际收支状况的改变所引起的各国利率、汇率、政府管制的改变都会影响国际企业的进出口、投资效益以及风险程度等，因此国际企业的财务管理人员需要特别关注有关国家的国际收支情况并及时采取应对措施。

案例 2-8　推改革、促平衡的效果逐步显现

面对复杂多变的外汇市场形势，中国人民银行、国家外汇管理局推动扩大流入端的政策改革，有力促进了国际收支平衡，维护了外汇市场供求关系稳定。

一是推动银行间债券市场对外开放，资本项目可兑换水平迈上新台阶。进一步拓宽境外机构投资者范围，便利更多类型的境外机构投资者依法合规投资银行间债券市场。对境外机构投资者实行登记管理，不设单家机构限额或总限额，规定资金汇出入币种基本一致，避免资金大进大出对国际收支平衡的冲击。

二是全面实施全口径跨境融资宏观审慎管理，便利市场主体跨境融资。

三是深化合格境外机构投资者外汇管理改革，营造良好的外商投资环境。实施合格境外机构投资者（QFII）和人民币合格境外机构投资者（RQFII）外汇管理改革，放宽单家机构投资额度上限，简化审批管理，便利资金汇出入，放宽锁定期限制，提高对 RQFII 和 QFII 外汇管理的一致性，进一步推动境内资本市场开放。

四是改革和规范资本项目结汇管理方式，平衡外汇市场供求关系。全面实施外债资金意愿结汇管理，统一境内机构资本项目外汇收入意愿结汇政策，大幅缩减资本项目收入及结汇用途负面清单，进一步满足和便利境内企业经营与资金运作需要，便利市场主体跨境投融资。

资料来源：根据 2016 中国国际收支报告资料整理.

本章小结

跨国公司面对的复杂多变的国际环境对国际财务管理是个挑战。东道国政治环境、法律环境和经济环境的多样化及其改变直接影响国际企业的投资机会、资本成本、现金流量的稳定性。相关国家的国际收支状况改变与通货膨胀、汇率变化、利率变化、经济的结构性变化和政府干预存在密切的互动关系。我国企业近年来走出国门的机遇增加、实力增强，但也遇到重重阻力。世界经济环境的波动以及我国外汇政策的变化，引发我国经济环境以及资金跨国流动的大幅波动，不仅对国际企业的经营和融资环境产生重大影响，也影响我国内部的非国际企业。企业须时刻关注这些改变。

名词术语

国际收支　　　国际收支平衡表　　　国际收支失衡

练习题

一、思考题

1. 是否越稳定的政府对国际企业经营越有利？

2. 调查中国政府对本国国际企业的政策态度和支持措施，分析中国企业在走出国门时面临的因本国政府政策引发的机会和困难。

3. 东道国发生通货膨胀对国际企业现金流量的稳定性有什么影响？

4. 哪些经济因素影响国际收支平衡表上的经常项目？

5. 哪些因素影响国际收支平衡表上的资本项目？

6. 导致一国国际收支失衡的原因是什么？如何进行调节？

7. 根据我国过去5年的国际收支平衡表，分析我国的国际收支平衡状况，寻找背后的国际和国内影响因素。

8. 美国经济复苏和利率上升对我国的国际收支平衡表可能产生哪些影响？

二、课后上网练习

中华人民共和国国家统计局的网址是 http://www.stat.gov.cn。

1. 登录上述网址，获取中国企业近期的进口和出口趋势数据，指出过去一年中12个月的贸易余额是如何变化的。

2. 说明贸易余额变化的可能原因。

3. 获取过去24个月美国和中国的贸易余额的月度数据。建立一个电子数据表，第一列为月份，第二列为贸易余额，在第三列计算出贸易余额变化的百分比。然后，在有关银行网站上查找每月月初人民币与美元的汇率，插入第四列。

4. 在第五列，计算本月对上月货币价值的变动百分比。

5. 进行回归分析，其中贸易余额变化百分比是因变量，汇率变化百分比是自变量。检验这两个变量之间的关系是否显著？两者的关系是否符合预期？

三、小企业的困境

影响小强体育用品出口公司国外需求的因素

小强创办了一家体育用品出口公司，决定先进入美国市场，因为相对于其他地方，美国人更喜欢乒乓球，而且没有其他公司在美国投资生产和出售乒乓球。小强已经与一家体育用品分销商联系，该分销商同意每月购买乒乓球并分销至美国各地的体育用品商店。分销商对乒乓球的需求最终受到光顾体育用品商店的美国人对乒乓球的需求的影响。当小强体育用品出口公司把产品销售给分销商时，会收到美元并将其兑换为人民币。小强意识到从中国出口到美国的商品会受到各种因素的影响。

确定影响中国与美国之间经常项目余额的因素，解释每一个因素将怎样影响美国对小强体育用品出口公司乒乓球的需求。

四、真实案例在线文章

在网上寻找一篇近期的文章。文章内容（最好与某一特定国际企业有关）能够诠释本章所阐述的一个或多个概念。可以使用的搜索关键词包括跨国经营与东道国政府的态度、跨国经营与政治风险、中国与贸易余额、各国税收制度、国际收支、国际资本流动等。

五、推荐书目/视频/网站

1.《货币战争》，宋鸿兵，北京，中信出版社，2007。

2.《贸易战争》，中央电视台5集纪录片，2010。

3. 中国国家统计局网站。

4. 美国联邦统计局网站。

5. 世界银行网站。

6. 世界贸易组织网站。

第 3 章

外汇市场与汇率预测

知识要点

- 外汇和汇率的定义
- 外汇交易的几种主要形式
- 影响汇率的因素
- 购买力平价理论
- 国际费雪效应理论
- 利率平价理论
- 远期汇率为未来即期汇率的无偏估计理论
- 汇率预测理论间的关系

3.1 外汇市场

与国内财务管理明显不同的是，国际财务管理不仅使用本国货币，而且需要更多地使用其他国家的货币，外汇市场上各国货币汇率的变化导致国际企业产生现金流量变动的风险，而外汇市场的外汇交易也为各国际企业提供了规避风险甚至获益的渠道。为此，本节主要介绍与外汇和外汇市场有关的概念、常识。

3.1.1 外汇和外汇市场

1. 外汇的定义

目前世界上多数国家使用的是不能在其他国家直接流通的货币，因此不同国家的居民在进行国际结算时就需要考虑使用哪种货币，其中一方肯定需要接受或使用以别国货币表示的支付手段或资产，对于他们而言，这种以外国货币表示的支付手段或资产就是外汇（foreign exchange）。国际货币基金组织对外汇的定义是："外汇是货币行政当局（中央银行、货币管理机构、外汇平准基金及财政部）以银行存款、财政部国库券、长短期政府债券等形式所保有的在国际收支逆差时可以使用的债权。"

《中华人民共和国外汇管理条例》第 3 条规定，外汇是指下列以外币表示的可以用作国际清偿的支付手段和资产：(1) 外币现钞，包括纸币、铸币；(2) 外币支付凭证或者支付工具，包括票据、银行存款凭证、银行卡等；(3) 外币有价证券，包括债券、股票等；(4) 特别提款权；(5) 其他外汇资产。

2. 外汇市场

外汇市场就是进行外汇买卖、兑换的市场，是由外汇需求者、外汇供给者、买卖中介机构构成的外汇买卖活动场所。

外汇市场按照是否有形可以分为有形外汇市场和无形外汇市场两类。有形外汇市场是指外汇指定银行、经纪人、客户等参加外汇交易的各方在固定时间进行集中交易的封闭式固定交易场所；无形外汇市场是指没有固定交易场所，交易各方通过现代通信方式沟通买卖意向、完成交易的开放式市场。目前除少数国家外，大部分外汇市场都是无固定交易场所的无形外汇市场，如伦敦外汇市场、纽约外汇市场、东京外汇市场和香港外汇市场等世界几大主要外汇交易市场。

外汇市场按照参与者的不同可以分为客户市场和银行同业市场。客户市场由银行和客户之间的交易构成；银行同业市场则由银行之间的交易构成。银行在向客户购买或出售外汇后，可能会出现某种外汇的溢余或短缺，为了避免汇率变动带来的风险，这些银行往往需要与其他银行进行外汇买卖、调剂余缺，由此构成银行间的交易。

外汇市场按照交易方式可以分为四类：即期外汇市场、远期外汇市场、外汇期货市场和外汇期权市场。有关的交易将在后面的部分详细说明。

3. 外汇市场的参与者

(1) 外汇银行和非银行外汇经营机构。它们是联系外汇供求双方的主要中介人，主要通过提供中介服务取得外汇买卖差价。在许多国家，只有中央银行指定或授权的银行或机构才能经营外汇业务。外汇银行主要包括以经营外汇交易为主要业务的外汇专业银行、兼营外汇业务的商业银行、境内的外国银行分行或代理行。非银行外汇经营机构主要包括可以经营外国票据贴现业务的贴现公司和以买卖外国汇票为主的汇票交易商。外汇银行和非银行外汇经营机构是外汇市场上最主要的参与者，有些大的外汇银行还是外汇市场的培育者，在买卖双方不相抵时，自己介入作为交易的一方。

(2) 外汇经纪人。在国外，很多经营外汇业务的银行之间买卖外汇都通过外汇经纪人完成，一方面是因为外汇经纪人与大量的外汇供求者保持紧密的联系；另一方面，许多大的交易者希望匿名交易。外汇经纪人就是在银行间或银行与客户之间代洽外汇买卖业务的中间人，他们的主要任务是促成交易。外汇经纪人分为两类：一类是一般经纪人，他们持有一定资产，从事外汇买卖并自负盈亏；另一类是以收取佣金为目的、代客户洽谈外汇买卖、自身不承担风险的经纪人，也称为“跑街掮客”。

（3）外汇最终的需求者和供给者。也就是各国际企业、进出口商、国际证券投资者、旅游者、移民等，它们是外汇市场上的最终客户。它们为了转移购买力、获得贸易信用或规避外汇风险等，通过外汇银行或非银行外汇经营机构、外汇经纪人等中介进行外汇买卖。

（4）投机者和套汇者。投机者和套汇者进行外汇交易的目的既不同于外汇银行等中介，也不同于外汇最终的需求者和供给者，它们的目的是通过外汇汇率变动或不同市场同一时点的价格差异获取利润。实际上，外汇银行大多参与外汇的投机和套汇。投机者和套汇者是外汇市场的润滑剂，由于它们的投机和套汇活动，外汇价格在各个市场趋于一致，也趋于合理。

（5）中央银行。各国的中央银行一般不直接参与外汇市场活动，而是通过经纪人与外汇银行进行外汇交易。中央银行的交易不以营利为目的，而是通过干预外汇市场保护本国利益，比如稳定汇率。因此，中央银行对外汇市场实际上具有一定的操纵作用。

3.1.2 汇率及汇率的分类

1. 外汇标价

外汇的买卖必须有一个兑换比率，即汇率，它表现为一个国家的货币折算成另一个国家货币的价格。

当银行对外挂牌公布各种货币之间的汇率时，先要确定以哪个国家的货币作为标准，是以外币表示本币的价格，还是以本币表示外币的价格，这就是外汇标价问题。根据标准的不同，外汇标价方法分为直接标价法和间接标价法。

直接标价法（direct quotation）又称应付标价法（giving quotation），是以一定单位的外国货币为基准来计算应付多少本国货币的标价方法。按照直接标价法，外币的数额保持不变，汇率的涨跌均以本币数额的相对变化来表示。如果一定单位的外币折算的本国货币增加，说明外汇汇率上涨，外币升值，本币贬值；反之，如果一定单位的外币折算的本国货币减少，说明外汇汇率下跌，外币贬值，本币升值。例如，我国采用的是直接标价法，若美元汇率由1美元＝6.79元人民币变为1美元＝6.77元人民币，则说明美元汇率下跌，人民币升值或美元贬值。目前，世界上除美国和英国之外，绝大多数国家都采用直接标价法。

间接标价法（indirect quotation）又称应收标价法（receiving quotation），

是以一定单位的本币为基准来计算应收多少外币的标价方法。按照间接标价法，本国货币的数额固定不变，汇率涨跌都以相对的外国货币数额的变化来表示。如果一定单位的本国货币折算的外币数量增多，说明本国货币汇率上涨，即本币升值或外币贬值；反之，如果一定单位本国货币折算的外币数量减少，说明本国货币汇率下跌，即本币贬值或外币升值。英国一向使用间接标价法，例如 1 英镑＝1.468 3 美元，若 1 英镑＝1.468 5 美元，则英镑汇率上涨 0.002 美元，英镑升值，美元贬值。从 1978 年 9 月 1 日开始，在纽约国际金融市场上，美元除对英镑用直接标价法外，对其他外国货币均用间接标价法。

2. 汇率的分类

（1）即期汇率（spot rate）和远期汇率（forward rate）。按时间划分，汇率分为即期汇率和远期汇率。即期汇率指目前的汇率，用于外汇的现货买卖。它是外汇买卖双方成交当天或两天以内进行交割时使用的汇率，也叫现汇汇率。远期汇率是在未来一定时期进行交割，而事先由买卖双方签订合同、达成协议的汇率。到了交割日期，由协议双方按预定的汇率、金额进行交割。即期汇率和远期汇率之间有一定的差额，称为远期差价。这种差额用升水、贴水和平价来表示。升水表示远期汇率比即期汇率高，贴水则表示远期汇率比即期汇率低，平价表示两者相等。表 3－1 是 2018 年 8 月 30 日中国银行远期外汇开盘价，各外币的远期汇率均出现贴水。

表 3－1　中国银行人民币即期和远期外汇牌价（部分）

2018 年 8 月 30 日

交易期限		英镑	港元	美元	日元	加拿大元	欧元
即期汇率	现汇买入价	886.05	86.89	682.02	6.11	526.98	796.23
	现汇卖出价	892.58	87.23	684.91	6.15	530.86	802.10
7 天	买入价	872.93	86.44	679.81	6.09	522.60	791.12
	卖出价	887.75	87.80	687.55	6.20	531.52	804.91
1 个月	买入价	873.45	86.46	679.70	6.10	522.58	792.13
	卖出价	888.60	87.84	687.59	6.21	531.78	806.25
3 个月	买入价	875.55	86.52	679.39	6.13	522.94	795.72
	卖出价	890.77	87.91	687.31	6.24	532.18	809.92
6 个月	买入价	878.82	86.55	678.89	6.17	523.33	801.34
	卖出价	894.46	88.01	686.99	6.28	532.74	815.88
9 个月	买入价	882.04	86.56	678.44	6.21	523.53	807.07
	卖出价	897.78	88.07	686.62	6.32	533.05	821.83
12 个月	买入价	885.79	86.58	678.06	6.26	523.88	813.48
	卖出价	901.71	88.12	686.30	6.37	533.49	828.35

注：每 100 外币兑换人民币。

资料来源：中国银行网站．http：//www.boc.cn/sourcedb/ffx/.

（2）银行买入汇率（bid rate）、银行卖出汇率（offer rate）、中间汇率

(mid rate)。银行买入汇率又叫作银行买入价，是外汇银行向客户买进外汇时使用的价格。银行卖出汇率又叫作银行卖出价，是外汇银行向客户卖出外汇时使用的价格。

买入价、卖出价是根据外汇交易中银行所处的买方或卖方地位而定的。买卖价之间的差额一般为1%～5%，这是外汇银行的手续费收益。中间汇率（中间价）是买入价与卖出价的平均数。报刊报道汇率消息时常用中间汇率。表3-2是中国银行2018年8月30日的部分外汇牌价，从中可以看出买入价与卖出价之间的差异。

表3-2 **中国银行外汇牌价**（部分）

2018年8月30日

货币名称	现汇买入价	现钞买入价	现汇卖出价	现钞卖出价
澳元	496.96	481.52	500.62	501.72
加拿大元	526.98	510.34	530.86	532.03
欧元	796.23	771.49	802.1	803.7
英镑	886.05	858.52	892.58	894.53
港元	86.89	86.2	87.23	87.23
日元	6.107 6	5.917 8	6.152 5	6.152 5
美元	682.02	676.47	684.91	684.91

资料来源：http：//www.boc.cn/sourcedb/whpj/.

外币现钞是外币现金（包括纸币和铸币）或者存入银行的外币现金；外币现汇是从国外汇入的、没有取出就直接存入银行的外币，它包括从境外银行直接汇入的外币、居民委托银行代其将外国政府公债、国库券、公司债券、金融债券、外国银行存款凭证、商业汇票、银行汇票、外币私人支票等托收和贴现后所收到的外币。

外币现钞在境内不能作为支付手段，只有在境外才能成为流通货币，而且银行收到或储备的外币现钞需要支付包装、运输、保险等费用。外币现汇是账面上的外汇，没有实物形式，转移只需进行账上划拨，可以节省银行相关的保管、调运费用，因此现汇的价格比现钞要低。在后面的交易业务中，为了举例方便，如果没有特别指出，将不考虑买入价和卖出价之间的差异，也不考虑现钞和现汇的区别。

1）购买外汇。从银行购买外汇需要支付的本币金额的计算公式如下：

$$\text{购买外汇现金需支付的本币金额}=\text{外币金额}\times\text{直接标价法下的现钞卖出价}$$

$$\text{购买外汇现汇需支付的本币金额}=\text{外币金额}\times\text{直接标价法下的现汇卖出价}$$

如果外汇牌价为100单位外币的价格，则计算时要注意将其换算成每1单位外币的价格（后面的交易同理）。即

每1单位外币价格＝外汇牌价/100

[例3-1]

某人因出国旅游，考虑购买500澳元现钞带出境，计算其花费的人民币金额（外汇牌价参见表3-2）。

本例中，该旅行者购买的是现钞，所以需要使用现钞卖出价换算：

应花费的人民币金额＝500×(501.72÷100)＝2 508.6(元)

2）出售外汇。向银行出售外币能够收回的本币金额的计算公式如下：

出售外汇现钞能够收到的本币金额＝外币金额×直接标价法下的现钞买入价

出售外汇现汇能够收到的本币金额＝外币金额×直接标价法下的现汇买入价

[例3-2]

在例3-1中，购买者购买澳元的同时，另外有一老者正在把国外女儿汇来的500澳元现汇卖回银行以换取他需要的人民币。计算该老者能够得到的人民币金额。

本例中，该老者出售的是现汇，所以需要使用现汇买入价换算：

可得到的人民币金额＝500×(496.96÷100)＝2 484.8(元)

3.1.3 汇率制度

汇率制度是指一国货币当局对本国汇率变动的基本方式所做的一系列安排或规定，如规定本国货币对外价值，规定汇率的波动幅度，规定本国货币与其他货币的汇率关系，规定影响和干预汇率变动的方式等。传统上，汇率制度分为固定汇率制和浮动汇率制两种。

1944—1971年，根据布雷顿森林会议上达成的协议，各国主要实行的是固定汇率制。固定汇率制下，各国货币按照所代表含金量的比率确定一个相对固定的汇率，称为黄金平价。当某国货币汇率与平价之差达到一定幅度时（国际货币基金组织曾对会员国汇率的浮动范围规定为±1%），该国货币当局必须采取措施使其回到浮动范围之内。

1973年，固定汇率制崩溃后，各国使用多种形式的浮动汇率制度。此后，大部分国家的政府都不再规定本国货币的黄金平价，也不再试图维持其汇率在浮动范围内波动，而是随外汇市场的供求情况自行决定本币对外币的汇率，各国货币当局是否干预本国货币的汇率由各国政府自行决定。此后的汇率制度称为浮动汇率制度。

浮动汇率制度从不同的角度区分，可分为以下几类。

1. 自由浮动汇率制度和管理浮动汇率制度

自由浮动汇率制度是指政府货币当局对本币汇率的浮动不进行任何干预，汇率完全由市场决定。由于汇率对本国经济利益的影响，目前没有哪国政府能够真正采用自由浮动汇率制度，都会或多或少地进行干预。

管理浮动汇率制度下，汇率随市场供求波动，但是政府货币当局通过运用各种手段干预外汇市场，影响外汇市场的供求，达到操纵本币汇率的目的。这种管理浮动汇率制度是目前一些国家政府采用的汇率制度。1994年1月1日汇率并轨以来，我国开始实行以市场供求为基础的、单一的、有管理的浮动汇率制度。这一汇率制度以银行结售汇制度为基础，机构和个人卖出或购买外汇通过外汇指定银行进行。外汇指定银行又根据结售汇周转头寸管理的规定，进入银行间外汇市场，卖出多余或补充不足的外汇头寸，进而生成人民币汇率。2005年起，我国对完善人民币汇率形成机制进行改革。人民币汇率不再钉住单一美元，而是选择若干种主要货币组成一个货币篮子，同时参考一篮子货币计算人民币多边汇率指数的变化；实行以市场供求为基础、参考一篮子货币进行调节、有管理的浮动汇率制度，人民币汇率波动区间增大。

2. 单独浮动汇率制度、钉住浮动汇率制度和弹性浮动汇率制度

单独浮动汇率制度是指一国货币不与其他国家货币发生固定的联系，汇率根据外汇市场供求关系浮动。英国、美国、瑞士、瑞典、新西兰等国家采用的是单独浮动汇率制度。

钉住浮动汇率制度是指一国货币与某种外币、某一记账单位保持固定比例关系，随着该种外币或记账单位的浮动而浮动。被钉住的一般都是与本国经济联系紧密的国家。也有国家为了避免本国货币受到一国货币的支配，采用与多种外国货币挂钩的制度，称为钉住一篮子货币。典型的采用钉住浮动汇率制度的国家是实行统一欧元之前的欧洲货币体系的各个成员国，它们钉住的是一种记账单位——欧洲货币单位。其他的如我国之前采用钉住美元的汇率制度。

弹性浮动汇率制度是指为了避免实行钉住浮动汇率制度的呆板性和对本国的束缚，在本国货币与其他货币挂钩的基础上，根据自身需求对所钉住货币在一定弹性幅度内上下浮动。实行弹性浮动汇率制度的国家如与美元挂钩的巴林、沙特阿拉伯等。

案例3-1　人民币汇率形成机制改革

2015年8月11日，央行宣布进一步实施人民币汇率形成机制的市场化改革（以下简称“8·11汇改”）。这次改革的核心内容是完善人民币对美元汇率中间价（看盘价）报价机制，由做市商在银行间市场开盘前参考上日收盘价，综合考虑外汇供求情况以及国际主要货币汇率变化报价形成。这次汇改被认为是人民币汇率市场化改革的重要一步。

由于从 2014 年第二季度起至 2015 年“8·11 汇改”之前市场上已经存在人民币兑美元汇率的贬值预期与贬值压力，为了防止人民币兑美元的过快贬值引发国内外金融市场动荡，央行采取了三项应对措施。

一是通过出售外汇储备来干预外汇市场。二是央行显著加强了对各种类型资本流出的真实性审核，审核范围从跨境借贷（即国际收支表中的其他投资项）逐渐扩展至证券投资、直接投资、地下钱庄，从外币计价的资本流出扩展至人民币计价的资本流出。三是央行连续三次推进人民币兑美元汇率中间价定价机制改革。从 2016 年年初起，央行宣布人民币兑美元汇率中间价的制定将会同时参考两个目标，即前一个交易日收盘价以及维持人民币兑一篮子货币汇率基本稳定。在 2016 年年末，央行宣布对“收盘价＋一篮子汇率”定价机制进行两项调整。调整之一是将 CFETS 货币篮子的货币种类由 13 种扩充为 24 种，扩充后，美元在 CFETS 货币篮子中的占比由 26.4%降低为 22.4%；调整之二是将维持人民币兑 CFETS 篮子货币汇率基本不变的参考时间由过去 24 小时缩减为过去 15 小时，避免对全球外汇市场影响的重复计算。2017 年 5 月 26 日，央行宣布在人民币兑美元中间价报价模型中引入逆周期因子，从而将“收盘价＋一篮子汇率”的双因素中间价定价模式，进一步扩展为“收盘价＋一篮子汇率＋逆周期因子”的三因素中间价定价模式。

资料来源：张明，杨杨．人民币汇率形成机制改革进展．中国金融，2017（24）．

3.2　外汇交易

外汇交易也就是外汇买卖。国际企业的产品出口、原材料进口、跨国投资、跨国筹资、跨国资金转移等都需要通过外汇交易。利用不同的外汇交易形式，国际企业不仅可以满足贸易、投资、经营的需要，而且可以规避汇率风险甚至投机取利。常见的外汇交易方式主要包括即期外汇交易、远期外汇交易、套汇交易、掉期交易、套利交易、外汇期货交易和外汇期权交易。本节将逐一介绍这些交易方式。

3.2.1　即期外汇交易

即期外汇交易（spot exchange transaction）也称现汇交易或现汇买卖，是指交易双方成交后，于当日或两个营业日之内按照成交时的汇率进行交割的交易方式。由于交割时间很短，一般风险较小。

即期外汇交易的汇率是银行当天挂牌的汇率，一天之内各银行可能会根据市场动态和自身的头寸状况调整买入和卖出汇率。另外，对不同的客户，银行的报价可能略有不同，这需要考虑客户与银行的关系以及交易金额的大小。表

3－3是招商银行2018年9月2日部分外汇即期汇率牌价，它根据客户买卖金额的多少提供不同的汇率。

表3－3　　招商银行即期外汇汇率牌价（部分）

2018年9月2日

货币/兑换货币	基本买入价	基本卖出价	优惠买入价	优惠卖出价	大额买入价	大额卖出价	贵宾买入价	贵宾卖出价	至尊买入价	至尊卖出价
澳大利亚元/美元	0.718 5	0.720 5	0.718 6	0.720 4	0.718 7	0.720 3	0.718 8	0.720 2	0.718 9	0.720 1
美元/日元	110.94	111.14	110.95	111.13	110.96	111.12	110.97	111.11	110.98	111.1
欧元/美元	1.158 9	1.1613	1.159 2	1.161	1.159 3	1.160 9	1.159 4	1.160 8	1.159 5	1.160 7
欧元/日元	128.54	129.1	128.58	129.06	128.6	129.04	128.62	129.02	128.64	129
英镑/美元	1.295 2	1.297 6	1.295 5	1.297 3	1.295 6	1.297 2	1.295 7	1.297 1	1.295 8	1.297
英镑/欧元	1.115	1.12	1.115 3	1.119 7	1.115 5	1.119 5	1.115 7	1.119 3	1.115 9	1.119 1
英镑/日元	143.65	144.25	143.7	144.2	143.75	144.15	143.8	144.1	143.8	144.1

资料来源：http：//fx.cmbchina.com/hq/CmbQuote.as px.

3.2.2　远期外汇交易

1. 远期外汇交易概述

远期外汇交易（forward transaction）也称期汇交易或期汇买卖，是指交易双方达成交易后，按合同约定的日期和汇率进行交割的外汇买卖交易。远期外汇交易的牌价示例参见表3－1。

[例3－3]

20×5年5月28日，某中国出口公司与中国银行签订一份用美元购买4亿日元的远期交易合同，远期汇率为1美元＝79.94日元，当时市场即期汇率为1美元＝80.85日元，交割日期为6月28日。6月28日，该公司将向中国银行支付5 003 752.8美元（400 000 000日元÷79.94日元/美元），同时，中国银行将向该公司支付4亿日元。

远期外汇交易中双方签订的合同称为远期合约，合约中规定交易的币种、数额、使用的汇率以及合同的即期生效日和交割的时间、地点。远期合约中锁定将来交割时购买或出售某种外汇的汇率，该汇率称为远期汇率，它通常与即期汇率存在差价。如果远期汇率高于即期汇率，该差价称为升水；如果远期汇率低于即期汇率，该差价称为贴水；如果远期汇率与即期汇率持平，则称为平价。远期汇率升水或贴水主要取决于两国的利率水平差异，在后面的章节中将会涉及如何依据两国的利率水平确定远期汇率。

远期外汇交易的期限通常为1个月、3个月、6个月、1年以及不规则起息日（如10天、1个月零9天、2个月零15天等）。远期外汇交易的交割期最长可以达到 1 年，也有超过 1 年的交易，称为超远期外汇交易。

远期外汇交易是国际上最常用的规避汇率风险、固定外汇成本的方法。一般来说，国际企业在对外贸易结算、到国外投资、外汇借贷或还贷的过程中都会涉及外汇保值的问题。通过远期外汇交易，国际企业可事先将某一项目的外汇成本固定，或锁定远期外汇收付的换汇成本，从而达到保值的目的。

在我国，企业如果经常发生人民币与外汇的远期交易，与银行签订的合同称为远期结售汇合约，可以按照标准期限 7 天、20 天、1 个月、2 个月、3 个月……12 个月等进行结算，或者选择非标准期限，根据自身需求选择时间与银行进行外币的结汇（向银行出售外币）或售汇（从银行购买外币）。在企业未来业务收取或支付外币的具体日期存在不确定性时，我国企业还可以选择择期交易，这类远期结售汇的期限由择期交易的起始日和到期日决定，择期交易的最远期限为 3 年。

[例 3-4]

某企业在海外的项目预计 5 个月后完工，届时将收回工程款 1 500 万美元。但是工程完工时间并不是很确定，可能会提前，也可能延迟。由于担心美元贬值造成损失，企业与银行签订择期结汇协议。当时即期汇率 1 美元＝6.201 5 元人民币，4 个月的远期汇率为 1 美元＝6.199 0 元人民币，7 个月的远期汇率为 1 美元＝6.197 0 元人民币。银行于是按照 1 美元＝6.197 0 元人民币的价格约定在未来 4～7 个月的时间里随时与企业结汇。尽管该汇率对企业不利，但是企业获得了选择结汇时间的权利，可以避免更大的损失。

2. 无本金交割远期外汇交易

无本金交割远期外汇交易（non deliverable forward，NDF），是一种新型的远期外汇交易，是国际贸易企业针对有外汇管制的国家或地区，为规避汇率风险所衍生出来的金融手段。交易时，客户与银行约定远期汇率及交易金额，合约到期只需看远期汇率与实际汇率的差额进行交割清算，与本金金额、实际收支毫无关系，结算的货币是自由兑换的货币，如美元。无本金交割远期外汇交易一般用于实行外汇管制国家的货币，例如人民币、印度尼西亚卢比、巴西雷亚尔等新兴市场货币。无本金交割远期外汇交易市场与交易对象的国内市场分离，不受国内外汇管制的影响，价格是市场化价格。因此，往往会出现海外 NDF 合约价格与国内远期外汇合约的价格存在差异的现象，企业和投资者可以利用 NDF 选择更好的汇率避险方式，甚至取得套汇获利的渠道。

[例 3-5]

某跨国公司是以来料加工为主的外向型企业，每年进出口额达数十亿美元。某日，国内 3 个月期远期美元买入价为 1 美元＝6.425 6 元人民币，而海外人民币 NDF 合约 3 个月期远期美元买入价为 1 美元＝6.453 5 元人民币。该企业3个月后要收到3 000万美元，该公司委托银行代理购买人民币NDF合约3 000万美元，不论到期时即期美元汇率是多少，该公司都能获得比在国内采用远期合约避险更高的现金流。分别计算该企业采用远期合约避险和采用人民币NDF合约避险，其合约到期的金额。

该企业采用远期合约避险，则3个月后能够收到的人民币为：

3 000×6.425 6=19 276.8(万元)

如果该企业采用人民币NDF合约避险，其签订的合约到期金额为：

3 000×6.453 5=19 360.5(万元)

由于NDF不交割本金，因此需要比照到期时美元的即期汇率确定损益并以美元结算。但是，不论到期时即期美元汇率如何，只要海外对人民币升值的预期高于国内，或者该预期能够在人民币NDF市场上更好地得到自由体现，导致人民币NDF合约的美元汇率低于国内市场的美元汇率，则采用人民币NDF合约保值一定能比远期合约获得更多的保值收益，具体超出金额为：

19 360.5－19 276.8=83.7(万元)

3.2.3 套汇交易

套汇交易（arbitrage）是指交易者利用两个或两个以上外汇市场上某些货币的汇率差异，通过在这几个市场上同时贱买贵卖该种货币，从中获取汇率差价收益的交易行为。套汇交易按照出现汇率差异市场的多少，分为直接套汇（direct arbitrage）和间接套汇（indirect arbitrage）两种形式。

直接套汇又称两地套汇，是交易者利用两个不同地点外汇市场上某种货币出现的汇率差异，同时进行买卖获取汇率差价收益的交易行为。

[例3-6]

某日伦敦市场上1英镑=1.528 0美元，同时在纽约市场上1英镑=1.528 2美元，很明显，伦敦市场上英镑的价格低于纽约市场上英镑的价格，交易者可以在伦敦市场买入英镑，同时在纽约市场上卖出英镑，每1英镑可以赚取0.000 2美元的收益。

间接套汇又称三地套汇或三角套汇，它是交易者利用三个或三个以上不同地点的外汇市场中三种或多种不同货币之间汇率的差异，同时进行买卖获取汇率差价收益的交易行为。

[例3-7]

某日伦敦、法兰克福、香港三地外汇市场的行情如下：

伦敦市场：1英镑=1.543 2欧元

法兰克福市场：1 欧元＝7.337 2 港元

香港市场：1 英镑＝11.310 3 港元

根据这三个市场上的汇率，如果先在伦敦市场上用 1 英镑买入 1.543 2 欧元，同时在法兰克福市场上卖出 1.543 2 欧元，获得 11.322 8 港元（1.543 2 欧元×7.337 2 港元/欧元），并在香港市场卖出 11.322 8 港元，获得 1.001 1 英镑。通过这一系列交易，每 1 英镑就可以获得 0.001 1 英镑的收益。

判断是否存在套汇机会，可以采用汇率套算的方法，它是通过几个市场的汇率套算和比较，判断出市场中是否存在差价的方法。如在例 3－7 中，可以根据伦敦市场和法兰克福市场的汇率套算出英镑与港元之间的汇率，得到 1 英镑＝11.322 8 港元，就可以发现与香港市场上英镑与港元之间的汇率存在差异，因此可以套汇。

当今世界，现代通信设备迅速发展，各大外汇市场已经由国际卫星通信网络紧密地联系起来，加上电脑和互联网的广泛应用，外汇市场信息传递异常迅速，货币在不同市场上出现汇率差异的幅度非常小，即使出现差异，其存在的时间也非常短暂，所以通过套汇行为取得差价收益的机会已大大减少。但是，在一些新兴市场中，由于外汇管制造成国内外对该国汇率走势判断不一致时，这种获利机会也可能产生并存在一段时间。

[例 3－8]

某日，人民币 NDF 合约 1 年期人民币对美元合约的美元价格为 1 美元＝6.211 5 元人民币。同日，四大国有商业银行公布的 1 年期远期美元对人民币的价格为 1 美元＝6.220 7 元人民币。企业在 NDF 市场上以 1 美元＝6.211 5 元人民币的价格签订一份 1 年后交割的金额为 1 000 万美元的人民币对美元的 NDF 合约，同时在远期外汇市场上签下相同金额、交割期限，但是汇率为 1 美元＝6.220 7 元人民币的美元对人民币结汇合约，到期日结算时，美元即期汇率如果为 1 美元＝6.180 元人民币，计算企业在 NDF 市场的损失和企业在远期外汇市场的收益以及企业的净收益。

企业在 NDF 市场的损失为：

$$1\,000\times(6.211\,5-6.180)=31.5\text{(万元)}$$

企业在远期外汇市场的收益为：

$$1\,000\times(6.220\,7-6.180)=40.7\text{(万元)}$$

企业净收益为：

$$40.7-31.5=9.2\text{(万元)}$$

实际上，无论即期人民币币值如何变化，企业到期均可获利 9.2 万元 [1 000×(6.220 7－6.211 5)]。

3.2.4 掉期交易

掉期交易（swap transaction）又称时间套汇，是指交易者在买进或卖出即期外汇的同时，卖出或买进等额同种货币的远期合约的交易方式。与套汇交易的目的不同，掉期交易不是为了投机获利，而是通过交易规避汇率变动的风险，实现资金保值。

[例3-9]

某国际企业借入100 000美元用于投资，3个月以后归还。但是投资时需要把美元兑换成日元使用。当时，美元对日元的即期汇率为1美元=124.22日元，3个月远期汇率为1美元=124.99日元。该企业为了防止还款时美元升值带来较大损失，在将100 000美元兑换成日元的同时，与银行签订了用日元购买100 000美元的3个月远期合约。这样，该国际企业在归还美元时，不论市场上美元升值幅度如何，它都可以将12 499 000日元兑换成100 000美元。如果不考虑手续费，该国际企业承担的汇率差额损失只有77 000日元（12 499 000－12 422 000），这种损失以及手续费合称为掉期成本。

国际企业是否需要利用掉期交易进行保值还要看对未来汇率的预测，只有当预测的未来汇率变化给企业带来超过掉期交易成本的损失时，掉期交易才有意义。

3.2.5 套利交易

套利交易（interest arbitrage）也称利息套汇，是指交易者利用不同国家或地区短期利率的差异，将资金从利率较低的国家或地区调往利率较高的国家或地区进行投放，以获取利息差额收益的一种交易方式。

[例3-10]

纽约证券市场美国政府短期债券年利率为13%，伦敦证券市场英国政府短期债券年利率为10%，英国的投资者可以将英镑兑换成美元到纽约证券市场购买美国政府短期债券，得到比在英国高3个百分点的投资收益。为了防止投资期间美元贬值带来的损失抵消投资收益，该投资者可以在购买美元进行投资的同时，与银行签订出售美元的远期合约，这种在套利交易的同时卖出高利率国家远期货币的交易称为抛补套利，否则称为无抛补套利。如果当时的即期汇率为1英镑=1.4美元，远期汇率为1英镑=1.4美元，则投资者抛补套利的收益计算如下：

将1英镑用即期汇率兑换成1.4美元，然后将1.4美元投资于美国政府债券，1年后得到债券本息合计1.582美元［1.4×(1+13%)］。

根据远期合约将美元本息兑换回英镑 1.13 英镑（1.582 美元÷1.4 美元/英镑）。

这时不论市场上的即期汇率为多少，该投资者的收益率都可以保证为 13%［即（1.13－1）÷1］。

如果该投资者套利时没有签订远期合约，也就是没有进行无抛补套利，则当他 1 年后收回本息时，若市场上的美元贬值，即期汇率变为 1 英镑＝1.438 美元，该投资者的收益计算如下：

按照即期利率将美元本息兑换回 1.10 英镑（1.582 美元÷1.438 美元/英镑）。

该投资者的收益率为 10%［即（1.10－1）÷1］。

该投资收益率与在国内投资的收益率相同，该投资者的套利收益完全被汇率变化带来的损失抵消，没有从跨国投资中得到任何好处。如果美元贬值更严重，该投资者的损失还将扩大。所以，在预期高利率国家货币会发生贬值时，投资者必须采用抛补套利的方式。

套利交易的一个前提是两个市场存在利率差异，另一个重要前提是外汇市场上的即期汇率和远期汇率之间的差异与该利率差异不一致，否则套利交易将无利可图。有关理论将在本章后面的利率平价理论部分详细介绍。与套汇交易一样，由于现代通信方式的运用，信息的交流迅速加快，交易更加便利，只要出现套利机会，就会有大量的套利者出现，资金的流动引发即期汇率和远期汇率的相应变化，最终使汇率差异与利率差异迅速达成一致，因此套利的机会转瞬即逝。

3.2.6　外汇期货交易

1. 外汇期货交易的概念

外汇期货交易（forex future）是指在有形的期货交易市场内，交易双方通过公开喊价买进或卖出某种货币，并签订一个在未来某一时间根据协议价格交割标准数量货币的合约。外汇期货交易与远期外汇交易的保值原理相同，但两者在实务操作上有很大的差别，表现为：

（1）市场不同。外汇期货交易具有高度规范化的交易场所，而远期外汇交易并没有固定交易场所。

（2）交易标价不同。在远期外汇交易中主要采用直接标价法标价，而在外汇期货交易中，除人民币以外，交易货币一般以每单位货币等于多少美元来标价。例如，在远期外汇交易中，标价方式为 1 美元＝140 日元，而在外汇期货交易中为 1 日元＝0.007 142 美元。

（3）合约个性化与否不同。远期外汇交易的交易金额、交易日期和交易期限、交易货币、交易地点都是个性化的，而外汇期货交易的这些方面是标准化的。

（4）交易完成的方式不同。远期外汇交易需要到期交割，清算时交付全部的货币，而外汇期货交易不必到期交割，只需通过相反方向的买卖操作（平仓），清算差额即可。

（5）保证金要求不同。远期外汇交易不要求保证金，但是银行可能要求客户账户中存有一定的补偿性存款余额；而外汇期货交易实际上是一种买卖保证金的交易，客户无须按合约规定的面额全部付清，只需按一定比例交足保证金即可，保证金一般不到交易金额的1%。最后结算时可以现货交易，但多数情况下采取根据汇率变化和盈余亏损计算差额、多退少补的方式。

（6）保值效果不一定相同。从保值的效果来看，远期外汇交易可以覆盖所有需要保值的金额，而外汇期货交易需保值金额与标准合约倍数之间可能存在差额，因此有可能出现不能保值的部分金额。

目前，在香港交易所和芝加哥期货交易所都开设了美元/人民币期货品种。由于人民币不能自由兑换，因此交易虽然按照人民币计价，但是最终的损益还需要换算回美元。表3-4是芝加哥期货交易所上市的标准美元兑人民币①以及澳元兑美元期货合约概要。

表3-4　芝加哥期货交易所上市的标准美元/人民币期货和澳元/美元期货合约概要

期货品种	标准美元/人民币期货	澳元/美元期货
合约规模	100 000美元起（约合648 300元人民币）	100 000澳元
月份	13个连续日历月（1月、2月、3月、4月、5月、6月、7月、8月、9月、10月、11月、12月），另加8个季度月（即3月、6月、9月、12月，期限范围为3年）	20个季度合约（合约到期月份为3月、6月、9月、12月）
最小变动波幅（tick）	对于直接交易，每份合约按单位美元0.000 1元人民币＝10元人民币（约合1.60美元）报价；对于跨期差价，每份合约按单位美元0.000 05元人民币＝5元人民币（约合0.80美元）报价	0.000 1美元/澳元增幅（12.50美元/份），0.000 05美元/澳元增幅（6.25美元/份）——适用于人工交易、电子盘交易以及AON系统交易执行欧元/美元期货内部利差者
计价和结算	每日付款和收款按人民币计算，但会参照中国人民银行每天的固定汇率换算为美元，并按美元存入银行	实物交割
最后交易日	交易停止时间：北京时间为合约月份第三个周三之前的第一个北京工作日的9:00（即在芝加哥，冬令时周日21:00（美中时间）和夏令时周日22:00（美中时间））	日期：合约月份的第三个周三之前第二个营业日（通常是周一）
大宗交易最低门槛	50份合约	100份合约

资料来源：芝加哥期货交易所网站.

① 称为标准美元/人民币期货，是为了区别于合约规模更小（1万美元）的电子微型美元/人民币期货品种。

2. 外汇期货交易的套期保值功能

外汇期货交易的基本作用是套期保值（hedging），另外还可供投机者进行投机。本书主要介绍它的套期保值作用。套期保值就是在已经发生一笔即期外汇交易的基础上，为防止汇率变动发生损失，在外汇期货市场上安排相反方向的等量的外汇期货合约。套期保值交易有两种类型：一种是买进套期；另一种是卖出套期。为了简明扼要地说明套期交易的保值作用，这里忽略交易费或经纪人佣金的影响。

（1）买进套期（long hedge），也称多头套期，就是在预期未来某一时间会买入某种外币的情况下，在期货市场上预先买入同一外币的期货合约。

[例 3-11]

某个位于美国的国际企业 1 月从澳大利亚进口商品，3 月需要支付 150 万澳元。当时澳元的即期汇率为 1 美元＝1.500 0 澳元，期货市场上 3 月到期的澳元兑美元期货合约的期货价格为 1 美元＝1.499 9 澳元。为了防止支付澳元时澳元升值给企业带来损失，该国际企业的财务管理人员可以通过买进套期交易进行保值。具体做法如下：

买入 150 万 3 月到期的澳元兑美元期货，由于期货市场上澳元兑美元期货的交易单位为 10 万澳元/张，故需要购买 15 张合约，折合 100.006 7 万美元（150 万澳元÷1.499 9 澳元/美元）。3 月份企业支付澳元货款的同时，对购买的 15 张合约进行平仓，卖出这些合约。如果澳元升值，平仓当时澳元的即期汇率为 1 美元＝1.400 0 澳元，同时该期货价格为 1 美元＝1.398 8 澳元。该企业在即期市场上用 1 美元＝1.400 0 澳元的汇率购买 150 万澳元支付货款，共需要支付 107.142 9 万美元；同时在期货市场上用 1 美元＝1.398 8 澳元的价格卖出原购买的澳元期货合约 15 张，共 150 万澳元，折合 107.234 8 万美元，得到合约买卖差额 7.228 1 万美元。该企业通过套期保值减少的损失计算过程如下：

$$\begin{array}{c}\text{即期市场上由于澳元}\\\text{升值带来的损失}\end{array}=\frac{150}{1.400\,0}-\frac{150}{1.500\,0}=7.142\,9(\text{万美元})$$

$$\begin{array}{c}\text{期货市场上由于澳元}\\\text{升值带来的收益}\end{array}=107.234\,8-100.006\,7=7.228\,1(\text{万美元})$$

$$\begin{array}{c}\text{套期保值后}\\\text{企业的净损失}\end{array}=7.142\,9-7.228\,1=-0.085\,2(\text{万美元})$$

该企业利用套期保值，使得即期市场上的损失被期货市场上的收益抵消，甚至还略有收益。如果 80 天后澳元没有升值，而是贬值了，则企业在即期市场上会取得收益，但这些收益会被期货市场上的损失抵消。读者可自行计算有关的结果。

（2）卖出套期（short hedge），也称空头套期，就是在预期未来某一时间会卖出某种外币的情况下，在期货市场上预先卖出同一外币的期货合约。

［例3-12］

某美国企业3月向澳大利亚出口商品，预计6月会收到150万澳元，当时澳元的即期汇率为1美元=1.500澳元，期货市场上6月到期的澳元兑美元期货合约价格为1美元=1.501 0澳元，为防止澳元贬值给企业带来损失，该企业可以通过卖出套期交易进行保值，具体做法如下：

该企业在外汇期货市场卖出15张6月到期的澳元兑美元期货合约（150万澳元），折合99.933 38万美元。3个月后澳元果然贬值，澳元的即期汇率为1美元=1.560 0澳元，平仓时合约价格为1美元=1.560 0澳元，该企业6月收到澳元货款并在即期外汇市场出售，得到96.153 8万美元，同时在外汇期货市场上平仓，买入原卖出的澳元期货合约15张，折合96.153 8万美元。该企业通过卖出套期减少的损失计算过程如下：

$$\begin{matrix}\text{即期市场上由于}\\\text{澳元贬值带来的损失}\end{matrix}=\frac{150}{1.500\,0}-\frac{150}{1.560\,0}=3.846\,2(\text{万美元})$$

$$\begin{matrix}\text{期货市场上由于}\\\text{澳元贬值带来的收益}\end{matrix}=\frac{150}{1.501\,0}-\frac{150}{1.560\,0}=3.779\,6(\text{万美元})$$

$$\begin{matrix}\text{套期保值后}\\\text{企业的净损失}\end{matrix}=3.846\,2-3.779\,6=0.066\,6(\text{万美元})$$

该企业通过卖出套期，大大减少了澳元贬值带来的损失。当然，如果澳元价格没有像预期的那样下降，而是上升了，则企业在即期市场上的收益也会被期货市场上的损失抵消。

可以看出，不论是买入套期还是卖出套期，都可以使企业减少汇率变动的影响，降低现金流的风险。

3.2.7 外汇期权交易

1. 外汇期权交易的概念

外汇期权交易（forex option）是指根据合约条件，权利的买方有权在未来的一定时间内按约定的汇率即执行价格，向权利的卖方（如银行）买进或卖出约定数额的外币，同时权利的买方也有权不执行上述买卖合约，即权利的买方有执行或不执行合约的选择权利。

外汇期权分为买入期权（call option）和卖出期权（put option）两种。买入期权的买方有权在未来一定时间内按约定的汇率向期权的卖方买进约定数额的某种外汇；卖出期权的卖方有权在未来一定时间内按约定的汇率向期权的买方卖出约定数额的某种外汇。

2. 外汇期权交易的分类

外汇期权交易按照期权的行使方式分为美式期权（American option）和欧式期权（European option）。美式期权是指期权的买方可以在合约到期日之前的任何一天行使选择是否履约的权利。欧式期权是指期权的买方只能在合约到期日行使选择是否履约的权利。我国目前的外汇期权都是欧式期权。

外汇期权交易按照合约标的的不同分为外汇现货期权交易（options on spot exchange）和外汇期货期权交易（options on foreign currency futures）。外汇现货期权交易是指期权的买方向卖方购买按约定的价格购入或售出一定数量的某种外汇现货的权利。外汇期货期权交易是指期权的买方向卖方购买按约定的价格购入或售出一定数量的某种外汇期货的权利。

外汇期权交易按照交易的方向可分为看涨期权（买入期权）和看跌期权（卖出期权）。买入期权是从期权买方角度看，当某种货币的未来汇率预期将上涨时，买入这类期权可从汇率上涨中获利，万一失误，则放弃权利，只损失一笔期权费；卖出期权是从期权买方角度看，当某种货币的未来汇率预期将下跌时，买入这类期权可从汇率下跌中获利，万一失误，则放弃权利，只损失一笔期权费。

3. 外汇期权的价格

为取得上述买或卖的权利，期权（权利）的买方必须向期权（权利）的卖方支付一定的费用，称作期权费（premium）或保险费。因为期权（权利）的买方获得了今后是否执行买卖的决定权，期权（权利）的卖方则承担了今后汇率波动可能带来的风险，收取期权费或保险费就是为了补偿汇率风险可能造成的损失，它就是期权的价格。

期权价格的计算不是本书的内容，这里只简单介绍影响期权价格的三个主要因素。

（1）期权期限的长短。期权到期的时间越长，外汇的汇率就越有可能向执行价格靠近，期权的买方越有可能使用该权利，因此期权的价格越高。

（2）市场即期汇率与期权合约中约定的执行价格之间的差别。如果相对于执行价格，即期汇率越高，看涨期权（买入期权）越有价值，看涨期权（买入期权）的价格越高，反之则越低；如果相对于执行价格，即期汇率越低，看跌期权（卖出期权）越有价值，看跌期权（卖出期权）的价格越高，反之则越低。所以，买入期权和卖出期权的价格对市场即期汇率与执行价格之间的差别的反映正好相反。

（3）汇率预期波动的程度。汇率变动的可能性越大，即期汇率接近执行价格的可能性也就越大，期权的价格就会越高。相对稳定的货币买入和卖出期权的价格则较低。

我国某银行推出的澳元兑美元期权产品 2018 年 9 月 2 日某时刻的价格情况如表 3-5 所示。由于澳元兑美元的即期汇率高于执行价格，澳元的看涨期权买卖价格高于看跌期权的买卖价格。

表 3-5　　某外汇期权产品及报价

交易单位：100 澳元　　交易品种：澳元/美元　　结算货币：美元

(a)

货币对	澳大利亚元/美元
产品代码	111069
到期日	2018-10-17
执行价格	0.71
即期价格	0.719 5
看涨期权	
卖出合约	买入合约
1.410 7	1.530 7

(b)

货币对	澳大利亚元/美元
产品代码	111074
到期日	2018-11-14
执行价格	0.690 0
即期价格	0.719 5
看跌期权	
卖出合约	买入合约
0.281 4	0.401 4

注："卖出合约"为银行卖出合约价格；"买入合约"为银行买入合约价格。

资料来源：招商银行网站.

看涨期权到期日为 2018 年 10 月 17 日，到期澳元/美元的执行价格为 1 澳元＝0.71 美元。1 份产品为 100 澳元，买入和卖出合约均以美元计价，如买入 1 份看涨期权，需要支付银行卖出价格 1.410 7 美元，折合期权费 1 澳元＝0.014 107 美元；买入 1 份 2018 年 11 月 14 日到期的看跌期权，折合期权费 1 澳元＝0.002 814 美元。

4. 外汇期权的作用

外汇期权买卖是 20 世纪 80 年代以来兴起的一种交易方式，是对原有的几种外汇保值方式的发展和补充。与外汇期货交易相比，期权交易具有较大的灵活性，它既为国际企业提供了外汇保值的方法，又为国际企业提供了从汇率变动中获利的机会。

尽管买入期权和卖出期权均可以买卖，但是，从保值的角度来看，企业通常采用的是根据需要购买而非出售这两类期权。投机者则可能通过出售买入期权或卖出期权获取期权费收益，或者通过购买和出售期权的联合操作获取投机收益。本书介绍购买买入期权和购买卖出期权用于保值目的的交易。

当企业因未来将持有外币而担心其贬值时，可以购买一个相应外币的看跌期权；反之，当企业因未来将需要外币而担心其升值时，可以购买一个相应外币的看涨期权。

[例3-13]

某进出口贸易企业一个月以后应收出口货款500万美元，即期汇率1美元=6.840 5元人民币。由于近期人民币汇率双向波动剧烈，市场方向不明，企业为防止人民币大幅升值造成的美元贬值损失，从银行购买了一个下月到期、总金额500万美元、执行价格为1美元=6.839 9元人民币的美元兑人民币看跌期权，并支付期权费45万元。一个月后，如果人民币升值，即期汇率为1美元=6.704 5元人民币，美元价格低于期权的执行价格，企业行使期权，按照执行价格出售美元取得人民币3 419.95万元（6.839 9×500），扣除期权费45万元，企业实际收到3 374.95万元。如果一个月后人民币贬值，即期汇率为1美元=6.850 0元人民币，则企业放弃期权，直接在即期市场上结汇，取得人民币3 425万元（6.850 0×500），扣除原来支付的期权费45万元，企业该应收账款实际兑换人民币3 380万元。

在一定情况下，与外汇期货交易或远期外汇交易相比，外汇期权业务的优点在于买方选择的灵活性。另外，外汇期权交易对于那些合同尚未最后确定的进出口业务和投标活动具有很好的保值作用和灵活性。例如，某国际企业参与国外某工程的投标。如果投标成功，则需要用该国的货币进行投资；如果投标不成功，则不需要。此时，国际企业最好的选择就是购买外汇的买入期权，当投标成功时，如果外汇升值超过执行价格，则行使权利购得外汇；如果外汇即期汇率没有超过执行价格，则可放弃该权利，在即期市场上取得所需外汇。如果投标不成功，在外汇升值超过执行价格时，企业可以行使权利购得外汇并在即期市场上卖出获利；在外汇即期汇率没有超过执行价格时，放弃该权利，只损失期权费。但是，与外汇期货合约一样，外汇期权合约通常是标准化合约，币种、规模、到期日等条件相对固定，不一定与企业需要保值的业务完全匹配。与外汇期货合约不同的是，有些外汇期权合约是场外交易，比如美元兑人民币期权需要与银行签订合约和询价。

3.3 汇率理论

3.3.1 汇率预测的作用

涉及外汇是国际企业经营业务的一大特征，对外汇汇率进行科学的预测对国际企业的财务经营决策具有十分重要的意义。通过预测汇率的变化，可以帮助国际企业作出相对正确的决策；对于已经实施的项目，有机会提前安排必要的措施，规避或减少汇率变化给企业经营带来的损失。具体而言，汇率预测可以在国际企业经营决策中发挥以下几方面的作用。

（1）在国际企业的筹资决策中，正确预测汇率变化可以帮助国际企业选择采纳成本最低的筹资方案。国际企业筹资的成本不仅取决于筹资对象要求的报酬率高低以及前期筹资成本的多少，而且受归还本息或支付红利时货币币值高低的影响，选择筹集在归还本息时可能贬值的货币能够减少国际企业的支出，降低筹资成本。

（2）在国际企业的投资决策中，正确预测汇率变化可以提高国际企业预测项目现金流量的准确程度，这不仅体现在对投资资金的估算上，而且体现在对未来流回本国的项目收益的估算上。同时，项目的收入和成本也很可能因所使用的货币币值变化而改变，如果能够较准确地预测这种币值变化，就可以提高项目期间现金流量估计的准确性。

（3）在国际企业项目营运过程中，出口产品或进口原材料、筹集短期资金等活动是否需要进行套期保值，是否可以利用汇率可能的变动投机获利，都取决于对汇率变化的准确预测。

为了能够比较准确地预测汇率的变化，国际企业的财务管理人员需要了解导致汇率变化的各种可能因素和它们的作用方式、有关汇率变化与这些因素间的确切联系以及可用于汇率预测的具体方法等。

3.3.2 汇率的影响因素

汇率是一个国家的货币折算成另一个国家的货币的价格，换言之，即用一个国家货币表现的另一个国家货币的价格。如果我们把货币看作特殊的商品，其价格的决定就与商品价格的决定相同，一国货币价格的高低从直观上看取决于该货币的供求关系。在供求曲线上，对应于货币的每个可能价格，都有相应的货币供应量和需求量，当市场上已经形成某一货币价格时，供应量应该正好等于需求量，此时的价格就是均衡价格，对于货币，可称为均衡汇率。货币供求曲线如图3-1所示。

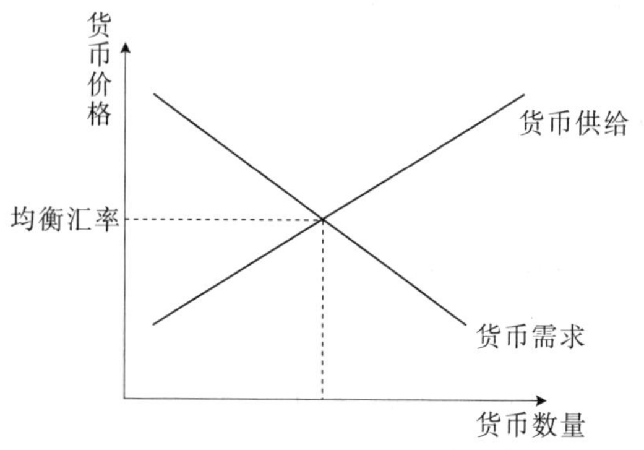

图3-1　货币供求曲线与均衡汇率

当影响供应量或需求量的因素发生变化时，供求曲线也会改变。在原有的均衡汇率下，当该货币的供应量增加时，供给曲线右移，或该货币的需求量减少，需求曲线左移。为了达到新的均衡，该货币的价格下跌，形成新的较低的均衡汇率。在原有的均衡汇率下，当该货币的供应量减少时，供给曲线左移，或该货币的需求量增加，需求曲线右移。为了达到新的均衡，该货币的价格上涨，形成新的较高的均衡汇率。供应量和需求量的改变导致的均衡汇率的变化如图 3－2 和图 3－3 所示。

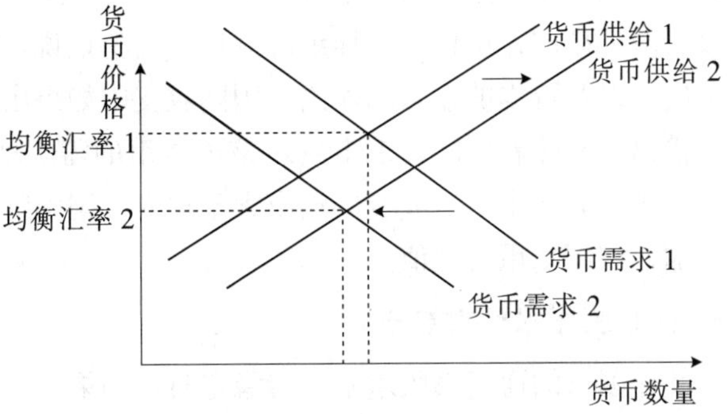

图 3－2　供应量增加或需求量减少时均衡汇率的改变

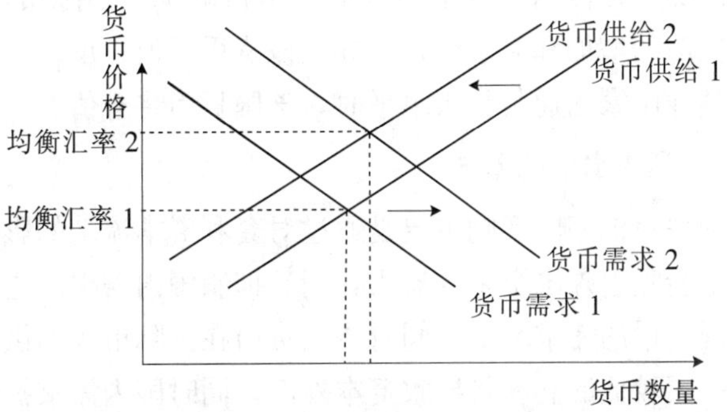

图 3－3　供应量减少或需求量增加时均衡汇率的改变

供求关系的变化是导致汇率发生变化的直接原因，但是，引起供求关系变化的因素才是影响汇率的深层原因，相关因素很多，这里只说明几种对一国货币汇率产生影响的主要因素。

1. 一国的经济增长速度

这是影响汇率波动的最基本因素。经济增长对汇率的影响是复杂的。根据凯恩斯学派的宏观经济理论，国民生产总值的增长会引起国民收入和支出的增长。收入增加会导致进口产品的需求增长，在国际外汇市场上则表现为该国货币供给的增加，该国货币的供给曲线右移，币值下降。而支出的增长意味着社会投资和消费的增加，有利于促进生产，提高产品的国际竞争力，刺激出口，导致国际市场对该国货币的需求增加，该国货币的需求曲线右移，币值上升。可见经济增长既有增加该国货币供给的作用，又有增加该国货币需求的作用，到底哪方面的影响更大较难确定。但如果考虑到货币保值的作用，汇兑心理学有另一种解释。即货币的价值取决于外汇供需双方对货币所作的主观评价，这种主观评价的表现就是汇率。一国经济发展态势良好，则主观评价相对就高，该国货币坚挺，从长远看会升值。

2. 国际收支平衡的情况

这是影响汇率最直接的一个因素。早在19世纪60年代，英国人葛逊就对国际收支对汇率的作用作出了详细的阐述。简单地说，国际收支就是商品、劳务的进出口以及资本的输入和输出。国际收支中如果出口大于进口，或资本输入大于输出，意味着国际外汇市场对该国货币的需求增加，该国货币会升值；反之，若进口大于出口，或资本输出大于输入，则国际外汇市场上该国货币的供给增加，该国货币会贬值。

3. 通货膨胀水平的差异

当其他国家的通货膨胀水平保持稳定时，如果一国发生严重通货膨胀，国内产品的价格将高于国际市场同类产品的价格，国内对外国产品的需求增加，进口产品增加，国际外汇市场上该国货币的供给增加，同时通货膨胀导致该国出口产品价格偏高，竞争力降低，出口减少，国际市场对该国货币的需求减少，供应的增加和需求的减少导致该货币贬值；反之，当一国的通货膨胀水平低于其他国家的通货膨胀水平时，该国货币将升值。

4. 利率水平的差异

利率对汇率的影响主要是通过对套利资本流动的影响来实现的。一国较高的利率会吸引外国资本的流入，同时抑制国内需求，进口减少，使得国际市场对该国货币的需求增加，同时该国货币在国际市场的供给减少，币值升高；反之，一国较低的利率将导致资本外流，同时国内需求扩大，进口增加，国际市场上对该国货币的需求减少，该国货币在国际市场上的供给增加，币值降低。

案例3-2　美国经济政策如何影响人民币汇率

2018年以来，美国10年期国债收益率一度突破3%的关口，创4年多来的新高。随着美联储持续加息，中美利差明显缩小，10年期国债收益率的差距已从1%以上明显收窄到0.6%左右。当前中国经济运行虽然整体平稳，但依然存在一定的下行压力。当下中国经济不具备同步跟随加息的条件，未来一个阶段中美利差可能进一步缩小。美国利率抬升和美元指数上行会导致新兴经济体进一步面临资本外流和货币贬值的压力。

长期以来，货物贸易顺差一直是中国国际收支顺差的主渠道，但规模正在逐渐缩小。目前来看，中美贸易纠纷会长期存在，中国对美国货物贸易顺差缩小将是大趋势。2017年中国经常账户顺差为1 649亿美元，较2016年继续明显减少。在其他条件没有太大变化的情况下，如果未来几年每年对美国货物贸易顺差以数百亿美元的规模持续减少，那么中国经常账户可能会在不远的将来出现基本逆差状态，中国跨境资本净流出可能成为常态，从而有可能持续带来人民币贬值压力。

出于避税动机，此前不少美国企业选择将部分利润留存海外，以现金或现金等价物持有，或用于海外再投资。据统计，目前美国企业海外留存利润约 3 万亿美元。特朗普税改将国外汇回现金收益的税率由 35% 大幅降至 15.5%，尽管所带来的美国企业利润汇回绝对规模较小，但不排除短期内出现利润集中汇回的可能，这将使市场短期内出现强烈的人民币贬值预期，在外汇市场上形成较强的人民币贬值压力，导致境内和离岸人民币汇率阶段性震荡。

资料来源：改编自连平．美国经济政策如何影响人民币汇率．中国经济报告，2018（7）．

除此之外，影响汇率波动的因素还包括政府的货币和汇率政策、突发事件、国际投机的冲击、经济数据的公布，甚至政府要员的言论、人们的心理预期等。这些因素也会相互加强或相互抵消，改变一国货币在国际市场上的供给和需求，引起汇率的变化。

以上是一些因素与汇率变化的定性联系。为了能够较为准确地预测汇率的变化，学者和研究人员提出了多种汇率理论，试图用定量的方法发现汇率变化与可定量因素之间的联系，于是产生了一系列有助于我们预测汇率变化及变化幅度的汇率理论，其中影响较大的有购买力平价理论、国际费雪效应理论以及利率平价理论。

3.3.3　购买力平价理论

购买力平价理论（purchasing power parity）试图解释各国通货膨胀差异与汇率变动之间的关系。该理论的创始者和代表人物是瑞典经济学家古斯塔夫·卡塞尔，他在 1922 年发表的《1914 年以后的货币与外汇》一文中对该理论的论述最为详尽。

1. 一价定律

购买力平价理论的前提是所谓的“一价定律”（law of one price），即如果采用相同的货币计量，同样商品和劳务的价格在两个不同国家的市场上应该是一样的。如果不一样，就会有人到价格低的国家购买，再到价格高的国家出售，从中获利。这种商品套利行为使得价格低的市场上需求增加，价格上升；价格高的市场上供给增加，价格下降，最终导致两个市场价格相等。一价定律用公式表示为：

$$p_A = p_B \times S \tag{3.1}$$

式中，p_A 为某商品用 A 国货币表示的在 A 国的价格；p_B 为该商品用 B 国货币表示的在 B 国的价格；S 为即期汇率，在这里标价为单位 B 国货币相当于 A

国货币的价格。

2. 绝对购买力平价与相对购买力平价

购买力平价理论认为，每种货币在本国都有购买商品和劳务的能力，不同货币购买力的比率就构成了相互间汇率的基础。由于货币购买力和价格水平呈负相关关系，因而汇率水平可以由两个国家的价格水平描述，价格水平的变化也会导致汇率的变化。购买力平价有两种形式：一种是绝对购买力平价，用两国价格水平的比例表示两国货币的汇率水平；另一种是相对购买力平价，即用价格指数的比例表示两国汇率的变化。绝对购买力平价用公式表示为：

$$S=\frac{P_{\mathrm{A}}}{P_{\mathrm{B}}} \tag{3.2}$$

式中，S 为两国货币的汇率，表示单位 B 国货币相当于 A 国货币的价格；P_{A} 和 P_{B} 分别为 A 国和 B 国的绝对价格水平。该公式类似于一价定律公式的变形，区别在于一价定律是对于一种商品而言的，其中 p_{A} 和 p_{B} 分别表示某种商品在 A 国和 B 国的价格。

由于绝对价格水平很难衡量，因此取而代之的是较容易衡量的表示价格水平动态变化的价格指数，这就是相对购买力平价。其公式与式（3.2）类似，只是 P_{A} 和 P_{B} 分别表示 A 国和 B 国的价格指数。当汇率均衡时，两国的汇率应该等于两国物价指数之比。

3. 汇率变化与预期通货膨胀率的关系

利用相对购买力平价，就可以推导出汇率变化与通货膨胀率之间的关系。

假定在基期，A 国和 B 国的物价指数分别为 P_{A0} 和 P_{B0}，则两国货币基期汇率 S_0 可表示为：

$$S_0=\frac{P_{\mathrm{A0}}}{P_{\mathrm{B0}}} \tag{3.3}$$

在第 1 期，两国的通货膨胀率预期分别为 I_{A} 和 I_{B}。t 期两国货币汇率变化的百分比为 ΔS，则两国在 t 期的预期汇率就应该为：

$$S_0\times(1+\Delta S)=\frac{P_{\mathrm{A0}}\times(1+I_{\mathrm{A}})}{P_{\mathrm{B0}}\times(1+I_{\mathrm{B}})} \tag{3.4}$$

将式（3.3）代入式（3.4）并简化，得到

$$1+\Delta S=\frac{1+I_{\mathrm{A}}}{1+I_{\mathrm{B}}} \tag{3.5}$$

因此，两国 t 期汇率变化的百分比 ΔS 可以用通货膨胀率表示为：

$$\Delta S=\frac{1+I_{\mathrm{A}}}{1+I_{\mathrm{B}}}-1 \tag{3.6}$$

根据式（3.6），如果 A 国的预期通货膨胀率 I_A 高于 B 国的预期通货膨胀率 I_B，则汇率变化百分比 ΔS 为正，在这里表现为用 A 国货币表示的单位 B 国货币价格上升，即 B 国货币升值，A 国货币贬值；反之，如果 A 国的预期通货膨胀率 I_A 小于 B 国的预期通货膨胀率 I_B，则汇率变化百分比 ΔS 为负，在这里表现为用 A 国货币表示的单位 B 国货币价格下降，即 B 国货币贬值，A 国货币升值。

如果 B 国的预期通货膨胀率很低，或者 A，B 两国的预期通货膨胀率差异很小，则式（3.6）可以近似改写为：

$$\Delta S \approx I_A - I_B \tag{3.7}$$

也就是说，两国货币汇率变化百分比近似等于两国通货膨胀率的差额。

[例 3 - 14]

如果 A 国的预期通货膨胀率为 9%，B 国的预期通货膨胀率为 4%，根据式（3.6），两国货币汇率的预期变化应为：

$$\Delta S = \frac{1+9\%}{1+4\%} - 1 = 0.048 = 4.8\%$$

即如果当时 A，B 两国货币的汇率为 1 B 国货币＝3 A 国货币，则在 A 国的预期通货膨胀率比 B 国的预期通货膨胀率高 5 个百分点时，B 国的货币会升值，升值幅度为 4.8%，即预期汇率应达到 1 B 国货币＝3.144 A 国货币。由于汇率的变化，两国实际的物价指数将变得相同，购买力平价得以维持。

用近似公式计算两国货币汇率的变化为：

$$\Delta S \approx 9\% - 4\% = 5\%$$

4. 购买力平价理论的局限性

购买力平价理论揭示了通货膨胀率与汇率变化之间的关系，为汇率预测提供了一个理论基础，即预期的汇率变化应该近似等于预期通货膨胀率的差异。学者们为检验购买力平价理论是否有效进行了大量的研究，其中既有认为购买力平价不存在的证据，也有在长期内汇率变化向购买力平价移动的证据。

购买力平价理论不能很好地预测汇率变动的原因在于：

（1）汇率变动不仅受通货膨胀差异的影响，还受到其他许多因素的影响，比如前面述及的经济发展状况、利率、国际收支状况、政府政策、心理预期等。

（2）运输成本、交易成本、因贸易壁垒和非贸易壁垒等引起的国际市场的分割，导致形成购买力平价的前提“一价定律”在现实中很难完全成立，汇率在短期内更多地受到价格之外其他各种因素的影响，因此经常背离购买力平价。

（3）购买力平价检验需要选择一个汇率处于均衡水平的时期作为基期，因为随后的时期要与它相比较来评判，而在现实中，这种均衡水平的基期很难找到，因此购买力平价的检验方法本身也存在问题。

尽管从总体来看汇率变动幅度比购买力平价理论预期的汇率变化幅度要大得多，但经验表明，购买力平价理论在长期以及通货膨胀率很高的经济环境中还是能够成立的，在确定货币的均衡汇率和预测长期汇率的变动趋势方面有一定作用。

3.3.4 国际费雪效应理论

国际费雪效应理论（international Fisher effect）结合费雪效应和购买力平价理论，用利率来解释汇率变化。所以，在解释国际费雪效应理论之前必须先了解费雪效应理论。

1. 费雪效应理论

费雪效应理论和国际费雪效应理论都是用美国经济学家费雪（Irving Fisher）的姓氏命名的。费雪效应理论（Fisher effect）阐述的是利率与通货膨胀率之间的关系。该理论认为，实际利率是买卖双方都没有受通货膨胀预期影响时的利率，市场利率则是名义利率，包括实际利率和对价格上涨的预期两个部分。当人们预期价格上涨时，市场利率会因为包括通货膨胀预期而高于实际利率。在资本可以在国家间自由流动的条件下，两国名义利率的差异就体现了两国通货膨胀预期的差异。

例如，某个国家在基期的实际利率 r 为 10%，这意味着如果投资者进行投资，一年后的收益为（1+10%）。如果在第 t 期，该国的预期通货膨胀率 I 为 6%，则该投资者在 t 期以名义利率 i 获得的投资收益除了时间价值外，还需要弥补由通货膨胀引起的本金和实际收益的购买力下降的损失。即

$$(1+i)=(1+r)\times(1+I) \tag{3.8}$$

整理该公式得到

$$i=r+I+r\times I \quad 或 \quad r=\frac{1+i}{1+I}-1 \tag{3.9}$$

该投资者在第 t 期要求的投资收益率，即名义利率为 16.6%（10%+6%+10%×6%）。

如果通货膨胀率和实际利率都很低，式（3.9）中的交叉项 $r\times I$ 可以忽略，得到

$$i\approx r+I \quad 或 \quad r\approx i-I \tag{3.10}$$

式（3.9）和式（3.10）是费雪效应理论前半部分利率分解公式的不同形式，名义利率包含实际利率与预期通货膨胀率两个部分；实际利率需要根据预

期通货膨胀率调整名义利率得到。从近似的角度看，名义利率等于实际利率加上预期的通货膨胀率，实际利率则是名义利率减去预期的通货膨胀率。

如果资本可以在国家间无阻碍、无成本地自由流动，那么各国实际利率存在的任何差异都将因投资者的套利活动而消失。因此，当分别考虑多个国家的投资者时，各国投资者能够得到的实际投资收益率（对应实际利率）应该是相同的。根据这个前提，可以得出费雪效应在国家间的应用。为简化起见，两个国家 A 和 B 间的费雪效应推导如下：

根据 $r_A=r_B$ 和式（3.9），得到

$$\frac{1+i_A}{1+I_A}-1=\frac{1+i_B}{1+I_B}-1 \tag{3.11}$$

变形得到

$$i_A-i_B=I_A-I_B+I_Ai_B-I_Bi_A \tag{3.12}$$

当 i_A，I_A，i_B 和 I_B 均比较小时，I_Ai_B 和 I_Bi_A 两项可以忽略，得到

$$i_A-i_B\approx I_A-I_B \tag{3.13}$$

式（3.12）和式（3.13）就是费雪效应理论的后半部分，即两国名义利率的差异主要是两国预期通货膨胀率的差异。

2. 国际费雪效应理论

根据费雪效应理论，两国名义利率的差异反映了两国预期通货膨胀率的差异。如果联系购买力平价理论，两国即期汇率的预期变动等于两国预期通货膨胀率的差异。将这两者结合起来就可以得到国际费雪效应理论，即两个国家货币即期汇率的预期变动应该近似等于两国间名义利率的差异。其公式推导如下：

根据式（3.11）变形得到

$$\frac{1+I_A}{1+I_B}=\frac{1+i_A}{1+i_B} \tag{3.14}$$

根据购买力平价理论的式（3.6）：

$$\Delta S=\frac{1+I_A}{1+I_B}-1$$

将式（3.6）、式（3.14）联系起来消去共同项，得到

$$\Delta S=\frac{1+i_A}{1+i_B}-1 \tag{3.15}$$

在 B 国的名义利率较低，或两国名义利率差异较小的情况下，式（3.15）可以近似表示为：

$$S\approx i_A-i_B \tag{3.16}$$

式（3.15）和式（3.16）就是国际费雪效应理论的公式。

[例3-15]

假设A国的市场利率为9%，B国的市场利率为6%，如果两国的投资者都要求3%的实际报酬率，这就意味着A国的预期通货膨胀率为6%，而B国的预期通货膨胀率为3%。根据购买力平价理论，A国货币将贬值，B国货币将升值。如果当时的即期汇率为1 B国货币=3 A国货币，则即期汇率预期变动大约等于预期通货膨胀率差异，即3%，即期汇率预期为1 B国货币=3.09 A国货币。由于两国货币汇率的变动，B国投资者到A国投资取得的收益在汇回B国后，并不会比在B国投资的收益更具购买力。从另一个角度看，尽管B国的投资者在A国投资得到的收益率为9%，但在汇回B国时，由于A国货币贬值，得到的以B国货币计价的收益率仍然为6%，与在B国投资的收益率一样。

3. 国际费雪效应理论的局限性

实证研究发现，尽管国际费雪效应理论在一定时期内成立，但并不是持续存在的。国际费雪效应理论不能持续存在的一个重要原因是：它的构建基础是购买力平价理论，购买力平价理论的局限性在很大程度上限制了国际费雪效应理论的有效性。除通货膨胀之外的其他因素有可能部分甚至全部抵消通货膨胀带来的汇率下降趋势。所以，在一定时期内，投资者在国外投资有可能得到比在国内更高的收益，但他们要承担外汇汇率变动的风险。

3.3.5 利率平价理论

购买力平价理论和国际费雪效应理论都是有关即期汇率预期变动的幅度与相关因素之间的联系的理论，利率平价理论（interest rate parity）则是有关远期升水率或贴水率与利率之间的关系的理论。该理论认为，两国风险与期限相同的证券的利率差异在扣除交易成本之后应等于外币的远期升水率或贴水率，这时的市场是均衡的，这种均衡状态称为利率平价。如果利率差异与远期升水率或贴水率之间还未形成利率平价，则投资者可以采用抛补套利交易取得超过在国内投资的额外收益，资本的转移最终会导致市场汇率发生调整，使得抛补套利不再可行。

例如，在前面有关套利交易的例子中，已知纽约证券市场美国政府短期债券年利率为13%，伦敦证券市场英国政府短期债券年利率为10%。当即期汇率与远期汇率相等时，假设均为1英镑=1.4美元，英国的投资者可以通过抛补套利得到比在英国高3%的投资收益。但是，当出现这种套利机会时，如果没有其他因素的干扰，以下几方面的改变将导致汇率和利率发生调整：英国的投资者纷纷将资金兑换成美元，引起即期市场上美元升值；英国投资者出售远期美元，导致远期市场上美元贬值，远期汇率与即期汇率的差异变大，美元汇率出现远期贴水；资金大量流出英国，英国的资金减少，利率上升；资金大量流入美国，美国利率下降，两国利率的差异减小。如果英国和美国市场的利率没有发生应有的改变，则所有的压力将体现在即期汇率和远期汇率的调整上。由于美元远期汇率贴水，英国投资者在美国得到的高投资收益将因为即期市场上美元买价的提高和远期市场上美元卖价的降低而抵消，这种调整将一直持续到市场均衡时，也就是英国投资者只能得到与在本国投资一样的收益，因此不再进行抛补套利。

可见，由于存在投资者抛补套利交易，货币即期汇率与远期汇率之间差异的大小与两国利率的差异发生了密切的联系，远期升水或贴水的程度必须达到使抛补套利无法得到高于本国投资收益率的收益时，市场调整才会停止，也即实现利率平价。根据这一关系，用公式可以推导出利率平价出现时远期升水率或贴水率与利率差异之间的关系。

假定 A 国的名义利率 i_A 低于 B 国的名义利率 i_B，A 国投资者在即期市场上购买 B 国货币，到 B 国进行投资，同时在远期市场上卖出 B 国货币。汇率的标价采用直接标价法，即单位 B 国货币相当于 A 国货币的价值，即期汇率为 S，远期汇率为 F，远期升水率为 K，则 $F=S\times(1+K)$。当市场均衡时，A 国投资者的投资收益率为 R，并且 $R=i_A$。根据这些设定，推导远期升水率 K 与 i_A 和 i_B 之间的关系如下。

A 国投资者在即期市场上将 1 单位的本国货币兑换成 B 国货币，得到 $1/S$ 数目的 B 国货币。

A 国投资者将 $1/S$ 数目的 B 国货币在 B 国投资，投资结束时得到的本利和为：

$$\frac{1}{S}\times(1+i_B)$$

A 国投资者根据远期合约约定的远期汇率将投资的本利和兑换回 A 国货币：

$$\frac{1}{S}\times(1+i_B)\times F$$

A 国投资者的投资收益率为：

$$R=\left[\frac{1}{S}\times(1+i_B)\times F-1\right]\div 1=\frac{F}{S}\times(1+i_B)-1$$

由于市场均衡时 $R=i_A$，因此

$$\frac{F}{S}\times(1+i_B)-1=i_A \qquad (3.17)$$

由于$F=S\times(1+K)$，代入式（3.17），得到

$$(1+K)\times(1+i_B)-1=i_A$$

整理得到

$$K=\frac{1+i_A}{1+i_B}-1 \tag{3.18}$$

式（3.18）就是利率平价理论的公式。当市场均衡时，货币的远期升水（贴水）率的高低取决于两国的利率差异。式（3.18）可以近似改写为：

$$K\approx i_A-i_B$$

即市场均衡时，货币的远期升水（贴水）率近似等于两国利率的差异。

根据利率平价理论的公式，可以计算出上述例子中英国投资者停止抛补套利时美元的远期升水率（贴水率）。

[例3-16]

已知英国和美国的利率差异为$i_A-i_B=-3\%$，美元的即期汇率S为：

1美元＝1÷1.4＝0.7143英镑

根据式（3.18），当美元远期升水时

$$K=\frac{1+10\%}{1+13\%}-1=-2.655\%$$

也就是说，当美元远期贴水率为2.655%，美元远期汇率为1美元＝0.6953英镑时，英国投资者抛补套利得到的投资收益率与国内一致。

如果采用间接标价法，则远期汇率应为1英镑＝1.4382美元。读者可以自行计算并比较所得数值与例3-10中套利交易的结果。

尽管利率平价理论的实证研究中发现了远期升水率或贴水率与利率差异有时会脱离利率平价理论计算的结果，但许多数据还是支持远期升水率或贴水率与利率差异之间存在的关系，证实了利率平价理论在现实中的可行性。利率平价理论在实践中存在一定的局限性的原因在于：理论中只考虑了套利者的交易，而忽略了进出口商、投资者以及投机者的行为，这些人进行交易的动机并不是获得利率差异的收益，从而给远期外汇交易增加了新的因素，因此远期汇率并不完全由利率差异决定。

3.3.6 汇率理论的关系

购买力平价理论、国际费雪效应理论以及利率平价理论都是有关汇率影响因素与汇率变化之间数量关系的理论，它们为汇率预测提供了理论基础。有关汇率预测的理论除了以上这三个之外还有许多，其中一个常用的就是认为远期

汇率可以作为未来即期汇率的无偏估计理论（forward rate as unbiased predictor of future spot rate）。该理论认为，货币的远期升水率或贴水率实质上是同一时期该货币的预期升值率或贬值率，如果外汇市场是有效的，则远期汇率应该是未来即期汇率的一个无偏估计。换言之，从统计的角度看，未来实际即期汇率与用远期汇率预测的未来即期汇率之间不存在系统误差，尽管未来实际即期汇率与利用远期汇率预测的未来即期汇率之间存在差异，但这些差异的均值为零。这四个理论之间的关系如图3-4所示。

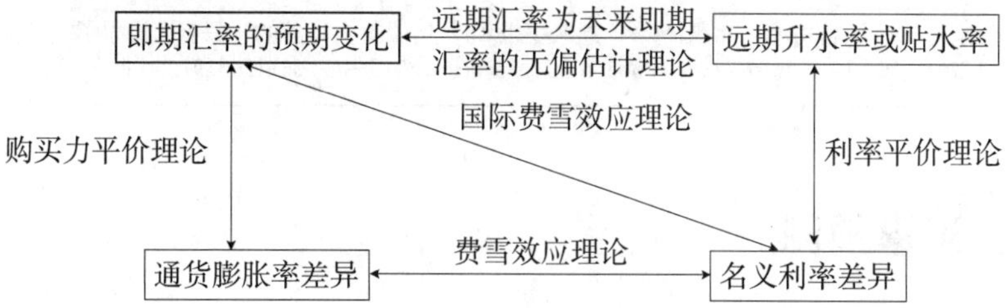

图3-4　汇率理论联系图

购买力平价理论和国际费雪效应理论都是有关即期汇率预期变化的理论，尽管购买力平价理论研究的是通货膨胀率差异对汇率的影响，国际费雪效应理论研究的是名义利率差异对汇率的影响，但两者之间由于名义利率与通货膨胀率存在密切联系而相互关联。利率平价理论和国际费雪效应理论都研究名义利率差异对汇率的影响，但是国际费雪效应理论关心的是即期汇率的预期变化，而利率平价理论关心的是远期汇率与即期汇率间的差额如何决定。

在所有这些理论中，国家间利率差异和远期汇率是成本最低、最容易得到的变量，利用它们预测即期汇率的变化被认为是误差最小的办法。但是即便如此，单独使用一个变量预测汇率变化在实践中还是比较少见的，通常还需要同时考虑其他因素的作用，尤其是一些无法定量的因素，如政府的货币政策和经济政策、资金管制、政治因素等，它们对汇率变化的影响也不容忽视。

案例3-3　土耳其通货膨胀、实际利率、外债压力与里拉崩盘

自2014年起，土耳其的货币供应量以16%的年增长率增长；自2016年起，增长率达到18%。在货币闸门如此“放水”的操作下，土耳其的通胀率居高不下。2018年8月3日，土耳其统计局宣布，当年7月土耳其CPI同比上涨15.85%，创下了2004年1月以来的最高纪录。

2018年6月24日，土耳其央行打响“里拉保卫战”，宣布将基准利率从8%提升到17.75%。但是，澳洲联邦银行利率与外汇策略部主任金塞拉表示，考虑到土耳其的通胀压力，尽管名义利率接近翻倍，但实际利率只有1%的水平。在美联储加息的背景下，土耳其的低利率将促使外资加速逃离。

同时，根据土耳其财政部的数据，2018年第一季度，土耳其外债总额达到4 667

亿美元。根据世界银行的统计，土耳其 2017 年的 GDP 仅为 8 495 亿美元，相当于外债占 GDP 的 55%左右。土耳其的外债大多以美元计价，里拉对美元的持续贬值使得还债成本雪上加霜。

2018 年 8 月 1 日，美国财政部宣布对土耳其政府两位官员实施制裁，土耳其里拉对美元跌破了 5.0 的心理大关；8 月 3 日，美国贸易代表办公室宣布重新审理对土耳其的特惠免税待遇（GSP），涉及商品价值约 16.6 亿美元。土耳其里拉一度跌破 5.11。在过去一年里，土耳其里拉对美元的价值下跌超过 44%。

资料来源：改编自汇率一年跌 44%，通胀率近 16%！能救土耳其的，只有人民币了？每日经济新闻.（2018-08-06）[2018-10-10]. http://www.nbd.com.cn/articles/2018-08-06/1242197.html.

3.4 汇率预测

上节中涉及的是汇率预测的一些基本理论，本节介绍汇率预测的两种基本方法：基础分析法和技术分析法。这两种方法与证券的分析预测方法十分类似。基础分析法就是依据一定的汇率理论，或根据经验观察，对决定汇率变化的因素进行分析，判断它们对汇率的影响程度，得出汇率或汇率变化的预测值。技术分析法则是基于汇率在时间序列上存在的变化规律，根据汇率的历史数据预测未来汇率或汇率变化的方法。

3.4.1 基础分析法

基础分析法通过对影响汇率的因素的分析预测汇率变化。前面已经探讨了影响汇率的主要因素，实际中影响汇率的因素更多，有的因素可以定量，如利率差异、通货膨胀率差异、国民收入等；有的因素则很难定量，如政府的货币政策、税收政策、心理预期等。对于不同因素影响程度的分析需要采用不同的方法，由此，基础分析还可以分为定性分析和定量分析。对不可定量的因素的影响需要采取定性分析的方法，预测人员根据经验和主观判断得到预测结果。对于可定量的因素也可以采用定性分析的方法，但是随着汇率理论的发展和统计技术的进步，对可定量的因素的分析还可以采用定量分析的方法，通过对这些因素历史影响程度的分析，构建并检验它们与汇率变化之间的数量模型，代入有关因素的数值后得到汇率或汇率变化的具体预测数值。

1. 定性分析

定性分析的方法有很多，比如德尔菲法，它是最常用的定性预测方法之一，由兰德公司的研究小组首创。该方法试图通过“小组意见的一致性”来进行预测。在应用中，专家小组的所有成员被自然地分开，而且彼此互不相识，他们被要求回答一系列的调查问题。协调人对第一轮问题的答复进行统计分析，据以准备第二轮的调查问题，第二轮的问题中包括整个小组的信息和意见，因此根据已给出的小组信息和意见，小组成员上一轮的每个答复都有可能需要重新考虑和修正。这种过程不断持续，直到协调人感到专家小组成员的意见达到某种程度的一致性为止。这种方法不是产生了单一的答案，而是形成了考虑大多数专家意见的一个宽度不大的范围。

定性分析的另外一种常用方法是专家判断法，它是根据每个专家的判断或一个专家小组的一致意见进行定性预测。预测时，让每个专家独立考虑他们认为会影响预测对象的信息，然后将这些结论汇总，得到预测结果。

利用定性分析的方法预测汇率的优势在于考虑的因素很全面，既包括可定量因素，也包括不可定量因素；既可以包括已经十分了解的具有充分历史资料的因素，也可以包括缺乏历史资料的新出现因素，因而定性分析适应环境变化的能力非常强。定性分析法的最大缺陷是判断结果有较大的主观随意性。

2. 定量分析

定量分析依赖于统计技术，关键是利用理论或经验构建恰当的预测模型。定量分析可以概括为以下步骤：

第一步，分析者根据汇率理论或经验，判断影响汇率或汇率变化的可定量因素，初步构建这些因素与汇率之间联系的分析模型。例如，分析者根据理论和经验观察，认为通货膨胀率差异、利率差异、国民生产总值增长率差异三个因素对某外币的汇率变化产生重要的影响，于是设定分析模型中的自变量分别为：本国与他国通货膨胀率差异 I，本国与他国利率差异 i，本国与他国国民生产总值增长率差异 N。汇率的标价采用直接标价法。模型中的因变量为该外币的汇率变化率 s。该分析者构建的一个线性回归方程为：

$$s=a+b_1I+b_2i+b_3N+\mu$$

式中，a 为常数；b_1，b_2 和 b_3 分别为三个自变量的系数，衡量各自变量对汇率变化率的影响程度；μ 为误差项，表示预测值与实际值之间存在的差异。

第二步，分析者取得该外币历史上连续的同一长度各期间的汇率变化数据并代入该线性回归方程，运用统计技术求出方程中的常数数值和各个系数的数值，得到预测模型。例如，该分析者选取历史上连续 24 个季度的汇率变化以及相应季度的通货膨胀率差异、利率差异和国民生产总值增长率差异数据，代入回归方程求出 a，b_1，b_2 和 b_3 的数值，得到预测模型为：

$$s=0.001+0.6I+0.8i-0.01N$$

该模型表示外汇汇率变化与通货膨胀率差异和利率差异呈正相关关系。本国的通货膨胀率和利率越高，外汇汇率越高，本币贬值幅度越大；外汇汇率与国民生产总值增长率差异呈负相关关系，当本国国民生产总值增长较快时，外汇汇率降低，本币升值幅度较大。

该模型的系数还需要进行统计上的显著性检验，以证实这些系数的确存在。同时还需要了解预测值可能的变化范围，也就是方差的大小，分析者得到的预测结果不是一个数值，而是一个可能的范围。最后还要检验预测模型的预测效果，只有效果较好的模型才有实际意义。

第三步，分析者将未来一个季度预期的通货膨胀率差异、利率差异和国民生产总值增长率差异代入该模型，就可以得到下个季度即期汇率的变化幅度。例如，该分析者预期下个季度通货膨胀率差异为2%，利率差异为3%，国民生产总值增长率差异为20%，则预测下个季度即期汇率变化率为：

$$s=0.001+0.6\times2\%+0.8\times3\%-0.01\times20\%=0.035=3.5\%$$

下个季度即期汇率变化预期为3.5%左右，外汇汇率提高3.5个百分点，本币贬值。

当然，定量分析的模型还可以有很多形式和不同的构成内容，各预测者都试图开发出与众不同的预测模型。根据有效市场的定义，如果一个预测模型被市场知道，市场就会根据该模型在瞬间调整汇率，以至于预测者没有时间从预测结果中得到任何好处。因此，各预测者都试图对自己开发的有效预测模型加以保密，并进一步研究比别人的模型更为有效的预测模型，以期在汇率变化之前进行保值或投机获利。

定量分析的最大优点是预测结果数量化，因此可以为分析者提供汇率变化的具体预测数值，便于分析者使用。定量分析的最大缺陷是只考虑能够定量的因素对汇率的影响，而且这些定量因素在实际中对汇率的影响可能并不是同期的，比如通货膨胀率差异对外汇汇率的影响可能发生时滞，时滞的时间到底有多长则较难确定。因此定量分析的结果并不能作为唯一准确的预测结果马上加以应用，还需要结合定性的方法分析没有被考虑在定量模型中的其他因素可能的影响程度，调整定量预测的结果。另外，定量分析模型的构建是建立在历史资料的基础之上的，因此，在缺乏历史资料的情况下无法采用该方法。同时，定量分析所得到的因素对汇率的影响程度都是历史上存在的，未来这些因素的影响程度可能会发生变化，导致预测的准确性逐渐下降，因而分析人员必须密切注意模型有效性的改变情况，在应用中要经常调整模型。

3.4.2 技术分析法

用技术分析法分析汇率的具体理论和方法与用技术分析法分析股票、期货等是相似的，其主要前提假设是未来价格（如汇率）的变化与过去价格的变化相关。换言之，技术分析法相信过去价格的变化趋势会延续到未来，因此分析者可以通过发现汇率过去的变化趋势，将这一趋势外推至未来得到未来汇率的变化。技术分析法有许多具体的理论和方法，如指标类、切线类、形态类、K 线类以及波浪类等。有关这些方法的具体内容和使用可以参考有关技术分析的专门书籍，在此不做进一步论述。

财务管理上常用的技术分析法有时间序列分析法，时间序列的模型大致分为以下几种。

1. 稳定型

它假定未来汇率的变化比较稳定，基本围绕某个中间值随机涨落，通过消除历史数据中的极端值，就可以得到未来的预测值。稳定型时间序列模型的具体预测方法包括简单算术平均法、加权平均法、移动加权平均法以及在此基础上变形的指数平滑法。

2. 趋势型

它假定未来汇率的变化与时间有关，即未来汇率是时间的函数。比如最简单的趋势模型为：

$$y_t = a + bt + \mu_t$$

如果用通用公式，这类趋势型函数关系可以表示为：

$$y_t = a + F(t) + \mu_t$$

式中，y_t 为第 t 期的汇率或汇率变化；a 为常数；b 为系数；t 为期数；μ_t 为误差项；F 为函数关系。

3. 自回归型

它假定未来汇率的变化与过去汇率的某个函数存在函数关系。简单的自回归模型为：

$$y_t = a + by_{t-1} + \mu_t$$

也可以是复杂一些的周期性函数关系：

$$y_t = y_{t-1} + F(y_{t-1} - y_{t-n}) + \mu_t$$

式中字母的含义与上面相同。

通过统计的方法，利用汇率的历史资料得到时间序列模型的具体形式，经过统计检验，如果模型预测的准确性可为分析者所接受，该模型就可应用于未来汇率的预测。

用技术分析法预测汇率被外汇投机者广泛采用，但是对于国际企业的财务管理人员而言，这种方法存在一定的局限性，其中最主要的就是预测值以短期汇率变动为主，对于长期的汇率变动，技术分析法很难作出准确的估计，对财务管理人员进行长期决策缺少帮助。

本章小结

外汇是以外国货币表示的支付手段和资产，进行外汇买卖的交易场所是外汇市场，其参与者包括外汇银行和非银行经营机构、外汇经纪人、外汇最终的需求者和供给者、投机者和套汇者以及中央银行。一个国家的货币折算成另一个国家的货币的价格就是汇率，有直接标价法和间接标价法两种标价方式。汇率可分为即期汇率和远期汇率，银行买入汇率、银行卖出汇率和中间汇率。外汇交易包括即期外汇交易和远期外汇交易，套汇交易、掉期交易和套利交易，外汇期货交易和外汇期权交易。任何套汇或套利交易都是利用信息传递滞后的市场缺陷获利，当信息在各市场间的传递及时后，这种获利的可能性大大减小。但是，其他种类的外汇交易为企业稳定现金流量提供了保值手段。

影响汇率的因素包括一国的经济增长速度、国际收支平衡情况、通货膨胀水平差异、利率水平差异等，它们会导致货币供求状况的改变，进而影响均衡汇率。

购买力平价理论认为，汇率的预期变化等于两国预期通货膨胀率的差异，预期通货膨胀率高的国家货币面临贬值趋势，贬值幅度大约等于预期的通货膨胀率差异，反之亦然。该理论的前提是商品和劳务的一价定律。国际费雪效应理论基于购买力平价理论，认为利率差异是两国预期通货膨胀率差异导致的，因此高利率国家的货币有贬值趋势，贬值幅度大约等于两国的利率差。利率平价理论认为，在资本自由流动的情况下，由于存在抛补套利，外汇远期升水率（贴水率）应等于两个国家货币的利率差异，从而达到利率平价。远期汇率为未来即期汇率的无偏估计理论认为，在外汇市场有效的情况下，远期汇率应该是未来即期汇率的无偏估计。

名词术语与公式

一、名词术语

外汇	直接标价法	间接标价法	即期汇率
远期汇率	远期差价	即期外汇交易	远期外汇交易
套汇交易	掉期交易	套利交易	外汇期货交易
外汇期权交易			

二、公式

1. 购买力平价理论下汇率变化与预期通货膨胀率差异的关系及简化公式。

$$\Delta S=\frac{1+I_{\mathrm{A}}}{1+I_{\mathrm{B}}}-1$$

$$\Delta S \approx I_A - I_B$$

2. 费雪效应理论下名义利率与实际利率、预期通货膨胀率的关系及简化公式。

$$i = r + I + r \times I \quad 或 \quad r = \frac{1+i}{1+I} - 1$$

$$i \approx r + I \quad 或 \quad r \approx i - I$$

3. 费雪效应理论下两国名义利率与预期通货膨胀率的关系及简化公式。

$$i_A - i_B = I_A - I_B + I_A i_B - I_B i_A$$

$$i_A - i_B \approx I_A - I_B$$

4. 国际费雪效应理论下两国汇率变化与名义利率的关系及简化公式。

$$\Delta S = \frac{1+i_A}{1+i_B} - 1$$

$$\Delta S \approx i_A - i_B$$

5. 利率平价理论下货币的远期升水率（贴水率）与两国名义利率的关系及简化公式。

$$K = \frac{1+i_A}{1+i_B} - 1$$

$$K \approx i_A - i_B$$

练习题

一、思考题

1. 个人手中持有的存在我国国内银行的外币存款是不是外汇？企业用外币标价的应收账款是不是外汇？

2. 外汇市场由哪些参与者构成？

3. 外币贬值在直接标价法和间接标价法下分别如何体现？

4. 影响汇率的因素有哪些？请简要说明。

5. A，B 两国最近利率差异发生变化，这种变化对 A 国货币币值产生了重大影响，但对 B 国货币币值没有产生影响。解释为什么利率差异的变化对两国币值的影响不同？

6. 套汇交易获利的前提是什么？套汇行为对金融市场有什么作用或影响？

7. 套利交易获利的前提有哪些？套利行为对金融市场有什么作用或影响？

8. 远期外汇交易与外汇期货交易有何异同点？

9. 什么情况下外汇买入期权的买方应该执行期权并能够获利？什么情况下外汇买入期权的买方应放弃期权并发生损失？是否会出现外汇买入期权的买

方即使有损失也应执行期权的情况？

10. 什么情况下外汇卖出期权的买方应该执行期权并能够获利？什么情况下外汇卖出期权的买方应放弃期权并发生损失？是否会出现外汇卖出期权的买方即使有损失也应执行期权的情况？

11. 解释公司预测汇率的动机。

12. 某日美元即期汇率为1美元＝8.097 1元人民币，1年期美元远期汇率为1美元＝7.814 0元人民币，美元远期汇率是升水还是贴水？当前美元远期汇率的升水或贴水反映了市场对未来人民币与美元之间价格的何种预期？

13. 2018年我国国际收支平衡表的经常项目和资本项目的收支状况对我国人民币汇率会产生什么影响？为什么？

14. (1) 国际费雪效应理论的前提是什么？

(2) 根据国际费雪效应理论，当美元利率低于人民币利率时，人民币的汇率应该发生哪些变化？

(3) 哪些因素妨碍了国际费雪效应理论在现实中存在？

二、计算题

1. 20×4年某日，两家银行的港元交易价格如表3-6所示。

表3-6 人民币/100港元

项目	港元买入价	港元卖出价
甲银行	75.96	76.279
乙银行	75.45	75.860

要求：根据上述资料，回答下列问题：

(1) 投资者目前有100万元人民币，如果不存在交易费用，该投资者如何获利？收益是多少？

(2) 这种获利机会是否能够长期存在？有哪些因素妨碍这种获利行为？市场力量如何消除这种获利的可能性？

2. 20×4年3月29日，即期市场上1美元＝6.28元人民币，国际市场美元1年期存款利率为1.3%，而同期人民币1年期存款利率为1.98%。

要求：根据上述资料，回答下列问题：

(1) 在什么条件下海外投资者进行抛补套利存在获利机会？如果能获利，最多获利多少？

(2) 如果人民币能够自由兑换，中国的投资者是否有获利机会？如果有，获利多少？

(3) 投资者如果进行了非抛补套利交易，面临的风险是什么？应该如何抵御？

(4) 如果利率平价存在，此时美元远期汇率是升水还是贴水？幅度是多少？当处于利率平价时投资者能否取得抛补套利收益？

(5) 如果目前刚好存在利率平价，投资者是否采取抛补套利取决于什么？

(6) 如果目前不存在利率平价，投资者是否一定需要抛补套利？

3. 20×1年世界银行公布的部分国家购买力平价水平（以美国物价为基准）及兑换1美元的汇率如表3-7所示。

表3-7

国家	日本	英国	加拿大	俄罗斯	中国
购买力平价水平	157.6	0.7	1.28	8.80	1.88
汇率	121.5	0.69	1.55	29.17	8.28

资料来源：张政道．从购买力平价理论看人民币汇率的决定．世界经济与政治论坛．2005 (2).

要求：根据上述资料，回答下列问题：

(1) 如果一价定律成立，那么各国处于均衡水平的货币汇率应该为多少？

(2) 按照一价定律，哪些货币被高估？哪些货币被低估？

(3) 一价定律的前提是什么？为什么汇率与购买力水平发生偏离？

(4) 如果中国预期发生通货膨胀，按照购买力平价理论，人民币的汇率将发生什么变化？

(5) 阻碍购买力平价理论在现实中实现的原因有哪些？

4. 某日，港元对人民币的即期汇率为100港元=73.33元人民币，根据远期牌价显示，期限为9个月的远期汇率为100港元=71.21元人民币。某公司预计9个月后将有5 000万港元收入，由于近来人民币升值预期强烈，该公司便与中国银行签订9个月的港元远期结汇合同。9个月后，港元对人民币的即期汇率为100港元=71.11元人民币。

要求：该公司到期能收回多少人民币？

5. 某小家电企业为国外大品牌代加工，某日收到货款50万美元，但是两周后又马上要对外支付相应金额购买原材料。该企业在收到境外汇款的当天即期卖出美元，汇率为1美元=6.79元人民币，同时与开户银行签订了期限两周、金额50万美元的远期买入美元合同，汇率为1美元=6.780元人民币；两周后，即期汇率为1美元=6.782元人民币。如果企业当时未进行掉期交易，而是把美元存入银行，活期存款年利率为0.4%。

要求：与美元存款相比，企业进行掉期交易划算吗？

6. 根据表3-5的资料，某企业当日购买50份澳元/美元的看涨期权。合约到期时，即期汇率为1澳元=0.724美元。

要求：该企业到期是否应该履行合约？与在现汇市场上购买澳元相比，企业盈亏为多少？

7. 根据表3-5，以美元/人民币期货合约设计一道合约题目。

8. 中国银行对欧元的挂牌即期汇率为1欧元=0.190元人民币；90天的远期汇率为1欧元=0.188元人民币。计算欧元每年的远期升水或贴水幅度。

9. 现有港元买入期权，行权价为1港元＝0.60元人民币。期权费为1港元＝0.06元人民币。假定每份合约可以购买62 500港元。如果在实施该期权时，港元的即期汇率为1港元＝0.65元人民币。

要求： 期权买入者应该行权吗？如果行权，每单位的净利润是多少？一份合约的净利润是多少？使期权买入者在实施该期权时实现盈亏平衡的即期汇率应为多少？

10. 假定港币的即期汇率为1港元＝0.85元人民币，中国香港和中国内地的通货膨胀率是相同的。预计香港将经历4%的通货膨胀，中国内地将经历3%的通货膨胀。

要求： 根据购买力平价理论，港元的币值将如何变动？变化幅度是多少？

11. 假定法国法郎的即期汇率是1法郎＝0.09元人民币，而法国与中国1年期的利率开始为6%，法国1年期的利率上涨5%，而中国1年期的利率维持不变。

要求： 根据国际费雪效应理论，预测1年后的即期汇率。

12. 假定法国法郎的即期汇率是0.09美元，而法国与中国1年期的利率开始为6%，法国1年期的利率上涨5%，而中国1年期的利率维持不变。

要求： 根据利率平价理论，1年后的即期汇率是多少？

三、课堂案例

瑞新公司是中国的一家国际化经营企业。近期，该公司积极地在东欧寻找业务。东欧的某个国家允许其货币比值由市场决定，货币的即期汇率为0.40元人民币，而且这个国家开始允许外国投资者进行投资，作为吸引资金促进经济建设的一种方式。该国政府发行的1年期国库券的利率为14%，大大高于中国目前1年期国库券9%的利率。当地银行开始为当地货币创造远期市场。这家银行最近私有化了，而且设法使自己闻名于国际业务。银行标明的1年期远期汇率为0.39元人民币。作为公司国际货币市场部的雇员，公司要求你估计一下把资金投资于这个国家的可能性。你负责下一年价值10 000 000元人民币的投资。你的目标是在保持安全性的同时得到最高的收益。由于汇率由市场决定，一个很大的可能性就是这个国家的货币在寻找均衡价值时在几年内会非常不稳定。1年后的实际价值可能高于或低于预期价值的40%。

要求：

（1）在没有抛补套利的情况下，你愿意投资于这个国家吗？为什么？

（2）怎样进行抛补套利？预期收益是多少？

（3）抛补套利涉及的主要风险是什么？

（4）如果你必须选择投资于利率为9%的中国1年期国库券或进行抛补套利活动，你的选择是什么？

四、课后上网练习

1. 登录相关银行官网，查找如下信息：

(1) 在中国人民银行网站上，查找登录日人民币与主要外币的基准汇率。

(2) 在中国银行网站上，查找同一日人民币与上述主要外币的相关汇率，并将这些汇率与基准汇率做比较。

(3) 在中国银行、中国工商银行、中信银行、民生银行网站上，查找各银行的主要外汇交易业务（与教材中的业务相对应）。

(4) 根据上述信息，对我国外汇市场做简要评价。

2. 根据你在第1章课后上网练习中选取的中国国际化企业最近一年的年报，上网收集信息并回答下列问题：

(1) 你选取的中国公司在最近一年用什么货币从事国际化经营？这些货币在最近一年是如何变动的？

(2) 找出该公司所用主要外币的利率。将这些外币利率与同期银行公布的人民币利率进行对比。根据这一信息，计算该公司主要外币一年期的远期汇率。

(3) 将你预测的远期汇率与同期银行公布的远期汇率对比，是否有差异？为何存在差异？

3. 登录国家外汇管理局或者中国人民银行的网站。

(1) 收集最近3个月各种主要货币（美元、欧元、英镑、日元、港元、卢布）与人民币汇率的变动情况。总的来看，在最近3个月里，大部分货币对人民币是升值还是贬值了？

(2) 提出一个或多个原因来解释美元近期相对于人民币的币值波动。

(3) 其他国家货币对人民币的波动是否与美元同方向？

(4) 获得最近12个月每月月初美元对人民币的汇率。在电子表格里把这个信息填入一列中。重复上述过程，获得欧元对人民币的汇率。计算美元和欧元的币值变动百分比。计算美元和欧元币值波动（变动百分比）的标准差。对比美元波动和欧元波动的标准差。哪种货币的不稳定性更大？

五、小企业的困境

小强体育用品出口公司对汇率的估计

每个月，小强体育用品出口公司都会收到美国体育用品分销商的一份乒乓球订单。美国分销商要求以美元计价，每月月底结算。小强体育用品出口公司每月底必须将收到的美元兑换为人民币。它需要密切关注美元币值在未来的变化。小强预计中国通货膨胀率将有大幅上升，而美国的通货膨胀率依然保持不变。他预计两国利率的上升幅度相同。

1. 根据小强的预期，美元对人民币将升值还是贬值？为什么？

2. 根据小强的预期，美元币值未来变动对小强体育用品出口公司的影响将是有利的还是不利的？

3. 小强看到一篇文章，中国人民银行很可能在市场上抛售人民币来直接干预人民币币值。基于以上信息，美元会升值还是贬值？小强体育用品出口公司的业绩将如何受中国人民银行在外汇市场抛售人民币的影响（假设公司不对汇率风险进行套期保值）？

4. 小强考虑利用远期合约对下个月美元应收账款进行套期保值。中国工商银行标明的即期汇率为1美元＝6.65元人民币，而一个月的远期汇率为1美元＝6.643 5元人民币。小强决定签订一个月远期合约出售美元，他认为确保远期汇率是合理的。当时，人民币一个月国债的收益率为1%，而美国一个月国债的收益率为1.4%。你认为即期汇率为1美元＝6.65元人民币时，一个月远期汇率1美元＝6.643 5元人民币是合理的吗？为什么？

六、真实案例在线文章

在网上寻找一篇近期的文章。文章内容（最好与某一特定国际企业有关）能够诠释本章所阐述的一个或多个概念。可以使用的搜索关键词包括外汇市场、远期外汇交易、外汇期权交易、外汇期货交易、汇率变动、通货膨胀与汇率、利率与汇率、中国政府管制与汇率、均衡汇率等。

七、推荐书目/网站

1.《汇率的本质》，管涛，北京，中信出版社，2016。

2.《汇率的博弈》，管涛等，北京，中信出版社，2018。

3.《最昂贵的博弈：汇率战争与大国布局》，任聪，北京，中国人民大学出版社，2017。

4. 国家外汇管理局网站。

5. 中国人民银行网站。

6. 美联储网站。

第 4 章

外汇风险管理

知识要点

- 交易风险、交易风险的交易管理方法、交易风险的非交易管理方法
- 经济风险、经济风险的管理
- 折算风险、折算风险的管理

外汇风险（foreign exchange risk）也称汇率风险（exchange rate risk），是指汇率变动对企业业绩的潜在影响。这种影响表现在两方面：一方面，汇率的有利变动可能导致企业现金流量增加；另一方面，汇率的不利变动可能导致企业现金流量减少。汇率未来可能的变化导致企业预期的现金流量发生波动，汇率可能的变化越大，现金流量可能的波动越大，企业面临的风险也越高。不以投机获利为目的的一般国际企业更需要控制这种风险，降低未来现金流量波动的幅度，这就是本章介绍的外汇风险管理的目的。

外汇风险有三种类型：交易风险（transaction exposure）、经济风险（economic exposure）和折算风险（translation exposure）。

交易风险是指汇率变动对企业已经发生尚未结算的外币债权、债务的价值产生影响，从而导致企业未来收入或支出的现金价值发生改变的风险。

经济风险是指汇率变动对企业的产销数量、价格、成本、费用等产生影响，从而导致企业未来现金流量发生改变的风险。

折算风险又称会计风险，是指国际企业在合并财务报表时，将不同货币计价的财务报表折算成同一货币计价的财务报表的过程中企业报表反映价值发生改变的风险。

在这三类风险中，经济风险是汇率变动对企业未来交易可能产生的影响，交易风险和折算风险则是汇率变动对企业已经发生的经济业务产生的影响。相对而言，经济风险对企业的影响是持续的、长远的，管理起来比较困难；交易风险和折算风险对企业的影响是短期的、一次性的，管理起来相对容易。下面

分别介绍这三类风险及其管理。

4.1 交易风险及管理

4.1.1 交易风险的种类

交易风险产生于企业已经发生的、将用外币结算的交易，在结算时，外币币值的变动导致交易的本币价值增加或者减少。只要存在未结清余额的债权或债务，企业就可能面临交易风险。国际企业中可能产生交易风险的交易主要包括以信用方式进行的国际贸易和外汇借贷。

1. 国际贸易信用交易中的交易风险

国际企业在进行国家间商品或劳务买卖时如果采用的是信用交易方式，就可能存在暴露于外汇风险之下的余额，如果结算时外汇汇率改变，这些余额的本币价值就会增加或减少。对于国际企业而言，其减少带来的损失更值得关注。

（1）出口业务信用交易中的交易风险。该交易风险可能给企业带来的损失为所收到外汇的贬值损失。

[例4-1]

我国某进出口公司向美国出口一批标价为100万美元的产品，将在3个月后收到美元货款。当时预期3个月后的即期汇率为1美元＝6.65元人民币，这些商品折合人民币价值665万元（100万美元×6.65元人民币/美元）。但是，当该公司3个月后收到100万美元货款时，美元突然发生贬值，即期汇率为1美元＝6.33元人民币，则该公司得到货款的人民币价值只有633万元（100万美元×6.33元人民币/美元），汇率变化造成的交易损失为32万元人民币（665－633）。

（2）进口业务信用交易中的交易风险。该交易风险可能给企业带来的损失为所支付外汇的升值损失。

[例4-2]

我国某进出口公司从美国进口一批标价为100万美元的产品，将在3个月后支付美元货款。当时预期3个月后的即期汇率为1美元＝6.65元人民币，这些商品折合人民币价值665万元（100万美元×6.65元人民币/美元）。但是，当该公司3个月后支付100万美元货款时，美元发生升值，即期汇率为1美元＝6.70元，则该公司支付货款的人民币价值变为670万元（100万美元×6.70元人民币/美元），汇率变化造成的交易损失为5万元人民币

(670－665)。

2. 外汇借款和投资中的交易风险

当国际企业借入外汇或利用外汇进行投资时，如果借入日或投出日的汇率与偿还日或投资收回日的汇率有差异，企业支付或收回的本息的本币价值就有可能高于或低于最初的预算，国际企业一般更关心交易风险给企业带来损失的可能性。

(1) 外汇借款中的交易风险。国际企业借入外汇本息后，如果外币升值，将增加未来支付现金的本币价值，导致企业发生损失。

[例 4-3]

我国某跨国公司从中国银行借入 1 000 万欧元贷款，期限 1 年，固定利率为 6%，到期一次偿还本金，本息合计 1 060 万欧元 [1 000 万欧元×(1＋6%)]。由于该跨国公司没有欧元收入，因此到时需要用人民币购买欧元。借款时预计 1 年后欧元的即期汇率为 1 欧元＝7.83 元人民币，该跨国公司预计需要归还本息的人民币金额为 8 299.8 万元人民币（1 060 万欧元×7.83 元人民币/欧元)。1 年后还款时，欧元意外升值，即期汇率变为 1 欧元＝8.00 元人民币，则该跨国公司需要用 8 480 万元人民币（1 060 万欧元×8.00 元人民币/欧元）才能兑换 1 060 万欧元归还借款本息。欧元升值给该跨国公司带来的损失为 180.2 万元人民币（8 480－8 299.8)。

(2) 外汇投资中的交易风险。国际企业利用外汇对外投资后，如果发生外币贬值，企业将来收到的外汇本息的本币价值将低于预期，企业实际发生损失。

[例 4-4]

我国某跨国公司将暂时闲置的 1 000 万欧元作为定期储蓄存入中国银行，期限为 1 个月，固定年利率为 6%，预计将获得本息 1 005 万欧元 [1 000 万欧元×(1＋6%/12)]，投资时预计 1 个月后欧元的即期汇率为 1 欧元＝7.83 元人民币，预计本息折合 7 869.15 万元人民币。当该公司到期收回投资本息时，欧元意外贬值，即期汇率变为 1 欧元＝7.60 元人民币，该公司收回本息只相当于 7 638 万元人民币。由于汇率的意外变化，该公司该项投资损失了 231.15 万元人民币（7 869.15－7 638)。

4.1.2 单个企业的交易风险

对于单个企业而言，它所承担的交易风险并不是所有业务产生交易风险的总和，因为企业的交易既有导致外汇债权的，也有导致外汇债务的，所以这些外汇债权债务的交易风险有可能相互抵消，使企业实际承担的交易风险变小甚至没有交易风险。例如，如果一个企业因产品出口产生一笔应收美元货款，随后因原材料进口形成一笔在相同日期应付的同等金额的美元货款，则不论到期时美元是升值还是贬值，该企业都不会多支付或少收回人民币金额，尽管存在形成交易风险的债权和债务，但企业本身的交易风险为零。因此，在分析单个企业的交易风险时，应该将它所承担的外汇债权债务进行抵消，得到真正承担交易风险的债权或债务净值，这部分净值才是企业需要考虑的交易风险。

能够相互抵消的外汇债权债务必须具备以下特征：（1）时间上的同时性，即同时到期；（2）币种上的一致性；（3）数量上的等额性。如果企业所有的外汇债权债务都具备这些特征，该企业就不必承担交易风险。只要其中一条没有满足，企业就可能产生交易风险。产生交易风险的是没有满足以上特征而无法抵消的外汇债权和债务，这部分债权和债务通常为外汇敞口（exchange exposure）或受险部分。对这部分外汇敞口的交易风险是否需要采取套期保值等管理措施，还要看交易风险的程度，这在下一部分——跨国公司交易风险的测量中将会论及。

案例4-1　人民币汇率波动，有些上市公司却能"躺着赚钱"

2018年以来，人民币对美元汇率中间价经历先升值后反向调整的过程。根据中国外汇交易中心的数据，年初到3月底，人民币对美元汇率中间价处于升值状态，但是之后出现反转，3月底4月初为6.28左右，7月24日为6.789 1，已贬值8%。目前，30家发布2018年中报的上市公司中，有19家公司的业绩受到汇兑损益影响。此外，有多家上市公司在中报预告中指出，业绩预增源于汇兑收益增加。

在A股上市公司中，涉及汇兑损益的主要有外向型企业、以外币方式筹资且占比较大的公司以及海外投资业务较多的公司。其中，拥有外币尤其是美元资产的公司笑纳汇兑收益，拥有美元负债的公司则因汇兑损失而拖累业绩。

在这波人民币汇率先升值后贬值的过程中，上市公司汇兑损益科目也随之波动，有些上市公司因此"躺着赚钱"。

2018年2月，超声电子发布公告称，2018年年初以来，由于美元汇率持续走低，人民币汇率相对升值，预计当年1月份公司及下属子公司因人民币升值导致汇兑损失约人民币4 500万元，这一损失预计将减少公司2018年1月份利润总额。但是五个月后的7月2日，超声电子再度发布的公告出现反转，由于美元汇率持续走高，人民币汇率相对贬值，预计2018年第二季度公司汇兑收益约人民币5 000万元，第二季度汇兑收益预计将抵消第一季度产生的汇兑损失，上半年累计汇兑收益约人民币380万元。该公司境外收入（含港澳）占到总营业收入的近6成。

与超声电子一样，海康威视2018年上半年也受益于人民币汇率波动。7月21日，该公司发布2018年中报称，"公司持续加大海外营销投入，加强本地化营销和服务能力的建设，继续优化全球营销网络，拓展海外市场”。由此可见，海康威视属于外向型企业，这类企业的生产和经营面向国际市场，直接受到国际市场变化的影响。

中报显示，2018 年上半年，海康威视汇兑差额为 1.06 亿元，减去已资本化的专门借款利息和专门借款产生的汇兑差额 6 662.43 万元，该公司的汇兑收益为 3 903.91 万元。由于利息收入增加及受汇率波动影响，该公司的汇兑收益增加，使得财务费用同比大幅下降。

相较上述受益于人民币汇率波动的企业，拥有外币尤其是美元负债的公司则因汇兑损失而拖累业绩。

健友股份拥有美元资产 2.24 亿元、美元负债 2.74 亿元，根据敏感性分析，在美元与人民币汇率贬值 5%的情况下，将减少净利润 252.82 万元。欧元和港元的影响相对较小，人民币贬值 5%，欧元方面减少净利润 15.38 万元，港元则是增厚净利润 117.43 万元。

中持股份的外币货币资金仅有 58.47 万美元，而短期借款达 1 000 万美元，应付利息 1.87 万美元。该公司上半年汇兑损失 302.4 万元。

为了应对汇率的波动，不少公司在 2018 年上半年专门发布公告，或制定外汇衍生品交易和管理制度，或公告将采取外汇套期保值政策，或调整外汇衍生品交易额度等。

资料来源：改编自人民币汇率波动，有些上市公司却能“躺着赚钱”. 第一财经百家号. https://baijiahao.baidu.com/s? id=1606931881143857694&wfr=spider&for=pc.

4.1.3　跨国公司交易风险的测量

跨国公司由诸多子公司构成，每个子公司都可能存在外汇敞口。但是，如果由每个子公司分别对其外汇敞口的交易风险进行管理，可能导致巨大的管理成本，因为从跨国公司整体的角度看，这些子公司的外汇敞口可能相互抵消，只要关心那些无法相互抵消的部分即可。跨国公司总体的交易风险由所有子公司无法抵消的外汇敞口合并构成，其风险程度还受到各种外币预期汇率变动幅度的大小以及各外汇汇率变动相关性的影响。测量跨国公司交易风险程度包括以下具体步骤。

（1）测算所有子公司的外汇敞口并加以合并，得到公司范围的预期外汇净流量。跨国公司关注的是所有子公司合并后的预期外汇净流量情况。如果一家子公司存在美元债务敞口，在美元升值时可能给该子公司带来损失，但是如果同时有另一家子公司存在到期日相同的同等金额美元债权，则美元升值将给该子公司带来收益，前一家子公司受到的损失刚好可以由后一家子公司得到的收益弥补，从跨国公司的角度看，美元升值不会给公司带来任何交易风险。但是，如果这两家子公司的美元债权和美元债务由于金额不等无法完全抵消，不能抵消的外汇净流入或净流出就会给跨国公司带来交易风险。跨国公司根据所有子公司的外汇币种、到期日、金额，将所有子公司能够抵消的外汇债权债务抵消后，就可以求出合并后的预期外汇净流量情况。

[例4-5]

我国某跨国公司甲合并下属所有子公司的外汇敞口得到外汇净流入和净流出的情况如表4-1所示。

表4-1　甲跨国公司合并后的外汇净流量　金额单位：万元

币种 (1)	总流入量 (2)	总流出量 (3)	净流量 (4)=(2)-(3)	预期汇率 (5)	人民币净流量 (6)=(4)×(5)
美元	6 000	4 000	2 000	6.36	12 720
加元	4 000	1 000	3 000	6.34	19 020
欧元	5 500	10 000	-4 500	8.84	-39 780
瑞士法郎	3 500	1 080	2 420	7.20	17 424

(2) 估计预期汇率变动幅度内外汇净流量的本币价值变化范围。交易风险的大小不仅取决于外汇净流量的多少，而且取决于外汇本身的变动幅度，汇率变动幅度越大，企业未来本币净流量变化的幅度就越大，给企业带来的风险也就越大。跨国公司估计预期汇率的变动幅度时，一种较为简单的方法是参考历史上该货币汇率的标准差，标准差越大，说明在同等的估计范围内，估计准确的把握性越小，或在同等把握性下需要更宽的估计范围，因此估计的准确率越低。

[例4-6]

例4-5中甲跨国公司根据历史上各外汇汇率的标准差情况，以95%的准确率估计各汇率变化幅度内外币净流量的本币价值变化范围如表4-2所示。在估计的汇率变化范围内，最大的损失金额是根据汇率的不利变化导致的本币多支付或少收入的最大金额与预期人民币支付或收入的金额的差异计算出来的。

表4-2　甲跨国公司估计外汇净流量的本币价值变化范围　金额单位：万元

币种 (1)	净流量 (2)	人民币净流量 (3)	预期汇率变动幅度 (4)	人民币净流量变化范围 (5)=(2)×(4)	可能的最大损失金额 (6)
美元	2 000	12 720	6.30～6.42	12 600～12 840	120
加元	3 000	19 020	6.33～6.35	18 990～19 050	30
欧元	-4 500	-39 780	8.75～8.93	(-) 39 375～40 185	405
瑞士法郎	2 420	17 424	7.05～7.35	17 061～17 787	363

从表4-2可以看到，甲跨国公司估计的汇率变化幅度最大的币种是瑞士法

郎，变化幅度最小的币种是加元。显然，尽管加元的净流量大于瑞士法郎，折算的人民币价值也较大，但是加元的波动幅度很小，损失金额很小。因此，该跨国公司对加元交易风险的关注可以少于对其他货币交易风险的关注。

（3）分析汇率变动的相关性，进一步确定交易风险。交易风险的大小还取决于各币种汇率变动的相关性。从长期看，各种货币汇率的变动存在一定程度的正相关。不同币种汇率变动的这种相关性能在一定程度上减小国际企业的交易风险。如果国际企业拥有的外汇净流量是相反方向的，那么，正相关的汇率变动可以大大减小其交易风险。因为一种货币汇率上升（下降）导致的外汇净流入发生的收益（损失）能够被另一种货币汇率同时上升（下降）导致的外汇净流出发生的损失（收益）抵消，这种相关性越强，抵消的程度越大。即使国际企业拥有的各种外汇的净流量是同一方向的，同证券投资组合的风险分散原理一样，只要它们的汇率变动不是完全正相关的，就可以部分抵消交易风险。当然，如果国际企业拥有的外汇净流量方向相同，汇率间的正相关关系越弱，可以抵消的交易风险就越多。各种货币汇率变化间的相关程度可以根据历史上的汇率变化统计出来。

例如，在例4-6中，甲跨国公司根据历史上各货币汇率变动相关性的统计资料判断得知，美元和加元的汇率变化比较独立，但是欧元与瑞士法郎的汇率变化存在较显著的正相关关系，即当欧元升值时，瑞士法郎也很可能升值；当欧元贬值时，瑞士法郎也很可能贬值。这就意味着，如果欧元升值，企业欧元净流出量的人民币价值将会增加，给企业带来损失；但同时，由于瑞士法郎也很可能升值，企业瑞士法郎净流入量的人民币价值也会增加，给企业带来收益。前者的损失可以被后者的收益弥补，企业损失的可能性和金额都将减少；反之，如果欧元贬值，瑞士法郎也很可能贬值，对企业欧元净流出量和瑞士法郎净流入量的影响刚好相反。由于欧元和瑞士法郎汇率变动的相关性，企业欧元净流出量和瑞士法郎净流入量给企业带来的人民币币值的波动减小，企业交易风险减小。

（4）综合分析公司的总体交易风险。在考虑了公司总体的外汇净流量、汇率变化幅度和汇率变化的相关性以后，跨国公司就可以综合分析公司的总体交易风险。

例如，例4-6中的甲跨国公司分析得出，有三种外汇净流入：美元外汇流入、加元外汇流入和瑞士法郎外汇流入；一种外汇净流出：欧元外汇净流出。其中，欧元外汇净流出的人民币金额最大，欧元的汇率变动幅度和可能给企业带来的损失也较大；而瑞士法郎的汇率变动幅度最大，可能给企业带来的收益也最大。由于欧元与瑞士法郎的净流量方向相反，它们的汇率变化又存在较显著的正相关关系，因此一种货币给企业带来的损失很可能被另一种货币带来的收益抵消，企业实际承担的交易风险并不大。在这种情况下，企业只需要考虑其他两种货币的交易风险。该跨国公司从表4-2的分析中可以得知，加元的汇率变化幅度非常小，其人民币价值的波动性很小，因此加元汇率变化给企业带来的交易风险也将非常小。所以影响该公司交易风险的主要是美元净流入，美元汇率变化引起的交易风险是该跨国公司应该格外关注的。

4.1.4 交易风险的交易管理方法

国际企业通过对交易风险的测量可以判断出它所承担的交易风险的内容和程度。对于相同程度的交易风险，是否采取保值措施减小交易风险，取决于管理者对风险的态度。例如，当国际企业发现其面临的交易风险比较小，或预期汇率可能朝着对自身有利的方向变化时，敢于冒险的管理者可能不采取保值措施，比较保守的管理者则可能愿意花费一定的成本或宁愿减少一些额外的收益也要保证未来现金流量的稳定性。如果国际企业决定采取措施减小交易风险，则可选择以下多种交易方法。

1. 利用远期外汇交易保值

远期外汇交易的金额一般比较大，是大型国际企业普遍采用的保值方法。由于远期外汇交易在签订合约时就已经规定了买卖货币的汇率，因此企业可以肯定地预知将来收到或支付的货币价值，从而排除未来现金流量不稳定的风险。当企业拥有外汇债权时，可以通过出售远期外汇保证将来的本币流入金额；反之，当企业拥有外汇债务时，则可以通过购买远期外汇锁定支付的本币。但是，企业为此可能要承担远期外汇交易本身带来的交易风险。

[例4-7]

某国际企业预计3个月后有2 000万美元的外汇应收账款到期收回，为了固定这些收入的人民币价值，该国际企业与银行签订了3个月期远期外汇合约，3个月后以1美元=6.541 9元人民币的汇率卖出2 000万美元。这样，不论3个月后即期汇率如何变化，该企业都可以肯定地收到13 083.80万元人民币（2 000万美元×6.541 9元人民币/美元）的现金。但是，如果3个月后美元升值，即期汇率为1美元=6.55元人民币，则该企业由于使用远期外汇交易，比不采取保值措施而直接在即期市场上出售美元少收益16.2万元人民币[2 000万美元×(6.55元人民币/美元-6.541 9元人民币/美元)]。

同样，如果该国际企业预计3个月后有2 000万美元的外汇应付账款需要支付，也可以采取签订远期外汇合约的方法固定未来现金流出的人民币价值。如果它与银行签订了3个月后以1美元=6.541 9元人民币的汇率买进2 000万美元的合约，那么，3个月后不论即期汇率如何变化，该企业都可以肯定地用13 083.80万元人民币（2 000万美元×6.541 9元人民币/美元）购买到所需的美元。但是，如果 3 个月后美元贬值了，即期汇率为 1 美元＝6.54 元人民币，则该企业由于使用远期外汇交易，比不采取保值措施而直接在即期市场上购买美元多花费 3.8 万元人民币［2 000 万美元×(6.541 9 元人民币/美元－6.54 元人民币/美元)］。

由此可见，利用远期外汇交易保值可以固定企业未来的现金流量的本币价值，但是，如果汇率朝着与企业预计相反的方向改变，企业有可能多花费或少收益。因此，是否采用远期外汇交易保值还取决于企业对汇率变化的估计。如果汇率朝着对进行远期外汇交易有利的方向变化的概率较大，则进行远期外汇交易比较合适；反之，如果汇率朝着对进行远期外汇交易不利的方向变化的概率较大，则企业可能会考虑采用其他保值方法或者不进行保值。

[例 4-8]

例 4-7 中的国际企业正在考虑是否签订远期外汇合约对 2 000 万美元的外汇净流入进行保值。该企业对未来美元即期汇率的判断以及各种汇率状况下采取签订远期外汇合约和不进行任何保值可能收到的人民币金额进行估计比较，如表 4-3 所示。

表 4-3　各种可能汇率下进行远期外汇交易和不进行保值的收入比较

金额单位：万元

3 个月后可能的即期汇率 (1)	出现的概率（%） (2)	进行远期外汇交易的人民币收入 (3)＝2 000×6.541 9	不进行保值的人民币收入 (4)＝2 000×(1)	进行远期外汇交易取得的利益 (5)
6.51	5	13 083.8	13 020	63.8
6.52	5	13 083.8	13 040	43.8
6.53	10	13 083.8	13 060	23.8
6.54	20	13 083.8	13 080	3.8
6.55	30	13 083.8	13 100	－16.2
6.56	20	13 083.8	13 120	－36.2
6.57	10	13 083.8	13 140	－56.2

该企业如果进行远期外汇交易，则其结果有 60%（30%＋20%＋10%）的可能性不如不进行保值，在这种情况下，企业是否进行远期外汇交易取决于管理人员对待风险的态度。如果该企业的管理者厌恶风险，希望能够控制未来的现金流量，则应该签订远期合约；如果该企业的管理者认为即使签订了远期合约，能够给企业带来好处的概率也只有 20%，而如果不保值，获得利益的可能性更大，则可以选择不进行保值。

2. 利用外汇期货交易保值

外汇期货交易保值的原理与远期外汇交易一样，只是外汇期货的金额比较小，适用于较小金额的外汇保值。另外，由于期货合约都有固定金额，有时可能与企业保值要求的金额不相匹配，企业只能选取最接近保值金额的合约数量，因此企业有可能不能对所有的金额进行保值或超过保值金额进行保值，使企业无法全部回避未来本币金额的变动。当企业拥有外汇债权时，为了避免外汇贬值造成未来本币现金流入的减少，企业可以选择出售外汇期货；当企业拥有外汇债务时，为了避免外汇升值造成未来本币现金流出的增加，企业可以选择购买外汇期货。通过外汇期货的买卖，企业可以固定其未来本币现金的流量。但是，同远期外汇交易一样，如果汇率朝着与企业预计相反的方向改变，企业有可能多花费或少收益，这时外汇期货交易可能给企业带来交易风险。企业判断是否采用外汇期货交易保值的方法和原则可以参照远期外汇交易。

3. 利用借款与投资方式保值

交易风险产生的原因是存在外汇敞口，即没有结清的外汇债权债务，如果企业能够对应地制造相反的债权和债务，就可能消除外汇敞口，规避交易风险，这就是采用借款与投资方式减少交易风险的原理。

（1）对外汇债务的保值。当企业存在外汇债务时，企业可以借入本币购买外币并进行投资，这相当于创造了一笔外汇债权；当外汇债务到期时，将投资获得的外币支付外汇债务，并归还本币借款本息。由于本币借款本息是已知的，因此企业就固定了其外汇债务需要支出的本币价值。

[例 4-9]

某国际企业3个月后有2 000万美元的外汇应付账款到期，当时即期市场汇率为1美元=6.560 9元人民币，为了固定将来债务支出的人民币金额，该国际企业拟从银行借入人民币并将其兑换成美元，然后将美元存入银行用于将来的支付。人民币3个月期借款年利率为6.1%，折合3个月期利率1.525%；美元3个月期的定期存款年利率为2.2%，折合3个月期利率0.55%。该企业如果要使美元3个月的存款本息和等于2 000万美元，需要兑换的美元本金为1 989.06万美元［2 000万美元÷(1+0.55%)］，折合人民币13 050.02万元（1 989.06万美元×6.560 9元人民币/美元）。这样，当3个月到期时，企业支出美元本息2 000万美元，同时归还人民币本息和13 249.03万元［13 050.02万元×(1+1.525%)］。即企业在借款的时候就可以将未来人民币现金流出量固定为13 249.03万元。该企业的操作步骤如下：

第一步，从银行借入人民币13 050.02万元，借款期为3个月，年利率为6.1%。

第二步，在即期市场上将13 050.02万元人民币兑换成1 989.06万美元。

第三步，将1 989.06万美元存入银行，存期为3个月，年利率为2.2%。

第四步，3个月到期时，得到美元定期存款本息2 000万美元，用其支付外汇债务。

第五步，归还人民币本息合计13 249.03万元。

(2) 对外汇债权的保值。当企业存在外汇债权时，也可以采用借款和投资的方式固定未来收到现金流的本币价值。具体做法是：借入外币，将其兑换成本币进行投资，这相当于创造了一项外汇债务；到期时，企业用收回的外汇债权归还外汇借款，其本币投资的本息和则是固定了的外汇债权的本币价值。

[例4-10]

某国际企业3个月后有2 000万美元的外汇应收账款，当时即期市场汇率为1美元=6.560 9元人民币。为了固定将来收回债权的人民币金额，该国际企业拟从银行借入美元并将其兑换成人民币存入银行，等美元债权到期时用来归还从银行借入的美元借款。已知美元3个月期借款年利率为5.52%，折合3个月期利率为1.38%；人民币3个月期定期存款年利率为3.10%，折合3个月期利率为0.775%。该企业如果要用到期的2 000万美元债权正好归还美元借款本息，则现在需要借入的美元本金为1 972.78万美元[2 000万美元÷(1+1.38%)]，兑换成人民币折合12 943.18万元(1 972.78万美元×6.560 9元人民币/美元)。这样，当3个月到期时，企业用收回的美元债权归还美元借款本息2 000万美元，同时得到人民币本息和为13 043.49万元[12 943.18万元×(1+0.775%)]。该企业的操作步骤如下：

第一步，从银行借入1 972.78万美元，借款期为3个月，年利率为5.52%。

第二步，在即期市场上将1 972.78万美元兑换成12 943.18万元人民币。

第三步，将12 943.18万元人民币存入银行，存期为3个月，年利率为3.1%。

第四步，3个月到期时，收回美元债权2 000万美元，用其支付美元借款本息和2 000万美元。

经过以上操作，该企业在银行中有人民币本息合计13 043.49万元，即企业通过借款和投资，将2 000万美元外汇应收账款的人民币价值固定为13 043.49万元。

利用借款和投资方式对外汇债权债务保值的方式与远期外汇合约或外汇期货一样，都可以将企业已有外汇债权债务现金流的本币金额固定，抵消已有交易的外汇风险；但它们存在同样的问题，就是当汇率走势与企业预期相反时，采取这些方式保值也抵消了汇率变化可能给企业带来的好处。企业可以参考判断是否采用远期外汇交易保值方式的方法来判断是否需要采用借款和投资方式进行保值。如果企业决定进行保值，具体采用哪些方式还要看它们的成本或收益情况，这部分内容将在本节后面涉及。

4. 利用外汇期权保值

采用前面介绍的各种保值方法，企业都面临当汇率向与企业预期相反方向变化，即外汇债权货币升值或外汇债务货币贬值时，采取的保值措施会抵消汇率变化好处的问题。如果企业估计未来外汇债权货币升值或外汇债务货币贬值的可能性比较大，很希望得到这种好处，但又不愿意承担交易风险对企业未来现金流量产生的不利影响，则可采用外汇期权的保值方式。

（1）买入期权保值。外汇买入期权给予企业在未来用固定价格购入外汇的权利，企业因此限定了购买外币支付债务所需本币的最高价值。当企业外汇债务货币发生升值，即期汇率高于期权的执行价格时，企业可以使用买入期权，以执行价格购买外汇支付债务；当企业外汇债务货币发生贬值，即期汇率低于期权的执行价格时，企业可以放弃买入期权，直接从即期市场上用低于执行价格的即期汇率购得所需的外汇，从而减少本币的支付。

[例4－11]

某国际企业预计3个月后有2 000万美元的外汇应付账款到期。市场上美元/人民币期权产品的标的为500万美元1份，该企业购买了4份美元买入期权，执行价格为1美元＝6.56元人民币，美元/人民币的即期汇率为1美元＝6.560 9元人民币，期权产品的期权费为购买当时标的总额的1.004 6%，当时支付，即1美元＝0.065 9元人民币（6.560 9×1.004 6%）。3个月到期时，如果美元贬值，即期汇率为1美元＝6.50元人民币，低于期权的执行价格，则该企业应该放弃该期权，在即期市场上购买所需美元，支付人民币价值为13 131.80万元（2 000万美元×6.50元人民币/美元＋2 000万美元×0.065 9元人民币/美元）。如果3个月后美元升值，即期汇率为1美元＝6.70元人民币，则该企业应该行使该期权，按执行价格购买美元，支付的人民币价值为13 251.80万元（2 000万美元×6.56元人民币/美元＋2 000万美元×0.065 9元人民币/美元）。

（2）卖出期权保值。外汇卖出期权给予企业在未来用固定价格卖出外汇的权利，企业因此限定了所收回外汇债权的最低本币价值。当企业外汇债权货币发生贬值，即期汇率低于期权的执行价格时，企业可以使用卖出期权，以执行价格卖出收回的外汇债权；当企业外汇债权货币发生升值，即期汇率高于期权的执行价格时，企业可以放弃卖出期权，直接在即期市场上以高于执行价格的即期汇率卖出收回的外汇，从而增加本币的收入。

[例4－12]

某国际企业预计3个月后有2 000万美元的外汇应收账款到期。市场上美元/人民币期权产品的标的为500万美元1份，该企业购买了4份美元卖出期权，执行价格为1美元＝6.56元人民币，美元/人民币的即期汇率为1美元＝6.560 9元人民币，期权产品的期权费为购买当时标的总额的0.769 4%，当时支付，即1美元＝0.050 5元人民币（6.560 9×0.769 4%）。3个月到期时，如果美元贬值，即期汇率为 1 美元＝6.50 元人民币，低于期权的执行价格，则该企业应该执行该期权，出售美元得到人民币价值为 13 019 万元（2 000 万美元×6.56 元人民币/美元－2 000 万美元×0.050 5 元人民币/美元）。如果 3 个月后美元升值，即期汇率为 1 美元＝6.70 元人民币，则该企业应该放弃该期权，直接在即期市场上出售美元得到人民币价值为 13 299 万元（2 000 万美元×6.70 元人民币/美元－2 000 万美元×0.050 5 元人民币/美元）。

外汇期权交易使企业既可以摆脱汇率的不利影响，又能够获得汇率有利变化带来的好处，该交易方式带给企业的这种灵活性是其他保值方式所不具备的，但是，企业也要为这种灵活性付出一定代价，那就是不论企业是否行使期权都要支付期权费。另外，外汇期权交易的一个重大缺陷是期权的种类有限，往往无法提供企业需要的全部期权品种。

5. 不同保值方法的选择

以上这些保值方法都能够给国际企业提供减小交易风险的途径。如果国际企业决定采用保值的方法减小或消除外汇债权债务交易风险对企业的不利影响，应该如何考虑采用哪种保值方法更好呢？企业是否可以考虑采取不保值措施呢？下面举例说明这种选择的过程。

[例 4－13]

以前面例题中国际企业外汇债权的保值为例，该国际企业预计 3 个月后收到 2 000 万美元的外汇应收账款，当时美元的即期汇率为 1 美元＝6.560 9 元人民币，企业分析 3 个月后美元可能的汇率变化及其概率如表 4－4 所示。

表 4－4　　3 个月后美元可能的即期汇率及其概率

3 个月后美元可能的即期汇率	概率（%）
1 美元＝6.50 元人民币	30
1 美元＝6.60 元人民币	50
1 美元＝6.70 元人民币	20

根据例 4－7 远期外汇交易保值、例 4－10 借款和投资方式保值和例 4－12 外汇卖出期权保值的计算结果，可以得出各种保值方式下该国际企业可能收到的美元净流入的人民币价值情况，同时计算不进行保值情况下企业可能的人民币现金流量如表 4－5 所示。

表 4－5　　不同方式下企业可能收到的美元应收账款的人民币价值比较

3 个月后美元可能的即期汇率	概率（%）	企业可能收到的美元应收账款的人民币价值（万元）			
		远期外汇交易保值	借款和投资保值	外汇期权保值	不进行保值
1 美元＝6.50 元人民币	30	13 083.8	13 043.49	13 019	13 000
1 美元＝6.60 元人民币	50	13 083.8	13 043.49	13 099	13 200
1 美元＝6.70 元人民币	20	13 083.8	13 043.49	13 299	13 400

通过表4－5的分析，该企业看到在三种保值方式中，借款和投资方式的现金流始终不是最优，不是一种好的保值方式；外汇期权保值有70%的可能性优于远期外汇交易保值。与进行保值相比，企业采取不进行保值的策略有70%的可能性优于外汇期权保值方式。

由此可见，国际企业判断采取哪种保值措施，关键是看未来汇率变化方向及其概率，如果未来汇率很可能朝对原有交易不利的方向变化，如本例中美元贬值，则远期外汇交易保值方式更可取；反之，外汇期权保值方式更可取。企业甚至还可以采用不进行保值的方式，在本例中，不进行保值可能是一种较好的方案。但是，不进行保值并不意味着无须保值，企业需要不断跟踪分析外汇变化的趋势，不断重复前述分析过程，在必要时采取保值措施。对两种均可行的保值方式作出选择，关键是看它们给企业带来的收入或支出的金额哪个对企业更有利。

4.1.5 交易风险的非交易管理方法

如果企业发现以上所介绍的各种可供保值的交易方式费用太高，或市场上不存在这些可供保值的交易，就需要采用一些非交易的管理方法。尽管它们可能无法完全消除交易风险，但是可能在一定程度上减少风险。可供企业减少交易风险的非交易管理方法应该在交易发生前就采用，因此也可称为事前的管理方法。

1. 提前与延迟结算

持有外汇债务的企业都希望在外汇债务货币升值前偿债或在外汇债务货币贬值之后偿债。提前支付就是在判断外汇债务货币很可能要升值但还未升值时，尽管债务并没有到期，但提前偿还。延迟支付就是在判断外汇债务货币很可能要贬值但尚未贬值时，尽量推迟偿债时间。如果判断准确，这两种方法都可以在一定程度上为企业节约偿债所需的本币资金，降低交易风险。国际企业内部的子公司之间采用提前与延迟支付措施一般比较容易，但是独立企业之间如果等到合约已经签订，支付日期被限定之后再进行操作则非常困难。因此，对于进口商而言，需要在签订合约之前就对汇率走势有一个判断，当判断外汇债务可能升值时，提前购买，或采取预付货款的形式，避免将来外汇升值时支出较多的本币。但是采用该措施应该考虑提前购买导致的仓储成本增加以及预付货款本身的机会成本，只有在这两项成本的增加不超过汇率升值可能带来的损失时，采取该措施才是合算的。

持有外汇债权的企业都希望在外汇债权货币贬值之前收回债权或在外汇债权货币升值之后收回债权，如果能在外汇货币贬值之前提前收回债权或将回收债务的时间推迟到外汇债权货币升值之后，就可以为企业增加债权的本币价值。同样，在国际企业内部进行这种操作比较容易，如果是独立的企业，则需要提早做准备，尤其是要求对方提前偿债时。比如，出口商可以在签订出口合同时将交货期和收款时间提前，或者在合同中规定提前支付时给予进口商一定的优惠条件。同样，采用提前或延迟收款措施时，债权方必须考虑优惠条件的成本或延迟收款的时间价值损失，只有当这两项成本或损失之和少于规避交易风险的好处时，采取该措施才是合算的。

2. 设置再开票中心

该措施是跨国公司管理和控制整个企业外汇交易风险的一个有效措施，再开票中心专门管理由跨国公司内部贸易产生的交易风险。它统一负责各子公司外汇收支的发票和结算，而不负责商品的流通。具体做法是：当发生内部贸易时，出口方先将商品出售给再开票中心，但这种出售只是账面上的，出口方用其本币向再开票中心开出发票，再开票中心同时以进口方本币向进口方开出发票，将商品销售给进口方；商品实际上从出口方直接运往进口方，并不经过再开票中心。这样一来，出口方和进口方子公司完全没有外汇交易风险，交易风险则集中到再开票中心，再开票中心可以通过提前或延迟付款的措施，或者采用其他交易保值措施对交易风险进行集中管理，使交易风险管理的效率大大提高。

3. 其他降低交易风险的措施

国际企业还可以采用其他一些方法和措施降低交易风险，比如调整进口或出口所使用的计价货币，使进口和出口尽量使用同一种外汇，让外汇债权和外汇债务能够最大限度地相互抵消；交易中尽量选用对自己有利的货币；调整商品的价格，使之能够部分弥补由于汇率可能的不利变化而导致的损失等。但这些方法并不一定绝对有效，因为交易是双方的事情，只有互利互惠才可能达成。所以采用这些方法时，企业可能会产生其他的成本或损失，比如选用对自己有利的货币时，对方可能会在价格上要求让步；而调整价格弥补损失时，可能会丧失价格优势，降低自身的竞争力。因此，企业在选取降低交易风险的措施时，必须随时关注这些措施可能给企业带来哪些成本或其他损失，综合权衡利弊。

4.2 经济风险及管理

4.2.1 经济风险的产生机理

经济风险是由汇率变动引起的企业经营现金流量发生的波动，从广义的角度来看，只要一个国家的金融和商品市场是开放型的，不论是不是国际企业，其经营都可能受到汇率波动的影响，都要承受外汇的经济风险。对于国际企业来说，经营的某些环节或者子公司分布在不同国家，经营现金流量受到各国汇率变化影响的可能性更大。下面以一个存在进出口业务的国际企业为例，说明外币升值对该国际企业现金流量可能产生的影响。

该国际企业的现金流量主要由投资、经营现金流量和投资回收构成，其中，经营现金流量主要包括销售收入带来的现金流入以及销售成本、付现的期间费用带来的现金流出。为了便于说明核心内容，这里忽略汇率变化可能带来的对子公司投资和投资回收的影响，也不考虑所得税的影响，只分析当外币币值变化时公司经营现金流量几个构成部分可能受到的影响。

1. 销售收入受到的影响

如果一个企业只在当地销售产品，所在国货币的升值（外币的贬值）可能导致其他国家出口到该国的商品相对便宜，更具有竞争力，企业的销售收入很可能因此下降。同样，如果企业的产品对外出口，由于该国货币的升值，出口产品在国际上的竞争力也会下降，如果企业降低价格保持原有的销售量，企业的销售收入仍会减少。企业销售收入减少的幅度取决于市场上外国商品的竞争程度以及该产品的价格弹性，如果进口产品较少，或产品价格弹性较小，销售收入受到汇率变化的影响就可能小一些。

2. 销售成本受到的影响

如果企业使用的原材料均在所在国取得，则销售成本受汇率变化的影响较小。但是，如果企业有部分甚至全部原材料需要从国外进口，当所在国货币升值（外币贬值）时，这些原材料的进口价格可能降低，销售成本下降。企业销售成本下降的幅度与对国外原材料的依赖程度有直接关系，依赖程度越大，受汇率变动的影响可能越大。

3. 付现的期间费用受到的影响

如果企业的期间费用主要用所在国货币支付，则所在国货币升值（外币贬值）对期间费用的影响不大。但是，如果企业的期间费用有一部分使用外币支付，或者需支付国外借款的利息，则所在国货币升值可导致期间费用减少。

对于拥有国际业务的企业，当所在国货币升值（外币贬值）时，企业的经营现金流入量和流出量都可能减少，其最终结果并不是确定的，既可能是净流入量增加，也可能是净流出量增加，要看其销售收入受汇率变化的影响大还是成本和费用受汇率变化的影响大。同样，如果企业所在国的货币贬值，企业的经营现金流入量和流出量会受到相反方向的影响。在判断汇率变化对销售收入、销售成本和期间费用产生影响的程度的过程中，不仅需要财务管理人员的参与，还需要市场营销、供应和生产等方面的配合。

对于国际企业而言，汇率变化不仅导致子公司用当地货币计价的经营现金流量改变，而且在将这些经营现金流量换算成本国货币的过程中，用本国货币表示的国际企业的经营现金流量也会发生改变，不过这种风险究竟属于交易风险还是折算风险，视该现金是否需要兑换为本币而定。

4.2.2 经济风险的计算

为了衡量汇率变化对国际企业经营现金流量产生影响的程度，财务人员需要使用损益表逐项分析各个项目受汇率变化影响的具体情况。

[例4-14]

我国某跨国公司A公司在中国本土的生产基地从美国公司进口关键材料，产品除在本土销售外，还有部分通过自己位于美国的贸易公司出口美国，以美元结算。该跨国公司对其下一年经营活动的预测如表4-6所示。

表4-6　　A公司税前经营现金流量预测

项目	人民币业务金额（百万元人民币）	美元业务金额（百万美元）
销售收入		
中国	360	
美国		3
购买原材料		
中国	30	
美国		40
付现的期间费用		
中国	60	
美国		1
税前现金流量		
中国	270	
美国		−38

由于人民币双向波动的幅度越来越明显，A公司现在希望通过分析确定其经营活动本身如何受可能的汇率变化的影响。该跨国公司计算了三种汇率情况下的经营现金流量，其计算结果如表4-7所示。

表4-7　　汇率变动对A公司税前经营现金流量可能的影响

汇率情形	1美元=6.30元人民币			1美元=6.20元人民币			1美元=6.10元人民币		
项目	人民币业务金额（百万元人民币）	美元业务金额（百万美元）	折合人民币合计（百万元人民币）	人民币业务金额（百万元人民币）	美元业务金额（百万美元）	折合人民币合计（百万元人民币）	人民币业务金额（百万元人民币）	美元业务金额（百万美元）	折合人民币合计（百万元人民币）
销售收入			378.9			378.6			378.3
中国	360		360	360		360	360		360
美国		3	18.9		3	18.6		3	18.3
购买原材料			282			278			274
中国	30		30	30		30	30		30

续前表

汇率情形	1美元=6.30元人民币			1美元=6.20元人民币			1美元=6.10元人民币		
项目	人民币业务金额（百万元人民币）	美元业务金额（百万美元）	折合人民币合计（百万元人民币）	人民币业务金额（百万元人民币）	美元业务金额（百万美元）	折合人民币合计（百万元人民币）	人民币业务金额（百万元人民币）	美元业务金额（百万美元）	折合人民币合计（百万元人民币）
美国		40	252		40	248		40	244
付现的期间费用			66.3			66.2			66.1
中国	60		60	60		60	60		60
美国		1	6.3		1	6.2		1	6.1
税前现金流量			30.6			34.4			38.2
中国	270		270	270		270	270		270
美国		−38	−239.4		−38	−235.6		−38	−231.8

从分析中可以看出，美元贬值对该跨国公司经营活动的影响是利大于弊，美元贬值导致的销售收入的减少小于原材料成本的降低；美元升值对该跨国公司经营活动的影响是弊大于利，美元升值导致的销售收入的增加少于原材料成本的增加。该跨国公司通过类似的计算，可以随时了解美元汇率变动对其经营活动的影响。如果该公司认为现金流量对美元汇率变化的敏感程度超过其承受能力，则该跨国公司应该重视这种业务结构引起的汇率风险，尤其是当美元可能出现升值的时候，有可能给该跨国公司带来重大损失。

例4-14中的跨国公司只计算了三种美元汇率对企业利润和经营现金流量的影响，但实际上美元汇率可能在一个区间内变化，而且不同的汇率出现的概率不同，企业可以凭此估计不同利润和经营现金流量出现的概率，得出经济风险的全面印象。

4.2.3 经济风险的管理

汇率变化对国际企业未来的利润和经营现金流量具有长期持续的影响，当汇率发生对国际企业不利的变化时，国际企业的整个经营活动都可能受到影响。当汇率变化造成成本和费用的增加大大超过销售收入的增加时，国际企业的经营甚至可能出现亏损。经济风险涉及企业的供、产、销各个环节，仅靠财务人员是无法控制的，控制经济风险需要企业高层管理者全面参与。

对经济风险的管理主要有事前的多元化经营安排和事中的企业经营重构。

根据风险分散的原理，企业从事的业务种类越多，经营的范围越广，分散风险的能力就越强。多元化经营安排正是对这个原理的应用。多元化经营安排不仅是指在不同的业务领域经营，比如在不同行业经营或生产和销售多种产品，更重要的是指在全球范围内分散原材料来源、生产和销售地点。当国际企业在全球范围内分散经营时，某个国家的汇率变化对该国子公司的不利影响可能被在其他国家受到汇率变化的有利影响抵消，整个企业的经济风险就可以相对减小。

企业经营重构是指对受到汇率变化严重影响的子公司的业务流程进行重新构建，平衡业务流程中各项目对汇率变化的敏感性，从而降低整个业务的经济风险。企业对经济风险的计算结果进行分析，可以发现各个项目对汇率变化的不同敏感度。如在例 4－14 中，A 公司的原材料采购就比期间费用和销售收入对美元汇率的变化更加敏感。根据各项目敏感度的差异，企业可以采取不同的措施调整这些项目的敏感度，使之达到相对平衡，避免经营现金流量的剧烈波动。措施包括：

（1）对于经营所在国货币汇率的变化，如果销售收入比销售成本和费用更加敏感，则减少对其他国家的销售，增加在经营所在地的销售；或者增加从其他国家进口原材料，减少从经营所在地取得原材料；更多地使用其他国家的债务资金以增加利息支付的敏感性。

（2）对于经营所在国货币汇率的变化，如果销售成本和费用比销售收入更加敏感，则增加对其他国家的销售，减少在经营所在地的销售；或者减少从其他国家进口原材料，增加从经营所在地取得原材料；减少使用其他国家的债务资金以降低利息支付的敏感性。

这些措施的原理虽然简单，在实际操作中却有相当大的难度，国际企业必须分析在经营所在国或其他国家增加销售收入的可能性，这与其他竞争者的竞争力和市场的竞争程度有很大关系，并不是国际企业可以任意左右的。另外，销售成本的改变还取决于是否有合适的当地或其他国家供应商可以提供适当价格和种类的原材料，如果很难找到合适的供应商，改变原材料采购地点的策略就较难实施。改变后的经营结构对汇率变化的反应需要国际企业重新估计，估计的结果是国际企业是否采用这些措施的重要依据。但是，这种估计的准确性可能大大低于在原先结构下估计的准确性，因为国际企业没有可比的历史资料可供借鉴，按照这种估计作出的改变要冒一定风险。改变措施本身具有长期的影响，一旦改变，再进行修改的成本将会很高。因此，国际企业在进行经营重构时要格外慎重。

[例 4－15]

通过对例 4－14 中的资料进行分析，该跨国公司考虑调整经营业务结构，希望通过在美国加大销售推广力度，扩张美国销售渠道，提高在美国的销售规模。同时考虑在国内寻找部分替代性的原材料供应，增加本土供应商的采购。经过这一系列安排，A 公司对新结构下的经营现金流量预测以及现金流量对美元汇率变化的反应如表 4－8 所示。

表 4-8　　经营重构后汇率变动对 A 公司经营现金流量可能的影响

汇率情形	1 美元=6.30 元人民币			1 美元=6.20 元人民币			1 美元=6.10 元人民币		
项目	人民币业务金额（百万元人民币）	美元业务金额（百万美元）	折合人民币合计（百万元人民币）	人民币业务金额（百万元人民币）	美元业务金额（百万美元）	折合人民币合计（百万元人民币）	人民币业务金额（百万元人民币）	美元业务金额（百万美元）	折合人民币合计（百万元人民币）
销售收入			410.4			409.6			408.8
中国	360		360	360		360	360		360
美国		8	50.4		8	49.6		8	48.8
购买原材料			293			290			287
中国	104		104	104		104	104		104
美国		30	189		30	186		30	183
付现的期间费用			85.2			84.8			84.4
中国	60		60	60		60	60		60
美国		4	25.2		4	24.8		4	24.4
税前现金流量			32.2			34.8			37.4
中国	196		196	196		196	196		196
美国		−26	−163.8		−26	−161.2		−26	−158.6

经过经营重构，A 公司的经营现金流量受美元汇率波动的影响比原来平稳得多。该跨国公司的经济风险经过经营重构降低了。

案例 4-2　本轮人民币汇率走弱对航企业绩的影响

截至 2018 年 6 月 29 日，人民币对美元较年初贬值约 1.26%。汇率的波动主要通过收入、成本以及汇兑损益影响航空企业的财务表现，根据汇率敏感系数测算，2017 年 12 月 31 日人民币对美元的汇率每升值或贬值 1%，对国航、东航和南航的业绩影响分别为 2.79 亿元、2.60 亿元和 2.78 亿元。以 2018 年 6 月 29 日的汇率来看，在美元债务不变的情况下，三大航企的汇兑损失已合计超过 10 亿元。

收入方面，目前我国航空公司仍以国内收入为主，国内三大航企的国内、国外航线的收入占比约为 7∶3，当人民币汇率贬值时，国外收入占比较高的航空公司受到的影响相对较小。

成本方面，航空公司的成本构成以航油成本、起降费、经营租赁费、折旧费、维修费、人工成本等为主，其中航油成本、经营租赁费、维修费等受汇率波动的影响较大。目前国内三大航企的航油成本占总成本的比重在 30%左右（受航油价格影响占比会有所波动），维修费的占比在 6%～10%，经营租赁费主要由航空公司以经营租赁方式引入飞机形成，其占比受航空公司飞机引入策略的选择影响较大，2017 年国航、东航、南航的经营租赁费占成本的比重分别为 7.29%，4.78%和 7.18%。由于上述费用多以美元结算，因此人民币贬值时航空公司的成本将会有所增加。

财务费用方面，飞机购买或融资租赁多以美元结算，使得各航空公司对美元债务的使用较为频繁。相比 2015 年人民币汇率贬值导致国内航空公司出现巨大的汇兑损失（三大航企 2015 年全年汇兑损失达 158.44 亿元），近年来我国航空公司持续减少美元债务占比，2015 年三大航企美元债务占比约为 70%，2016 年降至 45%左右，2017 年进一步降至 35%左右，对汇率变动的敏感性降低。

资料来源：改编自人民币汇率走弱侵蚀航企利润　但对行业无实质影响. http://finance.sina.com.cn/money/forex/forexfxyc/2018-07-03/doc-ihespqry8630784.shtml.

4.3 折算风险及管理

国际企业在国外的子公司通常使用所在国货币记账和编制财务报表。而国际企业为了反映其作为一个整体的财务状况、经营成果以及现金流量等情况，需要将各个子公司的财务报表合并，编制企业整体的合并财务报表。该合并报表通常使用总部所在国的货币，这样就需要将以外币作为记账单位的子公司报表折算成以总部所在国本币为记账单位的财务报表。在这个折算过程中，如果不采用历史汇率，则子公司报表折算出来的价值会因折算汇率的变化而发生变动，这种由于汇率变动造成子公司报表本币价值的增加或减少就是折算风险。

折算风险不仅会使国际企业对外报告的资产和负债的价值出现波动，而且可能导致利润数额的增加或减少。虽然折算风险只是账面价值的波动，并不影响国际企业的现金流量，但是国际企业在资本市场上的形象可能因利润指标的变化而发生改变；另外，国际企业要对子公司进行业绩考评，被折算汇率扭曲的子公司业绩不利于国际企业对其作出正确评价。因此，国际企业的财务管理人员必须意识到折算风险的存在和产生的机理，在必要时采取一定的措施减少折算风险的影响。

4.3.1 折算方法与折算风险

折算风险是折算外币财务报表时采用的折算汇率发生变化产生的风险。它包括两项内容：一项是企业资产负债表因折算汇率变化而发生价值改变的风险，这种风险导致的折算损益可以看作企业未实现的折算损益；另一项是损益表中的税后利润因折算汇率发生变化而改变的风险，这类风险可以看作企业已实现的折算损益。

1. 资产负债表的折算风险

汇率变化幅度和受到折算汇率影响的资产和负债项目的内容和数额决定了

折算风险的大小。与其他外汇风险一样，企业外汇资产和外汇负债受汇率变化影响的结果相反，因此其等额部分受到的影响可以互相抵消，真正承担风险的部分是外汇资产与外汇负债的差额，这部分差额称为净暴露资产。受折算汇率影响的资产和负债项目的内容取决于不同的折算方法，各种折算方法之间的差异则产生于对折算汇率的选择和应用。折算外币报表时可供选择的折算汇率有三种：现行汇率，指子公司报表编制日的市场汇率；历史汇率，指报表项目确认入账时的汇率；报告期平均汇率，该汇率主要用于某些折算方法下对损益表的折算，资产负债表的折算不使用该汇率。

国际上存在的折算方法主要有以下四种：

（1）现行汇率法。现行汇率法是以现行汇率为主要折算汇率的折算方法，在该方法下，资产负债表各资产和负债项目均按报表编制日的现行汇率进行折算，实收资本项目按投入资本时的当日汇率（历史汇率）折算。采用这一方法时，全部的资产项目和全部的负债项目都会受到汇率变化的影响，净暴露资产等于全部资产与全部负债的差额。

（2）流动与非流动法。流动与非流动法将资产与负债项目区分为流动性项目与非流动性项目两大类，将流动资产和流动负债按现行汇率折算，非流动资产、非流动负债、实收资本项目按历史汇率折算。采用这一方法时，只有流动资产和流动负债项目会受到汇率变化的影响，净暴露资产等于流动资产与流动负债的差额。

（3）货币与非货币法。货币与非货币法将资产与负债项目分为货币性项目与非货币性项目。货币性项目包括货币性资产（如现金和有价证券、各种应收款等）和货币性负债（绝大多数的负债，如应付账款和长期借款等），按现行汇率折算。非货币性项目包括非货币性资产（如存货、固定资产、长期股权投资等）和非货币性负债（如预收账款等），按历史汇率折算。实收资本项目也按历史汇率折算。在这种方法下，只有货币性资产和货币性负债承受折算汇率变化的风险，净暴露资产等于货币性资产与货币性负债的差额。

（4）时态法。时态法是一种以资产、负债项目的计量基础作为选择折算汇率依据的外币报表折算方法，它将资产负债表上按市价计价的现金、应收项目、存货、投资和应付项目以及其他负债项目按现行汇率折算，资产负债表上按历史成本计价的各项资产如固定资产、无形资产等按取得时的历史汇率折算。实收资本项目仍按历史汇率折算。在时态法下，承担折算风险的是按现行市价计价的资产和负债，净暴露资产等于按现行市价计价的资产与负债的差额。

表4-9总结了在各种折算方法下折算汇率的使用，其中使用现行汇率折算的资产和负债项目承担折算风险。

表 4－9　　四种折算方法的比较

折算汇率	现行汇率法	流动与非流动法	货币与非货币法	时态法
现行汇率	全部资产、全部负债	流动资产、流动负债	货币性资产、货币性负债	以市价计价的资产和负债
历史汇率	实收资本	非流动资产、非流动负债、实收资本	非货币性资产、非货币性负债、实收资本	以历史成本计价的资产、负债、实收资本

下面举例说明不同折算方法带来的折算风险的差异。

[例 4－16]

某国际企业在美国有一子公司 B，它以美元编制的资产负债表如表 4－10 所示。为了便于说明问题，假设该子公司所有项目的历史汇率均为 1 美元＝8.5 元人民币，报表编制日现行汇率为 1 美元＝8.2 元人民币，并且该子公司尚未实现利润，因此没有损益表和留存收益。该国际企业使用不同折算方法的折算结果如表 4－11 所示。

表 4－10　　B 公司资产负债表　　单位：万美元

项目	金额
资产	
现金	600
应收账款	1 200
存货（市价）	2 400
固定资产	5 200
资产合计	9 400
负债和股东权益	
应付账款	1 600
短期借款	1 400
长期借款	2 000
实收资本	4 400
负债和股东权益合计	9 400

表 4－11　　不同折算方法下折算损益的比较

项目	美元金额（万美元）	相应的人民币金额（万元）									
		历史汇率		现行汇率法		流动与非流动法		货币与非货币法		时态法	
资产											
现金	600	8.5	5 100	8.2	4 920	8.2	4 920	8.2	4 920	8.2	4 920
应收账款	1 200	8.5	10 200	8.2	9 840	8.2	9 840	8.2	9 840	8.2	9 840
存货（市价）	2 400	8.5	20 400	8.2	19 680	8.2	19 680	8.5	20 400	8.2	19 680

续前表

项目	美元金额（万美元）	相应的人民币金额（万元）									
		历史汇率		现行汇率法		流动与非流动法		货币与非货币法		时态法	
固定资产	5 200	8.5	44 200	8.2	42 640	8.5	44 200	8.5	44 200	8.5	44 200
资产合计	9 400		79 900		77 080		78 640		79 360		78 640
负债和股东权益											
应付账款	1 600	8.5	13 600	8.2	13 120	8.2	13 120	8.2	13 120	8.2	13 120
短期借款	1 400	8.5	11 900	8.2	11 480	8.2	11 480	8.2	11 480	8.2	11 480
长期借款	2 000	8.5	17 000	8.2	16 400	8.5	17 000	8.2	16 400	8.2	16 400
实收资本	4 400	8.5	37 400	8.5	37 400	8.5	37 400	8.5	37 400	8.5	37 400
折算损益					−1 320		−360		960		240
负债和股东权益合计	9 400		79 900		77 080		78 640		79 360		78 640

根据净暴露资产的多少也可以直接计算出折算损益，折算损益的计算公式为：

$$折算损益=净暴露资产金额\times美元升值幅度$$
$$=\left(\frac{需用现行汇率}{折算的资产}-\frac{需用现行汇率}{折算的负债}\right)\times美元升值幅度$$

此处美元升值的幅度为−0.3（即8.2−8.5），实际为美元贬值。

本例中各种折算方法下受折算汇率影响的资产、负债项目及净暴露资产的金额和折算损益的计算如表4-12所示。

表4-12　　根据净暴露资产计算的折算损益

受折算汇率影响的项目	现行汇率法	流动与非流动法	货币与非货币法	时态法
资产	现金、应收账款、存货、固定资产	现金、应收账款、存货	现金、应收账款	现金、应收账款、存货
负债	应付账款、短期借款、长期借款	应付账款、短期借款	应付账款、短期借款、长期借款	应付账款、短期借款、长期借款
净暴露资产金额	4 400万美元	1 200万美元	−3 200万美元	−800万美元
折算损益	−1 320万元人民币	−360万元人民币	960万元人民币	240万元人民币

同一企业相同的资产负债表用不同的折算方法会出现不同的折算风险，在例4-16中，该国际企业用现行汇率法折算净暴露资产最多，如果美元贬值，出现的折算损失最大；用货币与非货币法折算，净暴露资产为负数，也就是出现受到汇率影响的负债多于资产，在美元贬值的情况下，出现的是折算收益，

并且金额较大。但是，这并不意味着该企业采用货币与非货币法就最好，因为当美元升值时，这两种方法导致的折算损益刚好方向相反。

2. 损益表的折算风险

在不同的折算方法下，损益表的折算结果也不相同。在现行汇率法下，损益表的各个项目按现行汇率或平均汇率折算；在流动与非流动法下，损益表的折旧费用、摊销费用按历史汇率折算，其他项目按照平均汇率折算；在货币与非货币法下，折旧费用、摊销费用和销售成本按历史汇率折算，其他项目按照平均汇率折算；在时态法下，损益表上的折旧费用和摊销费用按历史汇率折算，其他项目按照平均汇率折算。不论采用哪种方法，损益表中总有项目需要按照现行汇率或报告期平均汇率折算，因此，现行汇率或报告期平均汇率超过预期的变化都可能导致损益表中利润的折算金额发生改变。

[例 4－17]

某国际企业采用现行汇率法折算子公司 C 的财务报表，该国际企业的损益表及其在不同汇率下的折算结果如表 4－13 所示。

表 4－13　C 公司损益表及其折算结果

项目	美元金额（万美元）	相应的人民币金额（万元）	
		现行汇率 1 1 美元＝8.5 元人民币	现行汇率 2 1 美元＝8.8 元人民币
销售收入	1 000	8 500	8 800
销售成本	600	5 100	5 280
折旧费用	50	425	440
其他期间费用	60	510	528
税前利润	290	2 465	2 552
所得税（50%）	145	1 232.5	1 276
税后利润	145	1 232.5	1 276

例 4－17 显示，子公司 C 的美元利润在折算成总部的本币时，其本币计量的利润会随着美元汇率的不同而出现明显的差异。子公司利润因折算出现的增加或减少最终会在国际企业合并财务报表时影响到国际企业总体的报表利润。

4.3.2　折算风险的管理

当国际企业确定了折算方式后，就可以依据该折算方式下净暴露资产的风险程度进行资产负债表保值，具体的保值方式与交易风险的保值方式相同，其原理也是通过进行另一笔正好抵消净暴露资产的交易使得企业没有资产或负债暴露在外汇风险之下。

对损益表的折算风险的管理也可以通过对汇率变化方向的预测采取各种保

值方式，比如如果担心折算利润因外币贬值而减少，可以进行一笔远期外汇交易，卖出与利润相当的外币，保证利润的本币价值尽可能稳定。

由于折算风险只导致报表折算时出现账面损益，并不影响国际企业的现金流量，因此一些人主张不对折算风险进行管理。另外，折算风险本身不影响企业现金流量，但是折算风险的保值措施会影响企业的现金流量，尤其是当汇率朝与企业预期相反的方向变化时，保值措施带来的损失会造成企业真正的现金流出，对企业并无好处。同时，由于事先采取的保值措施只能根据净暴露资产和利润的估计数进行保值，保值的效果会受到估计的准确性的影响，很难做到完全保值。因此，国际企业是否对折算风险进行保值，关键还要看企业的股东和其他财务信息使用者是否看重折算风险引起的利润的变化。如果国际企业能够向其清楚地阐述利润变化仅仅是折算汇率引起的，与企业经营无关，在财务信息的使用者能够理解的情况下，不采取保值措施也许是正确的。

本章小结

汇率变动造成对企业业绩的潜在影响构成外汇风险，如果这种风险涉及未来企业现金流量，则需要根据企业的风险偏好进行有效管理。外汇风险分为三种，即经济风险、交易风险和折算风险。经济风险是汇率变动对未发生业务的潜在影响；交易风险是汇率变动对已发生未结算业务的潜在影响；折算风险是汇率变动对已发生业务报表反映价值的潜在影响。

经济风险对企业未来现金流量的影响是长期的、持续的，需要通过多元化经营安排或经营重构平衡外汇现金流入和外汇现金流出对汇率的敏感度进行控制。

衡量企业交易风险要看其在同一时点同种货币债权和债务相抵后的净值多少以及净值如何对企业产生影响；衡量跨国公司交易风险则要测算所有子公司的外汇敞口并加以合并，只有不能合并抵消的外汇敞口才会导致交易风险。不同外汇汇率的变动存在不同程度的相关性，正相关的汇率变化可以抵消反向外汇现金净流量的交易风险，不显著相关或负相关的汇率变化可以抵消同向外汇现金净流量的交易风险。交易风险的管理方法分为交易管理方法和非交易管理方法，交易管理方法主要是通过制造与外汇净流量相反方向的交易进行保值。是否对交易风险进行保值或保值程度的大小取决于企业对未来汇率走向的判断和对待风险的态度。

对子公司未来利润用交易管理方法管理可以在一定程度上管理损益表的折算风险，但是对于不汇回国内的子公司利润采用这种管理方法可能导致实际的现金流损失，因此并非一定要进行折算风险的管理。

名词术语

外汇风险	经济风险	交易风险	折算风险
多元化经营安排	经营重构	外汇敞口	

练习题

一、思考题

1. 国内企业是否也会面临外汇风险中的经济风险？为什么？

2. 国际企业面临经济风险的程度受到哪些因素的影响？

3. 哪些交易风险可以相互抵消？哪些不能相互抵消？

4. 不同外汇之间的风险为什么也有可能相互抵消？

5. 对不能抵消的交易风险是否一定要套期保值？不套期保值的前提条件是什么？

6. 折算风险是怎么产生的？它对企业有什么影响？

7. 何时需要对折算风险进行交易管理？这样做有哪些利弊？

8. 某鞋厂的投资、原材料和人工都来自国内，其中原材料和人工成本占产品价格的30%，产品主要对美国出口，以美元计价，并且产品在国外面临其他东南亚国家类似产品的竞争。如果人民币升值2%，该企业将面临何种外汇风险？应该怎样减少这种风险？

9. 某家电生产商在东南亚、拉美、非洲等地区开设了工厂，使用当地的人工和原材料进行生产，产品在当地市场销售。请问，相比在国内生产、产品出口的生产销售方式，这样做是否可以降低外汇风险中的经济风险？有什么利弊？

10. 某电子有限公司主要向欧美出口带杀菌消毒功能的节能灯，在面临汇率风险时，其经理在与对方签订的合同里附加了如下条款：如果人民币升值超过5%，我们有权利修订合同价格。请问这种方式规避的是哪类外汇风险？这样做的前提和利弊是什么？

二、计算题

1. 2002年下半年，国内某大型汽车制造商因生产需要，每个月从欧盟进口价值1亿欧元的汽车零配件，由于欧元不断上涨，该公司损失巨大，每个月要多付数千万元人民币换汇。为了不使汇率损失加剧，在银行的建议下，该公司向银行买入3份远期外汇合约，合约规定该公司有权利而非义务。公司分别在2003年2月20日、3月20日和4月20日以1欧元=1.05美元的价格各买入 2 000 万欧元。之后，欧元依然保持涨势，达到 1 欧元＝1.08 美元。

要求：根据上述资料，回答下列问题：

(1) 该公司签订远期外汇合约时希望应对哪类外汇风险？

(2) 当即期汇率为 1 欧元＝1.08 美元时，该公司的 3 份合约预计节约多少美元？当时美元对人民币价格始终稳定在 1 美元＝8.20 元人民币左右，该公司预计节约多少人民币？

(3) 签订该合约未来是否会给公司带来损失？如何看待这种损失？

2. 某针织服装公司出口产品到英国，约在一个月后收到 10 000 英镑，目前有两种可能的预期：(1) 下月英镑会贬值 3%；(2) 下月英镑会升值 2%。第一种可能性发生的概率为 70%，第二种可能性发生的概率为 30%。假设英镑的即期汇率为 1 英镑＝13.65 元人民币，目前公司拥有以下信息：

(1) 1 个月远期汇率为 1 英镑＝13.60 元人民币。

(2) 英镑 1 个月的存款利率为 0.7%，贷款利率为 0.8%，人民币 1 个月的存款利率为 0.2%，贷款利率为 0.3%。

(3) 1 个月期英镑卖出期权的执行价格为 1 英镑＝1.64 美元。期权费 1 英镑＝0.01 美元，美元与人民币的汇率基本稳定在 1 美元＝8.02 元人民币。

要求：该公司应如何选择保值方式？

3. 某大型外贸企业主要以进口业务为主，当期企业有一笔 1 000 万美元的货款需要支付，即期汇率为 1 美元＝6.56 元人民币。企业预计人民币将会持续升值，而人民币 1 年期存款利率为 3.6%，美元 1 年期贷款利率为 2.5%，于是该企业将 1000 万美元等额的人民币存入银行，以此为质押向银行申请 1 000 万美元的贷款用于当期付汇，同时又与银行签订一个 1 年期的远期外汇合约，约定 1 年后以 1 美元＝6.33 元人民币购买美元偿还贷款和贷款利息。

要求：根据上述资料，回答下列问题：

(1) 企业的这种行为是在规避外汇风险吗？

(2) 企业这样做的目的是什么？

(3) 与直接购汇支付相比，该企业的获利或者损失为多少？

4. 一家中国国际公司在中国和德国从事经营。为了评估经济风险，它汇编了下列资料：

(1) 在中国的销售收入一定程度上受欧元的影响，因为来自德国出口的竞争非常激烈。它依据表 4-14 所示的汇率预测在中国的销售收入。

表 4-14

汇率	来自中国的收入（百万元人民币）
1 欧元＝0.48 元人民币	100
1 欧元＝0.50 元人民币	105
1 欧元＝0.54 元人民币	110

(2) 在德国的销售以欧元计价。预计收入为 6 亿欧元。

(3) 预计来自中国采购原材料的销售成本为 2 亿元人民币，来自德国的为 1 亿欧元。

(4) 估计固定经营与管理费用为 3 000 万元人民币（不包括利息费用）。

(5) 估计可变经营与管理费用为销售收入总额（包括德国销售收入折算为人民币）的 20%。

(6) 估计人民币贷款的利息费用为 2 000 万元人民币；公司没有欧元贷款。

要求：

(1) 依据三种可能的汇率，编制该公司的预测利润表，并判断公司经济风险的大小。

(2) 如果不减少其在德国的业务量，公司如何通过经营重构降低收益对汇率的敏感度，从而降低公司的经济风险？

三、课堂案例

1. 福特体育用品出口公司是一家中国公司，它利用中国原材料和国内人工制造体育用品并对英国出口，目前它接受英方进口商对商品按月以英镑付款。该公司所有者想计算公司的汇率风险。

要求：

(1) 你认为该公司的汇率风险是交易风险、经济风险还是折算风险？

(2) 公司考虑改变计价政策，由于主要的费用以人民币计价，公司要求进口商必须支付人民币，这样，公司就不必担心英镑币值的变动了。如果实施该政策，会消除公司的交易风险吗？会消除公司的经济风险吗？请说明。

(3) 若实施该政策，英镑升值会对公司产生什么样的影响？英镑贬值呢？

(4) 如果沿用原有以英镑计价的政策，对该公司的影响是什么？

2. 长城开发 15 日发布业绩预告称，预计第一季度亏损 1.1 亿～1.2 亿元，而上年第一季度公司盈利 3 253 万元。公司称，报告期内，因人民币贬值，公司未到期的金融衍生品期末公允价值较上年末大幅减少，产生较大的公允价值变动损失。

兔宝宝近日公布，预计第一季度亏损 130 万～170 万元。公司称，由于第一季度以来人民币对美元汇率一改单边升值趋势，出现持续下滑，浮动汇率区间也由 1%扩大至 2%，对公司的远期外汇结算业务产生较大的影响。根据 3 月 27 日最新的远期外汇汇率结算，公司已签订尚未交割的远期外汇合约已形成 255 万元人民币的汇兑损失。

伊立浦近日公布，预计第一季度亏损 202.24 万～303.36 万元。公司称，为规避汇率风险，公司与银行签订远期结售汇协议，但近期人民币一反常态，贬值较快，远期合约形成的交易性金融资产按即期汇率与签约汇率计算的公允价值变动将会产生公允价值变动损失。

资料来源：人民币贬值效应显现，上市公司苦乐不均. http://www.jztlc.com/index/finance/2014/0415/298158.html.

要求：

(1) 人民币贬值，对哪些企业的业绩可能产生正向影响？对哪些企业的业绩可能产生负向影响？

(2) 长城开发的未到期金融衍生品（包括外汇期权、外汇期货等）期末公允价值（市价）产生变动损失的原因是什么？该公司当初购买这些金融衍生品的目的是什么？

(3) 兔宝宝和伊立浦签订远期外汇合约是否合适？未来人民币汇率双向波动成为常态后，应如何降低外汇交易风险？

3. 王伟是一家出口公司的所有者，因出口产品在一个月后会收到10 000美元。王伟很关心外汇风险，他预期有两种可能性：(1) 下月美元会贬值3%；(2) 下月美元会升值2%。第一种可能性发生的概率为70%；第二种可能性发生的概率为30%。

王伟注意到当前美元的即期汇率为1美元=6.65元人民币，一个月远期汇率为1美元=6.645元人民币。同时，王伟可以在银行买入卖出期权，行权价为1美元=6.645元人民币，1美元期权费为0.025元人民币，一个月后到期。

要求：

(1) 如果公司对一个月后收到的应收账款不套期保值，计算两种汇率下收到的人民币金额。

(2) 如果公司用卖出期权对一个月后收到的应收账款套期保值，计算两种汇率下收到的人民币金额。

(3) 如果公司用远期合约对一个月后收到的应收账款套期保值，计算两种汇率下收到的人民币金额。

(4) 总结该公司在不套期保值、用卖出期权或远期合约套期保值时获得的人民币收入。根据这些材料，王伟应该采取何种策略？为什么？

四、课后上网练习

1. 登录中国工商银行的网站，获得过去7年年初美元、欧元相对于人民币的汇率。

(1) 假设过去7年，每年年初公司都会收到美国子公司上交的200万美元利润。将该数目乘以每年年初的美元汇率，计算每年收到的人民币金额。计算每年收到的人民币金额的变动百分比。计算变动百分比的标准差，这反映了随时间变化美国子公司上交人民币现金变动的离散程度。

(2) 假设每年年初公司都收到德国子公司上交的500万欧元利润。重复上题所要求的计算过程，评价随时间变化德国子公司上交人民币现金变动的离散程度。美国子公司和德国子公司上交的人民币收入，哪个离散程度更大？

（3）按年合并美国子公司和德国子公司上交的人民币现金。重复上题所要求的计算过程，评价随时间变化两家子公司一起上交的人民币现金变动的离散程度。比较该结果与单独考虑美国子公司时的结果。将业务分散在两个国家带来的现金收入是否比单独在美国开展业务更加稳定？请解释原因。

（4）比较上题中两国家子公司组合的结果与单独考虑德国子公司时的结果。将业务分散在两个国家带来的现金收入是否比单独在德国开展业务更加稳定？请解释原因。

2. 根据你在第1章课后上网练习中选择的中国公司，上网搜索该公司前一年的年度报告。查找报告中是否有关于该公司交易风险、经济风险或者折算风险的描述。根据报告中的内容汇总公司面临的外汇风险。

3. 根据你在第1章课后上网练习中选择的外国公司，上网搜索该公司前一年的年度报告。查找报告中是否有关于该公司交易风险、经济风险或者折算风险的描述。根据报告中的内容汇总公司面临的外汇风险。

五、小企业的困境

小强体育用品出口公司的套期保值决策

每个月，小强体育用品出口公司都会收到美国体育用品分销商的一份乒乓球订单。美国分销商要求以美元计价，每月月底结算。小强体育用品出口公司每月月底必须将收到的美元兑换为人民币。

1. 如果小强体育用品出口公司在每月月底收到美元后利用即期市场进行货币兑换，是否存在汇率风险？属于何种类型的汇率风险？

2. 小强体育用品出口公司可以利用远期外汇市场对汇率风险进行套期保值吗？如何操作？

3. 小强体育用品出口公司可以利用外汇期权市场对汇率风险进行套期保值吗？如何操作？

4. 小强体育用品出口公司担心美元在下一个月会大幅贬值，但也相信在某些情况下美元可能大幅升值。公司应该利用外汇远期市场还是外汇期权市场对汇率风险进行套期保值？为什么？选择这种套期保值方法有无缺点？

六、真实案例在线文章

在网上寻找一篇近期的文章。文章内容（最好与某一特定国际企业有关）能够诠释本章所阐述的一个或多个概念。可以使用的搜索关键词包括外汇风险、跨国公司与交易风险、跨国公司与经济风险、折算风险、外汇风险套期保值等。

七、推荐书目

《外汇风险管理战略》，刘晓宏，上海，复旦大学出版社，2009。

第5章 国际融资

知识要点

- 国际融资概述
- 国际融资方式
- 国际短期融资决策
- 国际长期融资决策
- 国际资本成本
- 国际资本结构

5.1 国际融资概述

5.1.1 国际融资的概念

融资就是融通资金，即资金在供给者和需求者之间的融通，以调剂资金余缺。融资方式多种多样，包括货币资金供给者和需求者之间的融通；也包括实物资金、货币资金供给者与需求者之间的融通；甚至包括实物资金供给者与需求者之间的融通。其中，货币资金供给者和需求者之间的资金融通是最主要的融资形式。

在经济全球化的大背景下，国际企业的资金既可以在本国筹集，也可以到其他国家筹集。如果企业资金的融通是在本国境内进行的，资金主要由本国资金供给者提供，不涉及其他国家的资金提供者，就是国内融资。如果资金的融通涉及其他国家的资金供给者，资金的流动超越了国境，则是国际融资。

因此，国际融资是指资金需求者通过一定的渠道和方式，从国外的资金供给者那里获得资金，并给资金供给者适当回报的经济活动。对国际融资这一基本概念，可以从以下三个方面来加深理解。

1. 国际融资是在国际金融市场上进行的

国际金融市场是国际借贷关系产生和国际借贷资金移动的渠道和中介，为国际资金移动提供服务。在国际金融市场上，资金供给者和资金需求者通过金融机构或直接自行接触，从事借贷交易或证券发行买卖活动，以实现国际资金的融通。

2. 国际融资的当事人跨越国界

国际融资的当事人主要有资金供给者、资金需求者和金融中介人。一般来说，国际融资主要发生在一国政府与别国政府之间，一国政府与别国银行之间，国际金融组织与一国政府、企业或银行之间，以及一国企业、银行与别国企业、银行之间等。上述组织都是国际融资的当事人。因此，与国内融资不同，国际融资的当事人跨越国界。

3. 国际融资主要采取货币资金形态

国际融资主要采取货币资金形态，即当资金供给者提供贷款，或筹资者偿还贷款本金和利息时，均采取货币资金形态。但也有某些融资方式采取的是实物资金形态，如国际租赁融资。

5.1.2　国际融资的特点

国际融资除具有国内融资的一般特性之外，还有以下特点。

1. 国际融资主客体较复杂

融资主体是指融资涉及的当事人，即资金供给者和需求者。资金的供给者称为资金的贷款人、供款人，资金的需求方称为资金的借款人、筹资人。国际融资当事人的居住地和构成比较复杂，有多种情况，可分为居民和非居民两类。其中，居民的居住地在本国，非居民的居住地不在本国。居民和非居民又可分别细分为金融机构和非金融机构两类。

国际融资主体主要包括：(1) 居民金融机构，包括本国的银行和非银行金融机构，如保险公司、投资公司等；(2) 居民非金融机构，包括本国政府、政府机构、工商企业和个人等；(3) 非居民金融机构，即外国银行、外国非银行金融机构以及国际金融组织等；(4) 非居民非金融机构，即外国政府、外国政府机构、外国企业和个人等。

国际融资的借、贷双方至少有一方的居住地不在本国，也就是其中一方应属非居民金融机构或非居民非金融机构。

国际融资的客体指国际融资所使用的货币，它可以是资金需求者所在国货币、资金供给者所在国货币或第三国货币，但必须是可兑换货币。国际融资通常选用一些关键性货币，如美元、英镑、欧元、日元等。融资当事人使用何种货币是一个很复杂的问题，必须根据各种货币汇率变化和发展趋势，结合融资条件等因素综合考虑做出决策。

2. 国际融资风险较大

与国内融资相比，国际融资风险较大。国际融资除存在一般信贷交易中的信用风险外（即债务人经营管理不善、出现亏损，到期无力偿付贷款或延期偿付，也就是偿债能力风险），还面临特有风险，包括国家风险、外汇风险。

（1）国家风险。国家风险是指由于某一主权国家或某一特定国家拥有主权的借款人（如财政部、中央银行或其他政府机构）或其他借款人，不能或不愿对外国贷款人履行债务责任的可能性。国家风险通常是借款人所属国本身的原因造成的，主要是借款国政府不履行责任及所实施的政策法令引起的。例如发生政变、实行资金冻结、外汇管制、宣布限制或推迟偿还债务等。对贷款人来说，这种风险往往是一种难以规避的风险。

（2）外汇风险。外汇风险也称外国货币风险。在国际经济、贸易和金融活动中，以外汇计价的收付款项、资产与负债业务会因汇率变动而蒙受损失或获得收益。国际融资经常以外国货币融资并以外国货币偿还，如果融资货币在融资期内发生贬值或升值，汇率波动，既可能影响借款人的偿债负担和能力，又可能影响贷款人的贷款是否能按期收回及债权收益。

总之，这两种风险都会通过融资契约影响借款人的利益。

3. 国际融资面临管制

国际融资通常涉及分属不同国家的资金供给者和需求者之间跨国境的资金融通和转移，是国际资本流动的组成部分。国际融资当事人所在国家的政府，从本国政治利益、经济利益出发，为了平衡本国的国际收支，贯彻执行本国的货币政策，审慎管理本国金融机构尤其是银行金融机构，都会对本国居民包括金融机构和非金融机构从事国际融资的行为施加种种干预，实施不同程度的管制。可以说，这是国际融资的又一个特点。

主权国家对国际融资的管制，一般是授权本国中央银行进行的。主权国家可以对国际融资的主体、客体和融资信贷条件，实行各种法律的、行政性的限制性措施。法律管制是指由国家立法机关制定并颁布的法律所进行的管制。涉及国际融资的法律有外汇管理法、商业银行法、公司法、税法、民法以及金融当局颁布的有关国际信贷的条例、规定等。行政性管制是指一国金融当局不经过正式的立法程序，而是以行政手段对国际融资实施限制的措施，如发达国家实施的“汇率管制”“君子协定”等行政手段。

主权国家对国际融资管制的内容主要包括：

（1）对国际融资主体的管制。各国金融当局往往根据国际融资主体的不同，分别实施宽严不同的管制措施。通常，对居民非金融机构的管制要比对居民金融机构的管制更为严格。一国金融当局虽然不能直接对非居民金融机构和非居民非金融机构的国际融资活动实施管制，但仍然可以通过对居民国际融资主体的管制，间接影响它们向本国居民提供资金或从本国居民那里获得资金。

(2) 对国际融资客体的管制。各国金融监管当局根据货币种类不同会实施宽严不同的管制措施。通常，对以本国货币承接的国际融资业务的管制较严，而对国际流动范围广、汇率坚挺、汇率风险小的外币管制较松。根据本国国际收支状况的不同，主权国家可以对外币国际融资的不同流向采取区别对待的方针。贸易逆差国家会限制本国对外融资，鼓励外国对本国贷款等措施。贸易顺差国家则会采取相反的措施。

(3) 对国际融资信贷条件的管制。这类管制通常包括国际融资业务的授权或审批制度、融资金额管制、贷款利率管制、融资期限管制、筹资人的最低准备金要求以及银行头寸管制等。

5.1.3 国际金融市场

1. 国际金融市场的概念及分类

在市场经济条件下，国际企业的资金来源是多方面的，主要有公司集团内部资金、其他企业的资金、母公司或子公司所在国政府财政资金、国际金融市场上的资金等。其中，国际金融市场是最重要的资金来源。

国际金融市场是指由国际性的资金借贷、结算以及证券、黄金和外汇的买卖活动所形成的市场。国际金融市场可以有不同的分类。

(1) 国际货币市场和国际资本市场。按资金融通期限的不同，国际金融市场可分为国际货币市场和国际资本市场。国际货币市场是指期限在 1 年或 1 年以下的资金交易市场；国际资本市场是指期限在 1 年以上的资金交易市场。

国际货币市场包括国际短期信贷市场、国际短期证券市场和国际贴现市场。

1) 国际短期信贷市场。这是国际银行同业间的拆借或拆放，以及银行对工商企业提供短期信贷资金的场所，主要目的是解决临时性流动资金的需要。短期信贷市场的期限最短为日拆，一般还有 1 周、1 个月、3 个月及 6 个月等，最长不超过 1 年。银行对工商企业提供贷款时，关注企业的借款用途和财务状况，并要求按时偿还本金和利息。

2) 国际短期证券市场。这是国际进行短期证券发行和交易的场所，证券期限不超过 1 年。国际企业可以在这个市场上发行的国际短期证券包括可转让的银行定期存单、商业票据、银行承兑汇票。可转让的银行定期存单即大额银行定期存单，期限最短为 1 个月，最长为 1 年以上。商业票据又称短期债券，是信用良好的企业为筹集短期资金而发行的无担保短期票据，期限一般在 4～6 个月。银行承兑汇票是经过银行承兑过的商业票据。由于银行承兑票据有银行信用，因此易于融资和流通。

3) 国际贴现市场。这是对未到期票据按贴现方式进行融资的交易场所。贴现是指将未到期的短期票据打一个折扣，按贴现利率扣除从贴现日至到期日之间的利息，向贴现银行获取资金的一种方式。贴现业务是短期资金市场融通资金的一种重要方式。

国际资本市场是指国际资金借贷期限在1年以上的交易市场，又称中长期资本市场。国际资本市场融通资金的方式主要有两种，即银行中长期贷款和发行证券。因此，国际资本市场具体可分为银行中长期信贷市场和证券市场。

1）银行中长期信贷市场。这是国际银行提供中长期信贷资金的场所。国际中长期资金的供求双方通过这一市场融通资金。这个市场的需求者主要是各国政府及企业。资金期限为1～5年的称为中期，5年以上的称为长期。借款利率由多方面因素决定，一般包括货币政策、通货膨胀率、经济形势及资金供求量等。对大额借款多采用银团贷款形式。由于这个市场资金周转期长，风险比较大，因此，银行在考虑贷款时除审核申请贷款的用途外，还要着重分析借款人偿还债务的能力。

2）证券市场。证券市场是从事有价证券发行和交易的市场，是资本市场的重要组成部分，是公司长期资本的重要来源。对公司而言，证券市场发行和交易的有价证券主要有公司债券和公司股票。公司债券是公司对外举债并承诺在一定期限还本付息的承诺凭证。公司股票是公司为筹措资金而发行的一种股权凭证。它要按照本国公司法规定的内容格式制作，载明资本金总额、股份总数和每股金额，并向主管机构登记，经审查批准后才能发行。目前，世界主要的证券市场包括纽约证券交易所、美国纳斯达克市场、伦敦证券交易所、巴黎证券交易所、法兰克福证券交易所、澳大利亚证券交易所、东京证券交易所、新加坡证券交易所和香港证券交易所等。

（2）传统国际金融市场和离岸国际金融市场。按金融活动是否受所在国金融当局管制，国际金融市场可分为传统国际金融市场和离岸国际金融市场。传统国际金融市场是指在岸市场，该市场主要从事的是本国居民之间以及本国居民和非居民之间的金融活动，这些金融活动受本国金融当局控制；离岸国际金融市场从事“两头”在外的金融活动，主要是指那些吸收非居民的资金又服务于非居民的金融活动，这些金融活动不受货币发行国金融当局控制。离岸国际金融市场是目前最主要的国际货币市场，其中，欧洲货币市场是全球最大、最重要的离岸国际金融市场。

各国的银行原来只用本国货币对本国的借款者发放贷款。随着国际经济贸易的发展，在19世纪，一些发达国家的银行开始用本国货币对外国借款者发放贷款，从而出现了传统的国际金融市场。到20世纪50年代末，在西欧各国形成了欧洲货币市场这种新的国际金融市场。欧洲货币市场包括欧洲信贷市场和欧洲债券市场。在欧洲信贷市场上，银行接受外币存款并用外币发放贷款，银行发放贷款所用的货币是银行所在国以外的货币。例如，英国、德国、法国的银行通过吸收美元存款向国外的借款者发放的美元贷款，称为欧洲美元贷款；德国、法国的银行通过吸收英镑存款向外国的借款者发放的英镑贷款，称为欧洲英镑贷款。此外，还有欧洲日元贷款、欧洲澳大利亚元贷款等。由上可知，欧洲货币市场中的“欧洲货币”并非指欧洲国家的货币，而是指在发行国境外的银行进行借贷的货币。因此，欧洲货币又称离岸货币。欧洲货币市场是指非居民之间以银行为中介在某种货币发行国境外从事该种货币借贷的市场。欧洲货币市场总值的 80%是美元，因此也可称为欧洲美元市场。

欧洲货币市场最初主要在伦敦，之后逐渐扩展到巴黎、卢森堡、苏黎世、法兰克福、阿姆斯特丹，并扩展到新加坡，形成亚洲货币市场。亚洲货币市场最初称为亚洲美元市场，因为市场上大部分借贷货币是美元。该市场是为了满足那些使用美元作为国际贸易交换媒介的公司的需要而出现的。因为距离远、处于不同地区的缘故，这些公司不能依靠欧洲银行获得美元等外币资金。亚洲货币市场以中国香港和新加坡为中心，这些地区的大型银行接受各种外币存款和发放各种外币贷款。近年来，欧洲货币市场发展到巴拿马，形成拉丁美洲美元市场。

据国际货币基金组织统计，目前世界上离岸国际金融市场有 35 个，分布在欧洲、亚洲（包括中东）和美洲等地区，其中，最重要的中心是伦敦，此外还有纽约、东京、香港、法兰克福等。在众多的交易货币中，欧洲美元所占比重最大，达 60%以上，其他比重较大的还有欧洲欧元和欧洲日元等。

2. 国际金融市场的发展历程

国际金融市场是随着国际贸易发展、世界市场形成以及国际借贷关系的不断扩大而产生和发展起来的。第一次世界大战之前，国际金融市场主要在伦敦。第一次世界大战结束后，伦敦作为国际金融市场的地位趋于衰落。第二次世界大战后，国际金融市场的发展经历了剧烈的演变过程。

第一阶段，纽约、苏黎世与伦敦并列成为三大国际金融市场。第一次世界大战后，英国经济遭到严重破坏，美国纽约金融市场崛起，美元成为各国的储备货币和重要的国际结算工具。当时，美国是西方世界最大的资金供应者，控制着整个西方世界的经济。国际借贷与资本筹措都集中在纽约，纽约成为西方最大的长短期资金市场。西欧各国经济遭受战争破坏的情况与英国类似，只有瑞士能始终保持货币自由兑换，并发展了自由外汇市场和黄金市场。因此，在这一阶段，纽约、伦敦和苏黎世成为西方世界的三大国际金融市场。

第二阶段，欧洲货币市场的建立。进入 20 世纪 60 年代，美国国际收支持续出现巨额逆差，黄金流失，美元信用动摇，使大量美元流出美国，美国政府被迫采取一系列限制资本外流的措施，有些西欧国家为了防止因美元泛滥而引起外汇市场动摇，也采取了限制资本流入的措施。这些国家的银行为了逃避上述限制纷纷把资金转移到国外，从而形成了许多逃避管制的金融市场。欧洲美元、亚洲美元乃至欧洲其他货币市场相继建立并迅速发展。伦敦既是重要的国际金融市场，又是规模最大的欧洲美元市场，恢复了主要国际金融中心的地位。国际货币市场的出现，突出表现在信贷交易的国际化，打破了金融中心必须是国内资本供应者的传统，为国际金融中心的分散创造了有利且重要的条件。从此，国际金融中心不再局限于少数的传统中心，而是迅速分散到巴黎、法兰克福、布鲁塞尔、阿姆斯特丹、米兰、东京、蒙特利尔等市场，它们成为境外欧洲货币市场。原来一些并不重要的地区，如巴哈马、开曼群岛、卢森堡和新加坡，也成为重要的境外美元或其他国际货币市场。

第三阶段，发展中国家金融市场建立并逐步成为国际性的金融市场。20世纪70年代以后，发展中国家的兴起对国际金融市场的发展产生了很大影响。发展中国家在摆脱殖民主义统治取得独立以后，逐渐脱离了金融垄断势力的控制，建立发展了自己的金融业，提高了在国际金融市场中的地位和作用。在亚洲，新加坡、马来西亚、菲律宾、泰国和印度尼西亚、中国等国家的金融市场都有较大发展。这些国家的金融市场正逐步成为国际性的金融市场。

案例5-1　爱奇艺在美国上市

2018年3月29日，爱奇艺正式在美国纳斯达克证券交易所挂牌交易，交易代码为“IQ”，开盘价为18.2美元，较18美元的发行价上涨1.11%。按开盘价计算，爱奇艺市值达到128.2亿美元。

爱奇艺原名奇艺，是百度投资创建的视频网站，于2010年4月22日正式上线营运。2011年8—12月，百度耗资4 500万美元认购奇艺B轮优先股。2011年11月26日，爱奇艺品牌升级，推出全新标志，爱奇艺创始人龚宇担任CEO。2012年11月3日，百度收购原奇艺第二大股东普罗维登斯所持股份，成为单一最大股东。2013年5月7日，百度收购PPS视频业务，并将其与爱奇艺业务整合。2014年11月19日，百度为爱奇艺引入小米投资，同时对爱奇艺追加3亿美元投资，加强视频生态布局。爱奇艺上市前，百度持有69.6%的股权，为爱奇艺最大股东，小米科技旗下的小米投资持有8.4%的股份，高瓴基金管理公司持有5.7%的股份，爱奇艺创始人兼CEO龚宇持股比例为1.8%。

2018年2月下旬，爱奇艺向美国证券交易委员会提交IPO招股说明书。说明书中称，公司计划募集资金15亿美元。2018年3月16日，爱奇艺在提交的招股说明书1号修正文件中称，公司将在首次公开募股中发行1.25亿股美国存托凭证（ADS），每份ADS代表7份A类普通股，发行价格区间为17～19美元。加上承销商执行的1 875万股超额配售，爱奇艺首次公开募股的最大发行额将达到27.315 2亿美元。新公布的融资规模比原计划高出42%～58%。

爱奇艺正式登陆美国纳斯达克证券市场后，创始人兼CEO龚宇表示，上市仅仅是一个开始，希望爱奇艺能够做“百年老店”。在未来10年，公司将以迪士尼为蓝本，搭建一个线上娱乐王国。

资料来源：根据网络相关资料整理.

5.2　国际融资方式

国际企业可以通过不同方式筹集所需资金。国际融资方式主要包括国际信贷融资、国际债券融资、国际股权融资、国际贸易融资及国际租赁融资。

5.2.1　国际信贷融资

国际信贷融资是指国际企业向国际金融机构或其他国际经济组织借款的一种筹资形式。国际信贷融资主要包括国际金融机构贷款、国际商业银行贷款、国际银团贷款。

1. 国际金融机构贷款

国际金融机构是指由多个国家共同兴办，为达到某些共同目的而在国际上进行金融活动的机构。国际金融机构可分为世界性国际金融机构和地区性国际金融机构。前者主要有国际货币基金组织和世界银行，后者包括亚洲开发银行、泛美开发银行、非洲开发银行等。

（1）世界银行贷款。世界银行（Word Bank）即国际复兴开发银行（International Bank for Reconstruction and Development）。世界银行成立于 1945 年，从 1947 年起成为联合国机构，总部设在美国首都华盛顿。后来又成立了两个附属机构：国际金融公司（International Finance Corporation）和国际开发协会（International Development Association）。这三个机构统称为世界银行集团。

世界银行主要向发展中国家提供长期贷款。与一般商业银行贷款相比，世界银行贷款具有以下特点：

1）只向成员国政府或由成员国政府、中央银行担保的公私组织发放贷款。

2）贷款必须用于经世界银行审定批准的项目。

3）贷款不以营利为目的，而是为了协助成员国发展经济。

4）贷款期限较长，短则数年，最长可达 30 年。

5）贷款利率参照市场利率，但一般低于市场利率。在签订一项贷款协议后，从签约日起到贷款全部偿还为止，利率固定不变。贷款收取的杂费很少，只收取 0.75%的承诺费。

6）贷款申请、审批手续严格，耗时较长，一般需要 1～2 年的时间。

7）世界银行提供的资金必须与特定的工程项目联系，用于基础设施建设和直接生产活动。近 20 年来，世界银行增加了对农业和农村发展方面的贷款及对教育、人口、保健、城市发展方面的贷款。

8）世界银行的贷款以美元计价，借款国必须以同样的货币还本付息，因此要承担汇率变动的风险。

由于世界银行贷款主要以成员国政府为对象，对私人企业贷款必须由政府担保，因而在一定程度上限制了世界银行的业务活动范围。为了扩大以私人企业为对象的国际贷款，世界银行于1956年设立了国际金融公司。国际金融公司的贷款对象主要是会员国的私人企业，不需要有关政府担保。有时，它也向公私合营企业及为私人企业提供资金的国有金融机构发放贷款。国际金融公司的贷款有如下特点：

1）贷款期限较长，一般为7～15年。如果需要，还可延长。

2）从贷款到还本之前，有1～4年的宽限期。

3）在整个贷款期内，利率固定不变。

4）贷款利率一般高于世界银行的贷款利率。

5）对未提用部分的贷款，每年要收取1%的承诺费。

6）还款时，需要以原借入货币偿还。

由于世界银行贷款条件严格，数量有限，不能帮助发展中国家摆脱贫困，因此，世界银行1960年9月24日又成立了另一个机构——国际开发协会，专门为较贫穷的发展中国家提供期限长的无息贷款。国际开发协会的贷款最主要的特点包括：

1）贷款是无息的，只收取0.75%的手续费。

2）贷款期限最长可达50年。前10年为宽限期，不必还本，从第二个10年起每年还本1%，其他30年每年还本3%。

3）可以部分或全部用本国货币偿付。

（2）亚洲开发银行贷款。亚洲开发银行是一个致力于促进亚洲及太平洋地区发展中成员国的社会和经济发展的区域性政府间金融开发机构。该机构是根据联合国及远东经济委员会会议的协议，于1966年11月在召开第一次亚洲开发银行理事会时正式成立的，同年12月开始营业，总部设在菲律宾首都马尼拉。亚洲开发银行的宗旨是：通过发放贷款进行投资或提供技术援助，促进本地区经济的发展与合作。亚洲开发银行刚成立时有34个成员国，目前发展到近50个，包括十几个来自欧洲和北美洲的非本地区成员国。

亚洲开发银行（以下简称亚行）提供的贷款主要有以下几种形式：

1）项目贷款。项目贷款是亚行传统的贷款方式。亚行一开业就开展了项目贷款，并且在亚行章程中规定，亚行经营的原则主要是为具体项目提供资金。这里的项目可以是一个国家发展规划的一部分，也可以是一个地区发展规划的一部分。

2）规划贷款。规划贷款是对某个需要优先发展的部门或其所属部门提供资金，目的是使这些部门通过进口生产原料、设备和零部件，扩大现有生产规模，使结构更趋合理化、现代化。

3）开发金融机构贷款。这是一种通过成员的开发性金融机构进行间接贷款的形式，也称中间转贷款。其目的是支持亚太地区私营工业的发展，如 1987 年 4 月 9 日，亚行有一笔金额为 1 亿美元的开发金融机构贷款由中国投资银行承办，分配给中国的 40 个项目使用。

4）私营部门贷款。即对私营企业促进经济发展而且获利较多的项目提供资金等。

5）综合项目贷款。综合项目贷款是对较小的借款成员国（如南太平洋的一些岛国）采用的一种灵活的贷款办法。这些国家接纳规模较小、借款规模不大的项目，并把一些小项目“捆”在一起作为一个综合项目办理贷款。

2. 国际商业银行贷款

国际商业银行主要包括跨国银行和多国银行。跨国银行是指超越本国国境、跨国经营业务的银行。例如，总行在一国境内，在国外设有分支机构的银行；或者总行和分支机构都设在国外，国内无分支机构的银行；或者总行设在海外，国内和海外另设立分支机构的银行。多国银行是指由国籍不同的若干家银行共同投资建立的银行，如由两家或两家以上股东建立的合资银行、国际财团银行或银行集团。除上述两种银行外，国际商业银行还包括那些只在本国设立，虽然在国外没有分支机构却经营国际银行业务的银行。

国际商业银行贷款是指一国借款人为了本国经济建设的需要、支持某一建设项目或用于其他一般用途，在国际金融市场上向国际商业银行借入的贷款。国际商业银行贷款按期限长短不同，可分为短期信贷、中期信贷、长期信贷。

(1) 短期信贷。短期信贷是指借贷期限在 1 年以内的贷款。借款人大多将贷款用于短期周转，一般通过银行以电话、电传成交，事后书面确认。

(2) 中期信贷。中期信贷是指一家境外银行向境内金融机构或企业提供的中期贷款。这种贷款金额较小，但贷款条件较为优惠。每笔贷款金额为几千万美元，最多为 1 亿美元。这种贷款的优点是灵活方便，贷款利息略低，而且由一家银行提供贷款可以减少管理费用，降低贷款成本。

(3) 长期信贷。长期信贷是指由一家银行牵头，多家银行共同参与贷款。长期信贷金额比较大，一般在 1 亿～5 亿美元以上，期限在 5 年以上，故需多家银行组成银团。国际商业银行贷款的条件主要包括选择贷款者、利息和费用、贷款期限、借贷货币和贷款偿还等。

国际商业银行贷款有三个特点：

(1) 非限制性贷款。借款人可自由支配所借资金，不存在专款专用问题，借款人在使用贷款方面会更主动、更自由。

(2) 贷款金额较大，手续较简便。国际商业银行贷款尤其是银行同业间贷款、银团贷款或项目贷款等，金额较大，属银行批发业务，手续不像国际金融机构贷款和政府贷款那样繁杂，比较简便。

（3）贷款成本较高。国际商业银行的贷款利率以国际金融市场的利率为基础，一般由伦敦银行间同业拆放利率（LIBOR）再加上加息率（spread）构成。此外，与政府贷款、国际金融机构贷款的低息或无息相比，国际商业银行的贷款利率比较高。此外，借款人还要负担各种费用。

3. 国际银团贷款

银团贷款（consortium loan）又称辛迪加贷款（syndicated loan），是指5家以上的商业银行或其他金融机构按照商定的条件，联合向借款人提供的数额较大的一种贷款。它是商业银行贷款中最典型、最有代表性的贷款方式，包含了借贷关系中一切最基本的因素。银团贷款20世纪60年代后期开始在欧洲货币市场上出现，70年代迅速发展，到80年代仍然是国际商业银行贷款的一种主要形式。目前，辛迪加贷款占国际资本市场借贷金额的一半以上，占发展中国家长期借款的85%以上。

国际银团贷款是当前国际市场上筹措中长期资金的主要途径。银团贷款具有如下特点：

（1）金额较大，专款专用。银团贷款金额最多可达几亿、几十亿美元。款项用途预先确定，以确保专款专用。

（2）借款人多为各国政府或跨国公司。如在香港，借款人大多为地产商或大财团。外国银行也将银团贷款分为对政府机构贷款和对私人机构贷款两类，并在最高贷款额度、条件及收取费用等方面确定不同的标准。

（3）银团贷款期限短则2～3年，长则15年左右，一般期限为5～10年。

（4）银团贷款手续简便，没有发行债券那么复杂。

（5）银团贷款在宽限期内，借款人可以按工程的进度编制季度用款计划，随用随支，符合大型工程项目的周转特点。

5.2.2 国际债券融资

国际债券是指国际金融机构、一国政府的金融机构及企业等组织，在国际市场上发行的以外国货币标明面值的债券。发行国际债券，借款人可以筹集到长期资金，同时由于发行债券对资信要求较高，企业发行债券也是信誉的一种象征。由于债券拥有较强的流动性，自20世纪80年代以来，国际债券市场发展很快。

1982年1月，中国国际信托投资公司率先在日本东京市场发行了100亿日元的私募债券；1984年11月，中国银行在东京发行200亿日元公募债券。以上事件标志着中国正式进入国际债券市场。

2016年，中国境内企业共发行258只美元债券，发行规模高达1 217.4亿美元，比 2015 年的 1 075 美元增加 18.3%。①

1. 国际债券的种类

国际债券可分为外国债券（foreign bond）、欧洲债券（Euro bond）、全球债券三种。下面主要介绍前两种债券。

（1）外国债券。外国债券是指国际债券发行人通过外国金融市场所在地国家的银行或其他金融机构，发行以该国货币为面值的债券，其特点是债券发行人属于一个国家，而债券的面值货币和发行市场属于另一个国家。例如，1982 年中国国际信托投资公司在日本东京发行的 100 亿日元债券就是外国债券。

外国债券是一种传统的债券，早在 19 世纪就已经存在。当前，世界上主要的外国债券有以下几种。

1）美国纽约的扬基债券。外国借款人在美国发行的以美元计价，并主要由美国国内包销团经办的债券称为扬基债券（Yankee bonds）。扬基债券需经美国证券交易委员会批准才允许出售给美国公众。债券期限以中期为主，通常是 6～8 年。借款人一般为国际机构、外国政府或其他机构以及一些公司借款人。

2）日本东京的武士债券。外国借款人在日本资本市场上发行的日元债券称为武士债券（samurai bonds）。武士债券的期限一般为 5～20 年。借款人多为国际机构、信用等级较高的外国政府机构以及一些私人企业。武士债券的发行和招募要事先向日本财务省与金融厅申报，发行时需要以某家日本主要证券机构为牵头经理人。

3）英国伦敦的猛犬债券。英国是老牌的外国债券市场。在英国发行的外国债券称为猛犬债券（bulldog bonds），期限为 5～40 年。外国政府与企业皆可发行。公募债券由伦敦市场的银行组织包销团。

4）瑞士外国债券。瑞士外国债券市场是目前世界上最大的外国债券市场。瑞士法郎外国债券业务的经营权限于瑞士本国的银行与金融公司，如果外国债券是公募发行，则一律由固定的包销团包销，且分配比例通常是固定的。发行公募债券需经瑞士银行批准，期限为 8～15 年。

5）德国外国债券。德国的外国债券市场主要在法兰克福，是仅次于瑞士和纽约的市场。该市场的特点是德国 6 家主要银行组成外国债券小组委员会，以自我调节方式调整债券的发行。该委员会每月召开一次会议，决定和公布发行债券的时间安排和发行量等，债券期限一般为 5～10 年。

总之，一般外国债券以发行所在国的特征命名。例如，外国企业在中国发行的人民币债券称为熊猫债券。目前，外国债券市场主要在美国、日本、德国

---

① 2016 年境内海外发债白皮书：海外债受到追捧．21 世纪经济报道，2017-01-10.

和瑞士四个国家，其交易额占整个外国债券市场的95%以上。

（2）欧洲债券。欧洲债券是指借款人在外国债券市场上发行的，不是以该外国货币表示面值的债券。发行欧洲债券的计价货币很多，包括美元、欧元、英镑和日元等。例如，中国借款人在英国或德国的债券市场上发行美元债券，称为欧洲美元债券；美国公司在美国境外发行面值货币是美元的债券，也叫欧洲美元债券；中国借款人在英国以外的其他国家发行以英镑表示面值的债券，称为欧洲英镑债券；在英、德、法等国发行的以日元表示面值的债券，叫作欧洲日元债券。

欧洲债券的主要特点是：

1）借款人属于一个国家，债券发行市场在另一个国家，债券面值使用的货币可以是第三国的货币或综合货币单位（如特别提款权）。

2）欧洲债券的发行与其他债券不同，除需经借款人所在国政府批准外，不需要向发行地国家办理批准手续，也不受发行地国家的法律约束和金融当局的管理。因此，欧洲债券对发行债券的审批手续、资料提供、评级条件等的要求相对于外国债券更宽松。但在发行时要声明，如果以后发生有关债券方面的纠纷，应按哪国法律仲裁。

3）欧洲债券通常由国际银行辛迪加和证券公司包销，这种债券常常在债券票面货币以外的一些国家同时销售。

欧洲债券是20世纪60年代兴起的国际债券，其发行额逐年递增，在国际债券发行总额中早已超过外国债券而占统治地位。长期国际债券发行总额中，欧洲债券占70%～85%。

欧洲债券的优点如下：

1）自由灵活。由于各国对外国债券普遍实行严格的管制和苛刻的披露要求，外国债券市场在过去许多年中并未成长起来。但发行欧洲债券不需要经过发行地国家官方批准，不需要向证券监管机关登记注册，无利率管制和发行数额限制，对财务公开的要求也不高，便于筹资者筹集资金。

2）成本较低。一是由于欧洲债券市场不存在法规管制，因而发行债券的手续费和其他费用较低。发行费用是债券面值的2%～2.5%。欧洲美元债券的发行成本比在美国国内市场发行债券的成本低0.125%～0.25%。二是由于欧洲债券市场二级市场发达，且投资者购买欧洲债券所得利息收入通常免交所得税，投资者愿意接受较低的利率。因此，欧洲债券发行人进入欧洲市场的主要目的是以相对于国内更低的成本进行筹资。

3）货币选择性强。发行人可以根据利率、汇率和筹资用途，选择某种主要货币作为债券的面值货币。

4）市场容量大。发行欧洲债券筹资数额较大，期限也较长。

2. 国际债券的发行

发行债券，必须首先确定债券面值、票面利率、发行价格、期限、偿还方式等，这些称为发行条件。与发行国内债券相比，发行国际债券需要关注以下一些特殊事项。

（1）债券币种。在当今世界的大多数借贷中，美元一直占据主导地位。但 20 世纪 90 年代后期美国金融危机爆发后，美元债券市场的大门对许多国家关闭，加上美元汇率波动幅度大，且美元利率比欧元利率高很多，因此，除美元外，欧元在债券市场上成为投资者和借款人的新宠。在国际债券市场上，欧元和美元成为发行人的首选货币。例如，“龙”债是在亚洲地区（日本除外）发行的一种以非亚洲国家货币计价的债券。多数“龙”债以美元标价，也有以欧元、加元等西方其他国家货币标价的。我国企业发行国际债券始于 1982 年。1982 年 1 月，中国国际信托投资公司在日本发行 100 亿日元债券。20 世纪 80 年代后期，中国银行等先后在东京、法兰克福、香港、新加坡、伦敦等地发行国家债券，发行币种包括日元、港元、德国马克、美元等。从 2013 年开始，中国企业开始进入国际市场，发行欧元债券。

（2）票面利率。国际债券票面利率的确定可以选择多种方式，包括固定利率、浮动利率、混合利率等。固定利率的债券在偿还期内利率固定不变，当预计发行所用货币未来市场利率变化不大时，可以选择发行固定利率的债券。浮动利率的债券在还本期限内利率不固定，而要随着短期存款利率的变化定期（一般为 6 个月）调整。调整利率的根据是伦敦同业银行拆放利率，通常在这个利率的基础上加息 0.25%左右。发行浮动利率债券时，通常都规定最低利率。无论在什么情况下，这种债券的利率都不得低于原来规定的最低利率。如果预计发行所用货币未来市场利率变化较大，票面利率可以选择浮动利率或者零利率。混合利息的债券在发行时把付息期限分为两段，一段按固定利率计息，另一段按浮动利率计息。如果预计发行货币未来市场利率变化在某段时间内平稳，某段时间内波动较大，则可以采用混合利率。前面提到的“龙”债多为固定利率债券，有时也有浮动利率债券。

（3）偿还期限。外国发行人在美国债券市场发行的美元债券的偿还期限过去一般为 5～25 年。近年来，由于美国通货膨胀严重和债券行情下跌，期限在 10 年以上的债券购买者很少，因此债券期限缩短。欧洲债券的期限通常是 15 年，最长可达 30 年。

（4）偿还方式。国际债券本金和利息的偿还可以选择多种形式。鸡尾酒债券的本金和利息由多种货币支付。双重货币债券的利息用一种货币支付，本金则用另一种货币支付。某些债券的发行人给债券购买者提供在利息或本金支付时选择支付货币的权利。一般情况下，这种期权只限在两种货币之间做选择，当然也有在多种货币中做选择的。

（5）发行市场。早期，国际债券的发行局限于某个国家或地区。20 世纪 80 年代末，在国际资本市场日益全球化的背景下出现了全球债券。全球债券是指在全世界各主要证券市场同时发行的国际债券。1989年，世界银行发行了第一笔15亿美元的全球债券，标志着国际债券发行市场突破单一国家和地区的限制，实现了国际化。以中国企业为例，20世纪80年代，我国债券发行人进入国际债券市场，首先尝试的是日本市场，主要是因为从历史上看，日本的资本市场对中国更为友好、更为开放，所以中国在日本发债总是比较受欢迎。不过从20世纪90年代开始，美国市场、欧洲市场和亚洲其他市场都对中国有了更好的了解，中国企业可以进入这些主要市场发行债券。

3. 我国有关国际债券发行的规定

为了加强境外发债的管理工作，中国人民银行于1987年9月正式发布《关于中国境内机构在境外发行债券的管理规定》。该文件明确规定，中国人民银行总行是境内机构在境外发行债券的审批机关，国家外汇管理局及其分局是境内机构在境外发行债券的管理机关，负责审查、协调和监督债券的发行及所筹资金的使用和偿还等工作。2015年9月14日，国家发改委发布《关于推进企业发行外债备案等级制管理改革的通知》，放松企业海外发债的条件，鼓励境内企业发行外币债券，取消发行外债的额度审批，实行备案登记制管理。2016年5月，中国人民银行发布《关于在全国范围内实施全口径跨境融资宏观审慎管理的通知》，统一了国内企业的本外币外债管理，所有的国内企业（房地产企业和政府融资平台除外）都可以通过“全口径”模式从境外融资。这标志着我国企业发行境外债券逐步走向法制化、制度化、规范化。随着不断开辟新的国际资本市场，国际债券可以为中国经济建设筹措更多成本更低的国际资金。

（1）发行国际债券的申报、审批程序。中国境内机构如需在境外发行债券，要以书面形式向当地外汇管理部门申请，并提交以下文件资料：发行单位最近连续3年内的业务、财务及外汇收支情况的报告；发行债券的市场及对象、发行方式、发行条件计划草案，包括债券期限、总金额、币种、利率、费用、价格估算等情况；牵头经理人（主干事）和主受托银行的债券发行设想；所筹资金的管理，对汇率、利率风险的管理措施意见；债券发行单位偿还债券本息的意见和计划。

（2）期中资料上报。境外发行债券若获批准，发行单位从批准后到债券上市期间要向管理部门提供期中资料报告，包括在发行债券当天将发行情况报告管理部门；在发行完成后20天内，发行单位要将发行的有关文件、资料及发行总结向外汇管理部门报告并备案；债券发行后若需在债券发行地以外的金融市场上市，要事先报管汇部门备案；上市后的情况如交易量、交易价格的变化等，要随时向管汇部门报告。

（3）国际债券的发行申请。中国企业申请发行国际债券，尤其是债券筹资用于项目投资的，需准备以下资料：投资项目的可行性分析报告；投资项目的配套人民币来源及物资保证的证明文件；投资项目纳入国家或地方固定资产投资计划的证明文件；发行债券所筹资金的使用计划。

（4）发行国际债券的评级申请。发行债券如需经评级机构评级，必须先向国内管汇部门提出申请并附评级机构名单、用于评级的材料、评级程序等计划资料。在国内管汇部门批准申请后，向国外评级机构提出评级申请。评级后，发行单位要在 3 日内向管汇部门报告评级结果。中国人民银行总行根据评级结果，决定是否批准在国外发行债券。对需要再次评级的机构，若其评级结果与前次不同，要在 3 日内向管汇部门报告评级结果及原因。

（5）资金运用与本息偿还。对资金用于自身建设或经营的发行债券机构，所筹资金按批准使用并负责偿还；对受地方政府委托发行国际债券的，筹集的资金用于地方政府计划的项目，由地方政府按外汇收支计划偿还本金和利息；对受国家委托发行国际债券的，筹集的资金由国家安排使用，本息偿还纳入国家外汇支出计划，由国家负责偿还。

案例 5-2　中国建筑国际集团发行美元债券

2017 年 11 月 21 日，中国建筑国际集团有限公司（股票代码：03311. HK）成功发行 8 亿美元债券，其中 5 年期债券 5.5 亿美元，票面利率为 3.375%，10 年期债券 2.5 亿美元，票面利率为 3.875%。本次发行被穆迪投资者服务公司评为 Baa2 级，被惠誉国际评为 BBB+级。美银美林、中国银行（香港）及建银国际为本次发行的联席全球协调人，连同瑞信为联席账簿管理人及联席牵头经理人。亚太、欧洲多家机构投资者参与认购，总订单超过 14 亿美元。

据相关报道，中国建筑国际集团发行债券的目的是优化公司债务年限结构，筹集的资金将主要用于偿还本集团现有债务，将本集团现有债务再融资从而为新增及现有项目提供资金，以及用于一般企业用途。

资料来源：根据网络相关资料整理.

5.2.3　国际股权融资

国际股权融资是指一个国家的企业在另一个国家发行股票筹集所需资金的融资形式。由于股票不可退股，只能转让，因此，国际股权融资筹集的是长期资本。随着 20 世纪 80 年代融资证券化趋势的出现，国际股权融资在国际融资中的地位逐渐上升。

1. 国际股权融资的主要方式

以我国企业为例，国际股权融资有两种主要方式：一是企业直接在我国的交易所发行 B 股筹资；二是企业到境外筹资，包括境外直接上市筹资、境外间接上市筹资；三是发行存托凭证融资等。

1990年1月，中国国际信托投资公司借助其香港子公司在香港间接上市融资，开创了中国企业利用国际股票市场融资的先例。随后，越来越多的中国企业到海外上市融资。仅2017年，中国企业境外上市74家，主要分布于中国香港和美国两大资本市场。① 可以预计，随着全球资本市场的一体化，越来越多的中国企业将通过发行国际股票筹集资金。

（1）发行B股筹资。B股是我国境内上市外资股的简称，是以人民币标明面值，以外币（目前为美元和港元）认购、买卖的股票，采取记名股票形式，在我国境内证券交易所上市交易。

B股的产生有其特定历史条件。自1978年改革开放以来，许多企业迫切需要外汇资金，当时我国外汇很少，国家允许企业发行B股，以利用国内股票市场筹集外汇资金。1991年年底，上海真空电子器件股份公司发行第一只B股。经过多年发展，中国的B股市场已经由地方性市场发展成为由证监会统一管理的全国性市场。我国一些公司通过发行B股筹集外资，在改善财务结构、转换经营机制和促进经营国际化方面发挥了积极作用。后来，由于国家批准许多企业直接到中国香港、美国、新加坡、伦敦、法兰克福等地发行股票和上市，B股的重要性变小。2005年至今未发新股。利用B股融资是我国企业筹集外资的一种过渡形式。

（2）境外直接上市筹资。境外直接上市是指股份有限公司向境外投资人发行股票，并将该股票直接在境外公开的证券市场挂牌上市，这种股票称为境外上市外资股。

世界主要的证券市场分布在美国、欧洲、澳大利亚和中国香港。美国证券市场主要包括纽约证券交易所、纳斯达克市场、电子公告板市场及粉红单市场。纽约证券交易所成立于1793年，至今已有200多年的历史。纽约证券交易所接受外国公司挂牌上市的条件较美国国内公司更为严格。纳斯达克市场成立于1971年，属于场外交易市场，它通过计算机网络将股票经纪人、做市商、投资者和监管机构联系起来，是全球第一个电子化证券市场，也是目前世界上最大的证券交易市场。它服务的对象主要是中小企业和高科技企业。1990年6月，为了提高市场的透明度和交易的便利性，美国证券交易委员会根据《地价股改革法案》，强令纳斯达克市场为达不到纳斯达克标准的股票开设了电子公告板市场。一些初创公司想要上市，但不符合纳斯达克市场条件，可以选择在条件较低的电子公告板市场挂牌上市。粉红单市场是比电子公告板市场更低一级的报价系统，公司在此市场挂牌上市，不需要注册会计师审计财务报告，挂牌条件也较为宽松。

欧洲证券市场主要有伦敦证券交易所、巴黎证券交易所、法兰克福证券交

---

① Wind资讯，2018-01-17.

易所、欧洲伊斯达克市场等。伦敦证券交易所成立于 1773 年，是欧洲最大的证券交易所，也是世界上最大的国际证券交易中心之一。然而，由于经济全球化带来的激烈竞争，尤其是美国证券市场的压力，伦敦证券交易所不得不在变中求胜，把目标主要对准各国的中小企业。1995 年，该所成立了另类投资市场，这是继美国纳斯达克市场之后在欧洲成立的第一个二板市场。巴黎证券交易所将市场分为两类：一级市场和二级市场。一级市场主要吸引大企业上市融资；二级市场满足中型企业上市融资的需求。法兰克福证券交易所成立于 16 世纪，在欧洲仅次于伦敦证券交易所，被誉为世界第四大证券交易所。为吸引各国企业到该所上市融资，近年成立了名为“自由市场”的上市三部，上市条件较为宽松。如果能够在这个“自由市场”上市，企业进入欧洲主板市场将会更加容易。欧洲伊斯达克市场是欧洲证券交易商协会自动报价系统，成立于 1996 年，总部设在比利时首都布鲁塞尔，是欧洲第一个为高成长性和高科技企业融资的独立电子化股票市场。

澳大利亚证券市场包括澳大利亚证券交易所、亚太证券交易所。澳大利亚证券交易所是澳大利亚最大的交易所。2008 年宝泽金融集团收购澳洲太平洋交易所，改名为亚太证券交易所。

亚洲证券市场主要有东京证券交易所、新加坡的证券市场、中国香港的证券市场以及中国内地的证券市场。东京证券交易所建立于 1878 年，该所内部设第一部和第二部，后者的上市标准低于前者，在第一部上市的都是收益好的一流企业，而新上市公司股票一般要先在第二部挂牌，然后才能进入第一部。1999 年末，建立了以“Morhers”命名的创业板市场，专为新兴行业提供上市融资的机会，它的上市条件较低，注重上市公司的信息披露，要求上市公司每季度公布业绩，在上市后 5 年获得利润。新加坡的证券市场包括新加坡证券交易所和新加坡股票交易自动报价市场。新加坡证券交易所成立于 1973 年，现在已经成为亚洲国际化程度最高的交易所和亚太地区各国公司首选的上市地之一。新加坡股票交易自动报价市场于 1987 年成立，目的是让具有良好发展前景的中小企业筹集到资金以支持其业务发展，对申请上市公司的税前盈利、上市市值、资本额都没有量的要求。中国香港的证券市场包括香港证券联合交易所和创业板。1986 年 3 月，香港证券交易所与九龙、远东、金银三家证券交易所合并组成相关证券联合交易所，一些大型、基础性产业及有较好盈利记录的企业可以选择在香港联合证券交易所主板上市。香港创业板成立于 1999 年，是一个完全独立的新的股票市场，其宗旨是创造一个让从事工业、创新科技行业等高增长的小规模公司上市融资的市场。

表 5-1 提供了 2012 年全球不同国家和地区证券交易所的相关信息。最新信息可以登录网址 http://www.worldbank.org/data 查询。

表 5-1　　全球证券交易所的比较（2012 年）

国家（地区）	国内（地区）上市公司总数	市值（10 亿美元）
中国大陆	2 494	3 697
中国香港	1 459	1 108
日本	3 470	3 681
英国	2 179	3 019
美国	4 102	18 668
新加坡	472	80
澳大利亚	1 959	1 286
德国	665	1 486
加拿大	3 876	2 016
韩国	1 767	1 180
瑞士	238	1 079
法国	862	1 823

我国企业的境外上市外资股采取记名股票形式，以人民币标明面值，以外币认购。目前，我国公司发行的境外上市外资股主要有 H 股、N 股、S 股。H 股是一种以港元认购及买卖，在香港联合证券交易所（以下简称香港联交所）上市的股票；N 股以美元认购及买卖，投资者为美国及海外自然人、法人和其他组织，发行后在美国公开的证券交易所上市、交易；S 股则是中国企业在新加坡发行并上市交易的股票。总之，在国外发行上市的股票一般以发行上市地地名的首字母来代表。

前些年，我国大多数企业都将上市目的地选在中国香港、美国和新加坡。这是因为香港是世界十大证券市场之一，具有完备的市场体系和自由的投资环境，是亚太地区流动性最高的资本市场，也是内地企业进入国际市场的跳板。美国有世界上最发达的股票市场，具有规模大、技术先进、管理严密、资金富裕、市盈率高、稳定性好、行业齐全和知名度高等优势，也是我国企业境外筹资优先选择的主要市场。我国企业到新加坡市场发行股票和上市也有许多有利因素：新加坡是亚洲美元中心，股票市场发达；78%的新加坡人具有华人血统，能更好地理解中国企业的经营理念；在新加坡发行股票和上市的门槛较低，上市费用不高，上市所需时间较短。自 2001 年美国实行《萨班斯-奥克斯利法案》特别是美国经历 2008 年的金融危机以来，越来越多的中国企业开始选择伦敦、法兰克福等市场。伦敦证券交易所是世界上历史最悠久的证券交易所，规模很大，有十分成熟的主板和创业板，接受多种会计标准，上市程序比较简单，费用较低。法兰克福证券交易所是世界第四大证券交易所，它以稳健、规范、发达而著称。该交易所为了吸引中国企业上市，提供一些优惠条件，上市门槛较低，上市程序较简单，监管不像美国那么严厉。2007 年 3 月，山东工友集团股份有限公司在法兰克福证券交易所正式上市，实现中国企业在德国上市零的突破。

（3）境外间接上市筹资。境外间接上市筹资是指我国内地企业以其在中国香港或外国注册的公司的名义在境外发行上市。在间接上市方式下，国内企业股票不直接在境外上市，而是通过某个特定的“壳”，达到间接上市、获取国际资本市场资金的目的。这里所说的“壳”是指已在境外证券交易所上市或能够比较容易取得境外证券交易所上市资格的公司，我国企业可以借助这个“壳”轻松取得间接上市资格。

国内企业境外间接上市可以分为买壳上市和造壳上市。买壳上市是指国内企业购买一家已在境外上市的公司部分或全部股权，以取得对该上市公司的控股地位，通过向上市公司注入国内企业资产的方式，不断扩展上市公司的规模，进而利用上市公司优势在国际资本市场上筹集资金，以达到国内企业境外间接上市的目的。最典型的例子是中信泰富。1990 年 1 月，中国国际信托投资公司香港子公司中国国际信托投资（香港集团）有限公司（以下简称中信香港）委托香港百富勤集团，收购已在香港上市的泰富发展股份有限公司（以下简称泰富公司），取得泰富公司控股权，并将原上市公司更名为中信泰富。之后，在短短的 4 年多时间里，中信香港不断向中信泰富注入资产，使其由一家市值不到 7 亿港元的小公司迅速发展成为市值超过 400 亿港元的大公司。买壳上市手续简单，节约时间，但是要选择一家合适的壳公司并非易事。一般来说，被购买壳公司从事的行业应与购买者公司基本相同或相关，以便于重组和衔接；被购买壳公司的股权结构应该比较简单，以便于对其进行收购控股。

造壳上市是指我国企业在境外证券交易所所在地或其允许的国家或地区设立一家控股公司，然后以该控股公司申请境外上市，筹集的资金投资到中国国内企业，从而达到国内企业到境外间接上市筹资的目的。例如，1992 年年初，华晨出资在百慕大注册成立华晨中国汽车控股有限公司，该公司收购沈阳金杯客车制造有限公司 51%的股份。同年 9 月，沈阳金杯公司通过华诚控股公司在纽约证券交易所发行股票并上市交易，筹资 8 000 万美元。2003 年，中国广州汽车集团通过其香港的控股公司骏威投资公司，在香港公开招股筹资 4.02 亿港元，成为首家在香港造壳上市的内地企业。与直接发行股票上市方式相比，造壳上市是以一家境外未上市公司的名义申请发股上市，这相对于国内企业直接申请到境外募股上市要容易一点。与买壳上市相比，造壳上市的成本与风险相对要低，因为造壳上市是有目的地设立公司，而买壳上市却要花费很大代价去购买壳公司，购买不当，很容易造成损失，风险较大。但造壳上市的最大缺点是从境外设立公司到最终发行股票历时较长，且国内企业必须先拿出一笔现汇或其他资产到境外注册设立壳公司。

（4）发行存托凭证筹资。存托凭证（depository receipt，DR）又称存券收据或存股证，是指在一国证券市场上流通的代表外国公司有价证券的可转让凭证，属于公司融资业务范畴的金融衍生工具。

存托凭证根据上市地的不同，可以分为美国存托凭证（ADR）、欧洲存托凭证（EDR）、香港存托凭证（HKDR）、新加坡存托凭证（SDR）。如果发行范围不止一个国家，就称为全球存托凭证（GDR）。美国存托凭证是一种代表外国公司拥有股权的可转让证明，可在美国证券市场以美元报价、交易。20世纪90年代早期，非美国私有化企业发行美国存托凭证在美国上市融资，促进了ADR市场的发展。因此，ADR是世界上出现最早、运作最规范、流通量最大的存托凭证。根据美国证券法，美国存托凭证可被看作美国国内证券，任何外国公司想在美国融资或吸纳美国投资，均可发行存托凭证。

存托凭证种类很多，按用途不同可分为不同的等级。以美国存托凭证为例，一级存托凭证是将公司现有已发行的股票通过一家存托银行，采用ADR方式在美国的场外交易市场交易。目前市场交易中的ADR大多数是一级ADR。一级ADR是一家公司进入美国资本市场的最简便方法之一，具有如下特点：不必遵循美国公认会计准则；不必完全符合美国证券交易委员会（SEC）的公开性要求；ADR所代表的实际股票不必在SEC注册登记，也不必遵从其报告要求；企业只需向SEC递交20-F登记表（年度报告表），获准之后便可自动升级为二级ADR，在纽约证券交易所和纳斯达克市场公开上市交易。二级ADR是挂牌上市的ADR，可以在美国全国性的交易所上市，但不能在美国证券市场公开发行。三级ADR是指可以在美国公开发行股票筹资，并在美国主要证交所或纳斯达克市场上市的存托凭证。

非美国公司运用美国存托凭证筹资，既可以规避在美国发行股票的一些披露要求，又可以利用美国资本市场的资金。中国电信公司、芬兰的诺基亚公司等都曾在美国发行存托凭证。

2. 国际股权融资的优缺点

随着企业国际化经营的发展，国家间的经济联系越来越密切，各国企业利用发行国际股票的形式在国际资本市场上吸引外资将成为必然趋势。

（1）国际股权融资的优点。

1）为企业提供一条源源不断的融资渠道。国际股票市场为处于成长发展阶段的公司提供重要资金来源。1992年10月，华晨汽车在美国上市，开创了中国公司赴美上市的先河，到目前为止，我国已有1 000多家公司在美国上市。除此之外，在世界其他主要资本市场，如香港、新加坡、法兰克福等，也有大量中国企业上市融资。公司上市后，可不时通过向老股东配股、发行可转换债券和认股权证等与股权相关的形式或股权的派生形式，实现从国际资本市场上直接筹资的目的。

2）有利于上市公司在海外树立形象。境外上市为公司提供了许多宣传机会。如新股发行时的推介宣传、交易所的挂牌、每年发布的业绩报告、重大事项的披露等，境外交易所将公司的名字展现在境外投资者天天都要关注的股票行情显示屏上，这对企业是一种最有效、最持久的宣传和推介，可以使公司获得广泛的影响，大大提高公司在海外市场的知名度。这对于公司在国际市场上的产品销售、原材料采购和寻找新的合作伙伴有很大的帮助。

3）有利于改善公司的资产负债结构。境外上市可以使公司改善内部资本结构，降低负债率，这样，公司在利用银行贷款、发行债券等融资途径时，可以处于更有利的地位。

4）便于收购国外公司。国际经济一体化为中国公司跨国并购提供了有利的机会。通过境外上市，中国公司可以利用所持有的境外股份来收购别的企业，无须花费大量的现金。

（2）国际股权融资的缺点。

1）上市公司需要向公众公布很多信息。公司发行上市时公布的招股说明书，内容涉及公司历史背景、经营现状和发展前景等详细资料，公司上市后还要定期披露经营业绩、财务报告以及公司重大的收购和资产清理行为。

2）筹备上市时需要投入大量的时间、人力并增加费用开支。公司境外上市手续复杂，公司管理层既要准备一系列文件，与有关的政府部门联系并取得后者的批准，又要回答中介服务机构提出的各种问题，这是一个既费时又费力的过程。同时，境外发行上市需支付一定的费用，主要支付给有关的中介服务机构（如承销商、会计师、律师、收款银行等）及上市场所。公司上市后，每年的审计费用和律师费用将会增加，主要用来向股东提供年度财务报告、发布股东投票说明以及维持与股东之间的联系等。

3）上市公司管理将受到一定限制。公司上市后，管理层要对广大股东负责，公司的重大事情须经股东大会投票决定，管理层的决策不像上市前那样方便。有时，公司管理层为了维持公司股票二级市场的形象和自身的利益，在一些投资项目上的决策会侧重短期利益，这会影响公司的长远发展。

3. 我国有关境外上市的规定

为了规范我国公司境外上市行为，1996 年 6 月 17 日，国务院证券委员会发布《关于推荐境外上市预选企业的条件、程序及所需文件的通知》，要求境外上市的公司满足以下条件：

（1）符合国家产业政策，企业应属于国家允许外资投资的行业。

（2）企业有发展潜力，急需资金。

（3）企业具有一定规模和良好的经济效益。申请企业应有连续 3 年的盈利业绩，企业改组后投入上市公司部分的净资产规模一般不少于 4 亿元人民币，经评估或估算后的净资产税后净利润达到 10%以上，税后净利润规模达到 6 000 万元以上，企业发行股票后国有股的比例应超过 51%。

（4）对国务院确定的现代企业制度试点企业，试点取得明显进展的，同等条件下适当优先考虑。

（5）企业发行境外上市外资股筹资额预计达到4亿元人民币以上。

（6）企业有一定的创汇能力，创汇水平达到税后利润的10%以上。

（7）企业有一定知名度和经营管理水平。

2013年，中国证监会出台了新的股份公司境外发行股票监管指引，取消了对企业盈利能力、资产规模的限制，只要股份公司符合境外上市地的上市条件，就可以向中国证监会提出境外发行股票和上市申请。

5.2.4 国际贸易融资

1. 国际贸易融资的概念与分类

国际贸易融资是指与国际贸易有直接联系的融资，这是国际融资中最古老的一种融资方式。出口商在从制造产品、运输到销售的过程中，或者进口商在进货过程中，往往要求获得风险小、成本低的融通资金。

在国际贸易中，出口方对资金的需求表现在两个阶段：一是从出口方与进口方签订销售合同到组织货物出口阶段，在此阶段，出口方可能出现资金困难的情况，比如出口方利用自有资金购买货物，存在仓库里，占用了资金；二是从货物运出至收到货款阶段，由于出口方交货与收到货款往往不同时发生，出口方有在途资金占用问题，而在赊账方式下，出口方还面临进口方延迟付款的资金占用问题。

进口方对资金的需求也表现在两个阶段：一是从进口方与出口方签订销售合同至收到货物之前，在此阶段，进口方可能向出口方预付货款或者开立信用证等，占用了资金；二是进口方收到货物至该货物效益实现之前。对于处于商业流通领域的进口方而言，进口的目的是将货物转售出去以获得差价利润，那么在该货物转手之前即存在资金占用，而在进口大型机械设备或大量工业材料进行生产和加工时，资金占用的时间更长。贸易双方在不同阶段对资金的需求各异，提供融资的对象也可能因不同的贸易条件而有所不同，不同的国际贸易结算方式提供的融资方式也可能不一样。下面就国际贸易融资的主要形式进行简单的分类。

（1）按融资期限分类。在各种国际贸易融资形式中，融资期限短则几十天，长则数年。融资期限在1年以下的短期贸易融资有打包放款、进出口押汇、贴现、国际保理业务、预付款、信用证（或商品）抵押放款、透支等。融资期限在1年以上的中长期贸易融资有出口信贷、福费廷业务等。

（2）按接受贸易融资的对象分类。国际贸易融资中，根据资金接受的对象可分为对出口方的融资和对进口方的融资。

对出口方的融资主要有：进口方提供的预付款，保理商提供的国际保理业务，包买商提供的福费廷业务，银行提供的打包放款、进出口押汇、贴现、信用证抵押放款、凭信托收据贷款等。

对进口方的融资主要有：出口方提供的赊账交易、托收结算方式下的承兑交单、银行提供的承兑信用、信用证开证额度、透支、商品抵押放款、凭信托收据贷款等。

(3) 按与国际贸易结算的密切程度分类。国际贸易中使用的结算方式主要有四种：预付款、托收、信用证和赊账。国际贸易融资往往因国际贸易不同而有不同结算方式。

2. 对出口商的信贷融资

(1) 进口商对出口商的预付款。进口商在收到货物单据之前就付出全部或部分货款，这就是进口商对出口商提供了预付款。进口商对出口商提供预付款，就其性质而言可分为三种情况。

1) 属于商业信用性质的预付款。如果交易双方信誉较好，交易往来密切，彼此间相互信赖，交往中很少或没有出现任何商业风险，除预付款外，甚至可以采取记账方式交易或采取定期付款方式。

2) 属于正常、平等交易性质的预付款。这可分两种情况：一种是保证性质的预付款，即进口商支付给出口商的预付款。出口商往往担心在供货期内货价下跌，担心进口商单方拒绝执行合同，进口商的预付款就是为此做出的保证。其金额通常应当足以抵补货价可能下跌的额度或可能撕毁合同时出口方货物往返运输、转运、已缴纳保险费等费用开支。这些订金预付要求是合理的、平等的。另一种是出口方生产国际购货者所需的货物所需投资过大，或装船前所需仓储设备较多，出口方要求进口方给予较大比例的预付款。另外，进口方为了获取比较有利的货价或者急需出口方的货物、资本、设备、零配件而给予出口方较多的预付款。这也是平等互利、正常合理的。

3) 属于不平等、欺压性的预付款。主要表现在发达国家对发展中国家的交易上。例如，发达国家在收购发展中国家的初级产品时条件苛刻，出口商因急需货款而被迫接受；发达国家出售先进设备时经常对发展中国家的进口方提出过分的预付款要求。

(2) 银行对出口商的信贷融资。各国银行对出口商的信贷都采取积极支持、防范风险、有贷有还、及时清偿的方式，分阶段进行。

1) 银行的无抵押品贷款。这是指为了支持出口，专门给出口商品的生产商提供的贷款。尤其是生产厂家取得出口商获得的国外订单的保证之后，银行即可办理无抵押品贷款。

2) 银行凭信托收据贷款。这是指国内生产商发货给出口商，由委托银行负责向出口商代收货款。这时出口商货未销出，无款可付，可以凭信托收据先提货装船，银行凭信托收据给出口商贷款融资。

3) 出口商品抵押贷款。这是指出口商有一定的出口商品储备，可以用这些商品作抵押获得银行贷款，其数额为商品价格的 60%左右。若货价下跌，出口商要提供其他商品作保证。

4）打包贷款融资。这是指在亚洲的一些发展中国家以打包待运的出口货物作为抵押品，通过银行得到的融通资金。银行根据出口商填写的打包贷款申请上规定的用途，给出口商另立户头，由出口商陆续支用，而不是一次提取。

5）在途货物抵押贷款。这是指以货物提单为抵押品从银行得到的贷款。这种货物提单是指装船后的货物提单而不是待运提单。出口商以这项贷款来偿还国内出口货物抵押贷款，体现随借随还、有借有还的原则。

6）异国存储贷款。这是指出口商的货物尚无购货订单就先行装运出口，将货物储存在进口国，以该批货物作为抵押品向进口国银行取得的贷款。

7）福费廷（forfating）业务。福费廷业务又称包买业务，是指出口商把经过进口方承兑和进口方银行担保的期限在6个月至10年的远期汇票或本票，在无追索权的基础上出售给出口地银行或金融公司，提前取得现金的一种融资形式，福费廷业务中提供融资的银行或金融公司称为福费廷公司或包买商，通常是国际性大银行的附属机构。

福费廷融资具有以下特点：第一，福费廷融资中的债权凭证（如汇票、本票等）产生于合法的国际资本性贸易往来。第二，出口商把远期应收账款债权一次性卖给福费廷公司，同时也把进口方信用风险、担保风险、进口国国家风险、利率和汇率风险、应收账款账户管理和收款等事宜转移给福费廷公司。第三，福费廷公司对出口方的融资为无追索权融资，所以，福费廷公司要求购买的债权凭证需由进口国一家信誉卓著的银行或金融机构担保。第四，福费廷融资是一种中长期融资，融资期限一般在半年以上，最长可达10年。

3. 对进口商的信贷融资

对进口商的信贷融资分两种情况：一是出口商向进口商提供的信贷融资；二是银行向进口商提供的信贷融资。

（1）出口商向进口商提供的信贷融资。出口商向进口商提供融资，通常是为了增强对进口国的吸引力，提高其向提供贷款国订货的积极性。如规定进口商获得出口商的贷款必须用于出口商的商品购买，有的还具体规定商品的一半以上要由出口国制造，或规定由第三国制造的商品不能超过15%，等等。为了推动出口，有的国家还规定贷款利率低于国际金融市场的利率，利差由出口国政府补贴。某些国家还建立了由政府支持的专门办理出口信贷业务的担保机构，为出口商向进口商的信贷提供担保和保险。

（2）银行向进口商提供的信贷融资。

1）银行对进口商的直接融资。西方国家经常使用的方式是商品抵押贷款，即进口商向银行申请委托，并开立以出口商为受益方、凭货物单据付出现款的信用证，以取得现款融资。也可采取透支融资的办法，即银行允许给关系密切的进口商企业提供透支信用，向银行签发超过其账户余额的支票以融通急需的资金。

2）承兑汇票贴现。这是一种提供给进口商的短期融资方式。在出口商要求进口商用现金支付的情况下，进口商可以通过银行信用，与银行签订协议，向银行签发汇票，由银行承兑。进口商持银行承兑汇票在市场贴现，以贴现所得现款支付给出口商。承兑汇票贴现业务也称再融通业务。

3）承兑信用。这是指进口商通过银行承兑偿还出口商的货款，是银行为外贸融通资金的主要方式。银行承兑对各国进口业务有很大的促进作用，前提是进口商与银行必须商量妥当，请银行承兑出口商汇票。出口商为了防范风险，防止进口商无力支付，也要求汇票由银行承兑。这样，出口商直接向自己往来的银行提出汇票，连同货物单据，要求议付收回货款。议付银行将汇票及单据寄给其代理行并转交给进口商银行。进口商银行凭货物单据承兑汇票，这就支持了进口商，为进口商融通了资金。进口商必须在付款日前将货款支付给承兑银行，以便承兑银行能及时给出口商兑付签发的汇票。办理承兑的银行也可以是第三国银行，以替代进口商银行，其他手续相同。

4）信用证融资。在国际贸易中，进口商通常不愿意预付货款，尤其是在对出口方信誉不熟悉且不能确认出口货物已发运的情况下，而信用证起到了对进口商的保证作用。银行在依照信用证中规定的条件办理承兑、议付和保兑信用证的过程中起到了融资作用。其融资过程是：进口商与出口商达成协议，同意以信用证方式支付货款；出口商向进口商银行（开证行）申请信用证；经开证行同意后，进口商取得与进口所需货款数额相同的信用证；在国外出口商货物装船之后，出口商通过出口商银行开出汇票，连同货物提单等单据交给开证行提示付款；开证行验证单据完全符合信用条件后，向出口商兑付汇票；进口商收到货物提单，再从货主处提货。

5.2.5　国际租赁融资

1. 国际租赁融资的概念

国际租赁是指跨越国境的租赁业务，即在一定时期内，一个国家的出租人把租赁物件租给另一个国家的承租人使用，承租人分期支付相当于租赁物件总价值（指价款、运输费、保险费等项合计）加利息、利润的租金。租赁期满后，租金支付完毕，租赁物件原则上归出租人所有，由其收回后继续向别的承租人出租，但也可以在承租人支付物件的象征性价格后，转归承租人所有。

与其他形式的租赁业务一样，国际租赁实质上也是以出租实物的形式代替向承租人直接发放贷款。不同之处在于，在国际租赁中，或者是承租人与出租人分居于两个不同的国家或地区，或者是租赁物件涉及进出口问题。在形式上，租赁物件除有形物以外，与有形物相联系的无形资产如技术专利、诀窍也可以一并作为租赁对象参加交易。

2. 国际租赁融资的利弊

国际租赁融资对承租人的有利之处主要包括：

(1) 能充分利用外资。同出口信贷相比，利用租赁形式引进设备实际上是得到全额融资，用较少的资金可以达到利用更多外资的目的。

(2) 有利于企业的技术改造。与企业自身购买设备相比，国际租赁融资的好处在于，除了可以少投入资金外，企业还可以经常更换租赁设备，保持技术的先进性，维持产品的市场竞争力。

(3) 不受国际通货膨胀的影响。租赁合同经双方认可后，租赁金额就固定下来了，在整个租赁期内不会变动，不会因国际通货膨胀或国际贷款利率的改变而改变。

(4) 效率较高。与传统的信贷相比，国际租赁融资可以发挥银行和进出口贸易公司的双重作用，既可以解决资金借款，又可以直接向外国订货并办理出口手续，方便、快速、灵活，减少了中间环节。

(5) 有利于适应暂时性和季节性需要。有些设备在生产中的使用次数不多，却又不可或缺，如探测仪器仪表等；有些设备受生产的季节性影响较大，使用的时间少，闲置的时间多，如农用设备等。如果购置备用，造成积压浪费。采用租赁形式，既便利又节约，能节省保管和维修费用。

(6) 能减少盲目引进的损失。购买引进设备，一旦发现所生产产品不符合国内外市场的形势和要求，要想将设备很快脱手相当困难。若压价出售，会使企业蒙受不必要的经济损失；暂时闲置不用，又会使企业背上沉重的包袱，占用资金；勉强维持生产，而产品又销售不出去，则会造成更大的损失。采用租赁方式灵活方便，如果发现情况不好，可立即退租，使企业损失降到最低限度。

对承租人的不利之处主要包括：

(1) 租金高昂，即比用现汇或外汇贷款购买的代价高，从而提高产品的生产成本。通常情况下，高出的幅度可达12%～17%。

(2) 在租赁期间，承租人只有使用权，设备的所有权仍属于出租者。因此，承租人不能将租赁物进行技术改造、抵押或者出售。

(3) 租赁设备在租用期满后的残值仍属于出租人。采用经营租赁方式，如果承租人对设备使用期间的租金没有仔细调查，没有考虑租用设备的使用寿命及利用率，容易造成损失。

(4) 如果设备利用不充分，长期按规定支付租金，会使生产成本增加。

(5) 租赁合同经双方签订认可后，一般不得随意终止。如果一方毁约或不履行有关条款，就要赔偿对方的损失，且罚款较重，因此应慎重考虑。

5.3 国际短期融资决策

5.3.1 国际短期融资方式

所有公司都要定期筹集短期资金。对国际企业而言，除了可以从本国金融市场获得经营活动所需短期资金外，还可以从国际金融市场筹集短期资金。一般来说，国际短期融资方式主要有以下几种：

1. 内部短期融资

国际企业的母公司或子公司在寻求外部融资前，首先应该核查其他子公司的现金流，以确定是否有可利用的内部资金来源。

国际企业的母公司或子公司还可以通过提高向其他子公司销售的产品的价格来融资。这种方法比从子公司借款更为可行，因为可以避免政府管制或政府征税。有时，这种方法会受到子公司所在国政府的限制。

2. 短期债券

国际短期债券的种类很多。近年来，国际企业经常发行的一种短期债券是欧洲债券。这种债券的利率以欧洲银行同业拆借利率为基础，是欧洲和其他国家银行之间内部贷款的利率。短期债券的期限一般为 1 个月、3 个月或 6 个月。一些国际企业将其连续滚动，成为中期融资的一种形式。

3. 短期贷款

如果不能获得其他形式的短期资金来源，国际企业可以通过向国际金融机构或国际银行直接贷款获得所需资金。大多数国际企业都与全球范围内多家银行保持着信贷关系。

4. 其他融资方式

其他融资方式包括国际贸易融资和经营性租赁。融资期限在 1 年以下的国际贸易融资有打包放款、进出口押汇、贴现、国际保理业务、预付款、信用证（或商品）抵押放款、透支等。这些贸易融资方式可以为国际企业提供短期资金。经营性租赁（operation lease）通常适用于一些需要专门技术进行保养和技术更新较快的设备。这一租赁方式也是国际企业获得短期资金的重要方式。

5.3.2 国际企业为何注重短期外币融资

不论国际企业的母公司或子公司采取何种融资方式筹集短期资金，都必须进行的一个决策是借入何种货币。有时，即使国际企业的母公司或子公司需要本国货币，也可能愿意借入外币。主要原因如下：

1. 利用外币融资抵消外币应收账款

国际企业可以借入外币资金以抵消公司在该种外币上的应收账款头寸。例如，一家中国公司拥有以欧元计价的应收账款，如果公司需要短期资金，就可以借入欧元并将其兑换为人民币，满足现在的资金需求。当以欧元计价的应收账款收回时，就可以用收回的欧元归还贷款。国际企业利用外币融资，可以消除外币应收账款的汇率风险。如果外币融资的利率比本国低，这种外币融资方式就很吸引人。

2. 利用外币融资降低资金成本

即使国际企业并不需要利用外部融资抵消外币应收账款头寸，如果外币的实际融资利率低于本国融资利率，也可以考虑借入外币融资。

图5-1比较了2011年一些国家的短期利率。由于这一时期全球经济衰退，公司需要的资金需求相对较低，因此大部分国家的利率较低。发展中国家往往面临较高的通货膨胀率，而且存款水平较低，导致发展中国家的利率通常会高于发达国家。

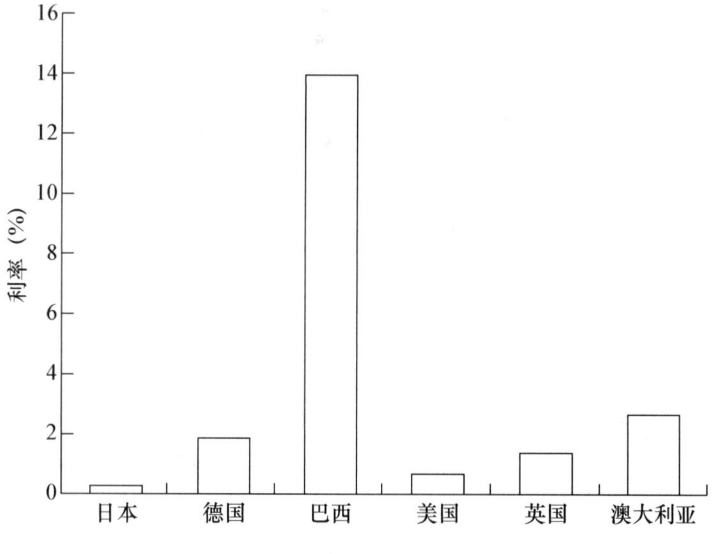

图5-1　各国短期借款利率比较

资料来源：杰夫·马杜拉．国际财务管理．张俊瑞，等译．北京：北京大学出版社，2014.

国际企业即使需要本币，也可以考虑在国际金融市场上利用外币融资，以降低融资成本。假设一家中国国际企业在经营中需要人民币，人民币的融资年利率为12%，美元的融资年利率为8%。如果贷款期内美元与人民币的汇率保持不变，则中国国际企业可以先借入美元，按当时的汇率兑换成人民币使用，到期时再按相同的汇率将人民币兑换成美元，归还美元借款。由于兑换时汇率没有发生变化，这家国际企业利用美元融资的实际年利率为8%，而人民币融资的实际年利率为 12%。因此，这家国际企业以美元融资比较好，可以降低融资成本。当然，如果汇率预测值与未来的实际值发生偏差，美元融资的实际利率也会发生变化。这就是外币融资的汇率风险。

5.3.3　短期外币融资实际利率的确定

1. 直接利用外币融资时实际利率的确定

在现实中，国际企业所借外币的币值与借款人本国货币之间的汇率会不断变化。当汇率变动时，国际企业利用短期外币融资的实际利率也会发生变化。例 5-1 列示了短期外币融资时实际利率的计算过程。

[例 5-1]

一家中国国际企业在经营中需要人民币。它按年利率 8%取得了一笔期限为 1 年的贷款 100 万港元。国际企业收到这笔贷款后将其兑换为人民币，向供应商支付原材料款。当时的即期汇率是 1 港元=0.50 元人民币，归还借款时的即期汇率为 1 港元=0.6 元人民币。计算该国际企业利用港元融资的实际年利率。

(1) 该国际企业取得港元贷款，按当时的汇率可兑换的人民币=100×0.50=50 万元人民币。

(2) 到期时，该国际企业需要偿还 100×(1+8%)=108 万港元。

(3) 为了兑换 108 万港元以偿还贷款，该国际企业需要 108×0.6=64.8 万元人民币。

(4) 在这笔外币贷款中，从本币的角度看，该国际企业相当于借入 50 万元人民币，连本带利归还了 64.8 万元人民币。因此，这笔港元贷款的实际年利率为：

$$\frac{64.8-50}{50}=29.6\%$$

[例 5-2]

例 5-1 中，如果借款时的即期汇率是 1 港元=0.50 元人民币，归还借款时的即期汇率为 1 港元=0.45 元人民币。计算该国际企业利用港元融资的实际年利率。

(1) 该国际企业取得港元贷款，按当时的汇率可兑换 100×0.50=50 万元人民币。

(2) 到期时，该国际企业需要偿还 100×(1+8%)=108 万港元。

(3) 为了兑换 108 万港元以偿还贷款，该国际企业需要 108×0.45=48.6 万元人民币。

(4) 在这笔外币贷款中，从本币的角度看，该国际企业相当于借入 50 万元人民币，连本带利归还了48.6万元人民币。因此，这笔港元贷款的实际年利率为：

$$\frac{48.6-50}{50}=-2.8\%$$

从例5-1和例5-2可以看出，企业利用外币融资的实际利率取决于两个因素：(1) 贷款银行收取的利率即借款利率；(2) 所借外币的币值在借款期内相对于本币的波动幅度。如果外币币值在借款期内贬值，外币融资的实际利率低于借款利率；如果外币币值在借款期内升值，外币融资的实际利率高于借款利率。

直接利用外币融资的实际利率可以用式（5.1）来计算。

$$r_f=(1+i_f)\times\left(1+\frac{s_{t+1}-s_t}{s_t}\right)-1 \tag{5.1}$$

式中，r_f为外币融资的实际利率；i_f为外币的借款利率；s_t为借款时的即期汇率；s_{t+1}为归还借款时的即期汇率。

式（5.1）的推导过程如下：假定某中国国际企业在经营中需要a元人民币。港元1年期借款利率为i_f，借款时的汇率为每港元兑换s_t元人民币，归还贷款时的即期汇率为每港元兑换s_{t+1}元人民币，该国际企业想借入1年期的港元为企业经营融资，则该国际企业借入港元融资的实际年利率可计算如下：

(1) 该国际企业需要借入$\frac{a}{s_t}$港元；

(2) 1年后到期需偿还$\frac{a}{s_t}(1+i_f)$港元；

(3) 偿还$\frac{a}{s_t}(1+i_f)$港元需要$\frac{a}{s_t}(1+i_f)s_{t+1}$元人民币；

(4) 从本国角度看，国际企业相当于借入a元人民币，1年后偿还$\frac{a}{s_t}(1+i_f)s_{t+1}$元人民币，因此，用港元贷款的实际年利率为：

$$\frac{\frac{a}{s_t}(1+i_f)\times s_{t+1}-a}{a}=(1+i_f)\times\frac{s_{t+1}}{s_t}-1=(1+i_f)\times\left(1+\frac{s_{t+1}-s_t}{s_t}\right)-1$$

[例5-3]

假设某中国公司需要筹措人民币资金6 800万元用于下一年度的经营。目前，1年期人民币的借款利率为10%，1年期美元的借款利率为8%。如果借款日美元对人民币的即期汇率为1美元=6.8元人民币，预计1年后归还借款时美元对人民币的即期汇率为1美元=6.6元人民币。计算利用美元借款的实际年利率，并说明该公司应该采用何种方式借款。

利用式（5-1），美元借款的实际年利率为：

$$实际年利率 = (1+i_f)\times\left(1+\frac{s_{t+1}-s_t}{s_t}\right)-1$$

$$=(1+8\%)\left(1+\frac{6.6-6.8}{6.8}\right)-1$$

$$=4.82\%$$

因为人民币借款的实际年利率就是银行挂牌的借款年利率 10%，因此该公司应该借入美元，以降低融资成本。

从例 5－3 可以看出，由于人民币升值，偿还美元借款利息和本金所需人民币资金相对减少，因此美元借款的实际年利率低于银行挂牌的借款年利率。如果人民币贬值，相应地，美元借款的实际利率就会高于借款利率。

在利用外币进行短期融资时，需要预测借款归还日汇率的可能值。一般会选择远期汇率作为未来即期汇率的估计值。有时，为了进行更为精确的分析，公司可以预测在借款归还日外币价值变动百分比的概率分布，来估计利用外币融资可能的实际利率的概率分布，帮助融资决策。例 5－4 说明了如何利用概率分布进行融资决策。

[例 5－4]

假设某中国公司需要人民币资金用于下一年度的经营。目前有两种筹资方式可供选择：一是从国内银行借入人民币，人民币的年利率为 6%；二是从美国某商业银行借入美元再兑换成人民币使用，美元的年利率为 7%。目前美元对人民币的即期汇率为 1 美元＝6.6 元人民币，预期 1 年后美元对人民币的即期汇率可能是 1 美元＝6.5 元人民币，也可能是 1 美元＝6.4 元人民币，两种状况出现的概率各为 50%。该公司应当选择从国内银行还是从美国商业银行取得借款。

这一决策需要分别计算从国内银行和美国商业银行取得借款的实际年利率，然后进行比较。

(1) 从国内银行取得人民币的实际年利率就是人民币的年利率 6%。

(2) 从美国商业银行取得美元借款的实际年利率计算如下：

当 1 年后美元对人民币的即期汇率为 1 美元＝6.5 元人民币时：

$$美元借款的实际年利率 = (1+i_f)\times\left(1+\frac{s_{t+1}-s_t}{s_t}\right)-1$$

$$=(1+7\%)\left(1+\frac{6.5-6.6}{6.6}\right)-1$$

$$=5.38\%$$

当 1 年后美元对人民币的即期汇率为 1 美元＝6.4 元人民币时：

$$美元借款的实际年利率 = (1+i_f)\times\left(1+\frac{s_{t+1}-s_t}{s_t}\right)-1$$

$$=(1+7\%)\left(1+\frac{6.4-6.6}{6.6}\right)-1$$
$$=3.76\%$$

考虑两种汇率出现的概率分别是50%，可以计算美元融资实际年利率的期望值：

$$\text{美元借款实际年利率的期望值}=5.38\%\times50\%+3.76\%\times50\%$$
$$=4.57\%$$

（3）考虑汇率变动因素后，从美国商业银行取得美元借款的实际年利率仅为4.57%，低于从国内银行取得人民币借款6%的年利率，因此应当从美国商业银行取得借款。

2. 利用远期合约套期保值时外币融资利率的确定

在前面介绍的外币融资中，未来汇率不确定，因此外币融资的实际利率是不确定的，这说明外币融资存在一定风险。为了规避这种风险，国际企业可以利用远期合约套期保值。

利用远期合约套期保值可以这样操作：首先，借入外币并将其兑换为本国货币使用；同时签订一份未来买入同种外币的远期合约，锁定归还外币时需要的本币金额。这样，外币的实际融资利率不再随汇率的变化而波动，可以规避汇率风险。

[例5-5]

一家国际企业在经营中需要人民币。借款时1年期港元的借款利率为8%，即期汇率是1港元=0.50元人民币，1年期远期汇率为1港元=0.6元人民币。国际企业准备向银行贷款100万港元。国际企业收到这笔贷款后计划将其兑换为人民币，向供应商支付原材料款。如果该国际企业利用远期合约套期保值来规避风险，该国际企业利用港元融资的实际年利率为多少？

（1）该国际企业取得港元贷款，按当时的汇率兑换100×0.50=50万元人民币。同时，该国际企业和银行签订一份1年后买入港元的远期合约。

（2）到期时，该国际企业需要偿还100×(1+8%)=108万港元。

（3）为了兑换108万港元以偿还贷款，该国际企业需要108×0.6=64.8万元人民币。

（4）在这笔外币贷款中，从本币的角度看，该国际企业相当于借入50万元人民币，连本带利归还了64.8万元人民币。因此，这笔港元借款的实际年利率为$\frac{64.8-50}{50}=29.6\%$。

与例5-1相比，尽管利用港元融资的实际利率相同，都为29.6%，但例

5-1 中的外币借款由于归还日即期汇率不确定，存在汇率风险。本例中的外币借款利用远期合约锁定了偿还外币借款所需本币和利息的金额，因此不存在汇率风险。

如果利用远期合约套期保值来规避风险，则外币融资的实际利率可以利用式（5.2）来计算。

$$r_f=(1+i_f)\times\left(1+\frac{k_{t+1}-s_t}{s_t}\right)-1 \tag{5.2}$$

式中，r_f为外币融资的实际利率；i_f为外币的借款利率；s_t为借款时的即期汇率；k_{t+1}为借款时的远期汇率。

式（5.2）表明，在外币融资中利用远期合约套期保值后，外币的实际融资利率受融资时即期汇率、远期汇率及外币的借款利率影响，不再随未来汇率变化而波动，因而可以规避外汇风险。

[例 5-6]

一家国际企业在经营中需要人民币。当时 1 年期港元的借款利率为 8%，当时的即期汇率为 1 港元＝0.50 元人民币，1 年期远期汇率为 1 港元＝0.45 元人民币。国际企业准备向银行贷款 100 万港元。国际企业收到这笔贷款后计划将其兑换为人民币，向供应商支付原材料款。如果该国际企业利用远期合约套期保值来规避风险，该国际企业利用港元融资的实际年利率为多少？

利用式（5.2），可得

$$\begin{aligned}r_f&=(1+i_f)\times\left(1+\frac{k_{t+1}-s_t}{s_t}\right)-1\\&=(1+8\%)\times\left(1+\frac{0.45-0.50}{0.50}\right)-1\\&=-2.8\%\end{aligned}$$

5.3.4　外币短期融资时应考虑的问题

国际企业在决定是否可以利用外币短期融资来降低公司资金成本时，必须考虑如下问题。

1. 存在利率平价

根据利率平价理论，如果本币和外币之间存在利率平价，则有

$$\frac{k_{t+1}-s_t}{s_t}=\frac{1+i_h}{1+i_f}-1$$

式中，s_t为借款时本币和外币之间的即期汇率；k_{t+1}为借款日本币和外币的

远期汇率；i_h为本币的借款利率；i_f为外币的借款利率。

将上式代入式（5.2），则套期保值的外币融资的实际利率 r_{f2}计算如下：

$$r_{f2}=(1+i_f)\left(1+\frac{k_{t+1}-s_t}{s_t}\right)-1=(1+i_f)\left[1+\left(\frac{1+i_h}{1+i_f}-1\right)\right]-1=i_h$$

上式表明，在利率平价时，用外币融资并签订远期合约进行套期保值，其融资的实际利率与用本币融资相同。此时，相对于本币融资，套期保值的外币融资并不能获取利率上的好处。

2. 存在利率平价，且远期汇率是未来即期汇率的准确预测值

由前面可知，如果存在利率平价，则套期保值的外币融资的实际利率与本币融资的利率相同。

如果此时远期汇率是未来即期汇率的准确预测值，则由式（5.1）可知，用外币直接融资的实际利率r_{f1}为：

$$r_{f1}=(1+i_f)\left(1+\frac{s_{t+1}-s_t}{s_t}\right)-1$$

由式（5.2）可知，套期保值的外币融资的实际利率 r_{f2}为：

$$r_{f2}=(1+i_f)\left(1+\frac{k_{t+1}-s_t}{s_t}\right)-1$$

由于远期汇率是未来即期汇率的准确预测值，故 $k_{t+1}=s_{t+1}$，从而有 $r_{f1}=r_{f2}$。结合利率平价的结论可知，如果存在利率平价，且远期汇率是未来即期汇率的准确预测值，不管是否进行套期保值，用外币融资的实际利率和用本币融资相同。换言之，用外币融资并不能获得利率上的好处。在这种情形下，应该用本币融资。

3. 存在利率平价，且远期汇率预计高于未来即期汇率

由前面可知，如果存在利率平价，则用远期合约套期保值的外币融资的实际利率与本币融资的利率相同。

如果此时远期汇率预计高于未来即期汇率，则由式（5.1）可知，用外币直接融资的实际利率r_{f1}为：

$$r_{f1}=(1+i_f)\left(1+\frac{s_{t+1}-s_t}{s_t}\right)-1$$

由式（5.2）可知，套期保值的外币融资的实际利率 r_{f2}为：

$$r_{f2}=(1+i_f)\left(1+\frac{k_{t+1}-s_t}{s_t}\right)-1$$

由于远期汇率高于未来即期汇率，故 $k_{t+1}>s_{t+1}$，从而有 $r_{f2}>r_{f1}$。因此，套期保值的外币融资的实际利率高于用外币直接融资时的实际利率。结合利率平价的结论可知，在这种情形下，不进行套期保值的外币融资的实际利率低于进行套期保值的外币融资的实际利率，也低于本币融资的利率。换言之，在这种情形下，用外币直接融资可以获得利率上的好处，但存在汇率风险。

4. 存在利率平价，且远期汇率预计低于未来即期汇率

由前面可知，如果存在利率平价，则套期保值的外币融资的实际利率与本币融资的利率相同。

如果此时远期汇率预计低于未来即期汇率，则由式（5.1）可知，用外币直接融资的实际利率r_{f1}为：

$$r_{f1}=(1+i_f)\left(1+\frac{s_{t+1}-s_t}{s_t}\right)-1$$

由式（5.2）可知，套期保值的外币融资的实际利率 r_{f2} 为：

$$r_{f2}=(1+i_f)\left(1+\frac{k_{t+1}-s_t}{s_t}\right)-1$$

由于远期汇率低于未来即期汇率，故 $k_{t+1}<s_{t+1}$，从而有 $r_{f2}<r_{f1}$。因此，套期保值的外币融资的实际利率低于用外币直接融资时的实际利率。结合利率平价的结论可知，在这种情形下，用外币融资并进行套期保值的实际利率等于本币融资的利率；用外币直接融资的实际利率高于本币融资的利率。因此，在这种情形下，无论是否套期保值，用外币融资都不能获得利率上的好处。这时，应该用本币融资。

5. 不存在利率平价，且汇率远期升水（或贴水）大于（或小于）两国利率的差价

如果不存在利率平价，则套期保值的外币融资的实际利率与本币融资的利率不相同。

假设汇率远期升水的幅度为5%，本币的借款利率为8%，外币的借款利率为6%，本币借款利率和外币借款利率的差价为2%。由式（5.2）可知，用外币融资并进行套期保值，其实际融资利率为：

$$r_{f2}=(1+i_f)\left(1+\frac{k_{t+1}-s_t}{s_t}\right)-1=(1+6\%)\times(1+5\%)-1=11.3\%$$

上述计算结果表明，套期保值的外币融资的实际利率高于用本币进行融资。因此，在这种情形下应该用本币融资。

同理，可以推导出，如果不存在利率平价，且汇率远期贴水小于两国利率的差价，套期保值的外币融资的实际利率高于用本币进行融资。因此，在这种情形下也应该用本币融资。

6. 不存在利率平价，且汇率远期升水（或贴水）小于（或大于）两国利率的差价

如果不存在利率平价，则套期保值的外币融资的实际利率与本币融资的利率不相同。

假设汇率远期升水的幅度为5%，本币的借款利率为12%，外币的借款利率为6%，本币借款利率和外币借款利率的差价为6%。由式（5.2）可知，套期保值的外币融资的实际利率为：

$$r_{f2}=(1+i_f)\left(1+\frac{k_{t+1}-s_t}{s_t}\right)-1=(1+6\%)\times(1+5\%)-1=11.3\%$$

上述计算结果表明，用外币融资并进行套期保值，其实际融资利率低于用本币进行融资。因此，在这种情形下应该选择套期保值的外币融资。

同理，可以推导出，如果不存在利率平价，且汇率远期贴水高于两国利率的差价，用外币融资并进行套期保值，其实际融资利率低于用本币进行融资。因此，在这种情形下应该选择套期保值的外币融资。

表5-2概括了用外币筹集短期资金时，与利率平价相关的各种情况。该表说明，在不同情形下，国际企业应该如何筹集短期外币资金。

表5-2　利率平价对于短期外币融资的含义

情形	含义
(1) 存在利率平价	利用外币融资，同时在远期市场上套期保值，外币融资成本和本币相同
(2) 存在利率平价，且远期汇率是未来即期汇率的准确预测值	利用外币融资，不管是否同时在远期市场上套期保值，外币融资成本和本币相同
(3) 存在利率平价，且远期汇率高于未来即期汇率	利用外币融资，同时在远期市场上套期保值，外币融资成本和本币相同；利用外币融资，但不在远期市场上套期保值，外币融资成本低于本币
(4) 存在利率平价，且远期汇率低于未来即期汇率	利用外币融资，同时在远期市场上套期保值，外币融资成本和本币相同；利用外币融资，但不在远期市场上套期保值，外币融资成本高于本币
(5) 不存在利率平价，且汇率远期升水（贴水）大于（小于）外币和本币利率的差价	利用外币融资，同时在远期市场上套期保值，外币融资成本高于本币
(6) 不存在利率平价，且汇率远期升水（贴水）小于（大于）外币和本币利率的差价	利用外币融资，同时在远期市场上套期保值，外币融资成本低于本币

5.3.5 多种货币组合融资

虽然外币融资可以给公司带来显著的成本节约，但如果不进行套期保值，其成本的波动也很大。除套期保值的外币融资外，国际企业还可以通过多种外币组合融资来实现比本币更低的融资成本，同时也不会带来过多的汇率风险。

[例 5 - 7]

一家中国国际企业在经营中需要借入 1 年期的人民币 100 000 元。人民币 1 年期的借款利率为 15%，1 年期瑞士法郎的借款利率为 8%，1 年期日元的借款利率为 9%。由于瑞士法郎和日元的借款利率相对较低，公司考虑以下三种借款方案：(1) 只借入瑞士法郎；(2) 只借入日元；(3) 组合借入瑞士法郎和日元，各占 50%。该企业预计从取得借款到归还借款时瑞士法郎和日元汇率的可能变化情况如表 5 - 3 所示，瑞士法郎和日元的汇率变动相对独立。计算三种借款方案实际融资利率的期望值，并说明采用何种方案融资好。

表 5 - 3　　瑞士法郎和日元汇率的可能变化情况

币种	贷款期内即期汇率的可能变化	即期汇率变化的概率
瑞士法郎	1%	30%
	3%	50%
	9%	20%
合计		100%
日元	−1%	35%
	3%	40%
	7%	25%
合计		100%

(1) 计算各种情况下外币的实际融资利率，见表 5 - 4。

表 5 - 4

币种	贷款期内即期汇率的可能变化	即期汇率变化的概率	实际融资利率
瑞士法郎	1%	30%	(1+8%)(1+1%)−1=9.08%
	3%	50%	11.24%
	9%	20%	17.72%
合计		100%	
日元	−1%	35%	(1+9%)(1−1%)−1=7.91%
	3%	40%	12.27%
	7%	25%	16.63%
合计		100%	

(2) 计算各种借款方案实际融资利率的期望值。

$$\begin{aligned}\text{瑞士法郎融资实际利率的期望值} &= 0.3\times 9.08\% + 0.5\times 11.24\% + 0.2\times 17.72\% \\ &= 11.888\%\end{aligned}$$

$$\begin{aligned}\text{日元融资实际利率的期望值} &= 0.35\times 7.91\% + 0.4\times 12.27\% + 0.25\times 16.63\% \\ &= 11.834\%\end{aligned}$$

$$\begin{aligned}\text{组合融资实际利率的期望值} &= 0.5\times 11.888\% + 0.5\times 11.834\% \\ &= 11.861\%\end{aligned}$$

(3) 计算各种情况下利用组合融资的实际融资利率的概率分布情况，见表5-5。

表5-5

可能的融资利率组合		综合概率	组合融资的实际融资利率
瑞士法郎	日元		
9.08%	7.91%	30%×35%=10.5%	0.5×9.08%+0.5×7.91%=8.495%
9.08%	12.27%	30%×40%=12.0%	10.675%
9.08%	16.63%	30%×25%=7.5%	12.855%
11.24%	7.91%	50%×35%=17.5%	9.575%
11.24%	12.27%	50%×40%=20.0%	11.755%
11.24%	16.63%	50%×25%=12.5%	13.935%
17.72%	7.91%	20%×35%=7.0%	12.815%
17.72%	12.27%	20%×40%=8.0%	14.995%
17.72%	16.63%	20%×25%=5.0%	17.175%
		100%	

组合融资的实际融资利率的概率分布情况如图5-2所示。

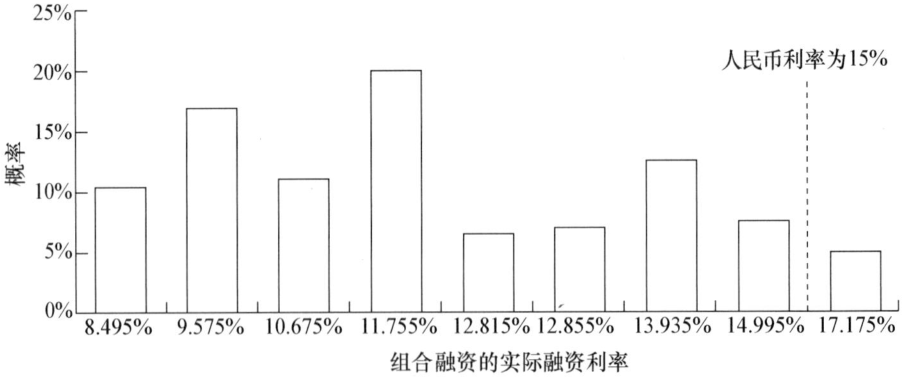

图5-2　组合融资实际融资利率的概率分布情况

由图5-2可知，当借入两种外币时，这种组合的实际融资利率高于国内利率的唯一条件是：这两种货币都经历最大可能的升值，即瑞士法郎升值9%，日元升值7%。这两种货币同时升值的概率为5%（20%×25%）。因此，利用两种外币组合融资的实际融资利率低于国内融资的实际融资利率的概率为 95%。

从整体来比较，瑞士法郎融资实际利率的期望值为 11.888%，日元为 11.834%，组合融资为 11.861%，因此，组合融资的实际融资利率与单独使用一种外币融资的实际利率非常接近，但在组合融资中，其实际利率高于国内实际利率的概率为 5%，远远低于瑞士法郎 20%和日元 25%的概率。

从上例可以看出，在一定情况下，利用外币组合融资不仅能以低于本国的实际利率借款，还能降低汇率风险。

5.3.6 短期外币融资汇率风险及其规避

如前所述，当短期外币融资的实际利率低于本币融资时，国际企业可以通过外币融资来降低融资成本。但如果国际企业进行外币融资时，没有利用远期合约进行套期保值，则面临汇率风险，即利用外币融资时，外币融资的实际利率受到未来汇率变动的影响。如果还款时本币和外币的汇率与借款时相比发生变化，外币融资的实际利率也会发生变化，因此利用外币融资存在汇率风险。

规避短期外币融资汇率风险的方法包括以下三种：

1. 利用外币应收账款头寸抵消外币借款的本息

如果国际企业未来有某种外币的应收账款，则国际企业可以利用外币融资，到期时用收回的外部应收账款偿还银行外币借款的本息。

2. 利用远期合约规避风险

如果国际企业未来没有某种外币的应收账款，则国际企业利用外币融资存在汇率风险。此时，可以签订外币的远期合约，锁定将来偿还外币本金和利息时需要的本币金额，从而规避外汇风险。

3. 利用多种货币组合融资

除上述两种规避外币融资风险的方法外，国际企业也可以运用多种外币组合融资来降低过度的汇率风险，同时可以降低融资成本。

5.4 国际长期融资决策

5.4.1 国际长期融资方式

国际企业通常用长期资金为长期项目融资。与筹集短期资金类似，国际企业既可以在本国用本币筹集长期资金，也可以在国际金融市场上用外币筹集长期资金。一般来说，国际企业的长期融资方式主要包括国际信贷融资、国际债券融资和国际股票融资。

1. **国际信贷融资**

国际信贷融资是指国际企业向国际金融机构或其他国际经济组织借入长期资金的一种筹资形式。国际信贷融资的主要渠道有世界银行、亚洲开发银行及国际性商业银行等。

2. **国际债券融资**

国际债券融资是指国际企业通过国际金融市场发行债券来筹集长期资金。

3. **国际股票融资**

国际股票融资是指国际企业通过在国际金融市场上发行股票来筹集长期资金。

5.4.2 国际长期融资决策

1. **国际信贷融资时实际利率的确定**

利用国际信贷融资时，融资的实际年利率由每年的利息率、筹资费用率和汇率变化等因素决定。一般可用式（5.3）计算。

$$L_0(1-f)h_0=\sum_{t=1}^{n}\frac{I_t h_t}{(1+r_l)^t}+\frac{L_0 h_0}{(1+r_l)^n} \tag{5.3}$$

式中，L_0为借款本金（外币）；f为筹资费用率；h_0为借款时的即期汇率；n为借款年限；I_t为第t年的利息（外币）；h_t为第t年的即期汇率；r_l为外币借款的实际年利率。

[例5-8]

我国某公司拟借入1 000万美元借款。美元的借款年利率为8%，筹资费用率为2%，期限为3年。公司每年末支付利息，最后一年年末偿还本金。借款时的即期汇率为1美元=8元人民币；预计第一年末即期汇率为1美元=8.1元人民币，第二年末即期汇率为1美元=8.2元人民币，第三年末即期汇率为1美元=8.3元人民币。计算公司美元借款的实际年融资利率（考虑货币的时间价值）。

公司各年支付的利息和本金如表5-6所示。

表5-6

融资方法	年末的支付额		
	1	2	3
美元借款利率8%	80万美元	80万美元	1 080万美元
预计汇率	8.1元人民币	8.2元人民币	8.3元人民币
需要的人民币	648万元	656万元	8 964万元

设美元融资的实际年融资利率为 r_l，则

$$1\,000\times(1-2\%)\times8=\frac{648}{(1+r_l)}+\frac{656}{(1+r_l)^2}+\frac{8\,964}{(1+r_l)^3}$$

解得　　$r_l=10.132\,5\%$

2. 国际债券融资时实际利率的确定

就像不同币种的短期银行借款会有不同的利率一样，长期债券收益率在不同币种之间也不相同。对国际企业而言，长期债券的收益率就是企业发行债券所需承担的实际融资利率。图 5－3 列示了不同国家的长期债券收益率。

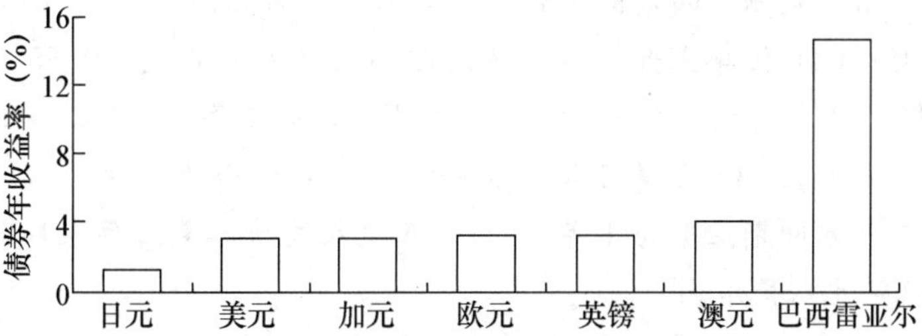

图 5－3　各国长期债券收益率

资料来源：杰夫·马杜拉．国际财务管理．张俊瑞，等译．北京：北京大学出版社，2014.

从图 5－3 中可以看出，在任何时点，不同币种的长期债券收益率都存在巨大差异。当然，图 5－3 所示的债券收益率并没有考虑汇率波动的影响。也就是说，图中所示的收益率反映了公司在本国发行以本币计价的债券所支付的融资利率。

总的来看，因为以外币标价的长期债券收益率有时比本国债券的收益率低，为了获取低成本的长期资本，国际企业常常会在债券收益率较低的国家发行以这些国家货币标价的债券。但国际企业发行以外币标价的债券，必须用外币来支付本金和利息，实际融资利率会受到融资期内汇率变动的影响，所以并不能保证外币标价的债券一定比本币标价的债券实际融资利率低。因此，国际企业在决定是否发行以外币标价的长期债券时，需要确定以外币计价发行的债券的实际融资利率。为此，国际企业必须预测如下数据：（1）所需筹集资金的数额和期限；（2）债券的票面利率和发行价格；（3）还款期内债券标价货币与本币之间汇率的变动情况。

利用国际债券融资时，融资的实际利率由发行价格、债券面值、债券的年利率、筹资费用率和汇率变化等因素决定。一般可用式（5.4）计算。

$$P_t(1-f)h_0=\sum_{t=1}^{n}\frac{I_t\,h_t}{(1+r_b)^t}+\frac{P_0\,h_0}{(1+r_b)^n}\qquad(5.4)$$

式中，P_t为债券发行价格（外币）；f为筹资费用率；h_0为借款时的即期汇率；n为债券期限；I_t为第t年的利息（外币）；h_t为第t年偿还本金和利息时的即期汇率；P_0为债券面值（外币）；r_b为债券融资的实际利率。

[例5-9]

中国一家国际企业在经营中需要3年期1 000 000元人民币。该公司认为当票面利率为14%时，可以按面值出售以本币标价的债券。公司也可以选择用港元为债券标价，并在国际资本市场出售，这种情况下它需要把借来的港元兑换成人民币使用。然后，它需要用港元支付利息和本金。该公司相信票面利率为10%时，可以按面值出售以港元标价的债券。假定港元目前的即期汇率为1港元=0.5元人民币。不考虑筹资费用，计算以下三种情形下用港元融资的实际年利率（考虑货币的时间价值）。(1) 借款期内汇率不变；(2) 汇率上升，第一年末即期汇率为1港元=0.55元人民币，第二年末即期汇率为1港元=0.6元人民币，第三年末即期汇率为1港元=0.65元人民币；(3) 汇率下降，第一年末即期汇率为1港元=0.48元人民币，第二年末即期汇率为1港元=0.46元人民币，第三年末即期汇率为1港元=0.4元人民币。

(1) 借款期内汇率不变。如果以港元标价，需要发行的债券面值为2 000 000港元（1 000 000÷0.5）。每年末公司需要用本币兑换港元以偿还债券的本金和利息，所需的人民币如表5-7所示。

表5-7

融资方法	年末的支付额		
	1	2	3
港元标价的债券（票面利率10%）	200 000港元	200 000港元	2 200 000港元
预计汇率	0.50元人民币	0.50元人民币	0.50元人民币
需要的人民币	100 000元	100 000元	1 100 000元

设港元融资的实际融资利率为r_b，则

$$1\,000\,000=\frac{100\,000}{(1+r_b)}+\frac{100\,000}{(1+r_b)^2}+\frac{1\,100\,000}{(1+r_b)^3}$$

$$r_b=10\%$$

(2) 汇率上升。每年末公司需要用本币兑换港元以偿还债券的本金和利息，所需的人民币如表5-8所示。

表5-8

融资方法	年末的支付额		
	1	2	3
港元标价的债券（票面利率10%）	200 000港元	200 000港元	2 200 000港元
预计汇率	0.55元人民币	0.60元人民币	0.65元人民币
需要的人民币	110 000元	120 000元	1 430 000元

设港元融资的实际融资利率为 r_b，则

$$1\,000\,000=\frac{110\,000}{(1+r_b)}+\frac{120\,000}{(1+r_b)^2}+\frac{1\,430\,000}{(1+r_b)^3}$$

$$r_b=20\%$$

（3）汇率下降。每年末公司需要用本币兑换港元以偿还债券的本金和利息，所需的人民币如表5-9所示。

表5-9

融资方法	年末的支付额		
	1	2	3
港元标价的债券（票面利率10%）	200 000港元	200 000港元	2 200 000港元
预计汇率	0.48元人民币	0.46元人民币	0.40元人民币
需要的人民币	96 000元	92 000元	880 000元

设港元融资的实际融资利率为 r_b，则

$$1\,000\,000=\frac{96\,000}{(1+r_b)}+\frac{92\,000}{(1+r_b)^2}+\frac{880\,000}{(1+r_b)^3}$$

$$r_b=2\%$$

由上例可以看出，发行以外币标价的长期债券，实际融资利率受票面利率和还款期内外币汇率变化的影响。如果外币是疲软货币，实际融资利率低于票面利率；如果外币是强势货币，实际融资利率高于票面利率。

5.4.3 外币债务融资的汇率风险及其规避

不管国际企业利用外币银行借款筹集长期资金，还是发行外币标价的长期债券融资，由于还款期内外币汇率的不确定性，实际融资利率也具有不确定性，因而存在融资风险。外币债务融资的汇率风险可以通过以下方式规避。

1. 抵消性现金流入

如果国际企业未来有某种外币收入，就可以用来抵消与外币债权融资相关的现金支出。这样，它就可以用外币融资，不仅可以支付较低的融资利率，而且不承受汇率风险。许多国际企业如可口可乐公司以其可以获得收入的外币作为发行债券或借入银行借款的货币。百事公司发行意大利里拉和瑞士法郎债券，用对外经营中的同种货币收入来支付利息和本金。当然，一个国际企业不可能把以外币标价债务的外币流入和流出的时间和金额配合得十分完美，因此就会存在汇率波动的风险。

2. 远期合约

当以某种外币标价的债券比以该公司母国货币支付的利率低时，公司可能会发行以该种外币标价的债券，同时通过远期市场对汇率风险套期保值。因为远期市场有时可以满足5年甚至更长时间的需求，这种方法就变得切实可行。该公司可以安排在需要偿还本金和利息时按远期合约兑换所需的外币。然而，在各种情况下远期汇率都有可能超过即期汇率。对这些未来的支出进行套期保值，可能使发行外币债券并不比发行以本币标价债券所需要支付的金额少。这里暗含的关系类似于前面讨论的利率平价情况。

3. 用多种外币长期融资

在某些情况下，对国际企业来说，最恰当的选择可能并不是某种单一货币的债券，而是多种货币的组合。因为有时长期债券的存续期太长，国际企业无法确定外币未来汇率的变动情况，不能确定选择以哪一种货币发行债券是安全的，而多样化的组合会减少债券发行人的风险。为了说明，假设一家中国国际企业计划发行债券并考虑四种方案：（1）发行以人民币标价的债券；（2）发行以日元标价的债券；（3）发行以瑞士法郎标价的债券；（4）发行部分以日元标价的债券，部分以瑞士法郎标价的债券。假定该国际企业没有日元或瑞士法郎的未来净现金流入，也假定人民币标价债券的票面利率为14%，而以日元和瑞士法郎标价债券的票面利率为8%，并预计所有这些债券都以面值平价发售。在这一示例中，以人民币标价债券的票面利率和以外币标价债券的票面利率有巨大差异。如果还款期内瑞士法郎对人民币升值，发行以瑞士法郎标价债券的实际融资利率会比发行人民币债券的融资利率高；如果还款期内日元对人民币升值，发行以日元标价债券的实际融资利率也会比发行人民币债券的融资利率高。如果瑞士法郎和日元对人民币的汇率呈反方向变化，那么两种债券不会同时都比人民币标价债券的融资利率高。因此，采取第四种方案融资比第一种方案融资的实际融资利率低。尽管不能保证瑞士法郎和日元汇率一定会反方向变化，但只要两种外币汇率变动不是高度正相关，那么两种外币同时升值的幅度足以抵消低票面利率优势的可能性并不大。因此，在某些情况下，用多种外币标价的债券融资，可以使外币融资的实际利率低于只用本国货币融资的利率。

4. 货币掉期

货币掉期可以使债券的发行公司定期交换货币。假定一家中国公司米勒希望发行以欧元标价的债券，因为该公司可以用它目前经营业务中创造的欧元收入来支付欧元债券的本息。考虑到购买以欧元标价债券的投资者并不很了解该公司，再假定一家德国公司贝克希望发行以人民币标价的债券，因为它的大部分收入都是人民币。想购买人民币标价债券的投资者也不太了解该公司。如果米勒公司在人民币标价的债券市场上有一定的知名度，而贝克公司在欧洲标价的债券市场又为人所知，那么如下交易就是可行的，即米勒公司可以向贝克公司支付欧元，而贝克公司向米勒公司支付人民币来换取欧元。货币掉期可以使两家公司向它们各自的债券投资者支付外币本息而不需要考虑汇率风险。货币掉期如图 5-4 所示。

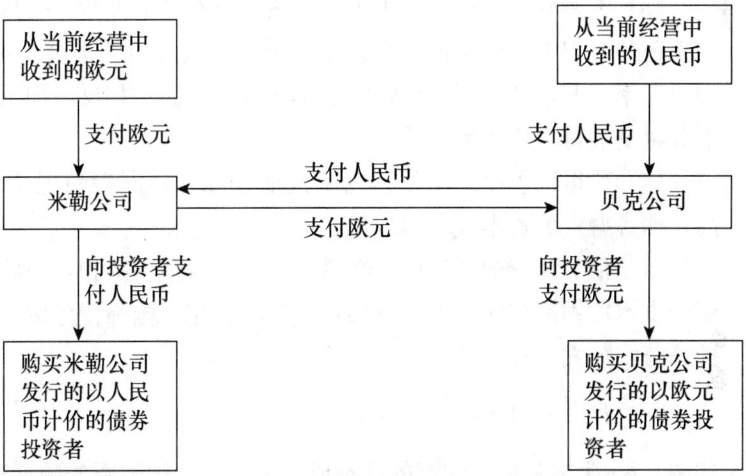

图 5-4　货币掉期图示

5.5　国际资本成本

5.5.1　国际资本成本的估算

企业不论从何种渠道以何种方式筹集资金都要付出一定的代价，国际资本成本就是国际企业取得和使用资金而支付的各种费用，包括筹资费用和用资费用。筹资费用是指在资金筹集过程中发生的各种费用，如委托金融机构代理发行股票、债券的注册费和代办费，向银行借款支付的手续费等。用资费用主要包括因使用投资者的资金而向投资者支付的报酬，如股息、利息等。投资风险越大，用资费用越高。

国际企业长期资金的来源渠道更为复杂，既可以用本币筹集资金，也可以用外币筹集资金。当国际企业的融资范围由一国扩大到国际范围时，资本成本的估算也更为复杂。为了便于不同国际融资方式资本成本的比较，资本成本通常以相对数即资本成本率来表示。

1. 国际债务融资的资本成本率

企业利用国际债务融资时，资本成本率的高低受以下因素影响：

（1）利息率高低。这是影响国际债务融资成本率高低的基本因素。

（2）费用率高低。我国银行外汇借款中的现汇贷款一般只向企业收取利息，不另收费用。而转贷贷款（如买方信贷、政府贷款、混合贷款、国际金融机构贷款等）和国际银团贷款等，按提供贷款的国外银行规定，除向企业收取利息以外，还收取管理费、承担费、保费、手续费等。费用项目越多，费用率越高，资本成本率越高。

（3）汇率变化。这是外币债务融资的特有影响因素，是指外币借款从借入到偿还的过程中，由于汇率变化使得折合为人民币的本金及利息增多或减少。如果汇率上升，外币债务融资的资本成本率升高；相反，如果汇率降低，外币债务融资的资本成本率降低。

（4）所得税税率。债务利息于税前扣除，在同等情况下，所得税税率越高，债务融资的资本成本率越低。

由于债务融资的利息可以在缴纳公司所得税前抵扣，因此估算国际债务融资的资本成本率应该考虑债务融资的抵税作用。国际债务融资的资本成本率的计算公式如式（5.5）所示。

$$K_b = r_b(1-t) \tag{5.5}$$

式中，K_b 为国际债务融资的资本成本率；r_b 为国际债务融资的实际融资利率；t 为国际企业的所得税税率。

[例 5-10]

假设某中国公司需要筹措资金用于下一年度的经营，拟向美国某商业银行借入为期 3 年的 1 000 万美元的贷款，挂牌年利率为 8%，每年年末支付利息，最后一年归还本金。假设借款取得时美元对人民币的即期汇率为 1 美元＝6.8 元人民币，1 年后的即期汇率为 1 美元＝6.85 元人民币，2 年后的即期汇率为 1 美元＝6.87 元人民币，3 年后的即期汇率为 1 美元＝6.89 元人民币。假设该公司所得税税率为 25%，请计算该笔借款的实际融资利率和资本成本率（考虑货币的时间价值）。

1 000 万美元折合人民币的金额为 6 800 万元（1 000×6.8），相当于借入的本金金额为 6 800 万元人民币。

未来 3 年偿还贷款本息需要的人民币如表 5-10 所示。

表 5-10

融资方法	年末的支付额		
	1	2	3
美元贷款（挂牌利率 8%）	80 万美元	80 万美元	1 080 万美元
预计汇率	6.85 元人民币	6.87 元人民币	6.89 元人民币
需要的人民币	548 万元	549.6 万元	7 441.2 万元

考虑货币的时间价值，则债券收益率 r_b 就是实际融资利率。计算过程如下：

$$6\,800=\frac{548}{(1+r_b)}+\frac{549.6}{(1+r_b)^2}+\frac{7\,441.2}{(1+r_b)^3}$$

$$r_b=8\%$$

$$\begin{aligned}K_b&=r_b(1-t)\\&=8\%\times(1-25\%)\\&=6\%\end{aligned}$$

需要说明的是，上例是在还款后计算借款的实际利率和资本成本率，但在大部分融资决策中，未来即期汇率是无法实际确定的，只能进行预测，因而存在汇率风险。为了规避汇率风险，国际企业同样可以预先签订远期合约，锁定每年末归还的本息和利息的本币金额。

2. 国际权益融资的资本成本率

公司在境外发行股票的资本成本率的测算方法与在境内发行本币股票基本相同，不同的是要将发行外币股票所收入的外汇按发行时的汇率折算为本币。

（1）资本资产定价模型。估算国际权益融资的资本成本率，最常用的方法是资本资产定价模型。资本资产定价模型可以用式（5.6）来表示。

$$K_e=R_f+\beta(R_m-R_f) \tag{5.6}$$

式中，K_e 为国际股权融资的资本成本率；R_f 为股票发行国的无风险利率，可用发行国短期国债的票面利率来衡量；R_m 为股票发行国证券市场的收益率；β 为股票发行公司的市场风险。

[例 5-11]

假定中国某公司拟在美国发行股票。该公司股票的贝塔系数为 0.8，美国短期国债的票面利率为 6%，美国证券市场的收益率为 12%。计算该公司在美国发行股票的资本成本率。

$$K_e=R_f+\beta(R_m-R_f)=6\%+0.8\times(12\%-6\%)=10.8\%$$

（2）股利模型。国际权益融资的资本成本率也可以用股利模型测算。

1）如果预期每年股利固定，可按式（5.7）计算。

$$K_e=\frac{D}{P_0(1-f)h_0} \tag{5.7}$$

式中，K_e为国际股权融资的资本成本率；D为第1年发放的股利（本币）；P_0为股票发行价格（外币）；f为筹资费用率；h_0为股票发行时的即期汇率。

2）如果预期每年股利固定增长，增长率为g，可按式（5.8）计算。

$$K_e=\frac{D}{P_0(1-f)h_0}+g \tag{5.8}$$

式中，K_e为国际股权融资的资本成本率；D为第一年发放的股利（本币）；P_0为股票发行价格（外币）；f为筹资费用率；h_0为股票发行时的即期汇率；g为股利年增长率。

[例5-12]

中国某公司于20×7年6月在纽约股票市场发行普通股股票，每股发行价格为16美元，共发行500万股，总计金额为8 000万美元。发行和上市费用为480万美元，发行时即期汇率为1美元=6.8元人民币。公司预计第1年每股发放股利15.36元人民币，以后每年股利递增6%。计算公司国际股票融资的资本成本率。

$$K_e=\frac{D}{P_0(1-f)h_0}+g=\frac{15.36}{16\times(1-480\div8\,000)\times6.8}+6\%=21.02\%$$

3. 综合资本成本率

国际企业可以利用不同的融资方式筹集资金，在不同融资方式下，资本成本率各不相同。因此，进行正确的国际筹资和投资决策，就需要计算全部资金来源的综合资本成本。某种资金来源的资本成本率对综合资本成本率的影响程度，取决于该种资金来源占全部资金来源的比重。因为计算时采用加权平均的方法，故也称加权平均资本成本率。其计算公式如式（5.9）所示。

$$K_w=\sum_{i=1}^{n}K_i\times W_i \tag{5.9}$$

式中，K_w为加权平均资本成本率；K_i为第i种资金来源的资本成本率；W_i为第i种资金来源占全部资金来源的比重。

5.5.2 各国资本成本的比较

从理论上分析，不论是国际股权资本，还是国际债务资本，其国际资本成本都由两部分构成：一是无风险利率；二是投资者根据投资的风险状况收取的风险溢价。由于国际金融市场的不完全性，各个国家和地区的资本成本并不相同。理解各国资本成本为何不同非常重要，主要有三个原因。第一，它能解释为什么有些国家的跨国公司比其他国家的跨国公司更具有优势。就像各国之间存在技术、资源的差异一样，资本成本在各国也有差异。有些国家的跨国公司因为资本成本较低会有更多的净现值为正的项目可以投资，更容易增加其世界市场份额。在资本成本高的国家经营的跨国公司，可能被迫放弃那些只有在低资本成本国家经营才可行的项目。第二，跨国公司可以调整其国际经营业务和资金筹措来源，以利用各国间资本成本的不同而获利。第三，理解债务和权益资本成本的差异，可以解释为什么一些国家的跨国公司比另一些国家的跨国公司更愿意采用高负债的资本结构。接下来先说明债务成本的国家差异，接着解释权益成本的国家差异，最后介绍国际企业特征对资本成本的影响。

1. 债务成本的国家差异

一个国家债务成本的高低，主要由债务资本提供国的无风险利率和本国债权人所要求的风险溢价决定。不同国家的无风险利率、债权人要求的风险溢价不同，因而每个国家的债务资本成本不同。具体来说，以下因素决定了债务成本的国家差异。

(1) 无风险利率的国家差异。无风险利率主要由资金的供求关系决定，任何影响资金供求的因素都会影响无风险利率，这些因素包括税法、人口状况、货币政策和经济状况等。一些国家的税法比另一些国家采取更多鼓励储蓄的政策，这就直接影响储蓄资金的供给，因而影响利率。同样，一个国家的人口状况影响储蓄资金的供应及所需要的可贷资金数量。各个国家的人口状况不同，资金的供求状况就不同，相应地，无风险利率也会存在差异。每个国家都有各自的货币政策，甚至在不同的发展阶段会采用不同的货币政策，而货币政策出台的目的正是通过对资金供求的影响来调控宏观经济运行，因而会直接影响利率。一般来说，采取宽松货币政策的国家可能会有较低的利率，当然这需要排除该国通货膨胀的影响。与此相类似，经济状况也会影响利率，其道理是显而易见的。既然如此，不同国家经济状况的差异就会造成各国利率的不同，经济欠发达的国家比西方发达国家的债务成本要高得多，这主要是由于经济状况不同，高通货膨胀预期使得债权人要求有较高的无风险利率。网址 http://www.worldbank.org 提供了各个国家债务无风险利率的信息。

(2) 风险溢价的国家差异。对债权人来说，其对债务人的债权属于风险资产，资金一经借出，就要面临各种各样的风险，如违约风险、汇率风险等，因而债权人会在无风险利率的基础上附加额外的风险溢价，以弥补所承担的风险。各国经济状况、公司与债权人的关系、政府干预及财务杠杆的利用程度不同，这种风险溢价在各国也不尽相同。一个国家的经济状况越稳定，经济衰退的风险就越小，公司不能偿还债务的违约风险也就越小，相应地风险溢价也会低一些。由于各国发展方式的差别，各个国家的公司与债权人关系的密切程度也各不相同。比如在日本，债权人通常会向陷入困境的公司继续发放贷款，这样就降低了公司的流动性风险，日本公司的破产风险也就较小。一些国家政府更愿意参与挽救濒临破产的企业，比如在我国，政府一方面是社会管理者，另一方面也是占国民经济主导地位的国有企业的所有者，因此政府挽救一些困难企业符合政府的最大利益；而在美国，政府对企业的挽救并不被公众接受，因为纳税人不愿意承担公司管理不当的成本，因此特定债务水平的风险溢价在美国要比在其他国家更高。一些国家的公司具有更强的借贷能力，这是因为该国债权人愿意承受更大的财务杠杆风险。例如，日本和德国公司的财务杠杆要比其他国家高得多，如果其他因素相同，高财务杠杆的公司不得不支付更高的风险溢价。网址 http://www.morganstanley.com/views/gef/index.html 提供了相关统计和预测信息。

图 5-5 列示了美国、英国、日本和加拿大四个国家 1989—2009 年税前债务成本（用公司债券收益率测度）的变动情况。从整体来看，债务成本呈逐年下降的趋势，同时，各个国家的债务成本表现出较大的差异，特别是银行在金融体系中占主导地位的日本，其债务成本明显低于其他国家。

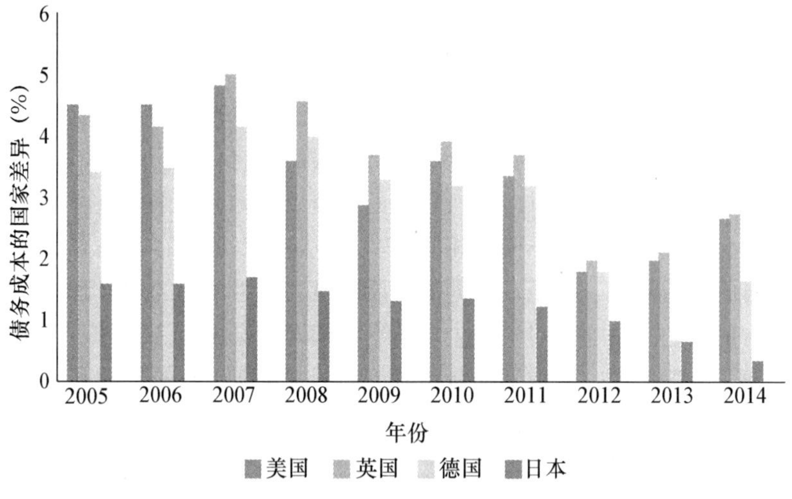

图 5-5 债务成本的国家差异

资料来源：利用 http://www.yahoo.financial.com 的相关数据计算后绘制.

Bloomberg 网站提供了许多国家和各种期限的最新利率数据。它的网址是 http://www.bloomberg.com。读者可以利用这些信息，自行估算不同国家债券的税前债务成本。

2. 权益成本的国家差异

从性质上说，权益成本实质上是一种机会成本，它反映投资者对投资回报的要求。如果投资者拥有很多投资机会，并且这些投资机会都有很高的投资收益率，公司要从这些投资者手中融资，其提供的投资回报率就不能低于投资者拥有的投资机会的投资回报率。也就是说，权益成本实质上是由投资者所掌握的投资机会决定的。此外，权益成本还受所在市场的发达程度以及对投资者的法律保护程度等多种因素的影响。

表 5 - 11 为 14 个国家（地区）2005—2014 年平均权益成本的情况。从表中数据可以看出，瑞士的权益成本最低，仅为 3.24%，而墨西哥的权益成本高达 12.78%。各个国家（地区）的权益成本表现出较大的差异。

表 5 - 11　　各国的平均权益成本

国家（地区）	平均权益成本	国家（地区）	平均权益成本
澳大利亚	3.48%	墨西哥	12.78%
加拿大	4.97%	新加坡	7.39%
德国	11.90%	苏丹	8.38%
中国香港	8.74%	瑞士	3.24%
日本	8.05%	中国台湾	8.99%
韩国	7.02%	英国	4.15%
马来西亚	9.08%	美国	6.29%

资料来源：利用 http://www.yahoo.financial.com 的相关数据计算得到.

3. 国际企业特征对资本成本的影响

国际企业与国内企业具有不同的特征，资本成本也有所不同。

(1) 企业规模。国际企业一般具有较大的企业规模，可以从贷款方获得有优惠条款的贷款，从而降低资本成本。此外，国际企业的债券和股票发行量相对较大，可以降低发行费用。因此，国际化经营使国际企业比国内企业更容易筹集到优惠的贷款。

(2) 可进入国际资本市场。国际企业通常能够通过国际资本市场获得所需资金。由于不同市场之间的资本成本不同，因此国际企业进入国际资本市场可以筹集到低于国内企业筹集成本的资金。此外，如果东道国的利率较低，子公司还可以为母公司在当地筹集低成本的资金。

(3) 国际多元化。公司的资本成本受破产发生概率的影响，如果公司的现金流入来源于世界各地，那么，由于各地经济不是显著正相关，这种现金流入比来自一个国家或地区的现金流入更稳定，因此，国际多元化经营或投资降低了破产的风险，也降低了资本成本。

(4) 汇率风险。如果受到高汇率风险的影响，一家国际企业的现金流量可能比国内同行业公司有更大的变化。如果国外子公司的收益汇回母公司，这些收益可能因为东道国货币贬值而兑换更少的本币。这样，国际企业支付借款利息和本金的能力就会下降，破产风险也更高。另外，受汇率波动影响更大的公司通常在未来各期有更大、更分散的现金流入变化。这会迫使股东和债权人要求更高的收益率，从而增加国际企业的资本成本。

（5）国家风险。拥有国外子公司的国际企业，可能会遇到东道国政府接管其子公司资产的风险。有许多因素会导致这种事情发生，包括东道国政府的态度和该子公司所处的行业。如果子公司资产被征收且得到公平补偿，该国际企业破产的概率就增加了。在其他因素不变的情况下，一家国际企业投资于国外的资产份额越高，且东道国的国家风险越大，该国际企业破产的概率也越高，从而会导致国际企业资本成本上升。

5.6 国际资本结构

5.6.1 资本结构简要回顾

资本结构是指企业各种资本的构成及其比例关系。广义的资本结构是指全部资金的来源构成，不但包括长期资本，而且包括短期债务资本。狭义的资本结构是指长期资本（长期债务资本与权益资本）的构成及其比例关系，而将短期债务资本列入营运资本进行管理。本书采用狭义的资本结构概念。

债务资本与权益资本相比，其优点是利息费用可抵减税收。然而，负债越高，利息费用越多，公司无力偿债的可能性越大。结果是，潜在的新股东或债权人所要求的收益率会相应增加，以抵减企业更大的破产风险。图5－6列示了负债优势（利息费用抵减税收）和劣势（增大破产风险）的权衡。

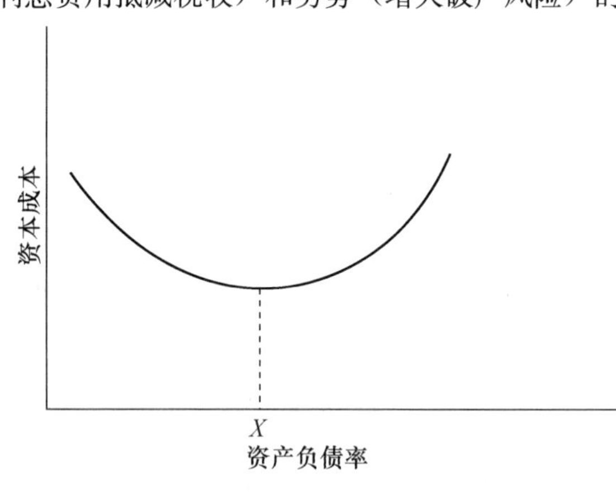

图5－6 最佳资本结构

如图5－6所示，当资产负债率很低时，企业不用担心破产，因为企业可以偿还到期债务。此时，债务的利息抵税效应高于债务资本的缺点（潜在的破产风险）。然而越过某个临界点后，即当企业的资产负债率足够高时，债权人和股东非常担心企业的潜在破产风险。大量负债导致企业面临更高的还款额，增大了企业破产的可能性。在更高的债务水平上，更高的信用风险导致债务资本成本增加。另外，因更高的破产风险，股东要求的权益成本也会提高。结果是，当资产负债率超过横轴上的 X 点时，增加负债的同时，资本成本也会增加。在 X 点的资本成本最小，可以从债务利息抵税中获利，过高的负债水平的利息抵税收益将小于企业的破产风险。

上述资本结构理论揭示了企业运用财务杠杆后，负债、资本成本和企业价值之间的关系，指出企业都有一个最优资本结构。虽然我们无法精确测定企业的最优资本结构，但可以估计一个范围，在此范围内企业价值最大、资本成本最低，这称为最佳资本结构。最佳资本结构与影响企业筹资的多种因素有关，并随筹资条件的变化而变化。企业一旦经过分析预测建立起最佳资本结构，企业的筹资决策就应与此目标一致，使企业资本结构保持在此范围内。

5.6.2　影响国际企业资本结构的因素

国际企业资本结构是指母公司和所有子公司全部负债和全部权益的比例关系，即国际企业整体资本结构。国际企业资本结构受国际企业特征、东道国国家特征两个因素的影响。

1. 国际企业特征对资本结构的影响

国际企业本身的特征会影响其资本结构的选择，主要表现为以下几个方面：

(1) 财务风险和经营风险。财务风险会降低普通股的每股收益，严重的会导致企业破产。经营杠杆大的企业收入变化大，又进一步影响负债企业的总风险。因此，经营杠杆大且销售不稳定的国际企业要适当降低负债比例，以免在综合杠杆的作用下导致总风险增大。

(2) 资本的可获得性。在资本市场发育较完善、资本流动性强的条件下，企业的边际资本成本曲线相对平缓。企业可以用较低的成本获得数额较大的资本。由于资本成本低，企业可相应地增加负债。企业获取资本能力的高低最终取决于资本市场的供需。大型企业集团可在国际资本市场上筹资，获取资本的能力强，其边际资本成本在相当大的资本预算范围内是常数，故负债比率可增大。中小型企业资本获取能力较弱，筹资成本相对较高，负债比率不能过大。

(3) 企业借债储备能力。当企业需要大量筹资而新项目的前景又未被投资者意识到时，企业发行股票筹资的成本较高，因而一般先发行债券或可转换债券。

(4) 企业的长期经营。企业经营的长期性和稳定性对社会、企业所有者和经营者都至关重要。大型企业和对国计民生影响较大的基础工业和服务行业有必要维持连续不断的供给和提供长期稳定的服务。为此，企业的负债量应以不影响企业的长期稳定经营为前提，避免出现财务危机。

(5) 企业增长速度。增长率较高的企业因发展速度快、资金需求量大，只靠企业的留存收益用于再投资远远不能满足需要，而普通股的发行成本又高于债券的发行成本，因此高速增长的企业倾向于较多地使用债务融资方式。

（6）企业资产的性质。总资产中固定资产所占比重大，而且可用于抵押的资产较多的企业（如房地产企业、通用设备较多的企业），一般举债额较大。

（7）企业所得税税率。所得税税率高的企业，负债的减税效应显著，举债筹资能给企业带来较大的利益，因此税率高促使国际企业借债。

2. 东道国国家特征对资本结构的影响

每个国家的经济、政治状况不同，会影响国际企业对债务和权益融资的选择，从而影响公司的资本结构。东道国国家特征对国际企业资本结构的影响如下：

（1）东道国对股票投资的限制。投资者在一些国家投资当地的股票会受到当地政府的限制，虽然一些国家允许投资者投资，但是，投资者可获得的上市公司的信息却是不完全的，这就意味着存在跨国投资的障碍。此外，潜在的汇率风险和税收效应可能不鼓励投资者进行海外股票投资。这些将使投资者只有较少的机会在世界范围内进行股票投资，即使跨国公司在该国经营，也可能很难以相对较低的成本筹集到所需的权益资本。

（2）东道国的利率。伴随着潜在的汇率、税收和国家风险的不利影响，各国政府对资金流动都设置了不同的障碍，然而贷款资金并不总是从一个地方流向所需要的地方，因此，贷款资金的价格（利率）可能会因国家不同而不同。跨国公司在一些国家可能会获得较低成本的贷款，而在另一些国家只能获得较高成本的贷款，结果，跨国公司的债务可能依赖于所在国的债务成本。

（3）东道国货币的坚挺程度。如果跨国公司在国外使用的是软货币，则公司可能筹集大量的当地软币，而不用母公司的资金，这样，由于支付利息，子公司返回母公司的利润下降，就减少了跨国公司的汇率风险。

（4）东道国的国家风险。如果跨国公司面临较大的国家风险，则公司应使用更多的当地债务资金。比如，如果东道国冻结资金，公司就可以将冻结的资金用于还贷，减少跨国公司的整体经营风险。

（5）东道国的税收。当国外子公司将其收益返回母公司时，会面临东道国收取预提税的问题。通过使用当地贷款而不依赖母公司融资，可以减少返回母公司的资金，从而降低预提税的支出。如果子公司所在国的公司税率高，使用当地债务融资可以获得税收上的好处。

5.6.3 国外子公司的资本结构

1. 国外子公司的资本来源

国际企业依靠资本投入来进行扩张活动，其中最重要的方式就是成立国外子公司。国际企业国外子公司的资本来源包括：

（1）来自母公司的资本。母公司可以通过两种形式为国外子公司注入资本。一是权益资本。如果国际企业决定建立国外子公司，母公司必须向子公司投入权益资本，以控制子公司。子公司利用母公司投入的资金在东道国开展经营活动。经营一段时间后，子公司可以将利润作为母公司的权益投资回报汇回母公司，也可以将利润以留存收益的形式留在企业内部使用。留存收益相当于母公司的权益资本再投资。二是债务资本。国外子公司在经营中缺乏资金时，还可以向母公司借款筹集所需资金。母公司可以通过发行国内债券、国际债券、向金融机构贷款、发行国内股票、发行国际股票等方式，为国外子公司筹集资本。

（2）子公司自行筹集资本。一旦母公司通过权益资本投资，建立了国外子公司，子公司还可以通过以下方式自行筹集经营所需资本。1）公开发行股票。这种筹资方式必须经过母公司的同意。如果子公司将股票卖给东道国的投资者，则母公司不再是子公司的唯一投资者，经营决策权会受到一定制约。2）公开发行债券。子公司可以在东道国发行债券，也可以在世界范围内发行股票。3）金融机构贷款。子公司也可以从东道国国内或国外的金融机构获得贷款。

2. 国外子公司的资本结构决策

国际企业国外子公司的资本来源不同，既有权益资本，又有债务资本。因此，国际企业国外子公司的资本结构决策也是一个重要问题。

根据莱斯德和夏皮罗（Lessard and Shapiro，1984）的说法，有三种方法可以用于决定子公司的资本结构。（1）与母公司的标准保持一致。（2）与子公司经营所在地的当地标准保持一致。（3）审时度势，尽可能降低应交税金，减少融资成本和风险，并利用资本市场的各种不完全性。[①]

国外子公司的资本结构具体采取何种方式，很大程度上取决于如下因素：

（1）母公司是否对子公司债务承担责任，或承担何种程度的责任。当母公司对子公司的债务承担完全责任时，子公司独立的资本结构就无关紧要了，而母公司的资本结构会变得重要。这是因为，当母公司对子公司的债务负有法律上或道德上的责任时，潜在的债权人就会检查母公司的整体财务状况，而不太关心子公司的资本结构。

然而，当母公司对子公司债务担保很难跨国执行时，子公司的资本结构就会变得重要。在这种情况下，潜在的债权人会仔细检查子公司的财务状况，以评估破产风险。因此，子公司应选择好自己的资本结构，降低破产风险和融资成本。从理论上讲，子公司应选择能使国际企业整体资本成本最小化的财务结构。

---

① D. Lessard，A. Shapiro. Guidelines for Global Financing Choices. Midland Corporate Journal. 1984（3），pp. 68-80.

（2）子公司所在地的利率水平。第一种方式要求子公司复制母公司的财务结构，但这并不一定能与国际企业整体资本成本最小化相一致。假设由于子公司所在地的东道国政府渴望吸引外资，子公司能够在当地借入低利息的借款。在这种情况下，子公司应该从当地借款，从而利用更低的利率，即使这会使子公司的负债超出母公司的标准。如果认为有必要，母公司只要降低自己的负债率就可以了。换句话说，母公司和子公司之间的债务分配可以调整到一个合适的程度，以便利用东道国的低息贷款。

第二种方式要求子公司采用当地的资本结构标准，通过这种“入乡随俗”的方式，企业可以减少被东道国单独挑出来接受审查的可能。只有在母公司对子公司的债务不承担责任，而且由于金融市场的分割，子公司只能依靠当地融资的情况下，这种方式才有意义。假设每家外国子公司都遵循能反映当年文化、经济和风俗的资本结构，那么，母公司的资本结构只能以“剩余”方式来决定。以这种方式确定的整体资本结构不太可能是最优的，即不太可能实现国际企业整体资本成本的最小化。例如，当东道国的标准反映了当地金融市场的不成熟性时，若母公司准备进入全球金融市场，其子公司就不应该采用当地标准。因为这样做意味着国际企业放弃低成本的优势。

第三种方式看起来最合理，并与国际企业整体资本最小化这一目标相一致。子公司应该尽量利用一切可以获得的低息贷款。在没有外国税收抵免的情况下，如果东道国的公司所得税高于母公司所在国，也应借入比母公司标准下更多的资金，来增加利息支出的抵税效应。

（3）政治风险。在选择子公司的资本结构时，除了税收因素，还应考虑政治风险因素。在存在政治风险的情况下，在当地融资通常要优于在母公司直接融资。当子公司的资产被没收时，母公司受到的影响会降低。而且，如果子公司的资金来自当地的债权人和股东，其被没收的可能性不高。当子公司在发展中国家经营时，从世界银行和国际金融公司这样的国际金融机构融资会降低政治风险。面对政治风险，当母公司既可为子公司提供外部债务资金，又可以提供权益融资时，前者更为有利。这是因为东道国政府更能容忍子公司将资金以利息的形式汇回母国。

本章小结

本章介绍了国际融资的特点、风险及国际融资的主要方式，分析了国际长短期融资决策时应考虑的因素，介绍了国际企业资本成本的估算方法及影响资本结构决策的因素。

国际融资的主要方式有国际信贷融资、国际债券融资、国际股权融资、国际租赁融资和国际贸易融资等。国际信贷融资是指国际企业向国际金融机构或其他国际经济组织借款的一种筹资方式，包括国际金融机构贷款、国际商业银行贷款和国际银团贷款等类型；国际债券融资是企业在国际证券市场，通过发行国际债券进行融资的一种融资方式；国际股权融资是企业在国际证券市场，通过发行国际股票进行融资的一种融资方式；国际租赁融资是指跨越国境的租赁业务；国际贸易融资是指与国际贸易有直接联系的融资，包括国际保理、福费廷业务等类型。上述各种融资方式具有各自的特征和优缺点，国际企业应根据自身的实际情况合理选择，既充分利用国际金融市场来提高融资效率，又要尽量降低融资风险。

无论是国际短期融资还是长期融资，都需要计算融资的实际利率。不同币种的实际融资利率，不仅受不同国家间利率差异的影响，也受汇率波动的影响。此外，外币融资存在汇率风险，这种风险可以通过远期套期保值、货币掉期等方式规避。

如果国际金融市场是一体化的，那么各国的融资成本相同，企业从国内或从国外融资就变得无关紧要。但国际金融市场相互分割，不同国家间资本成本并不相同。因此，在进行国际融资决策时，除借鉴国内融资决策方法外，还需要考虑国际融资的特性，特别是考虑汇率变动对融资成本的影响。

国际企业的某些特征使其资本成本低于国内企业，这些特征包括企业规模、可进入国际资本市场以及国际多元化等。然而，国际企业的另外一些特征，比如汇率风险、国家风险，会使国际企业的资本成本高于国内企业。

国际资本结构是国际企业融资需要考虑的另一个重要问题。国际企业需要有一个最佳的整体资本结构。国际企业的整体资本结构受国际企业特征、东道国国家特征的影响。国际企业确定整体资本结构时，需要考虑这些因素的综合影响。

既然母公司在法律上和道德上要对子公司的债务承担责任，那么它在决定子公司资本结构时，就要考虑子公司资本结构对国际企业整体资本结构的影响。然而，子公司应该被允许利用在东道国可得到的有利融资机会，因为这与国际企业整体资本成本最小化的目标相一致。如果有必要，母公司可以根据子公司的资本结构，调整自己的资本结构，以实现整体资本结构最优。

名词术语与公式

一、名词术语

国际融资	国际信贷融资	国际债券融资
国际股权融资	存托凭证	扬基债券
武士债券	猛犬债券	欧洲债券

全球债券　　国际租赁融资　　国际贸易融资
国际资本成本　　国际资本结构

二、公式

1. 直接利用外币融资时实际利率的计算公式。

$$r_f=(1+i_f)\times\left(1+\frac{s_{t+1}-s_t}{s_t}\right)-1$$

2. 利用远期合约套期保值时外币融资实际利率的计算公式。

$$r_f=(1+i_f)\times\left(1+\frac{k_{t+1}-s_t}{s_t}\right)-1$$

3. 国际信贷融资时实际利率的计算公式。

$$L_0(1-f)h_0=\sum_{t=1}^{n}\frac{I_t h_t}{(1+r_l)^t}+\frac{L_0 h_0}{(1+r_l)^n}$$

4. 国际债券融资时实际利率的计算公式。

$$P_t(1-f)h_0=\sum_{t=1}^{n}\frac{I_t h_t}{(1+r_b)^t}+\frac{P_0 h_0}{(1+r_b)^n}$$

5. 国际债务融资的资本成本率的计算公式。

$$K_b=r_b(1-t)$$

6. 国际权益融资的资本成本率的计算公式。

$$K_e=R_f+\beta(R_m-R_f)$$

$$K_e=\frac{D}{P_0(1-f)h_0}$$

$$K_e=\frac{D}{P_0(1-f)h_0}+g$$

7. 加权平均资本成本率的计算公式。

$$K_w=\sum_{i=1}^{n}K_i\times W_i$$

练习题

一、思考题

1. 国际融资相对于国内融资有哪些特点？

2. 相对于国内融资来说，国际融资的风险较大，为什么国际企业还要积极进行国际融资呢？

3. 融资决策中应考虑的最重要的因素是资本成本率，那么国际融资中资本成本率的计算有何特殊之处？

4. 国际融资决策应考虑哪些因素？

5. 我国的国际企业采用了哪些方式进行国际融资？试分别举例说明。

6. 国际信贷融资有哪些基本类型？

7. 在国际信贷融资中，国际金融机构贷款与国际商业银行贷款有何区别？

8. 国际金融机构贷款的基本特点是什么？

9. 我国国际企业进行国际股权融资主要有哪些方式？

10. 我国国际企业去海外发行股票通常选择的上市地点为中国香港、美国、新加坡等地，为什么会选择这些股票市场？在选择上市地点时应当考虑哪些因素？

11. 一家中国国际企业在菲律宾有规模很大的子公司，该子公司由母公司进行权益融资。当听到菲律宾政府可能发生政权更迭的消息后，该子公司的反应是修订资本结构。它从当地银行借钱把母公司的权益投资转回母公司。解释该公司如此行为的动机。

12. 假定一家中国国际企业在阿根廷设立一家大型子公司，阿根廷的利率很高，货币预计会贬值。假定该国际企业预计阿根廷的国家风险也很大，该子公司融资时，是在当地负债融资，还是接受母公司的权益投资？为什么？

13. 一家中国国际企业正考虑一个项目，即在一个欠发达国家建立一家工厂生产销售消费品。假定东道国经济非常依赖石油价格，当地国家货币币值不稳，国家风险很高，也假定该国经济状况与美国经济无关。该项目要求的收益率要比中国其他项目高还是低？

二、计算题

1. 某中国大陆公司可按照 10%的利率从中国香港某银行获得一笔 6 个月期的贷款 500 万港元，用于补充流动资金的不足。此时该企业也可以从内地银行获得金额相同的贷款，但利率为 11%。假设借款时港元对人民币的即期汇率为 1 港元=0.85 元人民币，预计 6 个月后港元对人民币的即期汇率为 1 港元=0.83 元人民币。

要求：

(1) 通过计算回答，该公司应当从中国香港银行还是内地银行获得贷款？

(2) 如果用港元借款是否存在汇率风险？如何规避？

2. 某中国公司以 8%的年利率从英国某银行获得了一笔 1 年期的贷款 150 万英镑，获得贷款时的即期汇率为 1 英镑=13 元人民币，本息到期一次偿还，公司所得税税率为 25%。

要求：

(1) 计算 1 年后即期汇率分别为 1 英镑=12.5 元人民币、1 英镑=13.2

元人民币、1英镑＝13.8元人民币三种情况下，借款的实际年利率和资本成本率。

（2）假设1年后即期汇率不确定，可能为1英镑＝12.5元人民币、1英镑＝13.2元人民币、1英镑＝13.8元人民币，这三种情况出现的概率分别为30％，50％和20％，计算借款的实际利率与资本成本率。

3. 某公司从某商业银行借款，若借入外国货币A，则年利率为12％，若借入货币B，则年利率为10％，借款时A货币与B货币的汇率为A货币＝2B货币，预计还款时汇率为A货币＝1.9B货币。

要求：根据上述资料，回答下列问题：

（1）应借入哪种货币？

（2）若使得借入两种货币的实际利率相同，还款时A货币对B货币的汇率应当是多少？

4. 某中国公司以10％的年利率从美国某银行获得了一笔2年期的贷款100万美元，获得贷款时的即期汇率为1美元＝6.3元人民币，利息于每年年末支付，预计1年后的即期汇率为1美元＝6.25元人民币，2年后的即期汇率为1美元＝6.2元人民币。公司所得税税率为20％。

要求：

（1）计算该笔借款的实际年利率和资本成本率（考虑货币的时间价值）。

（2）该借款是否存在汇率风险？如何规避？

5. 我国某公司在美国发行普通股股票，共发行100万股，每股市价15美元，发行费用总额45万美元。发行时汇率为1美元＝6.5元人民币。预计第一年股利为每股20元人民币，今后每年股利按3％递增。

要求：计算该股票的资本成本率。

6. 我国甲公司20×6年1月1日卖给美国乙公司一批商品，货款10万美元，乙公司将于12月31日付款。20×6年1月1日银行公布的汇率为：即期汇率为1美元＝6元人民币，1年期远期汇率为1美元＝6.85元人民币。甲公司预测12月31日的即期汇率为1美元＝6.65元人民币。甲公司为了规避汇率波动带来的风险，可以选择以下两种方案：（1）进行远期外汇交易，即在20×6年1月1日签订卖出美元的远期合约，期限为1年；（2）利用借款和投资方法，即1月1日从银行借入10万美元，借款年利率为13％，然后将借入的美元按当日汇率兑换成人民币，存入银行1年，存款年利率为13％。

要求：通过计算说明公司应选择何种方案。

三、课堂案例

1. 最近几年，有几家中国公司打入了墨西哥市场，拓展公司也准备在墨西哥组建一家独资企业，最大难题就是为墨西哥公司融资时的资本成本和资本结构问题。墨西哥的利率比中国利率高得多，墨西哥政府不愿意降低利率，因为高利率可以吸引外国人投资于墨西哥证券。但国外资金的流入最终可能会导致墨西哥利率降低。因此，拟在墨西哥经营的拓展公司必须在墨西哥高利率环境中决定国际企业的资本结构。

要求：

(1) 拓展公司在墨西哥建立独资企业时，可以通过哪些方式筹集资本？不同的资本筹集方式将如何影响拓展公司的资本结构？

(2) 墨西哥政府使利率保持高位的政策，会对拓展公司在墨西哥的独资企业的经营产生不利影响吗？

(3) 在墨西哥建立独资企业后，独资企业可以采取哪些方式为自身经营发展融资？这些方法会怎样影响子公司的资本结构？

(4) 如果拓展公司认为建立独资企业前公司的资本结构是最佳资本结构，当独资公司采用不同方式筹资时，拓展公司应该如何调整自身的资本结构，以维持整个国际企业的最佳资本结构？

(5) 除了投入权益性资本外，拓展公司还可以采取哪些方式为独资企业融资，达到既为子公司业务投入资金又不导致子公司高利息费用的目的？对拓展公司而言，采取这些方式有无不利影响？

2. 蓝天服装出口公司主要生产成人服装，并出口至英国。出口商品以英镑计价。公司的所有者张明计划开发儿童服装。他所有的扩张业务将集中在英国，并试图在英国创出名气。他与一家英国公司协商在当地成立合资公司，生产儿童服装并在英国销售。张明用英镑向英国制造商支付生产费用，产品直接发给英国的经销商，经销商用英镑向张明支付货款。张明的业务扩张需要额外的资金，他想利用短期借款的形式筹集资金。张明有很高的信用等级及担保物，所以他能获得短期融资。英镑利率比人民币利率高0.25个百分点。

要求：

(1) 张明应该为他的合资公司借入人民币还是英镑？为什么？

(2) 张明还能以低于人民币或英镑的利率借入欧元。欧元和英镑对人民币的汇率呈同方向变动，但波动幅度不同。为英国的合资企业借入欧元比借入英镑会带来更多的汇率风险吗？和借入人民币相比呢？

四、课后上网练习

1. 以你在第1章课后上网练习中选定的中国国际企业为主体，上网收集相关信息，回答以下问题：

(1) 该公司是否进行过国际筹资？主要采取了哪些筹资方式？

(2) 如果该公司曾经在国际资本市场中发行过股票或者债券，详细描述具体过程，包括发行时间、发行地点、发行价格、承销商、筹资金额等。

2. 假定你所在的公司考虑向海外扩展业务，准备到美国、中国香港和墨西哥经营。你需要估计这些国家和地区的年权益成本，也许你所在的公司也想在这些地区获得权益融资。

（1）访问 http://finance.yahoo.com，点击 Heng Seng Index（香港股票市场指数），以年初为标准，获取过去 10 年的数值。使用过去 10 年的股票市场平均年收益率（指数的百分比变化）作为你对上述每个国家权益成本的粗略估计。

（2）重新开始，对美国、墨西哥重复此过程（分别点击 Dow Jones Industrial Index，IPC Index），估计这两个地区的权益成本。

（3）比较这三个地区权益成本的高低，分析导致这种差异的可能原因。

五、小企业的困境

小强体育用品出口公司的跨国资本结构决策

小强体育用品出口公司考虑了许多项目，但它的所有业务仍在美国。因为公司出口乒乓球并以美元计价，所以受到汇率风险的影响。从有利的方面来讲，美国对乒乓球的需求逐月增长。自创立以来，公司的留存权益已经超过了 100 万元人民币。此时，公司的资本结构主要是小强自己的权益投资和留存收益，几乎没有负债。小强一直想在美国建立一家小型子公司生产乒乓球，这样他就不用从中国出口了。如果小强确实想在美国建立子公司，子公司的资本结构有以下几种选择：（1）将公司的留存收益全部投资于该子公司；（2）利用以美元计价的长期负债；（3）利用以人民币计价的长期负债，美国长期负债的利率比中国长期负债的利率要高。

1. 利用权益融资支持该子公司的优点是什么？缺点是什么？

2. 如果小强决定用长期负债作为主要的资本形式为子公司融资，那么应该借入以美元计价的债务还是以人民币计价的债务？为什么？

3. 在子公司建立之后，子公司资本结构中的权益比例如何才能不断增加？

六、真实案例在线文章

在网上寻找一篇近期的文章。文章内容（最好与某一特定国际企业有关）能够诠释本章所阐述的一个或多个概念。可以使用的搜索关键词包括国际融资、外国债券、国际化和短期融资、子公司和外国融资、国际股票市场、国际资本成本、国际资本结构等。

七、推荐书目/视频/网站

1.《资本之王：全球私募之王黑石集团成长史》，（美）戴维·凯里等，杭州，浙江人民出版社，2017。

2.《说谎者的扑克牌：华尔街的投资游戏》，（美）刘易斯，北京，中信出版社，2013。

3.《华尔街之狼》，（美）马克·史蒂文斯，杭州，浙江大学出版社，2013。

4.《高盛帝国》，（美）查尔斯·埃利斯，北京，中信出版社，2015。

5.《摩根财团》，（美）罗恩·彻诺，上海，文汇出版社，2014。

6.《世界是部金融史》，陈雨露等，南昌，江西教育出版社，2016。
7.《资本的故事》，中央电视台20集纪录片，2013。
8. 上海证券交易所网站。
9. 深圳证券交易所网站。
10. 中国证监会网站。
11. 香港交易所网站。
12. 美国纽约证券交易所网站。
13. 美国证券交易委员会网站。
14. 雅虎财经网站。

第 6 章

国际直接投资

知识要点

- 国际直接投资的动机
- 国际直接投资的方式
- 国际资本预算有别于一般企业资本预算的特点
- 国际资本预算的方法
- 国家风险的组成和管理
- 国际并购的原因和障碍

6.1 国际直接投资概述

国际直接投资（foreign direct investments，FDI）是国际企业常见的一种投资方式。企业进行国际直接投资就意味着它已经成为跨国公司。国际直接投资的方式包括：在国外投资设厂开展生产经营业务，收购现有的国外企业，以及与外国企业合资等。

随着世界经济一体化进程的加快，尽管存在波动，但是国际直接投资总体呈现出全球性扩张趋势。表 6－1 列示了最近几年国际直接投资流量（指当年新增的国际直接投资存量）的发展趋势。我们可以看到，世界范围内，国际直接投资的流入量（外商直接投资）和流出量（对外直接投资）总体上都维持着很高的水平。中国接受的外商直接投资一直保持较高增长，2017 年是 2000 年的 3.35 倍；对外直接投资更是迅猛增加，2017 年的对外直接投资水平是 2000 年的 138 倍。

表 6-1 世界和中国的国际直接投资历年数据 单位：亿美元

项目	外商直接投资					对外直接投资				
	2000 年	2005 年	2010 年	2013 年	2017 年	2000 年	2005 年	2010 年	2013 年	2017 年
世界	14 150	9 967	14 222	14 254	14 298	12 412	9 043	14 676	13 809	14 300
中国	407	724	1 147	1 239	1 363	9	122	688	1 078	1 246

全球经济的瞬息万变使得企业今天的竞争优势可能会迅速消失殆尽，企业要想保持持久的竞争力，必须认真设计全球投资战略。企业的国际直接投资战略是其全球投资战略的核心部分，国际直接投资战略成功与否将直接影响跨国公司的生存与发展。制定国际直接投资战略的步骤如下：

（1）寻找有利可图的投资项目。这也是制定国际直接投资战略首先应解决的问题。国际直接投资战略的重点应该是构建企业的竞争优势，这一点是毋庸置疑的。如果规模是重中之重，投资战略就应该致力于增加产量；如果品种是成功的关键要素，投资战略就应该致力于扩大产品种类。整个战略会涉及很多项目，单个来看，有的项目投资回报较低，甚至可能是亏损的。但是，这些项目结合在一起，却可以给企业带来美好的前景或者让企业能够从现有项目上获得丰厚回报。所以，必须对所有的项目投资进行综合分析，看能否为企业构建竞争优势。例如，假设赢得竞争优势的关键在于高产量，则在考虑是否进行国际直接投资进入国外市场时，应该注重分析投资能否增加市场份额并带来收益的机会。

在制定国外直接投资战略时，企业应该认真考虑单个投资之间的相互配合。比如，即使存在规模经济，在对大规模的生产设备进行投资前，也要看企业是否已经投资拓展了国外的销售渠道，提升了品牌影响力；反之，在对全球销售网络投资前，也要看企业能否生产大量的产品（以及相应的设备），并且可以利用这些销售网络。

（2）选择进入模式。进入模式是指进入国外市场时的战略设计，这种战略设计包括对投资方式的选择。企业应该对各种进入国外市场的模式进行系统分析并加以比较，选出最优的进入模式。例如，日本电视机制造商在初次进入美国市场时，考虑到自己没有强有力的品牌，但有低劳动成本的优势，所以选择在美国市场上出售低成本的黑白电视机。

在 20 世纪末的全球私有化浪潮中，很多跨国公司选择收购国有企业作为其进入模式。1985—1992 年，各国政府共出售了价值 3 280 亿美元的国有企业。仅在 1992 年，近 50 个国家就将价值 690 亿美元的国有企业出售，私有化的企业中有很多属于航空、通信、电力、石油、金融、制造等行业。这些行业以前往往限制外资进入，通过收购国有企业，跨国公司可以进入新的市场领域，捕捉更多商机。

（3）审查进入模式的有效性。市场是不断变化的，必须针对新情况对战略作出调整，而且初次进入国外市场所知有限。随着对国外市场的进一步了解，原先的最优进入模式可能不再是最优的。所以，要持续审查进入模式的有效性，及时作出调整。例如，20世纪60年代，日本的电视机制造商依靠大量的低价电视机打开了美国市场。依靠这种以数量取胜的战略带来的利润，日本企业致力于对新产品技术和新工艺的投资，进而确立了质量优势，因为日本企业认识到，建立在低劳动力成本和规模上的优势很容易丧失。所以，70年代索尼等日本公司开始在商标品牌、销售网络上加大投资力度，以稳固它们在美国市场上的竞争地位。到了80年代，日本企业在电视机和其他电子产品上的竞争优势已经从成本优势转化为质量、特点、品牌和销售网络优势。

（4）运用恰当的评价方法。在实际中，各种战略投资间的相互作用关系非常复杂，评价各种建议也非常困难，需要采用精确的评价方法才能得出正确的投资决策。但是，很多公司还在靠拍脑袋、凭经验等方法来选择投资项目。这些方法虽然简便易行，但会因世易时移不再适用，盲目照搬会给企业带来巨大风险。企业应该运用净现值法对现金流量进行分析，这才是较为准确的评价方法。不过，虽然国际直接投资决策可以转化为传统的资本预算，但它比传统的资本预算要复杂得多，企业在分析时不仅要考虑各种因素对现金流量和风险的影响，而且要立足于全球战略。

（5）估计竞争优势的持续时间。如果这种优势很容易模仿，那么国内与国外的竞争对手会很快在经营中应用相同的概念、工序或组织结构。竞争的结果是利润的逐渐减小，甚至使国际直接投资丧失意义。所以，企业应不断维持和加强竞争优势，形成有效的行业或市场进入壁垒。若进入壁垒被打破，企业必须及时采取措施，建立新的壁垒。不过，任何壁垒都不是永远坚不可摧的，企业必须不断开发有助于海外直接投资且不易复制的新竞争优势。

6.2 国际资本预算

跨国公司在进行国际直接投资时，要运用国际资本预算方法来评估投资项目。大多数国际直接投资耗资巨大且不易转让。所以，恰当运用国际资本预算，寻找确实有利可图的项目，是一项重要的工作。

资本预算中最常见的方法是现金流量分析方法，其中较常用的是折现现金流量分析方法，即通过对未来现金净流量折现来计算净现值。一般的国际资本预算与国内资本预算类似。然而，国际项目所处的环境比较特别，复杂的环境会影响到对未来现金流量的计算和折现率的确定，所以国际资本预算更复杂。

6.2.1　资本预算基础知识

国内资本预算中使用的指标可以分为两大类：非折现现金流量指标和折现现金流量指标。非折现现金流量指标是指没有考虑资金时间价值的指标，如投资回收期、平均报酬率等；折现现金流量指标是指考虑了资金时间价值的指标，如净现值、内含报酬率、获利指数等。在实践中，折现现金流量指标得到了广泛的应用，其中又以净现值最为重要。

净现值是指投资项目投入使用后的净现金流量，按资本成本或企业要求达到的报酬率折算为现值，减去初始投资后的余额。净现值为正的项目应该被采纳。如果两个项目是互斥的，净现值较大的项目应该被采纳。净现值的计算公式为：

$$NPV=\left[\frac{NCF_1}{(1+k)^1}+\frac{NCF_2}{(1+k)^2}+\cdots+\frac{NCF_n}{(1+k)^n}\right]-C$$

$$=\sum_{t=1}^{n}\frac{NCF_t}{(1+k)^t}-C$$

式中，NPV 为净现值；NCF_t 为第 t 年的净现金流量；k 为折现率（资本成本率或企业要求的报酬率）；n 为项目预计使用年限；C 为初始投资额。

净现值还有另外一种表述方法，即净现值是从投资开始至项目寿命终结时所有现金流量（包括现金流入和现金流出）的现值之和。其计算公式为：

$$NPV=\sum_{t=0}^{n}\frac{CFAT_t}{(1+k)^t}$$

式中，n 为开始投资至项目寿命终结时的年数；$CFAT_t$ 为第 t 年的现金流量；k 为折现率（资本成本率或企业要求的报酬率）。

净现值的计算过程如下：

第一步，计算每年的营业净现金流量。

第二步，计算未来报酬的总现值。这可按三步来进行：

（1）将每年的营业净现金流量折算成现值。如果每年的 NCF 相等，则按年金法折成现值；如果每年的 NCF 不相等，则先对每年的 NCF 进行折现，然后加总。

（2）将终结现金流量折算成现值。

（3）计算未来报酬的总现值。

第三步，计算净现值。

净现值＝未来报酬的总现值－初始投资

表 6－2 显示的是一个投资项目的现金流量及其现值的计算过程。

表 6-2　　现金流量及现值计算　　单位：美元

年次	各年的 *NCF* (1)	现值系数（10%） (2)	现值 (3)=(1)×(2)
1	1 200 000	0.909 1	1 091 000
2	2 700 000	0.826 4	2 231 000
3	2 700 000	0.751 3	2 029 000
未来报酬的总现值			5 351 000
减：初始投资			4 000 000
净现值（*NPV*）			1 351 000

假设资本成本率为10%，则该项目是可以接受的。

净现值法的最大优点在于从股东的角度来评价投资项目。净现值法关注现金流量而非会计利润，强调投入资金的机会成本，所以它与股东财富最大化的财务目标是一致的。

6.2.2　国际资本预算的特殊问题

国内企业资本预算的基本原理也适用于国际企业，但国际企业的资本预算更复杂，有更多的问题需要考虑。

1. 国际资本预算的主体

国际资本预算中，首先面临的是评价主体问题：我们应该站在具体管理该项目的子公司立场，还是应该站在为该项目大量融资的母公司立场？评价的主体不同，评价的结果就可能不一样。这是因为子公司的净现金流量可能会与母公司的净现金流量有很大差异。这种差异主要是由下列因素造成的。

（1）税收因素。假定某国际企业正在考虑对国外子公司追加投资，子公司所在国的所得税税率较低，而母公司所在国对汇回的收益设定了较高的税率，那么这个项目可能在子公司看来是可行的，而母公司却认为不可行。

（2）汇兑限制。如果子公司所在国对税后利润汇回总公司有限制，规定必须将一定百分比的利润留在东道国，那么母公司可能对这一项目没有兴趣，而子公司却认为它很有吸引力。

（3）管理费用。母公司往往要向子公司收取许可证费、专利权使用费或者管理费等，这些费用的高低对母公司与子公司有着不同的含义，对于子公司是支出，对于母公司是收入。因此，项目评价的主体不同，得出的结论可能会不同。

（4）汇率变动。汇率也是造成子公司的净现金流量与母公司的净现金流量有很大差异的因素之一。因为国外项目的收益汇回母公司时，通常都要把子公司所在国货币兑换成母公司所在国货币，所以母公司的净现金流量会受到汇率的影响。而如果从子公司的角度来评价项目的现金流量，则不需考虑汇率。

从理论上看，对于国际资本预算主体的确定有三种观点。第一种观点认为应该以母公司为主体。此观点认为，对国外投资的风险与报酬的考虑，归根结底是为了母公司股东的利益。这符合股东财富最大化的财务目标，因为母公司的现金流量最终是为支付股利以及实现母公司的其他目标奠定基础。第二种观点认为应该以子公司为主体。此观点认为，母公司的投资者越来越多地来自世界各地，投资目标就应该比以前更多地反映世界性的观点。许多国际企业都制定了长期的而不是短期的财务目标，在国外创造的利润倾向于在国外再投资，而不是汇回母公司。基于这种考虑，从子公司的角度进行评价也是恰当的。第三种观点认为应该以子公司和母公司为主体分别进行评价。此观点认为，国际财务管理的目标是多元的、复杂的，这取决于构成公司和公司环境的投资集团及各非投资集团的不同意愿。在国外投资的情况下，东道国政府是其中的集团之一。为了保证国际企业投资者和东道国政府的目标和谐，应该分别从两个方面进行评价：一是以国外项目为评价主体；二是以母公司为评价主体。

如果以国外子公司为主体进行国际资本预算，所用方法与国内一般的投资项目评价方法基本相同。如果以母公司为主体进行国际资本预算，则会涉及一些特殊问题。

2. 国家风险分析

国家风险可以分为政治风险和经济风险，如征用风险、汇率变动风险等。这些风险会给投资项目带来很多不确定性。在进行资本预算时，应当考虑这些风险因素并做相应调整。

常见的考虑国家风险情况下的投资决策方法有两种：调整折现率法和调整现金流量法。调整折现率法是指根据与项目有关的国家风险的大小，相应调高该项目要求达到的报酬率，构成按风险调整的折现率，并据以进行投资决策的方法。例如，如果预计会有外汇管制，则要求的报酬率将从 15%升至 20%。调整现金流量法是指先按风险调整现金流量，然后进行投资决策的方法。常用的调整现金流量法是确定当量法，根据这一方法，要把不确定的各年现金流量按照一定的系数（通常称为约当系数）折算为大约相当于确定的现金流量的数量，然后利用无风险折现率来评价国外项目。约当系数是指不肯定的 1 美元现金流量期望值相当于使投资者满意的肯定的金额的系数，它可以把各年不确定的现金流量换算成确定的现金流量。约当系数在 0～1 之间，现金流量的风险越大，约当系数越小。一般来说，调整折现率要比恰当估计约当系数容易，所以实践中人们更倾向于使用调整折现率法。

6.2.3 国际资本预算实例[①]

泰坦公司是一家总部设在美国的国际企业（以下简称 TT-US），该公司生产一种精密仪器，销往全球。目前 TT-US 在欧洲的销量为 40 000 件。现在 TT-US 正考虑是否在英国设立生产基地（以下简称 TT-UK），以增加在欧洲的销售量。TT-US 的管理层认为，在英国建立生产基地将有利于在英国及整个欧洲占领市场。

目前的汇率为 1 英镑＝2 美元。TT-US 管理层预计英国的通货膨胀率为 5%，结合对美国通货膨胀率 3%的预测，预计英镑对美元每年贬值 2%。综合考虑各项因素，TT-US 的管理层认为该项目的报酬率应达到 10%。

TT-US 的管理层准备做一个 5 年的资本预算，然后计算 TT-UK 5 年后的价值。如果该项目最初 5 年的净现值为正，就不需要预计未来的现金流量了，此项目一定可行。如果最初 5 年的净现值为负，就需要计算 TT-UK 5 年后的价值为多少时才能使得这个项目的净现值为正，再与预计的 TT-UK 5 年后的价值相比较，决定项目是否可行。

该项目的相关资料如下。

1. 项目投资

TT-US 准备在曼彻斯特购买一家即将破产的工厂，并负责安置该厂自动化生产线上的部分员工。为此，英国政府将向 TT-US 提供 5 年期的低息（3%）贷款 1 000 万英镑（合 2 000 万美元），该贷款到期一次还本付息。

收购工厂、购买相关设备以及改装成本预计为 1 亿美元。厂房和设备按照直线法计提折旧，折旧年限为 5 年，残值为零。在 1 亿美元投资中，2 000 万美元通过英国政府提供的利率为 3%的贷款 1 000 万英镑（合 2 000 万美元）来筹集，其他 8 000 万美元由母公司提供。TT-US 管理层估计在收购 6 个月后 TT-UK 能够全面投产。

TT-UK 营运资金（包括现金、应收账款和存货）的需求量约为销售收入的 30%，考虑到这些需求部分可由应付账款（约为销售收入的 10%）解决，所以净营运资金的需求量约为销售收入的 20%。莱德银行提供了 2 年期的 300 万英镑（合 600 万美元）初始营运资金贷款，年利率为 8%，到期一次还本付息。未来的营运资金需求将通过该项目的内部现金流量解决。莱德银行也向 TT-US 提供贷款。TT-US 要求 TT-UK 在每年贷款还款当年向 TT-US 提供与贷款本金和利息相等的现金。

表 6－3 列示了 TT-UK 的初始投资支出情况。

---

① 本例改编自 Alan C. Shapiro. Foundation of Multinational Financial Management. 4th. John Wiley & Sons, 2002.

表 6-3　TT-UK 的初始投资支出（£1=$2）　单位：万元

项目	英镑金额	美元金额
收购工厂及改装成本	3 500	7 000
设备		
母公司提供	500	1 000
在英国购买	1 000	2 000
营运资金		
银行借款	300	600
初始投资总额	5 300	10 600

2. 收入预测

在第 1 年，TT-UK 的产品销售单价为 250 英镑（按照当年汇率折算为 490 美元）时利润最大。预计英国及欧洲市场对该产品的需求以每年 10%的增长率递增，预计第 1 年的需求量为 120 000 件。

在第 1 年，虽然需求量是 120 000 件，但是因为 TT-UK 的建设需要半年，所以 TT-UK 只能向市场提供 60 000 件产品。另外，TT-US 还可向 TT-UK 以每件 250 英镑的转移价格出口 40 000 件产品，TT-UK 没有利润。从第 2 年起，TT-US 不再向英国及欧洲出口产成品，而专注于拓展美国市场，使销量增加 40 000 件。

3. 产品成本预测

TT-UK 生产所需的原材料用美元从 TT-US 购买。在母公司销售给 TT-UK 的材料的转移价格中，75%是变动成本，毛利为 25%。TT-UK 第 1 年的单位变动成本为 140 英镑，其中包括从 TT-US 采购材料的支出 30.6 英镑（合 60 美元）。因为预计英国的通货膨胀率为 5%，所以 TT-UK 的单位变动成本以每年 5%的增长率增长。

TT-US 将向 TT-UK 收取专利权使用费，金额为销售收入的 7%。TT-UK 第 1 年全年的间接费用预计为 220 万英镑，由于年中才正式投产，因此预计间接费用为 120 万英镑。这些费用基本是固定的，以 8%的年增长率增长。

4. 终值

终值（终结现金流量）的计算比较复杂。至少有三种方法：一是清算价值法。假设项目在 5 年后将会清算，将有关资产变卖，那么可以按此来确定终值。二是收益现值法。采用这一方法时，应根据项目尚可使用的年限、每年产生的净现金流量和适当的折现率，把项目继续使用的收益转化成项目终了时的现值，作为项目的终值或终结现金流量。三是计算使母公司能够接受此项目时的项目终值，即盈亏平衡点的项目终值，然后将此作为基准，判断未来现金流量的现值超过该值的可能性。大多数公司在估计终值时都比较保守。TT-UK

假设项目的终值为第5年净现金流量（净收益+折旧）的2.7倍。

下面我们分别从项目角度和母公司角度来分析该项目的可行性。

1. 项目的现金流量

TT-UK的主要现金流出是初始投资，包括购买厂房、设备的现金流量以及垫支的营运资金。其他现金流出有营业费用、追加的营运资金和缴纳的所得税等。TT-UK的现金流入主要是来自英国和欧洲的销售收入，以及折旧和这项投资的终值。

（1）初始投资支出。根据表6-3，TT-UK包括营运资金在内的初始投资金额为5300万英镑，列示于表6-4的N行。

表6-4　　TT-UK的现值：项目（子公司）角度

项目	年次						
	0	1	2	3	4	5	5+
A. 销售量（件）		60 000	132 000	145 200	159 720	175 692	
B. 单价（英镑）		250	263	276	289	304	
C. 销售收入（万英镑）		1 500	3 465	4 002	4 622	5 339	
D. 单位变动成本（英镑）		140	147	154	162	170	
E. 变动成本总额（万英镑）		840	1 940	2 241	2 589	2 990	
F. 专利权使用费（0.07×C，万英镑）		105	243	280	324	374	
G. 间接费用（万英镑）		120*	238	257	277	299	
H. 折旧(万英镑)		1 000	1 000	1 000	1 000	1 000	
I. 费用合计（E+F+G+H，万英镑）		2 065	3 421	3 778	4 190	4 663	
J. 税前利润（C−I，万英镑）		−565	44	224	432	676	
K. 英国公司所得税（0.40×J**，万英镑）		0	0	0	54	270	
L. 净利润（J−K，万英镑）		−565	44	224	378	406	
M. TT-UK的终值[(第5年的L+H)×2.7，万英镑]							3 795

续前表

项目	年次						
	0	1	2	3	4	5	5+
N. 包括营运资金在内的初始投资（万英镑）	5 300						
O. 营运资金投资（0.2×C，万英镑）		300	693	800	924	1 068	
P. 追加营运资金（t 年的 O－（t－1）年的 O，t＝2，…，5，万英镑）		0	393	107	124	143	
Q. TT-UK 的现金流量（L＋H＋M－N－P，万英镑）	－5 300	435	651	1 117	1 254	1 263	3 795
R. 英镑对美元的汇率	2	1.96	1.92	1.89	1.85	1.82	1.82
S. TT-UK 的现金流量（Q×R，万美元）	－10 600	853	1 250	2 111	2 320	2 299	6 907
T. 复利现值系数(折现率为10%)	1	0.909 1	0.826 4	0.751 3	0.683	0.620 9	0.620 9
U. 现值（S×T，万美元）	－10 600	775	1 033	1 586	1 585	1 427	4 288
V. 累计现值（万美元）	－10 600	－9 825	－8 792	－7 206	－5 621	－4 194	94

* 表示不到 1 年的间接费用。

** 第 1 年 565 万英镑的亏损将在未来几年的税前利润中扣除，使得第 2、第 3 年没有所得税，第 4 年的所得税也减少了。

(2) 收入数据。根据对需求量的预测，该产品的需求以每年 10%的增长率递增，见表 6 - 4 的 A 行。

假设美英两国的实际价格保持不变，以后各年的英镑名义价格和汇率反映了英镑和美元的预计年度通货膨胀率（英国为 5%，美国为 3%），如表 6 - 5 所示。

表 6-5　　　各年的英镑名义价格和汇率

项目	年次					
	0	1	2	3	4	5
价格（英镑）*	—	250	263	276	289	304
汇率（美元）	2.00	1.96**	1.92	1.89	1.85	1.82

* 本行的数据以每年5%的比率增长，如 263=250×(1+5%)。
** 1.96=2.00×(1+3%)/(1+5%)，下同。

根据这些假设，TT-UK 的预计销售单价和销售收入如表 6-4 的 B，C 行所示。

因为需求量每年增长 10%，单价每年上涨 5%，所以预计 TT-UK 的英镑销售收入会以每年 15.5%（1.10×1.05−1）的比率上升。

（3）成本数据。TT-UK 的产品成本主要包括变动成本、专利权使用费、间接费用和折旧，根据前面的产品成本预测，TT-UK 的年度产品成本预计数据列示于表 6-4 的 D～I 行。其中单位变动成本以每年 5%的增长率增长，专利权使用费以每年 15.5%的比率上升（与销售收入的增长率相同），间接费用以每年 8%的增长率增长，每年折旧费为 1 000 万英镑。

（4）项目的净收益。表 6-4 的 L 行列示了第 1～5 年的净收益。TT-UK 在英国的公司所得税税率为 40%。第 1 年 565 万英镑的亏损将会抵减第 2～4 年的税前利润，减少这几年的所得税。

（5）追加营运资金。TT-UK 对营运资金的初始投资为 300 万英镑（合 600 万美元）。营运资金需求额约为销售收入的 20%。所以，营运资金所需投资将按每年 15.5%的比率增长，与销售收入的增长率相同。参见表 6-4 的 O 行和 P 行。

（6）估计项目的现值。如表 6-4 的 V 行所示，从项目（子公司）角度看，TT-UK 现金流量的现值为 94 万美元。

2. 母公司的现金流量

上面的分析是从项目角度来看的，从母公司的角度来看，还有其他的现金流量。额外的现金流出如支付给英国政府和美国政府的税金，额外的现金流入如每年收取的专利权使用费。

（1）偿还贷款。TT-UK 首先应该在支付股利前偿还贷款本息。具体来讲，TT-UK 将在第 2 年年末偿还莱德银行 300 万英镑的营运资金贷款本息，在第 5 年年末偿还英国政府提供的 1 000 万英镑的低息贷款本息。若按美元计算，根据预测的汇率，应分别偿还 672 万美元（3 000 000×$FVIF_{8\%,2}$×1.92）和 2 109 万美元（10 000 000×$FVIF_{3\%,5}$×1.82）。这两笔贷款的偿还应作为母公司的现金流入，因为它们减少了母公司的债务负担。前面在计算 TT-UK 的初始投资时，已将这两笔贷款包括在内。所以我们可以这么理解，TT-UK 借款与偿还借款就相当于 TT-US 借入款项，投资于 TT-UK，并用 TT-UK 的现金流量偿还了 TT-US 的借款。

（2）向 TT-US 的汇款。TT-UK 将把偿还贷款后的全部净现金流量作为股利支付给母公司，它还向母公司按销售收入的 7%支付专利权使用费。对于这些资金转移，英国政府将征收 10%的预扣税。这些现金流量如表 6－6 所示。如果 TT-US 有足够的国外税收贷项，它就不需要向美国国内税收署支付任何税金，否则 TT-US 要因其收到的股利和专利权使用费支付公司所得税，当然，支付的所得税是扣减已经支付的国外所得税和预扣税后的余额。在本例中，尽管 TT-US 没有足够的国外税收贷项，但由于 TT-UK 第 1 年亏损，加上英国政府较高的公司所得税税率，因此 TT-US 几乎不需要向美国国内税收署支付税金。

表 6－6　　TT-US 收到的股利和专利权使用费　　单位：万美元

项目	年次					
	1	2	3	4	5	5+
A. TT-UK 的现金流量(表 6－4，S 行)	853	1 250	2 111	2 320	2 299	6 907
B. TT-UK 偿还贷款		672			2 109	
C. 向 TT-US 支付的股利 (A－B)	853	578	2 111	2 320	190	6 907
D. 专利权使用费(表 6－4，F 行)×G 行汇率	206	467	529	599	681	6 395*
E. 向英国政府支付的预扣税（C＋D)×10%	106	105	264	292	87	1 330
F. TT-US 收到的净利润 (C＋D－E)	953	940	2 376	2 627	784	11 972
G. 汇率	1.96	1.92	1.89	1.85	1.82	1.82

* 估计的未来 5 年专利权使用费折现的现值。

（3）向 TT-UK 的出口。假设 TT-US 有足够的生产能力，因为它向 TT-UK 出口材料的毛利率为 25%，所以 TT-US 所获收入为出口额的 25%。扣减

35%的美国公司所得税后，TT-US所获现金为出口额的16.25%（25%×65%）。如表6-7所示。

表6-7　　向TT-UK出口的净现金流量

项目	年次				
	1	2	3	4	5
A. 销售量（件）	60 000	132 000	145 200	159 720	175 692
B. 从TT-US购买的材料					
1. 单价（美元）	60.0	61.8	63.7	65.6	67.5
2. 总出口收入（A×B1，万美元）	360	816	925	1 048	1 186
C. 税后现金流量（0.162 5×B2，万美元）	59	133	150	170	193

（4）从TT-US角度估计项目的现值。见表6-8。

表6-8　　TT-US的现值：母公司角度　　单位：万美元

项目	年次						
	0	1	2	3	4	5	5+
A. 项目现金流入							
1. TT-UK偿还贷款（表6-6，B行）			672			2 109	
2. 向TT-US支付的股利（表6-6，C行）		853	578	2 111	2 320	190	6 907
3. 专利权使用费（表6-6，D行）		206	467	529	599	681	6 395
4. 出口带来的净现金流量（表6-7，C行）		59	133	150	170	193	1 013*
5. 现金流入合计		1 118	1 850	2 790	3 089	3 173	14 315
B. 现金流出							
1. 厂房和设备	10 000						
2. 营运资金	600						
3. 向英国政府支付的预扣税（表6-6，E行）		106	105	264	292	87	1 330

续前表

项目	年次						
	0	1	2	3	4	5	5+
4. 现金流出合计	10 600	106	105	264	292	87	1 330
C. 净现金流量（A5－B4）	－10 600	1 012	1 745	2 526	2 797	3 086	12 985
D. 现值系数（折现率 10%）	1	0.909 1	0.826 4	0.751 3	0.683	0.620 9	0.620 9
E. 现值（C×D）	－10 600	920	1 442	1 898	1 910	1 916	8 062
F. 累计现值	－10 600	－9 680	－8 238	－6 340	－4 430	－2 514	5 548

＊估计的未来 5 年对 TT-UK 出口带来的净现金流量现值。

在表 6－8 中，我们将各种现金流量汇总，它们的现值为 5 548 万美元。很显然，虽然 TT-UK 要向英国与美国政府缴纳税金，但是母公司拥有 TT-UK 可以获得更多的收益。这主要是因为母公司向 TT-UK 收取的各种专利权使用费以及向 TT-UK 出口带来的增量收益。

（5）丧失的销售额。在前面的讨论中，我们假设 TT-US 目前出口到欧洲的 40 000 件产品从第 2 年开始可以在美国售出。如果这一假设不成立，也即 TT-UK 销售的 40 000 件产品只是替代了 TT-US 销售的 40 000 件产品，那么在项目预算中应该考虑到这一机会成本。

假设 TT-US 目前出口到欧洲的每件产品能够带来 180 美元的税后现金流量，而且预计未来也能维持这一水平（指实际美元）。按照名义美元，这一税后现金流量每年将增长 3%。英国的所得税税率为 40%。假设第 2 年～第 10 年，每年损失 40 000 件的销售量，按照 10%的折现率折现，所丧失的销售收入的现值为 4 302 万美元。计算过程如表 6－9 所示。如果从前面计算出的现值 5 548 万美元中扣掉丧失的销售额的现值 4 302 万美元，则 TT-UK 对母公司的净现值为 1 246 万美元。这个例子说明，在评价国外项目时，重要的是增量现金流量而不是总现金流量。

6.3　国家风险管理

在对国外的投资机会进行评价时，跨国公司必须考虑国家风险。国家风险代表了东道国的环境对跨国公司现金流量潜在的负面影响。

近年来，跨国公司在发展中国家和发达国家遇到的政治风险，不论是类型还是程度都有显著的增加。

表 6-9　　丧失的销售额的价值

项目	年次								
	2	3	4	5	6	7	8	9	10
A. 丧失的销售量	40 000	40 000	40 000	40 000	40 000	40 000	40 000	40 000	40 000
B. 每单位的现金流（美元）*	185.4	191.0	196.7	202.6	208.7	214.9	221.4	228.0	234.9
C. 出口带来的总现金流量（A×B，万美元）	742	764	787	810	835	860	886	912	940
D. 现值系数（折现率10%）	0.826 4	0.751 3	0.683 0	0.620 9	0.564 5	0.513 2	0.466 5	0.424 1	0.385 5
E. 现值（C×D，万美元）	613	574	538	503	471	441	413	387	362
F. 累计现值（万美元）	613	1 187	1 725	2 228	2 699	3 140	3 553	3 940	4 302

* 本行的数据以每年 3%的比率增长，如 185.4=180×(1+3%)。

6.3.1　国家风险的组成

国家风险可以分为政治风险和经济风险。

1. 政治风险

政治风险是指东道国发生的政治事件或东道国与其他国家的政治关系发生的变化对跨国公司造成不利影响的风险。

通常一提到政治风险，人们就想到征用风险①，这是最极端的政治风险形式。除了征用风险以外，还有很多形式的政治风险，比如东道国对货币和贸易的控制，对跨国公司监管更加严格等。这些风险的共同点是政府参与到经济生活中，对企业的价值产生重大影响。

根据影响的范围，政治风险可分为宏观政治风险和微观政治风险。

（1）宏观政治风险。这里是指影响到所有外国公司的政治风险。宏观政治风险包括东道国消费者对跨国公司的态度、东道国政府政局的稳定性以及东道国与其他国家发生战争的可能性等。

东道国消费者对跨国公司的态度是一种温和的政治风险。东道国的消费者可能仅仅喜欢购买本国的产品，如果跨国公司准备进入国外市场，必须分析消费者对本国制造商品的忠实度。如果消费者非常忠实于当地产品，那么跨国公司应该与当地企业合资，而不是采用出口策略。东道国的内战、骚乱、边境战争以及恐怖活动等政治事件，将会影响跨国公司员工的人身安全。饱受战火威胁的国家，其商业活动也很不稳定，跨国公司从该国所获的现金流量也有很大的不确定性。

（2）微观政治风险。这里是指仅对国际业务的某个领域或特定的跨国公司有影响的政治风险。例如，2012 年，澳大利亚政府以“国家安全”为由，禁止华为竞标国家宽带网络部署（NBN）的合同。2018 年，澳大利亚又以同样的理由禁止华为参加其国家 5G 建设。2018 年美国退出伊核协议后，要求相关企业逐步终止在伊朗的各项合同，否则将被禁止在美国从事经营，同时被禁止与包括金融机构在内的任何美国实体做生意。道达尔、标致和西门子等跨国公司宣布将暂停与伊朗的业务往来。

根据跨国公司受影响的方式，政治风险又可分为转移风险、经营风险和控制风险。

转移风险是指由资本、利润和专有技术等跨国转移的不确定性所引起的政治风险。比如东道国对外汇的管制，这使得外国投资者无法将其资产和投资所得的利润等汇回母国或转移到其他国家。再如东道国可以采取大幅调整汇率的

---

① 在本章的讨论中，征用（expropriation）或国有化（nationalization）是指政府通过有偿或无偿的方式将国外产权收归国有。

办法，人为地使本国货币非正常贬值，以达到减少外国投资者正当利益的目的。

经营风险是指由东道国对跨国公司在当地业务的政策的不确定性引起的政治风险。比如环境保护政策的变化、对生产本地化的要求、最低工资法和限制跨国公司从本国信贷机构借款等。

控制风险是指由东道国对当地经营的控制或所有权方面的政策的不确定性引起的政治风险。比如对外国投资者最高所有权的规定、要求在一定期限内将所有权转移给国内投资者，以及将跨国公司在当地的实体国有化。

案例6-1　不断收紧的“新国有化”政策

1998年查韦斯上台执政，结束了委内瑞拉长达40余年的两党轮流执政的历史，却又引发了新一轮的动荡。

查韦斯新政首先在石油政策上动刀子，其特点之一是违背市场经济规律，把石油公司的收入拿来大搞社会福利和主观设定的“均衡发展”。这一政策虽然受到底层民众的欢迎，却遭到石油公司和军队的反对。新一轮的油价上涨并未给委内瑞拉带来经济复兴，社会对立反而日趋严重，最终引发2002年4月的兵变和12月的全国大罢工，石油生产直到2003年中期也未能完全恢复，全国经济再次陷入低谷。

2005年，查韦斯政府站稳脚跟不久，油价开始高企，经济形势有所好转，查韦斯便加快实施“新国有化”政策，其宣称高油价使外国公司的利润已远远超过最初的合同预期，资源国有权获得“更为公平”的利润分成。新法令废除了原先签订的合同，要求全部改为与委内瑞拉国家石油公司（PDVSA）合资经营，委内瑞拉方占股不低于51%（后改为60%）。在高压之下，几乎所有的外国公司都被迫就范。

“新国有化”政策实施后，PDVSA接管的25个油田（区块）带中，有20个所占份额为60%，最高的为80%。中国石油天然气集团公司（CNPC）经营良好并对委内瑞拉石油生产作出超额贡献的两个油田不但没有享受到“优惠”，在PDVSA接管后（所占股份高达75%），还要缴纳3.33%的附加税和税前利润1%的社会发展提成。

2006年5月，委内瑞拉政府增设对国内外所有石油（包括重油）公司的新税种——石油开采税，使其与矿区使用费合计的税率由33.3%增至50%。2008年4月，委内瑞拉国会通过了《石油高价特殊贡献法》，批准委内瑞拉政府对在该国运营的石油公司征收暴利税，该法规定：当布伦特油价超过70美元/桶时，委内瑞拉境内的所有石油公司需要缴纳超出部分的50%；当油价超过100美元/桶时，税率会再上升10个百分点。

2011年初，委内瑞拉政府宣布下调石油暴利税起征点，上调税率，油价在每桶40～70美元时，暴利税税率为20%；油价在70～90美元时，税率为80%；油价在90～100美元时，税率为90%；油价超过100美元时，税率为95%。

查韦斯政府对外资越来越苛刻的约束条件，使得外国公司的投资积极性大为受挫，甚至导致资本大量外逃。这一现象随着委内瑞拉“新国有化”政策的力度不断加大和时间效应累积而有持续发展之势。以世界银行统计的跨国直接投资（FDI）计算，在查韦斯执政之初的1999年，外资流入量为29亿美元，流出量为9亿美元，净流入量为20亿美元。但到2007年，外资流入量仅为6亿美元，流出量却达22亿美元，净流出量为16亿美元。资金投入的减少如釜底抽薪，从根本上制约了委内瑞拉石油和经济的发展。近年来委内瑞拉通胀率一直维持在30%左右，居高不下，股市暴跌，本币超大幅度贬值。

资料来源：腾讯财经. https://finance.qq.com/a/20110905/000353.htm.

2. 经济风险

经济风险是指东道国经济上的因素对跨国公司造成不利影响的风险。例如，20世纪90年代初欧洲经济的衰退对福特汽车、耐克、迪士尼等美国著名跨国公司在欧洲的业务造成了严重的影响。

根据影响的范围，经济风险可分为宏观经济风险和微观经济风险。

（1）宏观经济风险。宏观经济风险包括东道国的整体经济状况、市场供求和价格状况、税收调整等因素带来的风险。

1）东道国的经济状况。东道国经济状况的好坏将对跨国公司的经营产生重要影响。利率、汇率和通货膨胀率是跨国公司应重点考虑的因素。较高的利率会抑制经济增长，减少对跨国公司产品的需求；较低的利率会刺激经济，增加对跨国公司产品的需求。汇率将严重影响一国的进口，最终影响生产和收入水平。通货膨胀会影响消费者的购买力水平，因此也会影响跨国公司产品的需求量。利率、汇率和通货膨胀率三者之间也是相互影响的，在分析时必须综合考虑。

2）市场供求和价格状况。同一产品在不同国家的市场供求和价格状况是不一样的。供过于求将使产品价格被迫下调，减少跨国公司的营业利润。因此，跨国公司应该密切关注东道国市场供求状况的变动，适时调整自己的产品策略。

3）税收调整。税收是影响跨国公司净利润的重要因素。各国应纳税所得额、所得税税率等的确定与计算差别较大，跨国公司必须了解各国的税收法规以及最新调整。另外，东道国与母国之间是否签订有税收减免条约、东道国是否有吸引外资的税收优惠政策等，也是跨国公司应当密切关注的。

（2）微观经济风险。微观经济风险是指仅对某个跨国公司的经营有影响的经济风险。如公司可能面临的行业风险、公司的原材料供应情况发生变化等。

6.3.2 国家风险的评估

1. 评估中考虑的因素

虽然国家风险的评估是一项很艰难的工作，但是跨国公司在进行国外项目投资前必须做。在评估国家风险时，必须考虑下列因素。

（1）东道国的政治和政府管理体制。东道国的政治和行政基础是跨国公司首先应考虑的因素，关键要看该国的政治和政府管理体制能否保证政策的有效制定与执行。如果一个国家有太多的政党，政府更迭频繁，政府的政策就会不一致、不连续，国家风险就较大。如果一个国家的腐败现象严重，国家风险就较大。

（2）东道国的政党及其实力对比的历史记录。通过考察东道国政党的意识形态及其历史记录，可以了解它们是如何管理经济事务的。意识形态的差异可能导致东道国采取不同的利用外资政策。

（3）与世界系统的融合性。如果一国在政治上与经济上是封闭的，没有融合到世界系统中，该国不遵守游戏规则的可能性就更大。倘若一国是重要国际组织，例如经济合作与发展组织（OECD）、世界贸易组织（WTO）等的成员，该国遵守游戏规则的可能性就更大，相应降低了国家风险。

（4）东道国的民族和宗教的稳定性。民族和宗教冲突会破坏国内的和平局面，带来较大的国家风险。

（5）地区和平。邻国发动的战争或战争威胁是国家风险的一个主要来源。海湾战争中的科威特，阿富汗战争，还有旷日持久的以色列与巴勒斯坦冲突都是典型的例子。

（6）关键经济指标。关键经济指标包括国民生产总值（GNP）增长率、通货膨胀趋势、政府预算水平（及政府赤字）、利率、失业率、贸易余额等。另外，东道国的货币政策、财政政策、经济发展政策等都是评估国家风险时必须考虑的因素。

2. 国家风险的评估

国际企业不仅要在海外投资前评估国家风险，而且要在投资后追踪评估国家风险。国际企业可以设立自己的专家组来对国家风险进行评估，但由于国家风险的评估是一项比较复杂、专业性很强的工作，因此国际企业往往借助职业机构的力量来完成这项工作。例如，摩根士丹利公司、经营环境风险情报公司和《欧洲货币》杂志等都提供国家风险评估的有关数据。

中国出口信用保险公司于2012年2月28日正式推出ERI指数，该指数旨在为中国出口企业、金融机构及相关部门判断对外贸易信用风险及其走势提供指南。ERI指数采用指数评分的方式，从中国短期出口贸易的主要贸易国别（地区）和重点出口行业两个角度，分别反映海外进口商（买家）整体信用风险及其变化趋势。根据量化分析的结果，把信用风险水平分为A，B，C，D，E 5个信用等级，并对指数运行趋势进行预测。ERI指数从影响短期出口贸易信用风险的因素出发，以中国出口信用保险公司长期积累的相关业务数据为基础，以国别（地区）、行业、交易主体等多个维度的信用信息为依托，充分借鉴现代指数编制理论和国内外信用风险的研究方法，运用统计、计量等相关数理工具，确保指数编制原理和方法的科学性、先进性和准确性。同时，ERI指数基本实现了指数体系内的横向与纵向可比，既可以比较各国、各行业短期出口贸易信用风险相对位次，也可以考察每个国家、每个行业短期出口贸易信用风险的历史进程，具有一定先行性，可以起到一定的预警作用。表6-10为2015年第四季度主要国家（地区）ERI指数及信用水平。

表6-10　　2015年第四季度主要国家（地区）ERI指数及信用水平

序号	国别（地区）	ERI	环比变动幅度	环比走势	信用水平
1	日本	112.29	1.13	稳定	A
2	美国	110.53	−2.44	稳定	A
3	韩国	108.40	3.81	上升	A
4	英国	105.46	−1.06	稳定	A
5	印度	105.06	−1.46	稳定	A
6	中国香港	104.50	−5.39	下降	B
7	西班牙	103.90	0.9	稳定	B
8	澳大利亚	103.11	−1.5	稳定	B
9	德国	103.08	1.25	稳定	B
10	新加坡	102.57	−0.64	稳定	B
11	南非	102.16	2.49	上升	B
12	加拿大	101.53	1.01	稳定	B
13	越南	101.26	0.82	稳定	B
14	荷兰	100.39	2.47	上升	B
15	中国台湾	99.16	0.99	稳定	C
16	法国	98.43	0.32	稳定	C
17	阿联酋	97.85	−5.47	下降	C
18	意大利	95.99	−0.99	稳定	C
19	印度尼西亚	95.71	−0.16	稳定	C
20	马来西亚	95.39	−0.81	稳定	C
21	沙特阿拉伯	95.38	−8.04	下降	C
22	阿根廷	93.40	−3.97	下降	D
23	墨西哥	91.83	−2.44	稳定	D
24	埃及	90.93	−3.96	稳定	D
25	乌克兰	89.12	1.88	稳定	E
26	俄罗斯	89.09	13.66	稳定	E
27	委内瑞拉	83.28	16.85	稳定	E
28	巴西	82.33	5.02	稳定	E

注：指数环比变化幅度3%以内走势为稳定，环比增长超过3%为上升，环比下跌超过3%为下降。

6.3.3 国家风险的管理

1. 投资前的管理

（1）回避。管理国家风险最简单的办法就是回避，很多企业不在政治不稳定的国家投资就是采用这一策略。但是，所有的政府都会作出影响经营项目盈利的决策，所有的投资都面临一定程度的国家风险。问题的关键在于跨国公司能够容忍何种程度的国家风险，要求获得多大的投资收益。放弃到国家风险高的国家投资往往等于放弃了可能得到的高投资回报，同时也放弃了控制国家风险的任何努力。跨国经营本身就是一项冒险的事业。因此，只要国家风险可以识别、控制并能够得到相应补偿，就不应该回避。

（2）保险。跨国公司可以通过购买保险来应对国家风险。在美国，投资保险和担保是由海外私人投资公司（OPIC）承担的。该公司是美国政府的一个部门，成立于1969年，其目的是方便和促进美国私营资本在发展中国家的投资。它对四种政治风险提供保险：外国货币不可兑换；海外资产被征用；国外的战争、革命和其他暴力政治事件导致的财产毁损；政治风波对企业收入造成的损失。1993年，俄罗斯设立了一个保险基金来保护跨国公司免受各种形式的国家风险的影响。世界银行的一个附属机构——多边投资保险机构——为在欠发达国家有直接投资的跨国公司提供政治保险。

案例6-2　政治风险变幻莫测，企业苦了保险业火了

特朗普当选美国总统、英国脱欧、法国极右翼兴起……这两年的世界政坛，“黑天鹅”一只接一只飞出，大多数老百姓也就看个热闹，但对于生意做遍全球的跨国企业来说，政治形势风云变幻意味着实打实的经济损失。意外太多，防不胜防，只好多买几份“政治险”。

苦了跨国企业，火了保险业

国际保险业近来发现，找上门来的跨国企业客户越来越多了。这些大企业覆盖各种领域——油气、矿业、工业制造、银行……虽然买的险种相对比较“小众”，从量上而言算不上“大单”，但这些险种利润比较高，而且需求持续增长。

苏黎世保险公司告诉路透社记者，2016年公司的“政治风险与贸易信贷”险种业务增长了14%，2017年第一季度继续增长11%。企业购买这种保险，是为了防范与一国政府或国有机构做生意时对方违约而带来损失。这块业务是苏黎世保险公司最重要的特殊险种之一，每年保费额总计20亿美元。

“我们看到，美国外交政策、欧洲政策、欧盟一体化进程的剧烈变化影响了全球环境，影响到新兴市场的行为，也影响了各国对法治的理解。”苏黎世保险公司信贷与政治风险业务主管戴维·安德森说。

对跨国企业而言，眼前的政治风险从未如此显著：特朗普 1 月上台后的几个大动作，包括对叙利亚发动导弹袭击、美国退出跨太平洋伙伴关系协定（TPP），都让世界瞠目。他将如何应对朝鲜和伊朗问题、如何处理与墨西哥的关系等都是一个个现实的不确定因素，直接影响跨国公司在相关国家的业务。

欧洲这边，英国脱欧的后遗症、法国反全球化的极右翼政党“国民阵线”主席玛丽娜·勒庞在大选中势力大增，都可能给全球经济带来深远影响。

别以为这种保险只是“买个安心”。苏黎世保险公司 2015 年接到一个企业客户的理赔申请，原因是在美国支持下，沙特阿拉伯领导多国联军对也门胡塞武装发动军事打击，这家企业不得不大批撤回在也门的员工。苏黎世保险公司向这个客户赔付了 3 100 万美元。

特种保险“新宠”

通常，企业防范政治因素引发的经济损失，可选择三类特种保险：贸易信贷险，防范对方不能如约支付货款；政治风险险，比如被政府没收资产；政治暴力险，针对恐怖袭击甚至战争。

德国安联保险公司两年前推出了政治暴力险，发现这块市场果然火爆。“不少公司想购买保额高达 10 亿、20 亿甚至 30 亿美元的保险，防范恐怖袭击或政治暴力风险，也包括战争。”安联保险公司全球企业与特种保险业务部门高管克里斯托弗·本特勒介绍说。不过，安联保险公司的政治暴力险仅提供最高 1 亿欧元的保额，客户觉得“不够”，只得找其他保险公司多买几份保单。

保险代理商“底保全球”总经理詹姆斯·埃斯代尔介绍，如果企业想防范恐怖袭击或遭某国政府没收资产这类风险，通常可花 50 万美元的保险费换取 1 亿美元的保额。

瑞士大宗商品交易和矿业巨头嘉能可-超达公司在 2016 年报告中称，这一年由于地缘政治和法律、经营许可等相关风险增加，公司选择购买贸易信贷险来消弭影响。

虽然不是所有大企业都会买保险来规避政治风险，但国际信用及投资保险人联合会和国际信贷保险协会联合开展的调查显示，受访保险企业中，61%表示这块新业务有显著增长。

作为全球特种保险领域的领头羊，英国劳埃德保险公司发现，企业对政治风险险和政治暴力险的需求明显增长。“英国脱欧公投的结果让人们明白，有时候就是会发生一些匪夷所思的事。”从事保险代理和风险管理的达信公司政治风险与贸易信贷业务主管埃文·弗里利说，扎根新兴市场的欧洲、美国和亚洲企业对政治风险尤其敏感，因为一旦政权更替和国际贸易关系变糟，这些企业可能面临不小损失。

资料来源：搜狐财经．http://www.sohu.com/a/136634452_120702.

（3）特许协议。除了保险以外，企业可以在投资前通过谈判与东道国政府达成谅解，以特许协议的方式明确双方的权利和义务。20世纪六七十年代，一些企业在投资于欠发达地区时经常采用这种方式，尤其是在母国的殖民地。不过，随着这类国家的独立或旧政府被推翻，新的执政者往往会废止以前的特许协议。虽然这种特许协议现在仍然存在，但是由于其违约率高，许多跨国公司都在寻求更积极的政策来控制国家风险。

（4）策略调整。企业一旦决定在一个国家投资，可以通过调整经营策略和财务策略来尽可能减轻国家风险的受险程度。

1）控制市场或原料供给。这一调整策略是指增强东道国公司对其他子公司的依赖关系（比如，把关键原材料的货源或销售控制在其他子公司手中），使东道国政府因成本太高而不会轻易征用公司。

2）限制技术转移。跨国公司可以通过将研究与开发设备、专利技术的使用权留在母国，提高东道国实行国有化的成本。这一策略成功的前提是，其他获得许可证的跨国公司也不向被国有化的子公司提供同一技术。另外，跨国公司可以建立一个在法律上东道国政府不能复制的全球统一的唯一商标。子公司被征用后如果使用其他商标势必会有很大的损失，这样可削弱东道国征用的动机。

3）提高资产负债率。如果跨国公司能够从东道国的银行获得贷款，提高资产负债率，则东道国政府的政策变化会考虑银行资金的回收而对自己的行为持慎重态度。

4）多渠道融资。如果投资项目必须在东道国以外融资，跨国公司最好从多个国家的银行借款，而不是仅从母国银行借款，这样可以在东道国与母国之间出现政治冲突时，不至于被置之不顾。

5）分享所有权。与当地投资者分享所有权可以使当地投资者与企业的利益结合在一起，发生政治事件时很可能获得当地人的帮助。

2. 投资后的管理

跨国公司一旦在国外进行了投资，它对国家风险的防范和抵御能力就会大大降低。不过，下列措施可以帮助跨国公司捕捉各种成功的机会。

（1）有计划撤资。有计划撤资是指跨国公司将自己对国外投资的全部或大部分所有权分阶段地出售给当地投资者。不过这种方式很难让各利益相关者都满意。如果项目的盈利性差，将难以吸引当地投资者。而且，如果在谈判期间面临被征用的威胁，则难以达成公平的转让价格。

（2）短期利润最大化。当需要从东道国撤资时，跨国公司可以设法从东道国的经营中尽快提取大量现金，以减少留在当地的资本数额。提高短期现金流量的具体方法有：推迟设备维修，削减营销开支，只进行维持规模的投资，降低对产品的质量要求，制定较高价格，取消培训计划，等等。这些政策的采用表明跨国公司已无意在当地长期经营，所以这种行为可能会激起东道国政府征用的欲望。故此，跨国公司必须认真制定撤资的时间表，并考虑到与东道国的关系及其可能采取的措施，在国家风险急剧上升之前将资金转移。

（3）改变征用的成本收益比。如果东道国政府是理性的，那么它在采取征用政策前一定要考虑征用的成本与收益，只有征用的收益大于征用的成本时，它才会采用这一政策。所以跨国公司防止被征用的最好办法就是增加东道国征用的成本，或减少征用的收益。增加东道国征用成本的措施主要是控制出口市场、运输线路、技术、商标或在其他国家制造的部件。减少征用收益的主要措施是降低所有权当地化的潜在利益，具体可通过在当地建立研发机构、为子公司的产品拓展出口市场、培训当地员工和管理者、扩大生产设施以及生产一系列进口替代产品来实现。

（4）发展当地的利益相关者。发展当地的利益相关者是一项比较积极的策略。如果跨国公司在东道国的子公司能否持续存在影响到东道国的个人或团体的利益，就可以降低被征用的风险。潜在的利益相关者包括消费者、供应商、公司的当地雇员、当地的银行及其合资企业的合伙人等。这些利益相关者会出于自身利益的考虑而反对政府征用。例如，消费者担心征用会改变产品的品质，供应商担心征用会影响生产计划，当地银行担心征用会影响跨国公司子公司的现金流量进而影响债务的清偿。

（5）适应性调整。适应性调整是更为激进的国家风险管理措施。这一政策认为潜在的征用是不可避免的，因此跨国公司可通过特许证和管理合同的方式从东道国的资源中获利。例如，委内瑞拉政府与子公司被国有化的外国石油公司签订了管理协议，允许这些公司继续从事开采、提炼和营销业务。从这个角度看，并不一定只有拥有或控制某项资产才能盈利。

6.4 国际并购

国外直接投资既可以采用在国外投资设厂的方式，也可以采用收购国外现有企业的方式，即国际并购（cross-border acquisitions，CBA）。近年来，越来越多的国际直接投资采用这种方式，几乎占到国际直接投资金额的 50%。

根据联合国贸易和发展会议发布的《世界投资报告》（2010），2007 年，全球跨国并购达 7 018 起，2008 年和 2009 年由于受世界范围的金融危机的影响而有所减少，但 2008 年仍然达 6 425 起，2009 年达 4 239 起。

国际并购并不是国内收购方式的直接扩展，指导国际并购的战略思想通常不同于完全在国内进行并购的战略。由于收购公司与目标公司所处国家在政治与经济环境、社会文化、历史传统、法律、企业组织、会计规范等方面存在很多差异，因此国际并购更为复杂。收购企业在研究、实施和管理海外并购时，必须重视这些差异。国际并购还是一个敏感的政治问题。虽然各国一般都欢迎国外企业直接到本国来投资设厂（因为这种形式的国际直接投资被认为会给东道国带来投资和新的就业机会），但是国外企业收购本国企业却经常受到抵制甚至被禁止，因为大多数国家都希望由本国力量来控制国内企业。

6.4.1 并购的基本形式

企业并购的基本形式有四种：吸收合并、新设合并、资产收购和股权收购。

吸收合并是指一家企业被另一家企业吸收。收购企业保持其名称和身份，目标企业不再作为一个独立的经营实体存在。

新设合并是指兼并的两家企业都不再以法人的形式存在，而是共同组建一家新的企业。

资产收购是指收购企业购买目标企业的资产来实现收购。这种收购方式可以避免在股权收购方式下由少数股东带来的潜在问题，但这种方式要求资产过户，而这一法定程序的成本高昂。

收购的另一种方式是用现金、股票或其他证券购买目标企业具有表决权的股票。收购开始时通常是一家企业的管理层向另一家企业的管理层私下发出要约，但有时该要约直接发向目标企业的股东，这可以通过发盘收购实现。发盘收购就是购买目标企业股票的公开要约，由一家企业直接面向另一家企业。该要约一般通过报纸广告等公告方式发出。

6.4.2 国际并购的协同效应

国际企业进行国际并购是为了带来协同效应，即并购后，两个企业的总体效益要大于两个独立企业效益的算术和。也就是说，要使$1+1>2$。

假定A企业准备并购B企业。A企业的价值是V_A，B企业的价值是V_B。AB企业联合的价值（V_{AB}）与A，B两个企业单一价值之和的差额即为并购产生的协同效应，其表达式为：

$$\text{协同效应}=V_{AB}-(V_A+V_B)$$

协同效应可用折现现金流量模型表示为：

$$\text{协同效应}=\sum_{t=1}^{T}\frac{\Delta CF_t}{(1+r)^t}$$

式中，ΔCF_t为t时联合企业产生的现金流量与原两个单一企业产生的现金流量的差额，即ΔCF_t为并购后的净现金流量增加额；r为净现金流量增加额应负担的风险调整贴现率，通常用目标企业所要求的权益报酬率表示。

6.4.3　国际并购的原因

公司进行国际并购有很多战略或策略上的原因，其中大多数因素与国内并购无多大区别。下面是国际并购的一些特殊动因。

1. 企业成长的需要

成长可能是国际并购最主要的动机。成长对任何企业都是非常关键的。并购可以让企业立刻获得成长，国际并购更为之插上了翅膀。以下是几种常见的企业为了成长而进行国际并购的情形。

（1）如果企业盈利颇丰，本国经济却处于低速增长状态，则企业会将多余的现金流量投资到经济高速增长的国家中。

（2）当企业的国内市场已经饱和，或者国内市场太小以至于无法随公司成长而扩大时，企业也会选择国际并购。例如，荷兰壳牌公司和联合利华公司的海外扩张就是因为公司的销售量和规模很大，必须走出荷兰。

（3）海外扩张可以使中等规模的企业实现规模经济，以与大企业竞争。例如，传统的日本企业一般不愿意与国外企业合并，但最近很多中型日本企业与美国企业合并，其主要原因就是这些中等规模的日本企业希望通过并购获得竞争优势，以与大的竞争对手分庭抗礼。

（4）即使企业拥有最好的管理和技术，要想实现市场全球化也必须具有相当大的规模。国际并购是企业快速成长的重要手段。

2. 技术方面的原因

技术方面的考虑会从两个角度影响国际并购：一是技术领先的企业可以通过国际并购利用其技术优势；二是技术落后的企业可以通过收购技术领先的目标企业提高自己的竞争优势。

3. 产品优势和产品差异

一般来讲，在国内市场中产品具有良好声誉的企业在国外市场也会被接受。例如，20 世纪 20 年代欧洲汽车工业尚未完全发展，美国企业通过大规模生产降低了成本，向欧洲出口大量汽车。后来情况发生了变化，首先是大众公司从德国到了美国，接着是日本企业在美国颇受欢迎。所以国际企业会出于产品方面的考虑进行国际并购。

4. 政府政策

政府政策、管制、关税、配额等对国际并购有很大的影响。为了保护本国经济，很多国家运用关税等政策来限制国外企业对本国的出口。为了越过这种限制，国际企业可通过国际并购来拓展市场。例如，日本企业对美国的大量出口使美国政府加强了相关的限制条款，这是日本企业在美国直接投资增加的重要影响因素。

5. 汇率

本国货币与外国货币的相对强弱将影响国际企业收购时支付的实际价格，影响融资成本，影响目标企业的运营成本，影响子公司向母公司汇回利润的价值。各种会计处理方法会产生汇兑损益，而且管理汇率风险也将增加国际企业的成本。

6. 政治与经济的稳定性

在国际并购中，目标公司所在国政治与经济的稳定性也是国际企业需要考虑的重要因素。国际企业必须耗费一定的资源去管理政治或经济形势不稳定带来的风险，这一成本是国际企业在拟定国际并购决策时必须考虑的。政治方面的考虑包括政府变更的频率、权力转移是否平稳、各届政府政策的连续性、政府对经济的干预程度等。经济方面的考虑包括通货膨胀、劳工关系、汇率变动等。

7. 劳动力成本与生产率的差异

前面我们已经提到，在国际并购中要考虑劳工关系，不过与劳动力相关的最重要的因素还是劳动力成本与生产率。例如，在过去，较高的劳动力成本和不断下降的生产率是进入美国市场的障碍。各国间的劳动力成本和生产率差异很大，国际企业往往在劳动力成本较低的国家进行并购，以追求更大利润。

8. 满足顾客的需求

为了满足顾客需求，由国外的子公司为国内的跨国公司提供服务，一些服务性行业的公司也要选择国际并购。例如，银行业国际并购主要是为了保持长久的银企关系。如果银行的客户向海外扩张，银行也需要向海外发展。如果银行在海外没有分支机构，就有可能造成客户的流失。再如，四大会计公司为了保持与国际企业的良好关系，也要随国际企业向海外扩张。

9. 经营多元化

国际并购可使国际企业实现区域多元化和产品多元化。由于各国经济并非完全相关，因此国际并购能使国际企业不依赖单一的国内经济，降低了风险。

10. 保证原材料的供应

如果国际企业在本国缺乏生产所需的某种原材料，且存在原材料进口壁垒，国际企业也会进行国际并购，以保证原材料的供应。

6.4.4 国际并购后的整合

并购后的整合是并购不可或缺的环节，要实现并购的价值就必须重视并购后的整合。整合的范围取决于参与并购的两家公司之间的相互依赖程度。整合的进度取决于并购公司之间转移的战略能力的类型。战略能力的转移是并购实现价值的关键要素，一般包括经营资源（如销售能力、生产设备、商标、销售渠道、办公条件等），功能技巧（如设计、产品开发、生产技术、材料处理、质量控制、包装营销、激励、培训等），管理手段（战略方向、领导关系、计划与控制、人力资源管理等），以及规模收益（如财务资源的增加、风险的分散、资本成本的降低等）。

对国际并购进行整合一般更困难，因为被收购公司在国外，收购公司一般不熟悉被收购公司的环境，这就要求收购公司精心制定整合的计划。而且由于被收购公司的管理者与员工不熟悉收购公司的文化、管理行为和公司惯例，因此他们更需要了解收购公司的意图和背景。收购公司必须按照新的管理体制拓宽目标公司的思路，并清楚地告知被收购公司。特别需要注意的是被收购公司管理者与员工的薪酬和福利问题，收购公司应参照东道国的标准来设定，而不是照搬收购公司的标准。

总的来说，外国收购公司似乎更需要被收购公司的现任管理层继续留任，因为没有他们就不可能保持公司管理的连续性。然而，如果收购的出发点是改变经营战略，则应尽快更换业绩不佳的管理层，并且建立一个新的管理团队。在实行合理化改革和裁员计划时，必须了解和执行当地的就业法，了解东道国的文化，否则有可能陷入怨声载道和消极对抗的困境之中。

案例6-3　投资实务案例告诉你：海外并购后如何进行整合管理

海外投资是中国企业全球化的必经之路，审慎地做好风险防范工作是成功开展对外投资活动的保障。中国企业在“走出去”的过程中正越来越关注投（资）前、投（资）中和投（资）后的财务/运营风险管理工作，这将为顺利开展对外投资活动打下坚实的基础。

其中，投（资）后管理是一个比较新的观念。越来越多的全球案例显示，并购后的整合是并购成功之路上的重要一步。在很多企业并购案例中，尽管对外投资企业花很多时间制定了符合公司未来发展需要、切实可行的战略，选择了适合的标的，付出了合理的代价，但如果不能成功地整合目标公司，那么交易将不能为企业带来价值。

毕马威在2013年针对全球CFO的调查中惊讶地发现，七成以上的并购交易并未实现预期价值，有一半以上的并购交易受访者表示整合阶段的各种困难导致企业预期的协同效益难以实现。

成功开展海外项目整合工作并能在交易后充分实现协同效应的企业具有一些共同的特点，包括：

（1）能够认识到海外并购整合工作的重要性，“并而不整”将难以实现协同效应和交易目标。

（2）在签约前，对业务模式和整合战略予以充分考虑，谋定而后动。

（3）尽早启动整合工作，使双方工作团队充分磨合，为业务对接奠定基础。

（4）制定管控模式要从如何更有效地实现业务发展目标出发，最终体现在公司治理、组织架构和决策授权体系的设计方案中。

（5）认识到文化差异的存在，以开放的心态迎接挑战，建立有效的沟通机制，令对方产生认同感和归属感。

（6）以海外并购为契机，提升企业国际化经营与管理能力，建立国际化人才的培养机制，在并购战略的基础上制定长期财务目标。

中国企业在海外并购整合过程中遇到的典型难题主要有：

（1）缺乏清晰的投（资）后整合重组战略。

（2）难以识别双方业务可能产生协同效应的领域，导致双方在市场、经营、资金、技术及人员等方面没有做到资源的合理配置。

（3）忽视人员整合风险，致使被收购公司管理团队和关键员工流失。

（4）在海外业务管控方面，没有在放权与收权之间找到一个平衡点。

在某中资企业并购一家德国汽配公司的项目中，中国投资者看中了标的公司的减震降噪和轻量化应用产品技术，以及这些产品和技术在中国市场的良好发展前景，因此期望通过并购该公司进入高端汽车零部件产业。为了顺利地实现交易的协同效应，该项目交割期历时八个月，双方充分利用交割期开展整合规划和准备，在交割后又开展了为期一年多有关管理对接和业务协同的整合工作，这些整合工作为交易价值的实现夯实了基础。那么，这家公司在投（资）后整合方面具体是怎么操作的呢？

首先，在整合工作机制方面，中国企业与德国标的公司组建了联合工作团队，负责总体整合项目管理，并成立了16个子工作组负责整合计划的实施。双方团队充分沟通和磨合，为整合工作的顺利开展奠定了基础。

其次，在整合策略方面，双方管理层从始至终坚持了并购战略的设计思路，即将德国标的公司作为中国企业未来发展汽配业务的唯一平台。在这个原则下，中国企业已有的汽配业务单元被反向整合进标的公司，以最大限度实现资源的统一和业务协同效应。在实施中国业务反向整合的同时，企业同步实施全球运营模式的转型，包括建立集团层面的控股公司架构、全球共享服务中心以及以产品为导向的全球研发中心网络。

再次，在整合初期关注业务维稳，通过适度放权的独立运营、变革管理与充分沟通，保证交割后德国标的公司的业务稳定运营，避免人才流失。具体工作包括在交割前召开全体员工沟通会，作为股东的中国企业联合德国公司管理层共同陈述双方对企业未来发展的看法、对未来投入的承诺以及双方的契合点，以打消员工的顾虑。

在管理层层面，双方联合举办多轮战略与文化融合研讨会，就公司经营发展、独立运营模式、授权体系以及文化差异等进行充分沟通，消除分歧，以在方向上达成一致。此外，在市场方面，双方开展了针对重点客户的走访和沟通，最大限度避免客户流失。

最后，在实现交易价值方面，德国标的公司在中方支持下制定并实施了中国业务增长计划，其主要内容包括：针对中国客户资源，重点开拓合资整车市场；优化安排全球产品与生产布局，新建两家工厂以扩充产能；在挖掘成本协同效应方面，重点实施“采购速赢”计划，通过合并采购量、优化供应商构成等举措，企业在当年就节省了超过 400 万欧元的采购成本。通过这些举措，德国标的公司的中国业务收入在 2015 年实现了两位数的增长，利润总额超过预期。

资料来源：搜狐财经. http://www.sohu.com/a/120681131_481559.

本章小结

随着世界经济一体化进程的加快，国际直接投资呈现出全球性的扩张趋势。目前主要的国际直接投资方式包括在国外投资设厂开展生产经营业务、收购现有的国外企业以及与外国企业合资等。由于国际投资项目所处的环境比较复杂，因此国际资本预算也更为复杂，尤其需要对国际资本预算的主体和国家风险分析做重点考虑。

本章以泰坦公司为例说明了国际资本预算的具体方法。国家风险包括政治风险和经济风险，国际企业应该对国家风险进行评估，并采取措施进行管理。企业进行国际并购是为了取得协同效应，应了解企业进行国际并购的一些特殊动因，另外国际并购后的整合也非常关键。

名词术语

国际直接投资　　国家风险　　国际并购

练习题

一、思考题

1. 国际直接投资的动机有哪些？
2. 描述跨国公司进行国际直接投资的潜在好处。
3. 如何确定国际资本预算主体，预算主体不同会对投资决策有何影响？
4. 国家风险由哪些部分组成？
5. 如何评估国家风险？请从互联网上查找有关权威部门发布的最新的国

家风险评估结果。

6. 与国内并购相比，国际并购有哪些特殊动因？

7. 人民币汇率上升后，我国很多企业到欧美并购企业，这些企业大多是在当地生产并在当地销售，而且欧美的人工成本远远高于我国和东南亚国家。我国企业并购的意义何在？哪些因素可能会妨碍这类并购的最终成功？

8. 企业进行海外投资就会面临国家风险，为什么这些风险不能阻止世界范围内海外投资规模的不断扩大呢？

9. Raider公司和Ram公司都想减少现金流量的不确定性。Raider公司计划实施一项长期计划，将其40%的资金投在加拿大，而Ram公司也计划实施一项长期计划，将其30%的资金投在欧亚5个不同的国家。一旦计划开始实施，哪个公司将能更有效地减少现金流量的不确定性？

10. 如果中国对进口商品进行长期管制，在中国的国际直接投资数额将增长、减少还是不变？

11. 一家中国跨国公司向位于加勒比海的子公司出售非常先进的电话零件。该零件由消费者购买回去改进其电话系统，其他国家不制造该零件。该公司是否面临政治风险？该公司是否面临经济风险？你认为该公司是应该关心政治风险还是经济风险？为什么？

二、计算题

我国一家电公司开拓东南亚市场，拟在泰国建立一家子公司并在当地进行生产，产品主要在当地销售，部分出口欧美国家。经过考察，预计该项目前期固定资产投资5 000万泰铢，流动资产投资700万泰铢，前3年每年取得的销售收入折合4 700万泰铢，使用当地人工，材料在当地采购，因此，付现成本为每年2 700万泰铢，设备折旧每年达500万泰铢，企业在当地的所得税税率为30%，子公司前3年每年获得的利润留在当地，补充流动资产，使得销售收入每年提高20%，相应地，付现成本每年也提高20%，之后每年的利润全部汇回国内，公司规模不再扩大，汇回国内的利润根据税收协定不再被双重征收所得税。母公司对该子公司的营业预期为10年，之后企业的价值按照第10年末的账面价值估计。泰铢对美元的汇率为1美元=25.8泰铢，而人民币对美元的汇率为1美元=8.6元人民币。母公司认为该项目的资本成本率大约为15%。

要求：根据上述资料，回答下列问题：

（1）该公司的这项投资是否可行？

（2）经营3年后，子公司遇到了东南亚金融危机，泰铢急剧贬值到1美元=32泰铢，人民币对美元的汇率保持稳定。母公司应该采取哪些措施减少泰铢贬值对母公司的不利影响？

（3）对母公司而言，如果预计泰铢贬值后再升值的可能性较小，泰国经济受到冲击，但是通过采取一系列措施，子公司原有的泰铢销售收入预计保持不变。该子公司的价值是否会受到影响？企业是否应该撤资？

三、课堂案例

1. 彭尼公司是一家中国公司。它评价了自己在零售业方面的发展潜力。可以肯定的是，由于它在中国主要的市场有多家零售店，因此它在中国市场的发展潜力是有限的。它认为在国外发展有许多机会，包括日本、巴西、希腊、墨西哥、葡萄牙、新加坡和泰国。例如，它计划通过位于日本的百货商店提供私用服装标签来扩展其在日本的零售空间。它在亚洲、欧洲、美洲开了多家新店。彭尼公司有效利用市场营销专家策划收购了一家商店，这样它仅依靠面向特定消费者的产品就拥有了消费群。然而它没有充分了解所想进入的国家的文化传统。该公司的一个目标是在试图与其他能理解国家间文化差异的人联手。由于这个原因，该公司与每个能理解当地风俗的当地合伙人进行合资经营。这样，每个店都能卖出最适合当地消费者需要的产品。但是这些店都使用彭尼商标，依靠彭尼公司提供产品、市场及收购专家服务。

要求：

（1）彭尼公司在国外合资建店与单独建店相比有哪些优势？

（2）彭尼公司在全球的扩张会增加或减少哪些风险？

2. 海斯公司是一家中国啤酒制造商，生产百威及其他品牌的啤酒。近期它通过与日本最大的酿酒厂凯瑞公司开办合资企业打入日本市场。海斯公司对合资企业有相对控股权。合资企业建立后，海斯公司可以利用凯瑞公司在日本的销售网销售公司啤酒，同时可以利用凯瑞公司的设备生产啤酒并在当地销售。作为回报，海斯公司为凯瑞公司提供中国啤酒市场的信息。

要求：

（1）解释合资企业怎样使百威公司实现股东财富最大化的目标。

（2）与出口方式相比，在开办合资企业后，百威公司在日本回避了哪些障碍？

（3）解释与建立独资企业相比，百威公司建立合资企业的利弊。

（4）由于建立了这个特定的合资企业，百威公司是否会失去美国之外的一些市场份额？

3. 沃尔瑞公司是一家中国公司，目前在德国没有业务，但是它正考虑在那里建立一家子公司。它收集了如下信息来评估该项目。

（1）需要初始投资5 000万欧元。目前即期汇率为1欧元＝0.5元人民币，即期需要投资2 500万元人民币。除了建设工厂购买设备的5 000万欧元初始投资外，还需要2 000万欧元作为营运资本，这部分钱将由子公司从德国银行借入。沃尔瑞德国子公司将以每年14%的利息支付借款利息。该借款本金将在10年后偿还。项目将在3年后终结。到时该子公司将被整体出售。

（2）该产品在德国的价格、需求量及单位可变成本见表6-11。

表6-11

年度	单位价格（欧元）	需求量（个）	单位可变成本（欧元）
1	500	40 000	30
2	511	50 000	35
3	530	60 000	40

（3）固定成本预计每年600万欧元。

（4）预计第一年年末汇率为1欧元＝0.52元人民币，第二年年末为1欧元＝0.54元人民币，第三年年末为1欧元＝0.56元人民币。

（5）德国的公司所得税税率为零。德国政府将对子公司汇回母公司的收益课以30%的预提税。

（6）母公司在中国享受税收优惠，不需要缴纳公司所得税。中国政府对子公司汇回母公司的收益也予以税收抵免，不再课税。

（7）每年末子公司经营活动中产生的所有现金都要汇回母公司，子公司将用投入的营运资本维持企业的持续经营。

（8）子公司的厂房和设备用直线法在10年内计提完折旧。因为厂房和设备初期作价5 000万欧元，会计残值预计为零，所以每年的折旧费是500万欧元。

（9）3年后，子公司将被整体出售。沃尔瑞公司计划让兼并公司承担当前的德国贷款。营运资本不会收回，将由兼并公司使用。沃尔瑞公司希望出售这家子公司在减去资本利得税后能收到5 200万欧元。这笔收入在汇回母公司时不用缴纳预提税。

（10）沃尔瑞公司对该项目要求20%的收益率。

要求：

（1）计算该项目的净现值。沃尔瑞公司应接受该项目吗？

（2）在母公司看来，有两种安排中：一是子公司在德国筹资提供营运资本；二是母公司投入自己的资金来提供营运资本。哪一种安排会使该项目的净现值对汇率变动更敏感？为什么？

（3）假定沃尔瑞公司采用初始提议的融资安排并且资金被冻结在德国直至出售子公司。3年内，欲汇回的资金需要再投资，税后收益率为6%。该项目的净现值为多少？

（4）假定沃尔瑞公司决定实施该项目并采用初始提议的融资安排。再假定一年后，有一家德国公司愿意支付税后价格2 700万欧元购买该子公司，而且假定沃尔瑞公司对第二年和第三年的有关预测不变。沃尔瑞公司应该出让该子公司吗？通过计算给出理由。

四、课后上网练习

1. 以你在第1章课后上网练习中选定的中国国际企业为主体，上网收集相关信息，回答以下问题：

(1) 该企业是否进行过国际直接投资？主要采取了哪些国际直接投资方式？

(2) 如果该企业在其他国家或地区有合资企业或独资企业，描述这些子公司的成立时间、经营范围、股权结构、近几年业务发展情况等。

(3) 如果该企业进行过国际并购活动，详细描述并购活动的具体时间、并购对象、并购原因、并购资金来源、并购后的整合过程及并购后的经营业绩变化情况等。

2. 使用网上新闻研究过去3个月中的某个国际收购事件。描述收购动机，解释收购方如何从收购中受益。

五、小企业的困境

小强体育用品出口公司直接对外投资决策

小强体育用品出口公司的业务一直在增长。公司最近与一家美国公司的合作也很成功。这家美国公司为小强体育用品出口公司生产其他体育用品，然后卖给其他分销商。小强早期主要通过出口来开展国际经营，因为这比在美国建厂生产更容易，成本也更低。然而，小强现在开始考虑在美国建立独资公司生产乒乓球。

1. 根据资料，小强体育用品出口公司在美国建厂的好处是什么？

2. 根据资料，小强体育用品出口公司在美国建厂的弊端是什么？

3. 描述在决定该项目是否可行时需要获取的数据及必要的资本预算分析步骤。

4. 解释为什么会存在与该项目现金流相关的不确定性。

六、真实案例在线文章

在网上寻找一篇近期的文章。文章内容（最好与某一特定国际企业有关）能够诠释本章所阐述的一个或多个概念。可以使用的搜索关键词包括直接对外投资与政府鼓励、直接对外投资与政府管制、合资、独资、国际并购、跨国经营风险、汇回收益政策、外国收入税收、国家风险、经济风险、政治风险、跨国公司与政府接管等。

七、推荐书目/视频

1. 《新帝国主义在中国》，郎咸平，北京，东方出版社，2010。

2. 《合资留给了我们什么》，段福德、李规山，北京，中国社会科学出版社，2005。

3. 《金融战争：金融资本如何在全球掠夺财富》，李翀，北京，机械工业出版社，2017。

4.《并购之王》，（美）丹尼斯·罗伯茨，北京，机械工业出版社，2014。

5.《门口野蛮人》，（美）伯勒，北京，机械工业出版社，2010。

6.《全球化之路：中国企业跨国并购与整合》，陈威如等，北京，中信出版社，2017。

7.《跨国并购》，中央电视台7集纪录片，2011。

第7章

国际营运资金的管理

知识要点

- 国际营运资金管理的目标
- 集中现金管理的优点
- 净额结算的概念及其优点
- 多国现金调度的程序
- 国际企业内部应收账款管理的方法
- 国际资金转移管理的一般方式

国际营运资金管理是指国际企业对营运资金的管理，是国际企业财务管理中非常重要的一个环节。由于国际企业理财环境的特殊性和复杂性，与国内企业相比，国际企业在营运资金管理方面要更多地受汇率波动、外汇管制和税收等因素的影响，这是国际企业营运资金管理的特殊之处，也要求国际企业的财务人员在营运资金管理方面必须具有更强的风险意识和更好的应变能力。

国际营运资金管理的目标主要受国际企业竞争战略的影响。由于不同的国际企业具有不同的竞争战略，同一国际企业在不同时期也具有不同的竞争战略，因此它们的营运资金管理目标有所差异。有关调查显示，保证销售、降低流动资产余额、投资决策最优化、提供可用资金等都可能成为国际企业营运资金管理的目标。大多数人认为营运资金管理必须提供必要的现金、应收账款、存货及短期信用以保证预期销售目标的实现，即保证销售扩大是营运资金管理的最主要目标。还有人认为尽可能降低现金、应收账款和存货的余额，即流动资产余额最小化是营运资金管理的主要目标。除此以外，还有种种看法。不过营运资金管理的直接目标可以概括为，通过资金在全球的合理流动和有效配置，实现各种流动资产持有水平的最优化。

国际企业营运资金管理的内容与国内企业营运资金管理的内容并无多大区别。其营运资金有毛营运资金和净营运资金两种口径。毛营运资金是指企业流动资产总额，包括现金、短期投资、应收账款、存货等项目；净营运资金是指流动资产减去流动负债后的净额。在本章，我们采用毛营运资金的概念。国际营运资金的管理包括两方面的内容，即营运资金的存量管理和营运资金的流量管理。营运资金的存量管理主要在于确定现金、应收账款、存货等营运资金的最佳持有水平，这一点与国内企业相同。不过在思考的视角上，国际企业更为广阔。营运资金的流量管理主要是指国际企业利用内部资金转移机制实现资金的最佳配置，即国际资金转移管理。

7.1 现金管理

现金是企业生产经营过程中的货币资金，包括备用金、银行活期存款、各种存单等项目，其特点是流动性极好，但盈利能力较差。与国内企业类似，国际企业现金管理的根本目标在于确定用于投资的现金的最佳水平，具体地说，就是在保证企业生产经营活动对现金需要的前提下，尽可能节约现金，减少现金余额，提高资金利用率。但是，国际企业的现金不仅数量多、分布广、币种多样化，而且在跨境转移中会遇到各国不同的法规约束，所以国际企业的现金管理更加复杂。

图7-1是一个国际企业的现金流量简图，该公司在不同国家拥有两个子公司。我们假设两个子公司定期向母公司支付费用和股利，并且把剩余现金交给母公司管理，这些是母公司现金流入量中来自子公司的部分。母公司现金流出量中与子公司有关的部分包括母公司向子公司的贷款和投资、子公司剩余现金的利息等。子公司之间的商品购销导致它们之间也有现金流动。

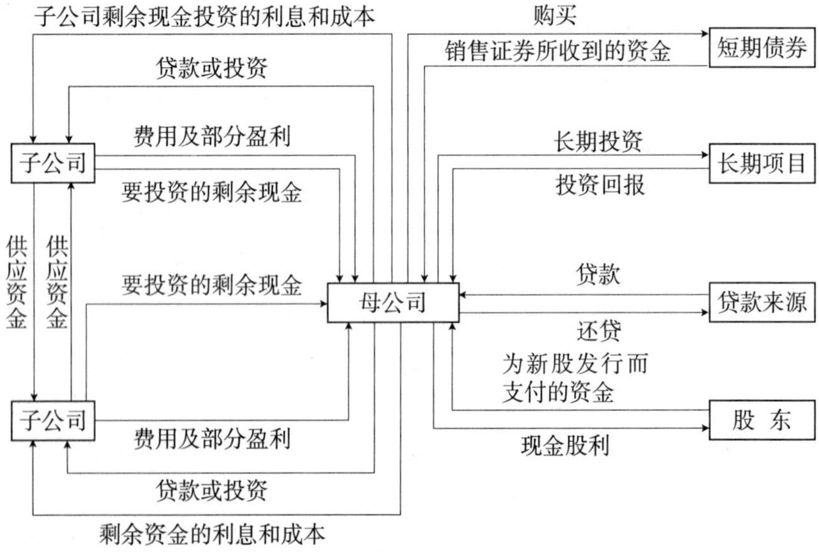

图7-1 国际企业的现金流量简图

7.1.1 集中现金管理

受汇率和利率经常波动、组织结构和经营活动越发复杂等因素的影响，国际企业通常都会选择高度集中的现金管理体制，即国际企业从总体利益出发对母公司及各国子公司的现金余缺进行统一调度。在这一管理体制下，国际企业一般会设立现金管理中心，要求每个子公司所持有的现金余额仅以满足日常交易需要为限，超过此最低需要的现金余额都必须汇往现金管理中心，该中心是国际企业中唯一有权决定现金持有形式和持有币种的现金管理机构。

现金管理中心所在国必须具有以下特点：政治稳定；允许资金自由流入流出，货币坚挺，能迅速兑换成其他货币；有发达的、能提供风险较小的中长期投资机会的资本市场，有活跃的、能提供任何期限的临时投资的货币市场，有包括远期外汇市场在内的有效外汇市场；在税收方面比较宽松，只按收入来源课征所得税，对现金资产不课征资本税；鼓励国际企业的子公司在当地发展；有便捷高效的通信网络。

集中现金管理有以下优点：

(1) 通过集中现金管理，可以使整个国际企业现金持有量达到最小，提高资金利用效率。这是因为在集中现金管理体制下，每个子公司只需为支付动机持有现金，不需为投机动机和预防动机持有现金①，而是由现金管理中心来集中持有针对投机动机和预防动机的现金余额。这样，现金管理中心持有的现金余额要远远低于各子公司独立控制此类现金余额时的总和，富余出来的现金就可以进行短期投资，获取利润。

(2) 在集中现金管理体制下，现金管理中心监控整个国际企业的活动，这样就可以发现单个子公司无法认识到的问题和机会。

(3) 通过集中现金管理，所有的决策都是以国际企业总体利益最佳为指导原则作出的。

(4) 通过集中现金管理，现金管理中心的现金交易（尤其是外汇交易）大大增加，这样可以让银行提供更好的服务，给企业带来更大的收益。因为银行往往对大客户提供更好的服务，对大额存款支付较高的利息。

假设 50 000 美元以下的银行存款月利率为 0.1%，50 000 美元以上的银行存款月利率为 0.11%。如果某国际企业的两个子公司各有为期 1 个月的剩余现金 30 000 美元，如将其分别存入银行，它们所得到的利息之和为 60 美元，

---

① 企业持有现金的动机有三：(1) 支付动机，即持有现金以便满足日常支付的需要；(2) 投机动机，即持有现金以便在证券价格剧烈波动时从事投机活动，从中获得收益；(3) 预防动机，即持有现金以应对意外事件对现金的需求。

但是如果国际企业采用集中现金管理，将子公司的资金集中到一起存入银行，所得利息为66美元。

（5）在集中现金管理体制下，国际企业的整体筹资成本可以降低，从而提高营运资金的效益。

例如，假设A子公司在下个月有剩余现金30 000美元，B子公司需要借入为期1个月的现金30 000美元。如果没有集中现金管理，A子公司可能用30 000美元购买1个月期、年利率为12%的银行存单。同时B子公司可能从银行借入为期1个月、年利率为15%的现金。在集中现金管理体制下，B子公司可以借入A子公司的剩余现金，从而降低国际企业的整体筹资成本。

（6）在集中现金管理体制下，只有一个部门——现金管理中心负责现金管理，这样可以吸引更多的现金和证券管理方面的专家。

（7）在集中现金管理体制下，各子公司持有的现金余额减少，这样当国外子公司所在国政府实行外汇管制或其他控制措施时，国际企业的损失可以降低。

当然，集中现金管理并不意味着现金管理中心控制现金管理的所有方面，各子公司仍在一定程度上保留自主权，而且现金管理中心的有效决策也依赖于各子公司提供的信息。

7.1.2 多边净额结算

由于国际企业对遍及全球的子公司实行集中现金管理，而母子公司之间以及子公司之间购销货物、提供劳务等引发的往来结算很频繁，因此，为了减少外汇暴露风险和资金转移成本，国际企业可以在全球范围内对公司内部的收付款项进行综合调度，抵消一部分收付款额度，只将抵消后的净额进行结算。这种方法叫作净额结算，根据涉及主体的多少，又可分为双边净额结算与多边净额结算。

1. 双边净额结算

双边净额结算是指两家公司有业务往来，需要进行相互结算，公司间仅就净额部分进行支付。例如，柯洛希尔公司是美国的一家国际企业，该公司的德国子公司销售2万美元的商品给日本子公司，同时日本子公司又向德国子公司销售3万美元的原材料，这两笔业务如果不经过净额结算，将需要有5万美元的资金流动，而采用双边净额结算，只要德国子公司向日本子公司支付1万美元就可以结清账目。

一般来讲，资金转移成本为资金转移数额的0.25%～1.5%，包括汇费、银行手续费等交易成本，以及在途汇款的机会成本。假设资金转移成本率为1%，在上例中，通过双边净额结算可以节约资金转移成本400美元［(5万美元－1万美元)×1%］。

2. 多边净额结算

多边净额结算是双边净额结算的扩展，是指有业务往来的多家公司参加的往来账款的抵消结算。国际企业的内部贸易结构比较复杂，多个公司之间相互有业务往来，款项很大，双边净额结算制度难以有效运行，需要采用多边净额结算。

[例 7-1]

假设前述柯洛希尔公司除了德国与日本的子公司外，还有一家加拿大的子公司，母公司与各子公司及子公司之间业务往来所形成的现金收付情况如表 7-1 所示。表 7-1 中的货币单位是母公司的报告货币——美元，各子公司的功能货币为当地货币。

表 7-1　　柯洛希尔公司现金收付矩阵　　单位：万美元

收入	支出					
	美国	加拿大	日本	德国	收入合计	净额*
美国	—	3	3.5	6	12.5	5.5
加拿大	2	—	1	4	7	(1.5)
日本	1	2.5	—	3	6.5	0
德国	4	3	2	—	9	(4)
支出合计	7	8.5	6.5	13	35	0

* 每个公司的净额等于收入合计减去支出合计，如加拿大子公司的净额为－1.5 万美元（7－8.5）。

从表 7-1 中我们看到，在收入方面，美国母公司将从加拿大子公司收到价值 3 万美元的加元，从日本子公司收到价值 3.5 万美元的日元，从德国子公司收到价值 6 万美元的欧元，美国母公司将通过公司内部交易共计收取 12.5 万美元。在支出方面，美国母公司将支付 2 万美元给加拿大子公司，支付 1 万美元给日本子公司，支付 4 万美元给德国子公司，美国母公司将在公司内部交易中共计支付 7 万美元。其他三个子公司与此类似。

如果没有净额结算制度，柯洛希尔公司的四个公司之间将发生 12 笔外汇交易①，如图 7-2 所示。母公司及三个子公司之间的 12 笔内部交易将引致 35 万美元的资金流动，资金转移成本为3 500美元（35 万美元×1%）。

如果柯洛希尔公司采用了双边净额结算制度，则至少可以削减一半的交易。交易情况如图 7-3 所示。双边净额结算制度下，柯洛希尔公司的 6 笔内部交易将引致 9 万美元的资金流动，资金转移成本为 900 美元（9 万美元×1%），节约了 2 600 美元（3 500－900）的资金转移成本。

① 一般来讲，如果有 N 个分支机构，最多可能有 $N(N-1)$ 笔交易，本例中为 $4\times(4-1)=12$。

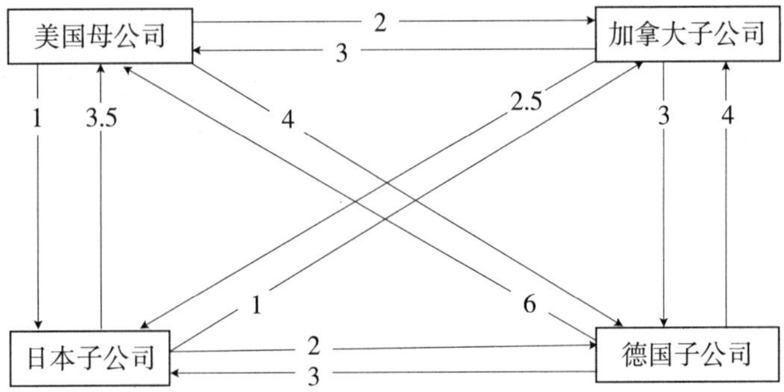

图7-2　没有净额结算制度时柯洛希尔公司的内部交易（单位：万美元）

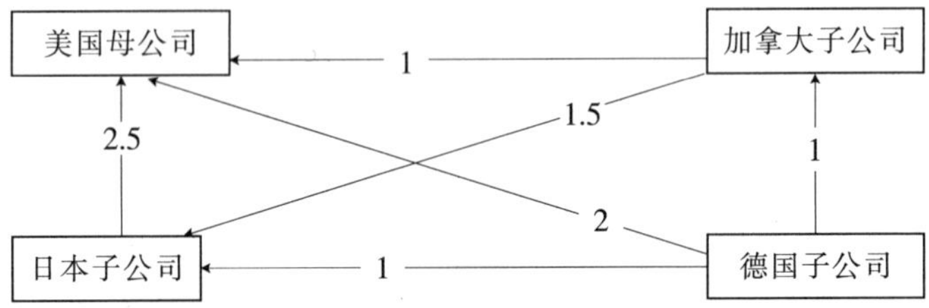

图7-3　双边净额结算制度下柯洛希尔公司的内部交易（单位：万美元）

如果柯洛希尔公司采用多边净额结算制度，情况就会更好些。从表7-1中我们可以看到，若将各公司间的现金收支互相冲销，公司内部资金转移金额为5.5万美元，日本子公司的现金收支净额为零，只需加拿大子公司和德国子公司分别向美国母公司支付相当于1.5万美元和4万美元的资金，如图7-4所示。资金转移成本为550美元（5.5万美元×1%），比没有净额结算制度时节约了2 950美元。

在图7-4所示的多边净额结算制度下，每个分支机构都有一名当地的现金管理人员来负责处理现金余缺。不过，正如我们在集中现金管理中讲到的那样，国际企业往往设立现金管理中心来负责现金的集中管理。如果柯洛希尔公司也采用了这一体制，其现金收付情况将如图7-5所示。

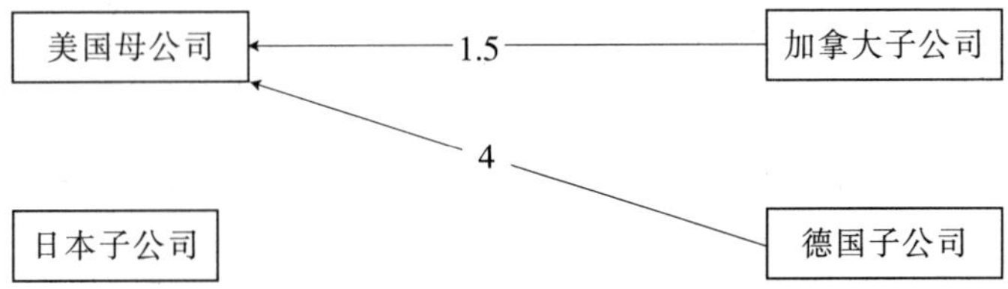

图7-4　多边净额结算制度下柯洛希尔公司的内部交易（单位：万美元）

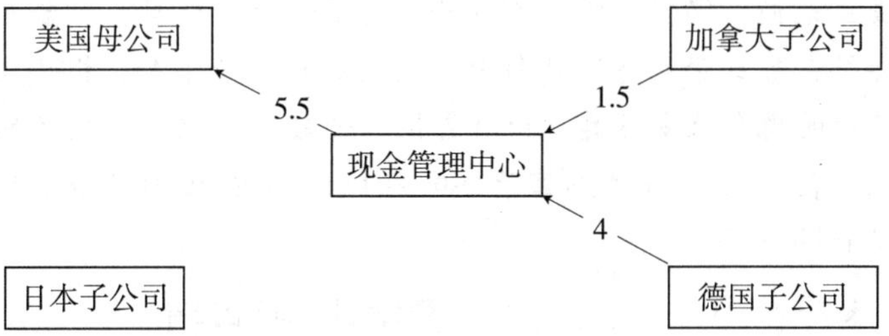

图 7-5　拥有现金管理中心的多边净额结算制度（单位：万美元）

多边净额结算的优点主要体现在以下方面：

（1）缩小资金转移规模，降低资金转移成本。柯洛希尔公司的例子是很好的说明，多边净额结算使该公司节约了2 950美元的资金转移成本。国际企业的内部交易越多，资金往来越频繁，多边净额结算就越能体现出优势。

（2）加强风险管理。国际企业内部公司之间大规模的资金往来结算不但会有大量的结算成本，而且面临很大的汇率变动风险。多边净额结算在缩小资金转移规模、减少汇率变动风险的同时，把本来由各公司独自承担的结算风险集中起来由国际企业统一承担，有利于加强风险管理。

另外，多边净额结算还可以使国际企业建立起规范的支付渠道，使业务进一步规范化、专业化，同时还能与银行建立起更稳定的合作关系。

需要注意的是，国际企业在采用多边净额结算制度时必须了解各子公司所在国的外汇管制情况，一些国家可能会对多边净额结算制度有所限制。

7.1.3　现金计划与预算

有效的现金管理是建立在完备的报告制度基础之上的。国际企业的现金管理中心必须全面、及时、准确地了解各子公司的信息，包括子公司的财务状况、未来的现金余缺情况、预计的现金流入量与流出量、当地与国际货币市场动态及汇率变动情况等，只有这样，现金管理中心才能在整个国际企业范围内有效地配置现金资源。随着市场竞争日趋激烈，国际企业风险意识增强，以及IT技术飞速发展，国际企业现金管理所需的信息从每季信息变化为每月信息，从每月信息变化为每周信息，甚至每日信息。所以国际企业一般采用编制现金预算的方法来帮助财务管理人员了解相关信息。现金预算是一份详细说明预期现金收付的时间与金额的计划，它是所有现金管理体系的基础。

[例 7-2]

一家国际企业的总部位于巴黎，其现金管理中心设在总部内。该企业在法兰克福、佛罗伦萨、鹿特丹、伦敦设有子公司。现金管理中心要求各国子公司在每日营业终了时向中心报送日常现金报告，报告当日现金余额和近5日内的现金收支预算。所有的报告金额都按照中心规定的统一汇率折算成美元。表7-2是上述四家子公司2018年8月26日向现金管理中心报送的日常现金报告。

表7-2　　子公司日常现金报告　　单位：万美元

<table>
<tr><td colspan="4">日期：2018年8月26日
子公司：法兰克福
日终现金余额：－30
5日预测：</td><td colspan="4">日期：2018年8月26日
子公司：佛罗伦萨
日终现金余额：＋70
5日预测：</td></tr>
<tr><td>天数</td><td>收入</td><td>支出</td><td>余额</td><td>天数</td><td>收入</td><td>支出</td><td>余额</td></tr>
<tr><td>1</td><td>80</td><td>40</td><td>＋40</td><td>1</td><td>86</td><td>10</td><td>＋76</td></tr>
<tr><td>2</td><td>25</td><td>45</td><td>－20</td><td>2</td><td>72</td><td>152</td><td>－80</td></tr>
<tr><td>3</td><td>60</td><td>140</td><td>－80</td><td>3</td><td>100</td><td>74</td><td>＋26</td></tr>
<tr><td>4</td><td>55</td><td>55</td><td>0</td><td>4</td><td>150</td><td>46</td><td>＋104</td></tr>
<tr><td>5</td><td>50</td><td>20</td><td>＋30</td><td>5</td><td>90</td><td>24</td><td>＋66</td></tr>
<tr><td colspan="3">期间净额</td><td>－30</td><td colspan="3">期间净额</td><td>＋192</td></tr>
<tr><td colspan="4">日期：2018年8月26日
子公司：鹿特丹
日终现金余额：＋80
5日预测：</td><td colspan="4">日期：2018年8月26日
子公司：伦敦
日终现金余额：＋20
5日预测：</td></tr>
<tr><td>天数</td><td>收入</td><td>支出</td><td>余额</td><td>天数</td><td>收入</td><td>支出</td><td>余额</td></tr>
<tr><td>1</td><td>48</td><td>68</td><td>－20</td><td>1</td><td>20</td><td>10</td><td>＋10</td></tr>
<tr><td>2</td><td>80</td><td>55</td><td>＋25</td><td>2</td><td>52</td><td>22</td><td>＋30</td></tr>
<tr><td>3</td><td>96</td><td>41</td><td>＋55</td><td>3</td><td>30</td><td>70</td><td>－40</td></tr>
<tr><td>4</td><td>18</td><td>48</td><td>－30</td><td>4</td><td>60</td><td>10</td><td>＋50</td></tr>
<tr><td>5</td><td>60</td><td>49</td><td>＋11</td><td>5</td><td>40</td><td>60</td><td>－20</td></tr>
<tr><td colspan="3">期间净额</td><td>＋41</td><td colspan="3">期间净额</td><td>＋30</td></tr>
</table>

表7-2中提供了日终现金余额与5日现金收支预测的信息。根据2018年8月26日的报告，佛罗伦萨子公司有现金余额70万美元。这个余额意味着该子公司在那一天可以额外支出70万美元，不会招致现金短缺也不需要透支。法兰克福子公司有现金余额－30万美元，这可能需要透支来弥补，或者从现金管理中心借入资金来弥补。鹿特丹和伦敦子公司的现金溢余分别为80万美元和20万美元。

现金管理中心根据各子公司的5日现金预测情况，汇总编制短期现金预算，如表7-3所示。从表7-3中我们可以看到，逐日合计一栏反映了整个国际企业每日的现金溢余或短缺情况，这些信息被用来规划货币市场的运作及资金投放和筹集的时机和期限，也被用来决定如何与银行合作。该国际企业虽然5日合计现金溢余233万美元，但是第2天和第3天却存在现金短缺，对此要予以充分重视。

表7-3 **短期现金预算表**

2018年8月26日后 单位：万美元

子公司	第1天	第2天	第3天	第4天	第5天	5日合计
法兰克福	+40	−20	−80	0	+30	−30
佛罗伦萨	+76	−80	+26	+104	+66	+192
鹿特丹	−20	+25	+55	−30	+11	+41
伦敦	+10	+30	−40	+50	−20	+30
预计现金余缺逐日合计	+106	−45	−39	+124	+87	+233

表7-3中"5日合计"一栏反映了各子公司5天内的现金状况，这些信息对于决定子公司日常溢余资金的流向很重要。公司未来几日的现金状况将影响日常溢余资金是汇往现金管理中心还是继续存储在当地；同时，这些信息还有助于决定借款或筹资地点。

7.1.4 多国现金调度系统

为了从全球角度进行战略思考，合理配置资金，国际企业在多边净额结算的基础上一般还建立多国现金调度系统。多国现金调度系统是现金管理中心根据事先核定的各子公司每日所需现金和子公司的现金日报及短期现金预算，统一调度子公司的现金，调剂余缺。

现金管理中心进行多国现金调度的程序是：

（1）核定各子公司每日所需的最低现金余额。

（2）每日终了时，汇总各子公司的现金日报与短期现金预算。

（3）比较各子公司当日现金余额与核定的最低现金余额，确定现金余缺。

（4）由现金管理中心发出资金转移指令，资金溢余的，或汇往现金管理中心，或直接汇往现金短缺的子公司，或积储在当地进行短期投资；而现金短缺的子公司将获得援助。

[例7-3]

承例7-2，现金管理中心根据各子公司的报告编制合并现金日报表，如表7-4所示。该表列示了各子公司的现金余额、维持经营所要求的最低现金余额以及各子公司与整个国际企业的现金余缺情况。我们可以看到，佛罗伦萨子公司和鹿特丹子公司该日的现金余额超过了其正常经营的需要，而伦敦子公司虽然拥有20万美元的现金余额，但仍比维持经营所要求的最低现金余额少

5万美元。法兰克福子公司现金短缺50万美元，包括其经营现金赤字和最低要求现金余额。整个国际企业现金溢余15万美元。

表7-4　　合并现金日报表　　单位：万美元

子公司	日终现金余额	最低要求现金余额	现金余缺
法兰克福	－30	20	－50
佛罗伦萨	＋70	50	＋20
鹿特丹	＋80	30	＋50
伦敦	＋20	25	－5
合计			＋15

假定现金管理中心经过综合考虑，决定按表7-5的指令进行现金调度。

表7-5　　现金调度指令

给法兰克福子公司： (1) 汇送____美元到现金管理中心 (2) 汇送____美元到__________ (3) 从现金管理中心获得____美元 (4) 从鹿特丹子公司获得 500 000 美元
给佛罗伦萨子公司： (1) 汇送 150 000 美元到现金管理中心 (2) 汇送 50 000 美元到伦敦子公司 (3) 从现金管理中心获得____美元 (4) 从____获得____美元
给鹿特丹子公司： (1) 汇送____美元到现金管理中心 (2) 汇送 500 000 美元到法兰克福子公司 (3) 从现金管理中心获得____美元 (4) 从____获得____美元
给伦敦子公司： (1) 汇送____美元到现金管理中心 (2) 汇送____美元到________ (3) 从现金管理中心获得____美元 (4) 从佛罗伦萨子公司获得 50 000 美元

现金管理中心在下达现金调度指令之前必须掌握足够的信息，并考虑下列因素：

(1) 当日营业终了时各子公司的现金余缺状况，子公司的现金短缺能否通过向银行透支的方式弥补。

（2）参照短期现金预算，了解现金溢余的子公司在未来几日内的现金状况，决定其现金溢余是汇往现金管理中心还是积储在当地。

（3）各国的币值状况。如果预计某种货币将大幅贬值，则该地子公司应将最低要求现金余额降至最低水平；如果可在当地银行透支，那么现金余额可以是负数。

（4）各国的利率状况。如果某地的利率水平很低，那么现金管理中心可以考虑该地子公司的现金短缺直接通过借款弥补。

7.1.5 银行关系

良好的银行关系对国际企业的现金管理非常重要。国际企业必须关注银行为自己提供的服务，与银行建立良好的合作关系。如果与银行的关系没有处理好，国际企业就可能会得到不太满意的服务，如利息少、收费与其服务不匹配、服务不及时和不恰当等。下面是国际企业在处理银行关系上常见的几个问题。①

1. 业务关系过多

与过多的银行发生业务关系会带来高昂的费用，不可避免地会产生闲置账户、较高的补偿性余额、更多的浮游资金、较多的管理费用等，并使国际企业无法控制银行关系的各个方面。

2. 较高的银行成本

财务管理人员不仅要认真关注银行服务的直接成本，如利率、差价、佣金等，还要关注资金浮游量、补偿性余额②等引起的间接成本。尤其要注意拉丁美洲与亚洲的发展中国家银行的有关规定。在这些国家，补偿性余额可能高达30％～35％，票据结算需要几天甚至几周的时间。

3. 不充分的报告

很多银行不能及时提供有关收款与账户余额的信息，这会导致企业闲置现金和浮游资金过多，给企业带来损失。为了避免这个问题，企业应该让银行提供每日的余额信息，以及时了解资金总量与可以随时使用的资金金额。

4. 过长的结算时间

在许多国家，银行的浮游资金使企业可支配的资金量减少。比如在墨西

① Alan C. Shapiro. Foundation of Multinational Financial Management. Prentice Hall，1998，p. 326.

② 补偿性余额是指银行要求借款企业将借款的一定比例的平均存款余额留存银行。银行提这种要求的目的是降低银行贷款风险，提高贷款的有效利率，以便补偿银行的损失。

哥、西班牙、意大利、印度尼西亚等国，向偏远地区银行支取支票需要几周的时间才能结算至首都的总部账户。不过企业可以与银行谈判，要求缩短结算时间。

如果企业对于银行来讲是一个有价值的客户，就很容易通过谈判获得更好的服务。企业应该经常同银行讨论每类银行业务的准确价值以及企业业务对每个银行的价值，并且每月编制一份报告说明银行业务的价值，这样就可以及时准确地了解它与各个银行的具体业务数。有了这些信息，企业就能够与银行谈判，要求得到更好的服务和更优惠的条件。

7.2 应收账款管理

应收账款是企业生产经营过程中应收未收的款项，是企业营运资金的重要组成部分。国际企业的应收账款有两种类型：一是国际企业母公司或各国子公司与国际企业外的独立法人之间在经济往来过程中形成的应收账款；二是国际企业内部各国子公司之间以及母公司与子公司之间因商品、劳务、技术等生产要素的转移所形成的应收账款。这两类应收账款具有不同的性质与特点，在管理标准和方法上存在很大的差异，应分别考察。

7.2.1 独立客户的应收账款管理

对于独立客户的应收账款管理，国际企业可从以下几方面着手。

1. 信用政策决策

与国内企业类似，信用政策也是国际企业需要考虑的首要问题。不论在国内贸易还是国际贸易中，企业提供商业信用、投资于应收账款，是希望能够从中获利。虽然信用政策越宽松，国际企业的销售额可能会越大，但信用政策并不是越宽松越好。企业要对应收账款的成本和收益有清醒的认识。应收账款的收益主要在于增加销售量或者吸引客户、减少存货等。应收账款的成本包括机会成本、管理成本、坏账成本和汇率变动的风险等。国际企业在应收账款管理中应增强风险意识，权衡放松信用政策的预期成本和收益，以便作出正确的选择。在作出信用政策的决策时，国际企业可以按照以下五个步骤来进行成本收益分析：

（1）计算应收账款的当前成本。

（2）计算新信用政策下应收账款的成本。

（3）根据前两步的信息，计算新信用政策下的增量应收账款成本。

（4）不考虑应收账款成本，计算新信用政策下的增量利润。

（5）只有在增量利润大于增量成本的情况下，才选择新信用政策。

[例 7－4]

假定泰达公司在意大利的子公司年销售额为 1 000 万欧元，目前的信用期限为 90 天。如果信用期限延长至 120 天，销售额预计会增加 6%，即增加 60 万欧元。新增销售收入对应的销售成本为 35 万欧元，每月的应收账款成本为应收账款的 1%。另外，预计欧元平均每 30 天贬值 0.5%。

如果不考虑货币价值的波动，90 天后将收回的每 1 欧元应收账款相当于今天的 0.97 欧元 [1×(1－3×1%)]。如果再考虑经过 90 天，欧元将贬值 1.5% (3×0.5%)，届时 1 欧元应收账款的价值将降至 0.955 欧元 [0.97×(1－1.5%)]，这意味着 90 天欧元应收账款的成本率为 4.5%。同样的道理，120 天后将收回的每 1 欧元应收账款相当于今天的 0.941 欧元 [(1－4×1%)×(1－4×0.5%)]，这意味着 120 天欧元应收账款的成本率为 5.9%。

如果应用前面介绍的五步分析法，过程如下：

(1) 90 天的信用期限下，应收账款的成本为 45 万欧元 (1 000×4.5%)。

(2) 120 天的信用期限下，应收账款的成本为 59 万欧元 (1 000×5.9%)。

(3) 新信用政策下，由增加销售额引致的应收账款的成本为 3.54 万欧元 (60×5.9%)。

(4) 新信用政策下的增量成本为 17.54 万欧元 (59＋3.54－45)。

(5) 新信用政策下的增量利润为 24.5 万欧元 [(60－35)×(1－4×0.5%)]。

(6) 因为 17.54 万欧元＜25 万欧元，所以应该将信用期限改为 120 天。

2. 结算币种与付款条件

结算币种与付款条件是国际企业应收账款管理中需要决策的两个关键因素。在国际商业实践中，销售结算可以采用出口方货币、进口方货币或者第三国的货币。一般来说，出口方愿意采用硬通货结算，而进口方希望采用软通货支付到期款项。销售商为了获得硬通货，往往在价格和付款条件上做一定让步。如果采用软通货支付，则销售商希望付款越早越好，以最大限度地减少销售日与付款日之间的汇兑损失。而以硬通货结算支付的应收账款，可能被允许延长付款期。如果国际企业的某子公司预期所在国货币急剧贬值，而且所在国政府要求将即期外汇收入兑换成本国货币，则该子公司应尽可能鼓励进口方推迟以硬通货标价的应收账款的支付。

需要注意的是，在应收账款管理中还要注意业绩评价体系的影响。因为一般销售经理应该对本地货币结算的应收账款的贬值负责。例如，如果目前的汇率是 1 欧元＝10 元人民币，但是预期 3 个月之后的汇率是 1 欧元＝9 元人民币，那么经理提供了 3 个月的信用条款，按照目前汇率记录的每 1 元销售额只应算作 0.9 元。

3. 应收账款的让售与折现

应收账款的让售是指企业将应收账款出售给银行或其他有关单位，立即收到现款。虽然企业在让售过程中要付出一定的代价，但规避了坏账损失的风险，另外企业可以采用当地商业习惯上使用的付款期，有利于开展竞争，销售时不必对客户提出更高的要求。应收账款的折现是指用应收账款作为抵押品，从银行或其他金融机构获得现款。国际企业在急需资金时可以采用这种方法。

7.2.2 国际企业内部的应收账款管理

国际企业内部的应收账款与独立客户的应收账款差别有二：一是前者无须考虑资信问题；二是付款时间不完全取决于商业习惯，而主要取决于国际企业的全球战略。国际企业内部应收账款管理中常用的方法有：提前或延迟付款、再开票中心等。

1. 提前或延迟付款

国际企业内部应收账款的提前或延迟付款是国际企业转移资金的常用手段，是指国际企业通过改变企业内部应收账款的信用期限来调剂资金。运用这种手段的原因在于付款方与收款方的资金机会成本不同。

应收账款在付款方实际支付款项之前可视为收款方为付款方提供的一种无息贷款。就收款方而言，如果当时资金充裕，收到的账款可以存入银行或通过其他投资渠道获利；如果当时资金紧缺，收到的账款可以减少从银行的借款，减少利息费用。就付款方而言，如果当时资金紧缺，就必须采用从银行借款等融资渠道来筹集资金，从而增加资本成本；如果当时资金充裕，支付账款则会减少利用上述资金从事短期投资获利的机会。所以，如果仅考虑自身利益，收款方一般总是希望缩短信用期限，尽可能提前收回应收账款；付款方一般总是希望延长信用期限，尽可能延迟支付应付款项。如果付款方与收款方是相互独立的非关联方，则上述选择是理所当然的。但是，如果双方是同一国际企业内部的子公司，或是母公司与子公司的关系，则上述选择可能会损害国际企业的整体利益。此时，国际企业会从整体利益出发，根据收付款双方的机会成本来决定采用提前或延迟付款策略。如果收款方因收回应收账款所得利益大于付款方付出款项所受损失，则应采用提前付款策略；反之，则采用延迟付款策略。

[例7-5]

表7-6列示了某国际企业在法国和荷兰两地的子公司的银行存款和贷款利率。

表 7-6　　法国与荷兰的存贷款利率

子公司	存款利率	贷款利率
法国	3.0%	3.6%
荷兰	2.8%	3.4%

图 7-6 列示了法国与荷兰子公司资金余缺的四种可能性，以及两国利率与差额。

		荷兰 资金充裕	荷兰 资金紧缺
法国	资金充裕	3.0%，2.8% (0.2%)	3.0%，3.4% (−0.4%)
法国	资金紧缺	3.6%，2.8% (1.2%)	3.6%，3.4% (0.2%)

图 7-6　法国与荷兰子公司资金余缺的四种可能性

如图 7-6 所示，如果法国与荷兰子公司都资金充裕，二者的利率差为 0.2%（3.0%−2.8%）；如果法国子公司资金充裕，荷兰子公司资金紧缺，二者的利率差为−0.4%；如果法国子公司资金紧缺，荷兰子公司资金充裕，二者的利率差为 1.2%；如果法国与荷兰子公司都资金紧缺，二者的利率差为 0.2%。

如果利率差为正，该国际企业应该将资金转移到法国子公司——对于两个子公司间的应收账款，荷兰子公司应提前付款，法国子公司应延迟付款。如果利率差为负，该国际企业应该将资金转移到荷兰子公司——对于两个子公司间的应收账款，法国子公司应提前付款，荷兰子公司应延迟付款。

提前或延迟付款作为一种应收账款管理手段，在国际企业中得到了普遍应用，它有利于减少外汇风险，提高国际企业的整体偿债能力。但要有效执行这一手段，必须及时掌握相关信息，如公司间应收、应付账款结算资料，各国外汇管理法规，各国税收法规，各公司营运资金情况，当地存贷款利率和预计外汇变动等。

另外，国际企业的提前与延迟付款策略可能会受到东道国政府的限制。一般而言，东道国政府不愿意出口延迟收款和进口提前付款，因为出口延迟收款推迟了当地出口商外汇收入的收汇日期，进口提前付款则起着提前付汇的作用；相反，各国政府都鼓励出口提前收款和进口延迟付款。这种倾向在一国政府面临外汇储备短缺的情况下尤为明显。

2. 再开票中心

再开票中心是国际企业资金管理部门设立的贸易中介公司。当国际企业内部成员之间从事贸易活动时，商品和劳务直接由出口商提供给进口商，但有关货款的收支结算通过再开票中心进行。再开票中心的运作原理如图7-7所示。

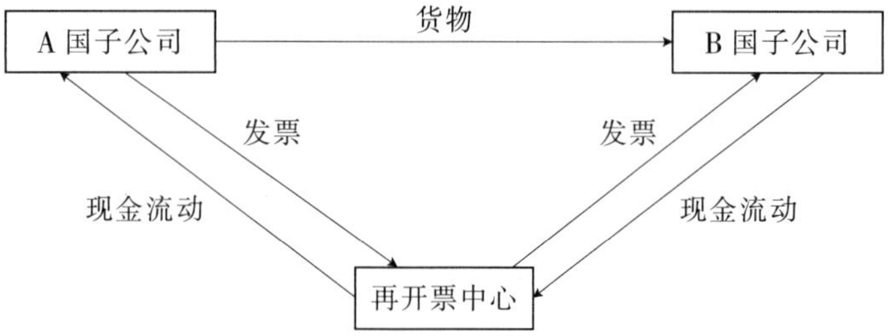

图7-7　再开票中心的运作原理

通过再开票中心管理营运资金，具有以下优点：

(1) 有利于集中管理国际企业内部的应收、应付账款。再开票中心从A国子公司买进货物，然后再以较高价格卖给B国子公司，起着买卖中介的作用。在上述过程中，货物是由A国子公司直接运往B国子公司，并不通过再开票中心。再开票中心的作用是把国际企业内部成员不同地区的贸易活动和应收、应付账款集中起来统一管理，有效促进国际企业内部的贸易往来，减少有关费用。

(2) 有利于提高国际企业整体税后利润水平。再开票中心一般设立在税率较低的国家或地区，这样国际企业可以通过转移价格把利润转移到税率较低的地方，使企业整体税后利润水平提高。

(3) 有利于统一调度资金。再开票中心对国际企业统一调度资金的益处体现在：通过再开票中心，可以更灵活、更有效地使用多边净额结算，减少资金转移费用；再开票中心的财务控制和齐全的统计数据可以帮助资金管理部门制定更合理的长期资金计划；再开票中心不仅可以加强有贸易关系的子公司间的资金流通，还可以通过统一的融资政策使资金在以往没有联系的子公司间调配流动。这比提前或延迟付款更具灵活性。

[例7-6]

某跨国企业的四个子公司之间的业务关系是：A国子公司向B国子公司赊销商品，C国子公司向D国子公司赊销商品；A，B两个子公司处于资金紧缺状态，C，D两个子公司处于资金过剩状态。如果没有设立再开票中心，应收账款的支付如图7-8所示。

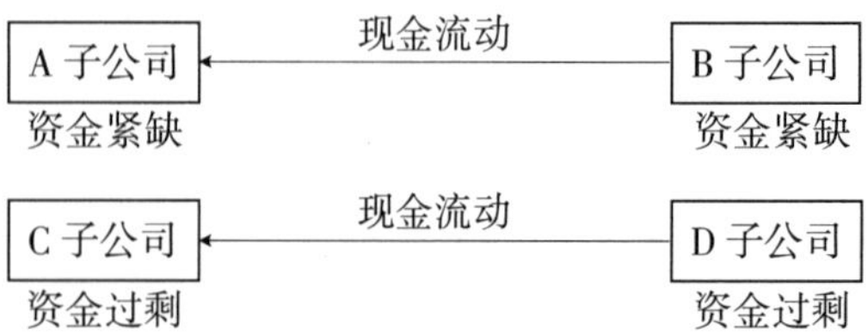

图7-8　无再开票中心时的应收账款支付情况

如果通过再开票中心管理应收账款，就可以有意识地提前或延迟子公司的付款，从而使没有业务联系的企业的资金也能灵活调配。如图 7－9 所示。

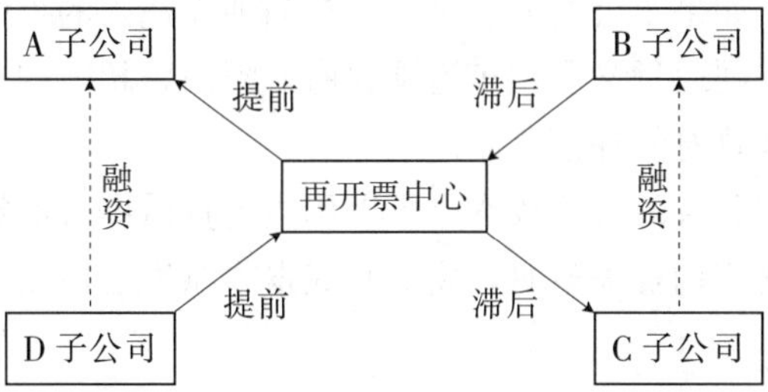

图 7－9　通过再开票中心提前或延迟付款

（4）有利于有效进行外汇风险管理。母公司资金部门通过再开票中心，可以将所有的贸易货币都采用开票中心指定的货币，从而对交易风险实行集中管理。再开票中心还可以采取套期保值等手段进行风险管理。

国际企业在决定设立再开票中心时还应当认识到面临的障碍：一是设立一个再开票中心需要较高的成本；二是再开票中心的设立会导致当地税务部门的频繁检查，以确定其是否逃税，由此会引发法律咨询费等专项费用。

7.3　存货管理

存货包括原材料、半成品、在产品、产成品、包装物等。企业持有存货的目的主要是保证企业的生产按计划进行，即如期向购货商提供商品。与国内企业相似，国际企业存货管理的目标是在保证企业生产经营活动对存货需要的前提下，尽可能降低存货成本。但是，国际企业的存货管理要比国内企业复杂得多。国际企业存货的周转、转移经常会超越国界，所以在存货管理中，国际企业要了解不同国家与地区中生产成本与储存成本的详细信息，遵守不同国家与地区的法律法规，并准备应对国际运输时间长、风险大等棘手问题。

7.3.1　存货超前购置

存货超前购置是指国际企业将多余的资金预先购置将来所需要的存货。作为国际企业一种重要的存货策略，存货超前购置的重要性主要体现在以下三个方面。

（1）当预计国际市场某项存货供求关系将发生重大变化，该项存货的需求量和价格将大幅上扬时，超前购置存货能以较低的代价获得将来所需存货，从而有利于降低存货成本。

（2）如果某子公司所在国能够提供某种质优价廉的原材料，而该原材料是母公司或其他子公司急需的，那么该子公司的存货超前购置战略将作为国际企业全球战略的重要组成部分，起到不可忽视的作用。

(3) 如果子公司的多余资金在当地无适当的投资机会，且汇出外汇或将外汇兑换成硬通货又受到东道国政府的限制，超前购置存货后再低价出口就能避开东道国政府的外汇管制。

超前购置的机会成本是可以用当地货币进行证券投资而获得的报酬，在制定存货超前购置决策时，要对其成本收益进行权衡。

[例7-7]

假设法国某国际企业在阿根廷有一家子公司，阿根廷正面临严重的通货膨胀。现在阿根廷子公司有多余的比索，银行存款名义利率为每月2%，预计比索对欧元的汇率在以后3个月中每月贬值3%，第4个月贬值2%，第5个月起每月贬值1%。在阿根廷，当地多余的比索除银行存款外没有其他的投资机会。持有比索存款可享受月利率2%，但由于前3个月比索对欧元的汇率每月贬值3%，每月损失1%，存款的机会成本为-1%，6个月的存款损失（机会成本）如表7-7所示。

表7-7　货币贬值条件下存款的机会成本

月次	机会成本（%）
1	-1
2	-1
3	-1
4	0
5	1
6	1

假定存款存储成本为每月1%，存储存款可以免除存款损失，两者相抵，第1个月存储成本相当于零。详见表7-8。

表7-8　阿根廷子公司存储成本和物价上涨率（%）

月次	月存储成本	累计存储成本	累计物价上涨率
1	0	0	0
2	0	0	0.5
3	0	0	1.0
4	1	1	1.5
5	2	3	2.0
6	2	5	2.5

由表7-8可见，在第4个月时累计存储成本为1%，而累计物价上涨1.5%，所以，以保持4个月存款储备量为最优，如果储备5个月，累计存储成本超过累计物价上涨率，就得不偿失了。

7.3.2 反通货膨胀策略

国际企业的许多子公司经常在通货膨胀环境下从事生产经营活动，因此，子公司所在国的物价上涨和货币贬值会给国际企业的存货管理带来严重影响。下面分三种情况进行分析。

（1）如果子公司主要依赖进口购置存货，在预期当地货币贬值的情况下，应提前购置存货，并且尽可能多地购置。这是因为货币贬值后，进口成本会大大增加。

（2）如果子公司主要从当地购置存货，在预期当地货币贬值的情况下，应尽量降低原材料、半产品等的存货储备。因为如果本地货币贬值实际发生，会大大减少以母公司所在国货币表示的当地存货的价值。

（3）如果子公司既从国外进货，又在当地购货，在预期当地货币贬值的情况下，应努力减少当地存货的存量，同时超前购置进口存货。如果不能准确地预见货币贬值的幅度和时间，那么子公司应设法保持同量的进口存货和当地存货，以规避外汇风险。

7.4 国际资金转移管理

公司内部的财务交易对国际企业实现全球化战略具有非常重要的意义。国际企业从事国际经营活动，能够通过内部财务机制将资金与利润在公司内部进行跨国转移，以实现资金的最优配置，这就引发了国际资金转移管理问题。在本节中，我们探讨的国际资金转移管理是指国际企业内部的资金转移，具体分三种类型：母公司向子公司转移、子公司向母公司转移和子公司之间转移。母公司向子公司转移的资金包括开设子公司的初始投资，子公司经营过程中的追加投资、贷款、购货款等；子公司向母公司转移的资金包括股利、贷款利息、专利权使用费、许可证费、管理费、出口佣金，母公司收回投资、购货款等；子公司之间转移的资金包括相互间贷款的发放与收回、利息的收入与支付、购销货款等。

7.4.1 国际资金转移管理的作用

世界各国的税收制度迥异，资金在各国间转移所带来的成本和面临的壁垒也相差很大，这样国际企业利用自己的财务网络进行国际资金转移管理就大有用武之地了。也就是说，市场的不完备让国际资金转移管理具有很大的价值。导致内部资金转移比外部资金转移更有价值的因素有许多。国际资金转移的正式壁垒包括：对国际资金移动的数量限制（外汇控制）和直接税；所有者的国籍和全球纳税情况不同，收入的税率不同；对投资者国籍的限制与对在本国资本市场投资的限制。国际资金转移的非正式壁垒包括：获取信息的成本；跨国履行合同的困难；交易成本；传统的投资类型；本国资本市场的不完备；利率上限；强制性的信贷；法律和制度上对小股东的保护不足；市场规模小导致交易成本高；关键的金融机构处于垄断地位；难以获取估价证券所需的信息。

国际资金转移管理使国际企业能够在企业内部跨国转移资金和利润，这给国际企业带来了套利的机会。

1. 税收套利

国际企业可以将利润从高税率国家的子公司转移到低税率国家的子公司，或者将利润平均，将利润转移到亏损的子公司。

2. 金融市场套利

通过公司内部的资金转移，国际企业可以绕过外汇管制，利用剩余资金获取较高的收益，降低借款成本，开发更多的资源。

3. 监管体系套利

当国际企业子公司的利润不受市场影响，而受政府或工会的影响时，国际资金转移管理让国际企业能够调配利润，进而粉饰真实盈利水平，这种能力可以令国际企业在谈判中占有一定的优势。

另外，国际资金转移管理还可以让国际企业的子公司不受所在国信贷管制的影响。如果政府对在当地的借款有限额，那么子公司利用国际资金转移管理获得外部资金，就可能带来较高的短期利润，抑或在长期竞争中占据较好的市场地位。

7.4.2 国际资金转移管理的一般方式

国际企业内部资金转移的方式有很多，如转移定价、股利、特许权费、服务费与管理费、提前或延迟付款、内部信贷等。转移定价将在下一章详细讨论，提前或延迟付款在本章7.2节已经做了介绍，下面介绍其他几种资金转移手段。

1. 股利

股利是国际企业国外子公司向母公司转移资金的最重要方式。股利将影响母公司与母公司所在国、子公司与子公司所在国以及股东的利益，所以国际企业应详细考察各种因素，对各方的利益进行平衡，认真制定股利政策。股利支付率是股利政策中的核心要素。例如，如果母公司规定子公司的股利支付率为50%，那么国外子公司应将50%的利润交给母公司。在实践中，一些国际企业对所有子公司规定相同的股利支付率，其目的是游说子公司所在国，让它们相信这一比率是必要的而不是随意制定的。

国际企业在制定股利政策时必须考虑以下因素：

（1）税收因素。东道国与母国的税法都对股利政策的制定有重大影响，国际企业应该了解各国的实际税率，通过调整各子公司的股利支付率，选择从位于转移成本最低的国家的子公司收回股利，使国际企业的整体税负降至最低。

例如，匹克公司是一家美国公司，计划以股利的形式从国外收回200万美元。它的三个子公司分别位于比利时、西班牙和芬兰，三家公司今年的税前利润均为300万美元，均有能力提供这笔资金。匹克公司决定选择使整个税负最低的股利政策。

假设比利时子公司的公司所得税税率为38%，股利预扣税税率为15%。西班牙政府为鼓励出口，对所有的出口收入免征5年所得税。西班牙子公司所有利润均来自出口，无须缴纳所得税，也没有股利预扣税。芬兰子公司的公司所得税税率为45%，汇回母公司的股利须缴纳10%的股利预扣税。假设没有其他的国外税款抵免，并且所产生的抵免项目在其他地方也不能用。美国的公司所得税税率为35%。表7-9列示了从各子公司收回200万美元股利所承担的税负。计算结果表明，匹克公司最好的选择是从芬兰子公司收回股利，最坏的选择是从西班牙子公司收回股利。

表7-9　从国外收回股利的税负　单位：美元

子公司所在国	股利金额	东道国的所得税	东道国的股利预扣税	支付股利后美国的所得税	支付股利后的应纳税额	支付股利后整个企业的税负
比利时	2 000 000	1 140 000	300 000	0	1 440 000	2 790 000
西班牙	2 000 000	0	0	700 000	700 000	3 190 000
芬兰	2 000 000	1 350 000	200 000	0	1 550 000	2 690 000

说明：（1）东道国的所得税＝子公司税前利润×东道国公司所得税税率。

（2）东道国的股利预扣税＝股利金额×子公司所在国股利预扣税税率。

（3）支付股利后美国的所得税＝股利×美国所得税税率－股利×子公司所在国公司所得税税率。因为比利时和芬兰的公司所得税税率超过了美国的公司所得税税率，所以对于比利时和芬兰子公司汇回的股利在美国不征税，而从西班牙子公司汇回的股利应按35%的税率纳税。

（4）支付股利后的应纳税额＝东道国所得税＋东道国的股利预扣税＋支付股利后美国的所得税。

（5）支付股利后整个企业的税负＝支付股利子公司的应纳税额＋未支付股利子公司的应纳税额＋美国的所得税税额。例如：

2 790 000＝1 140 000＋300 000＋1 350 000＋0

3 190 000＝0＋1 140 000＋1 350 000＋700 000

2 690 000＝1 350 000＋200 000＋1 140 000＋0

（2）资金的需求。股利的汇付不仅对国际企业的税负有影响，而且会引起资金的流动，这些资金流动的价值依赖于各子公司的机会成本。国际企业各子公司面对的筹资形势可能相差很大，有的子公司可以用较低的成本筹集资金，有的子公司却没有这么幸运，只能按相对较高的利率借入资金。一般来讲，一个必须借款的子公司的资金机会成本比有剩余资金的子公司高。所以，母公司往往要求资金机会成本较低的子公司支付较高的股利，那些借款成本较高或有较好投资机会的子公司可以支付较低的股利。

（3）外汇风险。国际企业如果能预知汇率的变动，就可以通过调整股利政策来获利。例如，对所在国货币将贬值的子公司采取高股利政策，对所在国货币将升值的子公司采取低股利政策，或者对所在国货币将升值的子公司推迟股利支付时间。

（4）政府管制。各国政府一般都对国内公司向国外公司支付股利有限制，有的对金额作规定，有的规定不得超过盈利或注册资本的一定百分比。为了取得子公司所在国政府的信任，国际企业往往维持比较稳定的股利支付率，借以向子公司所在国政府表明，这种股利是国际企业金融体制的组成部分，而不是为了逃汇，不会损害该国的外汇储备。但也有出现特殊情况的可能，如果子公司所在国发生政局变动或外汇危机，在高政治风险下，母公司也许会要求子公司尽快转移多余资金，这时一般都通过增加股利汇付实现资金的转移。

（5）子公司的规模和建立的时间。小型子公司很少制定股利汇付的基本原则，往往随机应变；中型子公司在运用股利政策配置资金方面具有较大的灵活性；大型子公司在股利汇付方面的经验政策一般不宜变更。子公司如果建立的时间较长，一般会将利润的很大一部分作为股利汇付给母公司；反之，刚建立的子公司向母公司转移的资金相对少些。

（6）合资企业中其他股东的态度。国外子公司中的当地股东会影响国际企业股利政策的制定和调整。与当地股东相比，国际企业更多地从长期全球战略出发，所以当地股东追求较短的回收期，而国际企业却追求全球范围内的资金最佳配置。

2. 特许权费、服务费与管理费

子公司向母公司支付或子公司之间支付特许权费、服务费与管理费，也是国际企业转移资金的一种基本方式。因为各种服务、管理建议、专利等基本没有市场参照价，所以这种方式给了国际企业更大的调节余地，子公司所在国一般难以控制。

特许权费是指子公司为获取技术、专利或商标的使用权，而付给拥有技术、专利、商标的母公司或子公司的报酬。特许权费可以是每单位产品支付一定的金额，或以全部销售收入的一定百分比计算。

服务费是用于补偿由母公司或其他子公司供应给该子公司的专门服务的支出。它是对子公司产生特定利益的报酬，一般按服务的时间、服务的类型和等级确定支付费用的标准。

管理费是国际企业在进行国际经营业务时发生的管理费用中应由子公司分摊的部分。国际企业的全部管理费用包括母公司的管理成本与必须由经营单位补偿的其他子公司的管理费用，如现金管理中心、研究与开发、公共关系、法律和会计咨询等方面发生的费用。这些费用的发生是针对整个国际企业的，所以一般采用按公司销售额的大小摊销的方法。

国际企业的母公司为了维护其向各子公司收取特许权费、服务费和管理费的权利，一般要事先签订特许经营合同。在特许经营合同中，必须对一些问题作出详细规定。

（1）收费标准的计算依据。如特许权费和使用费，一般按照许可制品、用件和许可证规定的其他转让物的净销售价格的一定比例征收。这里的净销售价格是指没有商业折扣的发票价格，不包括包装费、销售税金及运费减价。

（2）交费的币种和时间。规定交费的币种，可以明确外汇风险；规定交费的时间，可以明确未按时支付款项的责任。

（3）纳税的所在地和责任。

（4）有关咨询和培训考察等方面费用的支付方式、费用标准等。

各国政府一般也希望国际企业事先规定清楚特许权费、服务费与管理费的支付，而且将许可证费用或服务费的突然改变视为逃汇的迹象。所以国际企业应尽量避免特许权费、服务费与管理费支付政策的突然变化。对于所在国有外汇管制的子公司或应税利润较大的子公司，国际企业应从一开始就确定较高的特许权费、服务费与管理费支付率，并保持稳定。

3. 内部信贷

内部信贷是国际企业在全球范围转移资金的一种主要方式。内部信贷主要有三种：直接贷款、背靠背贷款、平行贷款。直接贷款是指母公司向子公司或者一个子公司向另一个子公司直接提供信贷。下面介绍背靠背贷款与平行贷款。

（1）背靠背贷款（back-to-back loans）。这种贷款方式是指母公司在投资子公司时，先将足够的资金存入国际金融中介机构，再由中介机构向国外子公司贷款。在还本付息时，先由子公司偿还给中介机构，再由中介机构偿还给母公司。背靠背贷款一般适用于为所在国利率较高或资本市场受限制的子公司融资。由于它将公司内部的直接贷款业务插入了一个金融中介，所以又称联结融资（link financing）。典型的背靠背贷款的结构如图 7－10 所示：母公司在 A 国银行存入资金，A 国银行将这笔资金贷给 B 国的子公司。

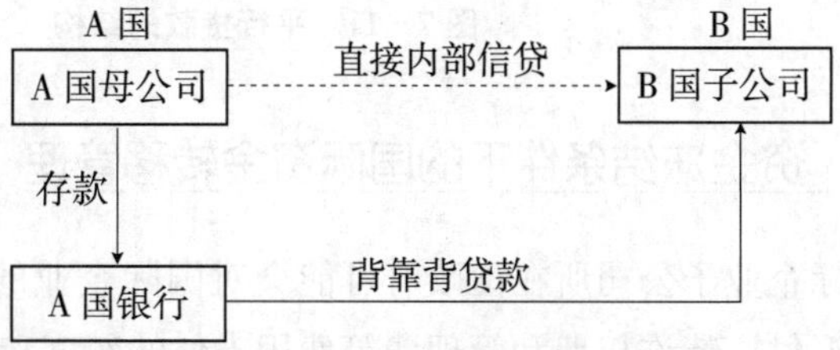

图 7－10 背靠背贷款的结构

从图 7－10 中可以看到，背靠背贷款与直接贷款的不同之处在于，前者是以银行为中介的内部信贷。从银行的角度来看，这笔贷款是没有风险的，因为母公司的存款可以提供全额担保。银行只是扮演一个中介的角色，所获得的收益就是借款公司所付利息与母公司存款利息的差额。

与直接贷款相比，背靠背贷款有两个突出的优点。

其一，在一些国家，对支付给母公司的利息和支付给金融机构的利息所征预扣税的税率不同。因此，背靠背贷款可以少纳税，节约成本。

其二，背靠背贷款比母公司直接贷款更有利于企业防范征用风险与外汇风险，更有利于转移资金。各国政府资金冻结的重点是外国的跨国公司，对国际金融机构却不会严加限制。政府通常允许跨国公司在本国的子公司按约定向国际性金融机构还贷，因为如果该国禁止其借款子公司归还贷款，会影响本国的信用评级，有损国际形象。但如果跨国公司在本国的子公司偿还跨国公司内部的直接信贷，当地货币管理当局就不会有那么多顾忌了。

（2）平行贷款（parallel loans）。平行贷款是一种很有用的方法，它可以将大额资金调回国内，绕过外汇管制，避免投资国外的外汇贴水，为国外子公司融资而不增加外汇风险，以优惠的利率获得外币融资。如图 7－11 所示，平行贷款由两组相互关联但独立（平行）的贷款组成，通常至少涉及两个国家的四个主体。在图 7－11 中，一家希望在意大利投资的美国国际企业给一家意大利国际企业在美国的子公司提供美元贷款，这家意大利的国际企业又给该美国企业在意大利的子公司提供欧元贷款，还本和付息同时进行。理论上，两笔贷款的利率差由各国的货币时间价值和预期的汇率变化决定。

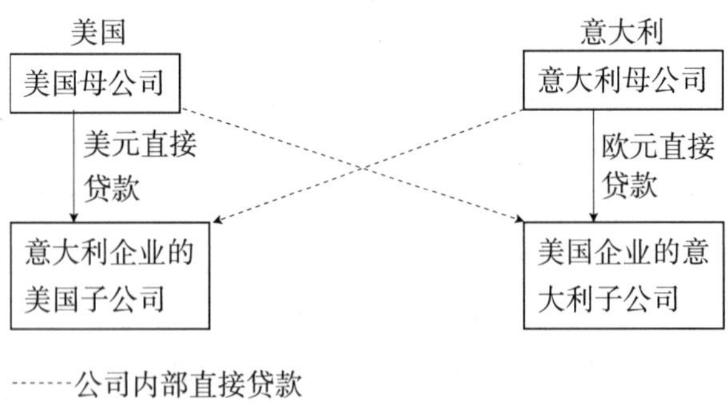

图 7－11 平行贷款的结构

7.4.3 资金冻结条件下的国际资金转移管理

国际企业子公司所在国政府可能会对国际企业的资金转移设置各种限制，如股利汇付、特许权费和管理费等费用支付的额度和时间。遇到这种情况，国际企业应采取相应对策，设法在资金被冻结时还能有效地加以利用。一般来讲，在资金冻结的条件下，国际资金转移管理有以下几种方式。

1. 利用不受管制的渠道

如果子公司所在国政府只对股利汇付有限制，国际企业可以通过特许权费、服务费与管理费的支付来转移资金。

2. 背靠背贷款与平行贷款

在国际资金转移管理的一般方式中，我们已经介绍了这两种信贷方式的优点，它们是资金冻结情况下有效的资金转移管理方式。

3. 国际企业内部应收账款的提前或延迟付款

在7.2节中我们已经介绍了国际企业内部应收账款提前或延迟付款的具体做法。在资金冻结的条件下，这也是一种重要的资金转移方式。其基本做法是：当某子公司所在国预期冻结资金或已冻结资金时，应尽可能地提前支付应付其他子公司或母公司的账款；同时，母公司和其他子公司应尽量延迟对该子公司的付款。这种方法之所以具有可行性，原因在于应收、应付账款属于跨国企业的内部账户，而不是内部贷款方式，子公司所在国政府不便干预。

4. 开辟新的出口业务

子公司所在国实行外汇管制、冻结资金的主要原因一般是该国无力持续获取硬通货。在这种情况下，国际企业可以通过在东道国开辟新的出口业务，一方面帮助东道国解决外汇短缺问题，另一方面可以为资金转移提供新的渠道。这种新开辟的出口业务有两种形式。一种是子公司投资于某项出口导向型业务。例如，聘用当地的建筑公司为母公司在世界其他地区的工程服务，付给当地货币作为报酬；子公司代母公司举办商务会议，会议的各种费用以当地货币支付。子公司的这些经济行为都有利于东道国，所以不会受到禁止。另一种是进行易货贸易。实行资金冻结的国家，一般会禁止本国能在国际上销售并换取硬通货的商品的易货贸易，但对那些无法打入国际市场的商品或劳务一般不加限制。该国的子公司可以在当地购买预期在母公司所在国或国际市场上销路尚好的商品，然后通过易货贸易的方式转移出去，在母公司所在国或国际市场上销售。这样，相当于把一部分冻结资金转移出去。

5. 当地再投资

如果经过努力资金仍无法转移出去，国际企业应采取在当地再投资的策略，以规避通货膨胀和外汇贬值的风险。如果资金冻结是暂时的，可以投资于短期证券；如果时间较长，可以投资于中期有价证券或银行定期存款。可能的话，国际企业也可以采用贷款给其他公司的办法。如果这些做法都不理想，则只能进行直接投资增加生产设施。若这种机会也不存在，就只有用冻结的资金购买预期会升值的资产或具有广阔国外市场的商品，以便日后有可能销售出去，借以保值。

本章小结

国际营运资金管理包括营运资金的存量管理和营运资金的流量管理，其中营运资金存量管理主要包括对现金、应收账款和存货等的管理，营运资金流量管理是指国际资金转移管理。

国际企业通常会选择高度集中的现金管理体制，通过多边净额结算、多国资金调度系统、现金计划等进行现金管理。国际企业内部应收账款管理中常使用提前或延迟付款、再开票中心等方式。为了获取套利，国际企业往往采取股利、特许权费、服务费与管理费、内部信贷等方式进行国际资金转移管理。

名词术语

集中现金管理	多边净额结算	多国资金调度系统
再开票中心	税收套利	背靠背贷款
平行贷款		

练习题

一、思考题

1. 集中现金管理有什么优缺点？
2. 什么是净额支付？它如何帮助跨国公司提高业绩？
3. 国际企业如何处理与银行的关系？
4. 国际企业如何运用提前或延迟付款帮助需要资金的子公司？
5. 说明再开票中心的运作机制及其优点。
6. 分析存货超前购置的成本收益。
7. 国际企业在制定股利政策时必须考虑哪些因素？
8. 说明背靠背贷款和平行贷款的运作原理。
9. 当子公司资金被冻结时，国际企业如何进行国际资金转移管理？

二、计算题

1. 信通公司是一家总部位于中国的跨国公司。该公司在中国、英国、日本和美国等国家设有子公司，这些子公司之间的交易比较频繁，信通公司现金收付矩阵如表7-10所示。假定该公司的资金转移成本率为2%。

表 7－10　**信通公司的现金收付**　单位：人民币

支出	收入					
	中国	英国	日本	美国	收入合计	净额
中国	—	13	28	28	69	
英国	10	—	30	14	54	
日本	8	25	—	10	43	
美国	7	15	17	—	39	
支出合计	25	53	75	52	205	

要求： 请计算双边净额结算与多边净额结算比全额结算节约的资金转移成本。

2. 联正公司在俄罗斯的子公司年销售额为 500 万卢布，目前的信用期限为 60 天。如果信用期限延长 30 天，销售额预计会增加 5%。企业的销售利润率为 24%，每月的应收账款成本是应收账款的 0.7%。另外，预计卢布平均每 30 天贬值 0.3%。

要求： 请比较新旧信用政策下应收账款成本与增量利润，并确定企业是否应该延长信用期限。

三、课堂案例

作为公司的财务主管，你必须为下一年的剩余现金确定投资策略。你所在的公司总部设在中国。假设有关币种、即期汇率、年利率的相关资料如表 7－11 所示，你的预测部门提供的一年后的即期汇率如表 7－12 所示。人民币强势的概率是 30%，人民币基本稳定的概率是 40%，人民币弱势的概率是 30%。公司有以下四种投资策略：

(1) 风险型。无任何限制地致力于实际收益率期望值的最大化。

(2) 平衡型。对任何外币的投资不超过 25%。

(3) 保守型。至少将 50% 的资金投资于人民币，对任何单一外币的投资不超过 10%。

(4) 超保守型。不承受任何汇率变动的风险。

表 7－11　**币种、即期汇率与年利率的情况**

币种	即期汇率（人民币）	年利率（%）
澳大利亚元	0.75	13.0
英镑	1.70	12.5
加拿大元	0.86	11.0
墨西哥比索	0.17	11.5
欧元	0.60	7.0
日元	0.000 8	12.0
韩元	0.006	8.0
泰铢	0.16	9.0
港元	0.71	6.0
人民币	1.00	9.0

表 7-12　　一年后的即期汇率

币种	强势人民币	稳值人民币	弱势人民币
澳大利亚元	0.66	0.76	0.85
英镑	1.58	1.73	1.83
加拿大元	0.85	0.85	0.91
墨西哥比索	0.14	0.173	0.18
欧元	0.53	0.59	0.63
日元	0.000 73	0.000 79	0.000 86
韩元	0.005 5	0.006 2	0.007 2
泰铢	0.15	0.155	0.17
港元	0.62	0.69	0.78
人民币	1.00	1.00	1.00

要求：

(1) 根据上述资料，针对以上四种投资策略，计算各种策略投资收益率的期望值。

(2) 你将为公司建议哪一种投资策略？为什么？

四、课后上网练习

彭博网站（www.bloomberg.com）提供了各国货币不同到期日的利率数据。

(1) 到市场板块点击利率和债券，可以链接任一国家去看它的利率。浏览其一年期的收益率。假设可以投资于任一币种，哪种货币可以提供最高的收益率？

(2) 作为一家中国跨国公司的现金管理者，如果有超额现金可用于一年期的投资，你会在下一年将资金投向何处？请解释。

(3) 如果你正在日本为一家国外公司的子公司工作，且可以进行为期一年的日元投资，你会将资金投向何处？请解释。

五、小企业的困境

小强体育用品出口公司的现金管理

小强创办体育用品出口公司以来，一直关心可能面临的汇率风险。该公司生产乒乓球，并把产品出口给美国的一家经销商，出口商品以美元计价。小强在美国开办了一家合资公司，为小强体育用品出口公司生产乒乓球，并将产品销售给美国经销商。经销商用美元向小强体育用品出口公司支付货款。最近小强借入美元为合资公司提供资金，引起一些现金流出（支付利息），部分抵消了美元的现金流入。该借款的利率比美国短期国债利率高出3个百分点。小强体育用品出口公司经营得很成功，这使小强有了超额的美元现金。小强需要决定是归还部分美元借款，还是将这些现金投资于人民币短期国债或者美国短期国债。

1. 如果小强把超额现金投资于人民币短期国债，能降低该公司的汇率风险吗？

2. 小强决定用这些超额现金归还美元借款，然而，一位朋友建议他投资美国短期国债，原因是“借款为美元应收账款提供了抵消物，所以投资于美国短期国债比归还借款更有利”。他的朋友说的对吗？小强应该怎么做？

六、真实案例在线文章

在网上寻找一篇近期的文章。文章内容（最好与某一特定国际企业有关）能够诠释本章所阐述的一个或多个概念。可以使用的搜索关键词包括跨国公司和现金流动、现金和汇率风险、母公司和现金、子公司和现金等。

第8章

国际转移价格

知识要点

- 国际转移价格的功能
- 国际转移价格制定的影响因素
- 国际转移价格的制定程序
- 国际转移定价的方法

8.1 国际转移价格概述

8.1.1 国际转移价格的概念

国际转移价格是指国际企业管理当局从其全球经营战略出发，为谋求公司整体利益最优，在母公司与子公司、子公司与子公司之间购销商品和提供劳务时所采用的内部价格。如果大企业拥有多个分部，而且商品和劳务经常在分部间转移，就需要制定商品和劳务在分部间的转移价格。很显然，转移价格越高，输出方的毛利就会越大，接受方的毛利就会越小。可见，转移价格是企业经营分权化和内部一体化的必然产物。即使对于国内企业，转移价格的制定也是很棘手的问题，对于国际企业，问题更复杂，因为国际企业在制定转移价格时还必须考虑子公司所在国的外汇管制与关税，以及输入国与接受国之间所得税税率的差异。

8.1.2 国际转移价格的功能

1. 强化管理控制

国际转移价格最初是国际企业对其海外公司进行业绩评价和管理控制的一

种手段。随着企业规模扩大、企业组织形式变化和产业一体化的发展，国际企业往往采用分权式管理。在海外设立的子公司和分公司成为责任中心，实行目标管理和预算控制制度。其核心内容就是把公司战略目标经由预算制度分配给各责任中心，而后对目标完成情况进行评价、考核和奖惩。这样，国际企业需在内部进行产品和劳务的转让，从而需要制定内部转移价格，作为内部结算和控制评价的依据。从这个意义上说，国际转移价格作为分权管理控制的主要手段，是企业经营分权化和内部经济一体化的必然产物，也反映了企业内部分工与合作的要求。

2. 优化资源配置

为了实现公司整体利益的最优化，国际企业要在世界范围内调配公司资源。国际转移价格是优化资源配置的一种手段，尤其是当国际企业直接转移资金的渠道（如应收账款的提前与延迟支付等）受到东道国限制时，国际转移价格的优势体现得很明显。所以，国际转移价格成了国际企业绕过外汇管制、避免资金冻结、根据公司战略要求配置资源的重要工具。

[例 8-1]

罗斯曼公司是一家总部位于美国的跨国公司，位于美国的母公司负责生产，然后把产成品转移给海外的销售子公司。已知母公司与销售子公司所在国的所得税税率均为 40%，产品的单位变动成本为 3 000 美元，销售子公司对外销售单价为 6 000 美元。有两种转移价格制定策略可供选择：一种是低价出售策略，转移价格为每单位 4 000 美元；另一种是高价出售策略，转移价格为每单位 4 800 美元。表 8-1 列示了两种转移价格策略下的不同结果（为了简化，假设只出售 1 单位产品）。

表 8-1　两种转移价格策略对资金流动的影响　单位：美元

项目	母公司	销售子公司	合并结果
低价出售策略			
销售收入	4 000	6 000	6 000
减：销售成本	3 000	4 000	3 000
毛利	1 000	2 000	3 000
减：营业费用	400	400	800
应税收益	600	1 600	2 200
减：所得税（40%）	240	640	880
净利润	360	960	1 320
高价出售策略			
销售收入	4 800	6 000	6 000
减：销售成本	3 000	4 800	3 000
毛利	1 800	1 200	3 000
减：营业费用	400	400	800

续前表

项目	母公司	销售子公司	合并结果
应税收益	1 400	800	2 200
减：所得税（40%）	560	320	880
净利润	840	480	1 320

从表8-1可以看到，在两种转移价格策略下，全公司的毛利均为3 000美元，应税收益均为2 200美元，净利润均为1 320美元。但是，在低价出售策略下，销售子公司向母公司支付4 000美元；在高价出售策略下，销售子公司向母公司多支付800美元。由此可见，如果国际企业想把资金留在销售子公司所在国，就应采取低价出售策略；如果国际企业想把资金留在母公司，就应采取高价出售策略。

3. 降低整体税负

国际转移价格与国际税收的关系非常紧密。国际转移价格的另一个重要功能就是降低国际企业的整体税负。转移价格对税收负担的影响主要体现在所得税和关税两个税种。

（1）降低所得税。当产品在不同的国家间转移时，输出国和接受国（即出口国与进口国）企业的所得税都将受到影响。在出口国的企业中，转移价格是应税收益；在进口国的企业中，转移价格是可抵税的费用。国际企业应在税法允许的范围内制定能使在这两个国家的整体税负最小的价格作为转移价格。各国的税率是不一样的，国际企业通过转移价格降低所得税负担的原则是，将尽可能多的利润转移到税率较低的国家。

[例8-2]

承例8-1，假设美国的所得税税率为25%，销售子公司所在国的所得税税率为40%，其他条件不变。表8-2列示了两种转移价格策略下的不同结果。

表8-2　两种转移价格策略对所得税的影响　单位：美元

项目	母公司	销售子公司	合并结果
低价出售策略			
销售收入	4 000	6 000	6 000
减：销售成本	3 000	4 000	3 000
毛利	1 000	2 000	3 000
减：营业费用	400	400	800
应税收益	600	1 600	2 200
减：所得税（25%，40%）	150	640	790
净利润	450	960	1 410
高价出售策略			
销售收入	4 800	6 000	6 000
减：销售成本	3 000	4 800	3 000

续前表

项目	母公司	销售子公司	合并结果
毛利	1 800	1 200	3 000
减：营业费用	400	400	800
应税收益	1 400	800	2 200
减：所得税（25%，40%）	350	320	670
净利润	1 050	480	1 530

从表 8-2 可以看到，在低价出售策略下，母公司和销售子公司分别应缴纳所得税 150 美元和 640 美元，合计为 790 美元；在高价出售策略下，母公司和销售子公司分别应缴纳所得税 350 美元和 320 美元，合计为 670 美元。如果有关政府对转移价格没有限制，当接受国的税率高于母公司所在国的税率时，罗斯曼公司应该采用高价出售策略。高价出售策略下的合并净利润比低价出售策略下的合并净利润高 120 美元［(4 000−4 800)×(0.25−0.40)］。这是因为高价出售策略把 800 美元的应税收益从接受国转移到了输出国，后者的税率要比前者低 15 个百分点。

如果接受国的税率比输出国的税率低，是不是就应当采用低价出售策略呢？注意切不可轻易下结论。因为美国对该国企业来自世界范围的收入征税，所以，税率较低的销售子公司分配给母公司的收益将被调至税前最高值来确定应纳税额，销售子公司在东道国已纳税额可以抵扣。这样一来，如果子公司的净利润要分配回母公司，低价出售策略并不能降低公司的整体税负。但是，如果国外子公司的净利润在东道国再投资，低价出售策略可以降低整体税负，有更多的资金再投资。不过，这一策略只能是暂时的。有利可图的机会总有穷尽之时，而且母公司的股东希望获得更高的投资回报率，子公司迟早要向母公司分配利润。

如果有关国家或地区税率相近，国际企业还可利用避税港（tax heaven）来进一步加大转移价格，降低所得税的负面影响。避税港是指单方面向其他国家和地区的投资者提供无税、低税或其他优惠条件的国家和地区，如百慕大群岛、卢森堡、中国香港等。除了税负很低甚至不需要纳税外，避税港的当地政府对外国公司的法律管制也较松，公司的资金调拨与利润分配比较自由。国际企业可以在避税港设立象征性的分支机构，利用转移价格将其他子公司的利润调入避税港，最大限度地降低公司整体税负。如在例 8-2 中，假设罗斯曼公司在百慕大群岛设有子公司，则可以由美国的母公司以低价将产品出售给百慕大群岛的子公司，该子公司再以高价出售给销售子公司。在这两笔交易中，货物可以由美国母公司直接运往销售子公司，无须经过百慕大群岛。但是，美国母公司因低价出售而无利润，销售子公司因高价购入而无利润，所有的利润都转移到了避税港——百慕大群岛子公司。这样，罗斯曼公司只需在百慕大群岛缴纳很少的所得税，甚至不缴所得税，从而降低了公司的整体税负。

（2）降低关税。在确定国际转移价格时，还要考虑关税因素。进口关税一般采用从价计征的比例税率，即按照进口货物的到岸价乘以进口关税税率计算。国际企业可以通过转移价格政策改变进口产品的到岸价格。在关税税率既定的前提下，改变到岸价格就可以改变进口国子公司的关税负担。向位于高关税国的子公司销售产品，可以采取低价出售策略减轻关税负担。

国际企业在作出决策时，应将关税和所得税考虑在内，谋求整体税负最低。

[例8-3]

承例8-2，假设销售子公司所在国对进口商品征收5%的关税，其他条件不变。表8-3列示了两种转移价格策略下的不同结果。

表8-3　两种转移价格策略对所得税、关税的影响　单位：美元

项目	母公司	销售子公司	合并结果
低价出售策略			
销售收入	4 000	6 000	6 000
减：销售成本	3 000	4 000	3 000
关税（5%）	—	200	200
毛利	1 000	1 800	2 800
减：营业费用	400	400	800
应税收益	600	1 400	2 000
减：所得税（25%，40%）	150	560	710
净利润	450	840	1 290
高价出售策略			
销售收入	4 800	6 000	6 000
减：销售成本	3 000	4 800	3 000
关税（5%）	—	240	240
毛利	1 800	960	2 760
减：营业费用	400	400	800
应税收益	1 400	560	1 960
减：所得税（25%，40%）	350	224	574
净利润	1 050	336	1 386

将表8-2与表8-3对比，我们可以发现，在低价出售策略下，如果销售子公司所在国对进口货物征收5%的关税，罗斯曼公司的净利润将减少120美元（1 410－1 290）。这120美元是销售子公司所在国对转移价格为4 000美元的商品征收的200美元关税的税后成本，即120＝200×（1－40%）。同例8-2，罗斯曼公司仍然青睐高价出售策略。这种策略使得净利润从1 290美元增至1 386美元，也就是说，两种定价策略下净利润的差异为96美元。而在没有关税的例8-2中，两种定价策略下净利润的差异为120美元。二者的差额24美元是由于转移价格增加的800美元（4 800－4 000）导致关税增加了40

美元（800×5%），40 美元关税的税后成本为 24 美元［40×(1－40%)］。

在实践中，许多国家意识到转移价格可能会被用作纳税筹划或绕过外汇管制的手段，所以都制定了相应的控制和限制转移价格的法规。如《美国税收法典》第 482 条规定，国内税收署（IRS）认为有逃避税收的情况发生时，可在有关公司之间重新分配总收入、税收扣除、抵免或津贴。转移价格应反映“独立交易价格”（arm's length price），即公司在相同条件下与其他非关联客户交易时的价格。而且，在出现纠纷时，举证的责任由纳税者承担，即纳税者需要拿出证据证明国内税收署确定并据以征税的转移价格是不合理的。所以，国际企业不应将所有的成本都计入单一的转移价格，母公司应该列出它向子公司提供商品和服务的明细目录，包括其采用的向子公司收取服务费、管理费、特许权费、技术培训费等方式，并根据这份明细目录来收取费用，因为详细的目录比较容易取得子公司所在国政府的认可。

[例 8－4]

承例 8－2，除了低价出售策略和高价出售策略外，罗斯曼公司还可以采取低价出售策略加特许权费的方式。如表 8－4 所示，低价出售策略加特许权费的方式与高价出售策略下公司的净利润相同。

表 8－4　　低价出售策略、高价出售策略与低价出售策略加特许权费　　单位：美元

	母公司	销售子公司	合并结果
低价出售策略			
销售收入	4 000	6 000	6 000
减：销售成本	3 000	4 000	3 000
毛利	1 000	2 000	3 000
减：营业费用	400	400	800
应税收益	600	1 600	2 200
减：所得税（25%，40%）	150	640	790
净利润	450	960	1 410
高价出售策略			
销售收入	4 800	6 000	6 000
减：销售成本	3 000	4 800	3 000
毛利	1 800	1 200	3 000
减：营业费用	400	400	800
应税收益	1 400	800	2 200
减：所得税（25%，40%）	350	320	670
净利润	1 050	480	1 530
低价出售策略加特许权费			
销售收入	4 000	6 000	6 000
特许权费收入	800	—	—
减：销售成本	3 000	4 800	3 000

续前表

	母公司	销售子公司	合并结果
毛利	1 800	1 200	3 000
减：营业费用	400	400	800
应税收益	1 400	800	2 200
减：所得税（25%，40%）	350	320	670
净利润	1 050	480	1 530

4. 调节利润水平

国际企业为了实现其全球战略，可以利用转移价格的变化调高或调低各子公司的利润。子公司高价购入、低价出售可以调低利润，子公司高价出售、低价购入可以调高利润。

（1）调低利润的目的。调低利润可以掩盖公司的获利情况，使公司在竞争中处于有利地位。如果子公司在当地获得的利润较高，一则可能引起东道国政府的注意或反感，要求与国际企业就有关投资条款重新谈判，或者强行征用；二则可能成为工资上升和其他福利开支增加的诱因；三则可能引起潜在投资者的注意，导致更多竞争对手进入同一市场，增加子公司的竞争压力。所以当国际企业发现子公司的利润过高时，可以采用转移价格来提高子公司的生产成本，或者降低其收入来降低利润，减轻压力。

调低利润是对付当地合资伙伴的有效手段。因为合资企业的利润由合资各方按比例分配，所以从国际企业整体利益的角度看，并不一定是合资企业的利润越高越好。故而国际企业总希望利用转移价格将子公司的利润转移到母公司或其他子公司，压低合资企业的利润，减少当地投资者分得的利润。不过，在合资企业中，转移价格是一个非常敏感的话题，往往会造成合资双方的对立情绪，甚至会引起东道国政府的干预，国际企业应慎重考虑。

案例8-1　葛兰素史克中国高管供述行贿内幕，揭开进口药价格畸高之谜

据新华社长沙5月14日电　越来越清楚的迹象显示，对于葛兰素史克这家跨国医药巨头而言，从2013年7月起便深陷其中的“贿赂门”，正在演变为一场看来无法避免的司法诉讼。

案件内外，仍有疑团待解——葛兰素史克（中国）公司能够将真实成本仅10余元的药品在中国卖出10倍以上的高价，实现数以亿计的销售收入；但在销售收入逐年飙升的同时，却是微利甚至亏损。更令人疑惑的是，“卖得越多，亏得越多”似乎丝毫不影响其在中国极力扩大销售的步伐。曾经深藏水下、鲜为人知的秘密，或许到了该浮出水面的时刻。

新康泰克、芬必得、贺普丁……提起葛兰素史克（中国）公司旗下的“明星”药品，中国老百姓十分熟悉，它们在中国高昂的定价也令人印象深刻。记者从有关方面获得的一份2012年5月葛兰素史克（以下简称GSK）《专利药品（含专利过期药品）境外市场价格填报表》中，清晰地反映了这一点。以知名药品贺普丁为例，在中国的出厂价是142元，在韩国只有18元，在加拿大不到26元，在英国不到30元，在德国、日本等国家的出厂价也远远低于中国。也就是说，购买一盒贺普丁，中国的患者要比其他国家的患者付出高得多的代价。这并非个例。GSK的另一种药品贺维力也呈现同样的情况：相较于日本的出厂价（103.5元）和中国香港的出厂价（59.92元），它在中国内地的出厂价高达182元。

葛兰素史克（中国）公司的药品价格为何如此之高？价格又是如何确定的？

多名涉案的葛兰素史克（中国）公司高管供述，新药进口到中国前，公司会启动如下“倒推计算”价格的过程。

第一步：开展国内市场价格调研。一是参考其他跨国药企相同或者相近的药品确定价格；二是如果属于原研药，“想卖多高的价格就定多高的价格”。

第二步：将价格报给葛兰素史克（中国）公司财务部。

第三步：葛兰素史克（中国）公司将定价需求报给GSK总部的TP中心（全球价格转移中心），计算出成本价和在中国进口的口岸价。

第四步：TP中心认可后，葛兰素史克（中国）公司按照总部计算的口岸价进口药品，这时口岸价已远高于成本价。

第五步：药品进口后，葛兰素史克（中国）公司按照已经转移定价的口岸价，向国家发改委申请单独定价，国家发改委依据申报资料，以口岸价为基数批准葛兰素史克（中国）公司在国内销售的药品价格。

“这一过程也叫转移定价。”犯罪嫌疑人之一、葛兰素史克（中国）公司原副总裁兼疫苗部总经理陈洪波说，这是跨国公司实现利润最大化的一种主要方法。在原产国分公司把要赚的利润确定好，把确定后的（原产国）零售价作为销往另一个国家分公司的成本价。在这个基础上，再实行一套价格策略，确保在另一个国家能够盈利。

“对葛兰素史克（中国）公司而言，除了进口成品药，还有一种方式是进口原料再加工。”陈洪波供述，西力欣的原料由GSK在塞浦路斯的分公司提供，装瓶是在意大利分公司，从塞浦路斯到意大利进行一次价格转移；从意大利分公司到中国贴标签，再进行一次价格转移。多次价格转移之后，每个分公司都赚钱，总利润相当可观。

另一犯罪嫌疑人、葛兰素史克（中国）公司原副总裁兼企业运营总经理梁宏在供述中称，葛兰素史克（中国）公司的这种做法不仅大幅提高进口药品价格、获取巨额利润，而且将应当在中国境内产生的大部分利润留在境外，达到少缴税的目的。

因此，葛兰素史克（中国）公司财务报表上的数据也就不难理解。2009—2012年，公司主营业务收入分别为39.78亿元、48.62亿元、55.29亿元、69.75亿元；而同期的营业利润约为1.10亿元、－0.47亿元、0.60亿元、－1.88亿元。

“值得注意的还有主营业务成本，与主营业务收入一样，也呈逐年猛增之势。”侦办葛兰素史克（中国）公司案件的专案组民警介绍，2009—2012年，公司主营业务成本（进货成本）分别为30.39亿元、37.13亿元、43.16亿元和50.30亿元，这其中就包含通过转移定价预留在境外的利润。

以贺普丁为例，经核查，2012年，贺普丁的真实成本为15.7元，转移定价后到中国工厂的口岸价是73元，葛兰素史克（中国）公司的出厂价（不含税）为142元，经物价部门核准的最高零售价为207元。

据介绍，除了通过转移定价把利润留在国外，葛兰素史克（中国）公司还在国内进行了另一次价格转移，其报关进口虚高价格的药品后，通过设在中国的工厂加工包装出售。在这部分价格转移中，不仅实现了其中国工厂的利润，而且通过GSK的中国药品出厂价与其中国工厂出厂价之间的差价，预提了在中国的贿赂销售费用和目标利润。由此可见，把高价药品卖出去是葛兰素史克（中国）公司的最大目标，表面上看是微利或亏损，实际上卖得越多赚得越多。

资料来源：新华社．葛兰素史克中国高管供述行贿内幕，揭开进口药价畸高之谜．http://news.cnfol.com/guoneicaijing/20140515/17867280.shtml.

（2）调高利润的目的。调高利润可以粉饰子公司的经营状况，在东道国树立良好形象。国际企业为了使某国的子公司具有良好的资信水平，以便在当地金融市场上发行股票、债券或谋取信贷，经常利用转移价格来调高子公司的利润。

调高利润还可以帮助子公司走出困境，增强竞争力。对于在国外新设的子公司，国际企业除在资金等方面给予支持外，往往还低价向子公司供应所需的商品，或者高价购买子公司的产品，帮助子公司打败竞争对手，提高竞争地位。对于在竞争中处于不利地位的子公司，国际企业也可以利用转移价格调高其利润，帮助其走出财务困境，人为改善财务状况和盈利水平。

5. 规避风险与绕过限制

近年来，许多国家政府都加强了对外国企业在本国的经营活动以及外资流动的管理和控制，限制国际企业采取不利于本国利益的行为。国际企业可以利用国际转移价格绕开这些限制。在政治局势不稳定的国家，国际企业的正当权益往往难以得到保障，面临财产被征用的风险，国际转移价格可以帮助国际企业规避这些风险。

（1）绕过东道国的外汇管制。许多国家为了加强国际收支管理，避免外汇流失，往往实行外汇管制，对外国公司汇出利润加以限制，有的国家对汇出利润还要再征一定比例的利润汇出税。国际企业可以利用转移高价向子公司提供商品或劳务，将该子公司的资金转移到母公司或其他子公司。

（2）逃避东道国的价格限制。很多国家出于反暴利、反倾销等目的，对某些最终产品规定最高和最低限价。针对最高限价，国际企业可以利用转移低价向该国子公司提供原材料和零部件，从而降低售价。针对最低限价，国际企业可以利用转移高价向该国子公司提供原材料和零部件，从而增加成本，提高售价。

（3）规避通货膨胀风险。世界性的通货膨胀使企业货币性资产的购买力下降。为了减少因通货膨胀造成的损失，国际企业应该使处于通货膨胀较为严重的国家的子公司保持最低限度的净货币性资产。国际企业可以利用转移高价向子公司提供商品和劳务，或以转移低价获取该子公司的商品和劳务，提前或延缓这些资金的转移，以避免货币购买力的损失和外汇风险。

（4）规避政治风险。为了防止财产被东道国征用，国际企业可以将子公司进口商品的转移价格调高，或者将子公司出口商品的转移价格调低，借以转移子公司的资金与存货，规避政治风险。

8.2 国际转移价格制定的影响因素

国际企业的全球化经营增加了国际转移价格的复杂性。国际转移价格制定不仅受到国际企业内部因素的影响，而且受到国际范围内外部因素的影响。

8.2.1 影响国际转移价格制定的内部因素

国际转移价格制定又称国际转移定价。影响国际转移定价的国际企业内部因素包括企业经营战略、组织结构、业绩评价体系、信息系统、企业目标和管理者偏好等。

1. 经营战略

经营战略与国际转移定价间的关系主要取决于两个方面。一是在各子公司的产品依存关系上，是否存在纵向一体化战略。如果存在纵向一体化战略，则其内部交易必须按国际企业管理层的统一部署进行，需要实行内部转移定价，以确保国际企业全球一体化战略的实现；如果不存在纵向一体化战略，则各子公司可以自由选择购销对象。这样，只有在各子公司自愿相互交易时，才会发生相互间的国际转移定价问题。二是在国际企业的内部和外部交易上，各子公司是否被视为一个独立的企业。如果一个子公司仅仅在对企业集团外部销售时才被视为一个独立的企业，而在企业集团内部销售时却作为一个非独立单位或机构，那么需要采用国际转移定价，否则，该子公司在交易时不需要执行国际转移定价策略。

2. 组织结构

国际企业的组织结构也对国际转移价格有影响。首先是国际企业的集权化或分权化管理程度对国际转移定价有重大影响。集权化程度较高的公司往往由总部集中控制内部交易的转移价格，一般采用以成本为基础的定价方法；分权化程度较高的公司往往将国际转移定价权下放给各下属子公司或部门，一般采用市场价格定价法或协议定价法；还有的国际企业部分产品实行集权化管理，部分产品实行分权化管理，这类企业往往同时运用多种国际转移定价方法。另外，国际企业内部的组织形式也会对国际转移价格有影响。分公司基本上完全受母公司控制，没有多少自主定价权。但子公司往往不一样，因为母公司只是通过控制股权来控制各子公司，不少子公司仍有一定的定价自主权，它们往往选择以市价为基础来定价；有些子公司则选择以成本为基础来定价。

3. 业绩评价体系

由于国际转移价格直接影响到国际企业内部购买方和供应方的成本和利润，影响到各有关子公司或机构的业绩，因此，国际转移定价政策应能对国际企业下属各子公司或分支机构及其主管人员的经营业绩进行充分科学的测量，同时应能激励各下属子公司取得更好的业绩。制定国际转移价格时必须考虑业绩评价体系。如果一个子公司被当作利润中心，子公司管理层会特别注意内部转移价格的制定。它们可能会从子公司的角度出发，抵制或者不愿执行从国际企业整体战略出发制定的国际转移定价策略。这种情况有时是难以避免的。经常出现的情况是，内部转移价格使某一子公司受益而另一子公司受损。国际企业一方面应该力求内部转移价格对所有子公司都公平合理，另一方面应该在对子公司管理人员进行业绩评价时排除国际转移定价的影响。

4. 信息系统

在信息技术飞速发展的今天，一个有着良好管理信息系统的国际企业有可能将下属各子公司或分支机构的相关信息集中到公司总部，并将国际转移定价权也集中到总部，由总部根据各下属公司及时反馈上来的信息统一制定价格，并根据实际情况及时修订，这样可以保证部门目标与公司整体目标的一致性；相反，如果公司的管理信息系统落后，收集信息费时很长，也就无法对内部转移价格进行有效调整，所采用的内部转移价格就可能不合理，起不到应有的作用。

5. 企业目标和管理者偏好

国际企业的目标直接制约着国际转移定价。不同的国际企业有不同的目标，同一国际企业在不同时期的目标也可能有所不同。如控制和占领市场、避免或减轻税负、防范和化解外汇风险等企业目标所要求的国际转移定价策略不尽相同。另外，不同国家的管理者因文化背景和管理偏好存在差异，对国际转移定价中各因素的考虑侧重点也有差异。国外的有关调查表明，美国、英国、日本、法国等国的财务主管都倾向于以成本为基础的定价；加拿大、意大利等国的财务主管则倾向于以市价为基础的定价。同时，美国、加拿大、法国和意大利的财务主管大多看重所得税，日本的财务主管则关注企业所在国的通货膨胀等因素。

8.2.2　影响国际转移价格制定的外部因素

影响国际转移定价的外部因素很多，如税制差异、关税壁垒、市场竞争、通货膨胀、外汇及政治风险等。下面择要介绍。

1. 税制差异

由于大部分国家的税制差异较大，因此国际企业的管理层有可能利用国际转移定价人为调节国际企业的整体税负，以增加整体利润，这也是国际转移价格的重要作用之一。但是，这种做法势必影响相关国家的税收，从而招致有关国家政府，如税务部门、海关等对此采取某些干预措施。例如，有的国家按“局外价格”的原则来检查、监督国际转移定价；有的国家则采取“比较定价”的原则对国际转移定价进行监督。这些都迫使国际企业对国际转移定价采取慎重态度，必须为转移定价寻找合理的依据，以求得到有关国家政府的认可。

2. 市场竞争

国际企业在运用国际转移价格增强其整体竞争实力时，有可能导致子公司所在国政府采取反托拉斯和反倾销行动，同时也可能会遭到所在国其他竞争对手的报复，使其处境更为不利。另外，出于竞争的考虑而对子公司采取的国际转移定价，实际上是给予该子公司的一种价格补贴，这有可能使子公司产生懒惰和依赖思想，最终与国际企业的初衷相背离。而且，由于各子公司都有自己独立的利益，而内部转移价格是一种非公平交易下的价格，由此会滋生出各种不满情绪，对公司的业绩产生短期和长期的消极影响。综上可见，市场竞争也在一定程度上制约国际企业采取国际转移定价策略。

3. 通货膨胀

国际企业为了规避子公司所在国的通货膨胀风险，往往利用国际转移定价将设在高通货膨胀率国家的货币性资产保持在最低限度，以使其货币购买力不因通货膨胀而发生损失。但是这种做法引起的资产或资金的转移可能会受到子公司所在国的限制。因此，对国际转移定价产生的这种后果，国际企业应该充分考虑。

4. 外汇及政治风险

国际企业在国外设立的子公司的资产和负债一般都是用外币来计价的，在浮动汇率制下，外币与母公司所在国货币的汇率并不总是稳定的，这就使得国际企业面临较大的外汇风险。国际企业可以利用国际转移定价将资金从软货币国家转移到硬货币国家，减少外汇风险。当子公司所在国政局动荡，存在政治风险时，国际企业也可以利用国际转移定价将该子公司的实物资产转移到他国。

西方学者的研究表明，国际转移定价的外部环境因素、税收法规、对利润汇回的限制、子公司竞争状况都是国际企业在选择国际转移定价策略时经常考虑的因素。例如，伯恩（Burn）1980年对62个国际企业财务管理人员的调查中列出了14个影响因素，而米勒（Miller）等人在对125家国际企业的调查中列出了9个影响因素。影响国际转移定价的因素如表8－5所示。

表8－5　影响国际转移定价的因素

（按重要程度由大到小排序）

伯恩的研究	米勒等人的研究
1. 东道国的市场状况	1. 东道国对利润汇回的限制
2. 东道国的竞争状况	2. 外汇管制
3. 国外子公司的合理利润	3. 东道国对合营的限制
4. 美国联邦税制	4. 东道国的关税负担
5. 东道国的经济状况	5. 东道国所得税负担
6. 进口限制	6. 美国联邦所得税
7. 关税	7. 美国的配额限制
8. 价格管制	8. 美国母公司信用状况
9. 东道国税制	9. 国外子公司信用状况
10. 外汇管制	
11. 美国的出口鼓励	
12. 汇率的波动	
13. 现金流动的管理要求	
14. 其他美国联邦税	

资料来源：Frederick D. S. Choi，Carol Ann Frost，Gray K. Meek，International Accounting，Third Edition，Prentice Hall，1999.

总之，国际转移定价受到很多因素的影响，各种因素的影响程度各不相同，它们之间还相互影响和相互作用，而且处于不断变化中。因此，国际企业应该明确主要目标，从整体利益出发，适应市场变化，考虑所有因素，建立完善的国际转移价格机制。

8.3 国际转移价格的管理

8.3.1 政府对国际转移价格的管制

国际企业运用国际转移价格可以实现全球战略目标，但同时往往给有关国家带来损失。因此，各国为保证税收利益和国内企业的竞争地位，对国际转移价格采取了一系列管制措施，其中主要有价格替代和直接管制两种。

1. 价格替代

东道国政府可以寻找一种市场价格或与之接近的价格替代国际转移价格，为此通常采取诸如独立交易价格法和国家出口牌价法。独立交易价格法要求国际企业内部商品、劳务、技术的转移价格应反映独立交易价格，即企业向非关联客户销售商品、劳务、技术时的价格。如果发现某国际企业的子公司进口价格过高，或者出口价格过低，税务部门可以要求按独立交易价格计算，予以补税。国家出口牌价法的基本原则是，国家对于大宗出口的初级品制定出口牌价，作为公开市场上出售的以该产品为原料的制成品价格的一部分，以此价格为基础对国际企业内部相应产品的转移价格进行控制。

2. 直接管制

东道国政府对国际企业内部转移价格的直接管制主要包括两个方面。

（1）加强海关的监督。海关是贯彻执行东道国政府有关出口政策、法令和规章的行政管理机构。国际企业向子公司出口和从子公司进口都必须通过子公司所在国的海关。充分发挥海关的监督和管理作用可以有效地防止以损害东道国利益为前提的国际转移定价的运用。当海关对进口货物进行检查并发现价格有明显异常时，海关有权要求重新估价并补缴税款。

（2）建立健全审计制度，加强对合资、外资企业的财务监督。企业的全部经营状况最终都会在财务会计资料中反映，国际转移价格的操纵也不例外。因此，建立健全严格的审计制度，加强对国际企业的财务监督，是控制转移价格的一个关键环节。

8.3.2 国际转移价格的制定程序

1. 确定目标

在国际企业中，常见的转移价格的目标有：降低税负，增加利润；合理调配资金；降低经营风险；增强子公司的经营积极性；等等。

2. 制定方案

统一完整的国际转移定价方案能够使各子公司了解母公司的意图和战略，有利于缓解各子公司的矛盾。方案的主要内容有：转移定价的目标；公司经营产品的种类；制定转移价格所依据的标准；有关市场价格的资料与信息；各子公司不同意见的仲裁与协调；转移定价方案的实施以及检查的时间与方式；等等。

3. 仲裁与协调

仲裁的主要任务包括：解决各部门之间有关转移定价的争端；检查转移定价方案的实施情况；修改或补充现存的转移定价方案。仲裁委员会的作用与职能以及成员构成都应在转移定价方案报告中有所说明。

4. 实施与检查

转移定价方案应适时而变，并随外部环境的变化作出调整。外部环境的变化包括国际市场竞争情况的变化，有关国家税法的调整与改变，有关货币之间汇率的大幅变动，以及有关国家政局的变化等。这就要求国际企业对转移定价方案的实施进行定时或不定时的检查，发现问题及时修订。

8.3.3 国际转移定价的方法

国际转移定价有三种基本方法，即以市场为基础的定价、以成本为基础的定价和交易自主的定价；还有一种混合方法，即双重定价。

1. 以市场为基础的定价方法

以市场为基础的定价方法，就是以被转移产品在公司外部市场上的价格作为企业内部转移定价基础的一种方法。采用这种定价方法在国际企业内部转移产品时，将所属各子公司都视为独立经营的企业，所确定的转移价格基本上接近正常的市场交易价格。这种方法又可以分为完全市场价格定价法和市场价格扣减法两种。完全市场价格定价法所确定的价格与出售给公司外部购买者所采用的市场价格一样，是完全的市场价格。市场价格扣减法是指从市价中减去一定百分比的毛利作为国际转移价格。

以市场为基础的国际转移定价需要具备三个条件：一是存在一个竞争的中间产品市场；二是各公司在生产经营方面有较大的独立性和自主权，有权对外销售其产品，有权外部采购所需的原材料等物资和各种劳务；三是有市场价格可供参考。

以市场为基础的定价方法主要有以下优点：

（1）有利于发挥子公司的主观能动性。市场价格较好地代表了产品的真实价值，以市场为基础的国际转移价格有助于子公司作出正确的生产决策和采购决策，有利于发挥子公司的自主权，有效地利用资源。同时，还有利于子公司管理层充分利用市场，增强适应市场的能力。在采用以市场为基础的国际转移价格的情况下，企业的利润基本上反映了真实的经营业绩，所确定的子公司收益较为真实，有利于经营业绩的考评。

（2）排除了人为因素的影响，较为客观公正。由于市场价格往往是一种公允价格，以市场为基础的国际转移价格能够被有关国家政府认为是正常交易价格，因此，这种定价方法可以避免有内部交易的公司与所在国政府有关法规发生冲突。

以市场为基础的定价方法的缺点主要有：

（1）以市场为基础，国际企业管理当局在利用国际转移价格人为调整收益时会受到一定的限制。

（2）许多内部交易的中间产品往往很难找到中间市场和公允的市价，即使存在这样的市场，也很少是完全竞争的，因而也难以选定一个公正的市场价格作为其定价的基础。

（3）在某些情况下，运用市场价格作为内部转移价格可能会低估产品的获利能力以及它对公司的贡献。例如，假设存在一种中间产品，能以每件 3 美元的价格从市场上购入，但不能以每件 3 美元的价格在市场上售出。高昂的市场交易成本使得这一产品继续在公司内部生产是有利可图的，公司内部生产可以避免签订合约以及强制执行合约的成本。假设在产品的价格中，有每件 0.5 美元的价值是由这种相互协同所创造的，则此时，恰当的转移价格为每件 2.5 美元。如果将每件 3 美元的市场价格作为转移价格，购买该产品的子公司愿意购买的产品数量要小于转移价格为每件 2.5 美元时愿意购入的数量，这样就不能达到企业价值的最大化。

（4）采用这种定价方法有可能导致对成本数据收集工作的忽视，不利于成本管理。

2. 以成本为基础的定价方法

以成本为基础的定价方法，其国际转移价格是以供货企业的实际成本、标准成本或预算成本为基础，加上一个固定比率的毛利来确定的。具体做法有三种：

（1）以完全成本为基础的定价方法。按照这种定价方法，国际企业将供应方公司提供的中间产品或服务的全部成本作为内部交易的国际转移价格。完全成本包括直接材料、直接人工和制造费用。这种方法的最大优点是其简便性和客观性，成本数据是现成的，减少了定价时的人为因素。这种方法的缺陷主要在于，由于供应方公司的全部生产成本可以通过转移价格转移到购买方公司，因此供应方公司失去了控制产品成本、提高生产效率的动力。而且在以完全成本为基础的定价法下，往往会高估市场价格，购买方就会倾向于从内部购入较少的产品，这样会导致公司部分生产能力闲置，长期下去会损害国际企业的整体利益。为了弥补这一不足，国际企业可以采用标准成本作为确定生产成本的标准，以督促各方降低成本，提高生产效益。

（2）以变动成本为基础的定价方法。按照这种定价方法，国际企业将供应方公司提供的中间产品或服务的变动成本作为内部交易的国际转移价格。产品的变动成本包括直接材料、直接人工和变动制造费用。运用这种方法确定国际转移价格，可以使购买方公司生产的最终产品的变动成本与从国际企业整体来看的该产品的变动成本保持一致；使下属公司所作的决策代表公司整体最大利益。

但是，这种方法存在一些问题。一是供应方公司不能弥补其支出的固定成本。如果供应方公司生产的所有产品都用于内部转移，变动成本当然低于总平均成本，此时供应方公司的固定成本得不到补偿，供应方公司可能出现亏损。二是当产品的单位变动成本随产量的提高而增加时，公司中所有的购买方公司都需要为之支付较高的转移价格。在这种情况下，公司中就会出现争论，到底是让那些扩大了采购量从而导致变动成本增加的购买者提高付费，还是让所有的购买者都按增加的变动成本付费。三是以变动成本为基础的定价方法使得供应方公司会有意地虚报变动成本的金额，如将固定成本计入变动成本。例如，电费有多少属于固定成本，有多少属于变动成本，是很难区分的。从某种程度上讲这种分类有一定的随意性，因此供应方公司与购买方公司往往会对各种成本的属性及其应用产生争议，国际企业管理当局就不得不耗费时间和精力去解决这一争端。

（3）成本加成定价法。按照这种定价方法，国际企业将供应方公司提供的中间产品或服务的实际或标准的生产成本再加成一定利润来作为内部交易的国际转移价格。加成的部分一般是成本的一个统一百分比，如12%。成本加成定价近似于市场价格，在中间产品不存在外部市场时尤为有用，比较有利于业绩评价。但成本加成定价法中的加成比例是人为规定的，不可避免地带有主观色彩，难以保证符合客观的最优决策。

以成本为基础的定价方法有利于以降低中间产品成本为目的的纵向一体化战略。为实施纵向一体化战略，避免各销售利润中心采取对子公司最优而对国际企业整体不利的决策，国际企业管理当局要求各销售利润中心拒绝单独对外销售以获取较多利润的诱惑，服从企业的整体安排，按照成本进行内部销售。以成本为基础的定价方法克服了以市场为基础的定价方法的某些局限性。由于各子公司的成本资料容易搜集并且客观存在，使得这种方法简便易行、有据可查，经得起各国税务部门的稽核和审查。特别是可以避免定价上的随意性，有助于各公司重视成本管理。

但是，以成本为基础的定价方法限制了各销售利润中心的出售权，可能丧失对外销售的盈利机会。这种方法还限制了各购买利润中心的购买权，阻止了这些购买利润中心从企业外部市场上取得物美价廉的资源。因此，各利润中心缺乏决策的灵活机动性，而且各国的成本内容和范围不尽相同，即使生产和销售同样的产品，其成本也缺乏可比性。

3. 交易自主的定价方法

按照这种定价方法，各利润中心都被视为一个独立经营的企业或单位，它们可以自主定价。由于此时的交易是自愿的，总部不加干涉，因此国际转移价格决定了购买利润中心是否愿意内购，也决定了销售利润中心是否愿意内销。这种定价方法有利于企业的分权化经营，使各子公司经理人员的责权利相匹配，有利于国际企业管理当局对各子公司进行业绩考评和奖惩。但由于交易是自愿的，各子公司都是从自身来考虑，而子公司个体最优未必等于国际企业整体最优，因此这种定价方法不利于实现国际企业的全球战略目标和整体利益最大化。为此，有些国际企业采用双重定价方法，或者将交易自主的定价方法作为辅助方法。

由于各利润中心同属国际企业，因此，在交易自主的前提下，买卖双方可以通过协商来确定双方都能接受的国际转移价格。这就是协商定价，它也是一种交易自主的定价。这种方法保持了各利润中心的独立性，使它们能对自己的实体作出正确决策，并为这个决策所带来的后果负责。因此，这种方法能激励各利润中心的经营人员控制成本，提高经营绩效。但是这种方法会消耗大量的时间，还会造成部门间的冲突。而且，两个利润中心有可能联合起来，作出对它们两家有利却损害国际企业整体利益的国际转移定价决策。

4. 双重定价方法

双重定价方法是指国际企业管理当局对购买利润中心采用以完全成本为基础的定价方法，对销售利润中心则采取以市场价格为基础的定价方法。这种定价方法不会产生以完全成本为基础的定价方法下销售利润中心既作为成本中心又作为利润中心的矛盾，也不存在以市场为基础的定价方法下购买利润中心不愿意内购的可能。这种方法不以任何方式改变各利润中心的职权，却减少了它们的责任。因为它与以成本为基础的定价方法不同，购买利润中心无须对进入最终产品的中间产品赚取的全部利润负责；也与以市场为基础的定价方法不同，销售利润中心无须对内部交易的中间产品的全部盈利负责。可见，双重定价方法既有利于国际企业纵向一体化战略的实施，也使各利润中心免受指派交易的困扰。

然而，双重定价方法也有缺陷，至少存在利润重复计算的问题，并且这种问题会随着企业内部交易的增多而日益突出。在这种定价方法下，国际企业整体的收益小于各利润中心的收益之和，当国际企业整体表现为亏损时，某些利润中心却可能显示为盈利。当国际企业有大量内部交易、中间产品的成本与市价的差异很大、购买利润中心的毛利率很低时，这一问题更为严重。而且，双重定价方法还会导致有关责任无人承担或责任不明的问题。因此，双重定价方法必须根据国际企业的实际情况制定，并与其他方法结合使用。

对于国际企业来讲，不存在唯一的、理想的、能够满足所有目标要求的国际转移定价方法。这是因为：第一，国际市场上环境因素的快速变化和国际企业策略的相应变化，使得国际企业在不同条件下、不同时间内要采取不同的国际转移定价方法；第二，国际企业国际转移价格的制定往往要受到各国政府有关规定的限制；第三，国际企业内部转移定价系统的目标之间存在矛盾，不可能存在一种能满足所有目标要求的国际转移定价方法。所以，国际企业多以某种定价方法为主，辅以其他定价方法。

本章小结

国际转移价格是国际企业管理当局为谋求公司整体利益最优，在母子公司之间购销商品和提供劳务时所采用的内部价格。国际转移价格可以发挥强化管理控制、优化资源配置、降低整体税负、调节利润水平、规避风险与绕过限制等功能。制定国际转移价格时，国际企业需要考虑各种内外部因素，需要面对各国政府对国际转移价格的管制。国际转移定价的方法有：以市场为基础的定价、以成本为基础的定价、交易自主的定价和双重定价。

名词术语

国际转移价格	独立交易价格	以市场为基础的定价方法
以成本为基础的定价方法	交易自主的定价	双重定价

练习题

一、思考题

1. 举例说明低价出售策略和高价出售策略对国际企业资金流动、所得税和关税的影响。

2. 国际转移价格的功能有哪些?

3. 国际企业的业绩评价体系会对国际转移价格的制定产生什么影响?

4. 分析影响国际转移价格制定的外部因素。

5. 各国政府是如何对国际转移价格进行管制的?

6. 以市场为基础进行国际转移定价有何优缺点?

7. 以成本为基础进行国际转移定价有何优缺点?

8. 国际企业的组织结构是如何影响其国际转移定价的?

9. 在我国实行中外合资企业所得税“三减两免”的税收优惠政策期间，大量合资企业纷纷出现巨额亏损。其中，某合资企业在销售量急剧增长的情况下，通过放弃国内同质却价格低廉的冰柜，转而从国外进口高价冰柜，提供给产品零售商，实现产品零售终端的渠道控制。该企业在国内经营九年居然没有获得盈利。问：该企业这么做的目的是什么?

二、计算题

我国一大型机械生产集团母公司所在国的所得税税率是20%，在海外有一销售子公司，其所在国的所得税税率是15%，关税税率为3%（可在所得税前作为费用扣减）。现有两种定价策略：一种是高价出售策略，每件配件的价格为5 400美元；另一种是低价出售策略，每件配件的价格为2 000美元。该种配件负担的生产成本和非税的其他费用为1 700美元。

要求：根据上述资料，回答下列问题：

(1) 如果两个国家之间不重复征税，母公司所在国对于海外汇回的子公司收入不进行双重征税。该集团应该采用哪种定价策略向子公司进行销售？

(2) 如果两个国家之间不重复征税，但在对方国家以低税率缴纳所得税的收入在汇回之时需要补缴税收差额。该集团应该采用哪种定价策略？

三、课堂案例

中国东方贸易公司从世界各地购入散装的香料，包装成消费者需要的规格，再通过在新加坡、英国和美国的销售子公司出售。中国母公司的所得税税率为 15%，新加坡子公司的所得税税率为 30%。以一箱包装好的混合香料为单位，内地母公司和香港子公司之间现行的转移定价为 300 元，其他信息见表 8-6。

表 8-6　中国东方贸易公司和香港子公司之间采取的转移定价策略　单位：元

	内地母公司	香港子公司	整个公司
销售收入	300	500	500
减：销售成本	200	300	200
毛利	100	200	300
减：营业费用	50	50	100
应税收益	50	150	200
减：所得税（15%，30%）	7.5	45	52.5
净利润	42.5	105	147.5

要求：你认为中国东方贸易公司应该如何调整与香港子公司之间的转移价格？通过表格列示你的思考过程。

四、真实案例在线文章

在网上寻找一篇近期的文章。文章内容（最好与某一特定国际企业有关）能够诠释本章所阐述的一个或多个概念。可以使用的搜索关键词包括跨国公司与内部转移价格、国际转移价格制定等。

五、推荐书目

1.《跨境所得的国际税收筹划与管理》，曹明星等，北京，中国税务出版社，2014。

2.《国际税收实务与案例》，段从军，北京，中国市场出版社，2016。

3.《国际税收》，杨志清，北京，北京大学出版社，2010。

第9章

国际纳税筹划

知识要点

- 国际税收的概念
- 税收管辖权与国际税收协定
- 国际重复征税与免除方式
- 国际纳税筹划的特点与原因
- 国际纳税筹划的主要方式

纳税是企业一项重要的财务支出，与企业盈利直接相关，企业纳税管理是财务管理的一项重要内容。国际企业纳税涉及各国税制和各个国家之间的税收关系，因此比国内企业的纳税管理更为复杂和烦琐，同时也为国际企业的纳税筹划提供了一些可供操作的条件。国际企业可以在现行各国税制和国际税务协定的基础上调整战略，并在投资、筹资、经营活动和股利分配等方面充分考虑税收的影响，以实现纳税额的最小化。

9.1 国际税收概述

案例9-1　多国税改搅动国际税收格局

2017年注定是国际税收历史上不平凡的一年。在这全球经济复苏回暖的一年里，国际税收舞台好戏频出，精彩纷呈。2017年12月20日，美国国会参众两院经过两次投票，通过了《减税与就业法案》（以下简称税改法案）。税改法案将企业所得税税率由最高35%大幅削减到21%，调整优化个人所得税税基、税率和级距，并由全球课税制转向属地课税制，力度之大，史所罕见。作为世界头号经济体，美国实施大规模税改对各国产生的连锁反应和外溢效应，给国际税收规则体系、合作进程和治理格局带来的变数不容小觑。

就在美国共和党“鹰派”强势推进税改的同时，在大洋彼岸的印度，一场税收制度的深刻变革正试图解开束缚这头“大象”加速前行的枷锁。2017 年 7 月 1 日，印度启动货物和劳务税（GST）制度改革，这是自 1947 年印度独立以来最大规模的一次税改，以期实现酝酿了近 30 年的“同一个国家，同一种税收，同一个市场”的宏愿。此次 GST 改革不仅简化了税制，扩大了税基，统一了税率，规范了优惠，更重要的是消除了以往各邦各征各税、各自为政给经济主体人为增加的制度性交易成本。

除了美国和印度对本国税制进行“大改大建”，澳大利亚、法国、日本、荷兰、挪威和菲律宾等国纷纷进行了“小修小补”。异曲同工的是，不少国家一方面降低企业所得税税率，以提高本国税制的国际竞争力；另一方面提高增值税税率，以弥补财政收入损失。这一“增减并用，双管齐下”的税改策略反映了生产要素全球流动背景下，税制结构逐渐向增值税等税基流动性较弱的税种倾斜的趋势。

2017 年，国际税收合作的历史洪流依然奔涌向前。其中最具有里程碑意义的，莫过于《实施税收协定相关措施以防止税基侵蚀和利润转移的多边公约》（以下简称 BEPS 公约）于 2017 年 6 月 8 日顺利签署。BEPS 公约实现了税收协定历史上规模最大、范围最广的一次多边合作与协调，标志着二十国集团（G20）国际税改取得重大成果，树立了国际税收合作的良好典范，成为打开国际税收协调之门的“金钥匙”。中国不仅成为首批签署 BEPS 公约的 67 个辖区之一，而且作为公约特别工作组第一副主席国积极参与组织公约的研究制定工作，与其他 100 多个国家进行了为期一年的集体谈判与磋商，为公约的制定做出了重要贡献。

经济合作与发展组织（OECD）一直致力于加强增值税和所得税领域的政策协调与征管协作，2017 年在两个领域内的不懈努力相继开花结果。为了加强跨境数字贸易的增值税管理，2017 年 10 月 24 日，OECD 发布了《对境外供应商有效征收增值税/商品及服务税机制的实施指南》，希望以此提高跨境供应商的遵从水平，降低其遵从成本，强化各国税务机关应对数字经济挑战的能力。在所得税方面，2017 年 11 月 21 日，OECD 理事会批准了《2014 年 OECD 税收协定范本》的 2017 年更新内容。此次更新主要是将 BEPS 第六项、第七项和第十四项行动计划成果吸纳进协定范本的相关条款中，并对居民、国际运输和股息等条款做了补充明确。这将对各国税收协定的谈签和执行，特别是 BEPS 项目成果在各国的落地和转化带来显著的提升。

除了 OECD 以外，世界贸易组织（WTO）推动贸易便利化的努力也在 2017 年取得突破。2017 年 2 月 22 日，随着卢旺达、阿曼、乍得和约旦 4 个成员向 WTO 提交批准书，已有包括中国在内的 112 个成员接受《贸易便利化协定》，超过了《WTO 协定》规定的 2/3 成员接受的生效条件，协定正式生效。这将大幅降低全球贸易成本，有力推动多边贸易体制改革。

资料来源：改编自 2017：国际税收亮点纷呈．中国税务报，2018-02-07.

国际纳税筹划与国际税收密切相关，为便于理解，在介绍国际纳税筹划之前，先简单介绍国际税收的相关内容。

9.1.1 与国际税收相关的几个基本概念

1. 国际税收

国际税收是指两个或两个以上的主权国家或地区基于各自的课税主权，在对跨国纳税人分别进行课税时所形成的征税关系及税收分配关系。

国际税收和国家税收之间既有联系又有区别。

首先，国际税收不能脱离国家税收而单独存在。国际税收不能也不可能有自己独立于国家税收的特定征收者和缴纳者，它只能依附于国家税收的征收者和缴纳者。如果没有各个国家对其管辖范围内的纳税人进行课税，也就无法产生国际税收分配关系。

其次，国际税收与国家税收反映的经济关系不同，利益协调关系也不同。国家税收的分配是发生在同一国家的课税主体与纳税主体之间的财富分割和转移，反映的是一国范围内的税收征纳关系，其处理依据是国家法律。国际税收的分配则发生在不同国家的课税主体之间，反映的是国家之间的税收分配关系。当产生国家间税收利益矛盾时，调整这一矛盾会导致一部分财富在各有关国家课税主体之间重新分割和转移，因此，国际税收的处理依据是国家间的协议和各种规范。

最后，国际税收也不同于涉外税收。涉外税收通常是一国政府对外国人（包括外国企业和个人）征收的各种税收的统称。尽管涉外税收具有一定的国际意义，但涉外税收反映的是一国政府凭借政治权力同管辖范围内的外国纳税人之间发生的征税关系。作为国家税收的有机组成部分，涉外税收的本质是国家税收的延伸，仍然是主权国家或地区内部的税收分配形式。

2. 国际税收的纳税人

国际税收的纳税人也称跨国纳税人，是指在两个或两个以上国家同时负有纳税义务的自然人和法人。国际税收涉及的自然人包括从事国际活动的所有个人。按照法律范围，可以分为个人居民和个人非居民。个人居民是指按照一国法律，由于居所、居住时间、停留时间或其他类似标准，在该国负有全面纳税义务的人。个人非居民指不符合该国居民身份，但在该国负有有限纳税义务的人。按照这些个人从事的经营活动，可以分为从事跨国间接投资的自然人、从事独立个人劳务的自然人和从事非独立个人劳务的自然人三类。从事间接投资的自然人（消极投资者），一般指单纯购买股票、债券或放款食利者，可以是一个跨国股票投机商，也可以是向外国出售工业产权的专利权转让者，获得来自不同国家的间接投资收入；从事独立个人劳务的自然人，一般指从事独立的科学、文化、艺术、教育活动的自然人以及独立开业的会计师、医师、律师等，获得跨国的劳务收入；从事非独立个人劳务的自然人，一般指因受雇领取薪金报酬的自然人，如跨国公司的雇员、技术人员和工人等，取得跨国的工资收入。

法人一般指依照有关国家法律成立的、有必要的财产和组织机构、独立享有民事权利和承担民事义务的社会组织、公司、社团等。国际税收涉及的负有纳税义务的法人，一般包括从事跨国经营活动的所有公司和企业。

跨国法人的公司组织形式，有两种关系值得注意：一是总公司（总机构）与分公司（分支机构）的关系；二是母公司与子公司的关系。按照西方国家一般公司法的规定，如果一个公司在国内外设立资本完全受其控制的公司或办事处，则前者是后者的总公司或总机构，后者为前者的分公司或分支机构（或常设机构）。一般来说，子公司与分公司在法律上的地位不同，二者在纳税方式和税收待遇上也有差别。总公司与分公司同属一个法人实体，即分公司是总公司的一个派出机构或附属机构，不具有独立的法人地位，其经营业务问题完全由总公司决定，资本全部属于总公司，其债务由总公司负担，所以分公司一般与总公司汇总纳税，分公司的损益可以并入总公司的损益。分公司在把利润汇出时，无须缴纳预提所得税。子公司与分公司的法律地位正好相反。母公司与子公司是两个独立的法人实体，母公司虽然控制子公司的部分甚至全部股权，但它们是各自国家的法人组织，子公司具有独立的法人资格。这种独立性主要体现在：子公司有自己的公司名称和公司章程，可以独立召集股东大会和董事会，具有独立的资产负债表，可以独立以自己的名义进行各类业务活动。子公司一般与母公司分别纳税，独自计算盈亏，但也有汇总纳税的情况。跨国公司和跨国性企业也有居民公司与非居民公司之分。一般来说，在采用注册登记地标准来确定居民身份的国家，分公司不具有独立的法人资格，是该国的非居民公司；而子公司是独立的法人实体，因此是该国的居民公司。无论是居民公司还是非居民公司，都可能成为国际税收涉及的纳税人。

3. 国际税收的课税对象

国际税收的课税对象是指两个或两个以上国家征收税金的具体对象。国际税收的课税对象主要是跨国所得，具体包括以下几类。

（1）跨国经营所得。主要指跨国纳税人从事跨国的工业、商业、服务业等生产经营活动所取得的收入。对于应纳税所得额的计算，各国的税法规定是不完全一致的。一般来说，应纳税所得额的计算，要从总收入中减去为生产这一所得而支出的一切费用，而这些费用必须是生产经营活动中正常的、必要的费用，如工资、固定资产折旧、原材料成本、利息支出、广告费、管理费等。

（2）跨国劳务所得。指跨国纳税人在跨越国界从事设计、讲学、咨询、演出等各项劳务的所得。

（3）跨国投资所得。指跨国纳税人通过跨国投资入股、放贷、转让特许权等活动取得的所得，比如利息、股利、特许权使用费等。

（4）其他跨国所得。指除上述三种跨国所得之外的跨国所得，如财产所得、遗产继承所得等。

4. 税收管辖权

税收管辖权是政府在征税方面的管理权。一国政府有权自行决定对哪些人征税、征多少税。税收管辖权属于国家主权在税收领域的体现。国际税收分配关系中一系列矛盾的产生都与税收管辖权有关。

按照国际公认的标准，税收管辖权的划分原则有属地和属人两种。其中，属地原则是以纳税人的收入来源地或经济活动所在地为标准，确定国家行使税收管辖权范围的一种原则，也称属地主义或属地主义原则。其主要内容是，只对跨国纳税人来源于本国国界内的收入征税。对来源于本国国界之外的收入，不论所在国家是否征税，都不属于本国税收管辖权的范围。属人原则是以纳税人的国籍和住所为标准，来确定国家行使税收管辖权范围的一种原则，也称属人主义或属人主义原则。其主要内容是，不论跨国纳税人的收入源于何国，只要是本国居民，就要对其全部收入征税。

在国际税收领域，由于各国或地区行使征税权力所采取的原则不尽相同，因此它们所确立的税收管辖权的范围和内容也有所不同。目前，世界上的税收管辖权大致可以分为三类：居民管辖权、公民管辖权、地域管辖权，其中居民管辖权和公民管辖权遵循的是属人原则，而地域管辖权遵循的是属地原则。

居民管辖权是指一个国家对凡是属于本国居民取得的来自世界范围的全部所得行使的征税权力。这种管辖权是按照属人原则确立的。各国税法对居民身份的确认方法不尽相同。

公民管辖权是指一个国家依据纳税人的国籍行使税收管辖权，对凡是属于本国公民取得的来自世界范围内的全部所得行使的征税权力。这种管辖权也是按照属人原则确立的。公民是指取得一国法律资格，具有一国国籍的人。需要指出的是，国际税收中使用的公民概念，不仅包括个人，而且包括团体、企业或公司，是一个广义的公民概念。

地域管辖权又称收入来源地管辖权，是指一个国家对发生在其领土范围内的一切应税活动和来源于或被认为是来源于其境内的全部所得行使的征税权力。这种管辖权是按照属地原则确定的。在地域管辖权下，通过确认所得的地域标志来确定该笔所得的来源地，一笔所得被地域化，从而纳入所在地域的国家税收管辖范围。这种按地域范围确定的管辖权体现了有关国家维护本国经济利益的合理性，又符合国际经济交往的要求和国际惯例，被各国公认为一种较为合适的税收管辖权，并为绝大多数国家所接受。

实际上绝大多数国家包括我国都是两权并用，另外一些国家如美国是三权并用，一般的避税地则是采取单一的来源地税收管辖权。具体来说，我国实施的是地域管辖权和居民管辖权相结合的税收管辖权。

5. 国际重复征税

国际重复征税是指两个或两个以上国家对同一跨国纳税人的同一征税对象分别进行课税所形成的交叉重复征税现象。

国际重复征税一般包括法律性国际重复征税、经济性国际重复征税和税制性国际重复征税。法律性国际重复征税是指不同的征税主体（即不同国家）对同一纳税人的同一税源进行的重复征税。这是由于不同国家在法律上对同一征税人采取不同的征税原则，产生了管辖权的重叠，从而造成重复征税。经济性国际重复征税是指不同的征税主体（即不同国家）对不同纳税人的同一税源进行的重复征税。经济性国际重复征税一般是股份公司的经济组织形式引起的。股份公司的公司利润和利息红利所得属于同源所得，在对二者同时征税的情况下，必然会带来重复征税问题。当这种情况中的征税主体是两个或两个以上的国家时，重复征税即称为经济性国际重复征税。税制性国际重复征税是各国在税收制度上普遍实行复合税制度导致的。在复合税制度下，一国对同一征税对象可能征收几种税。复合税制度导致不同国家对同一税源多次课征相同或类似的税种，从而造成税制性国际重复征税。国际税收中的国际重复征税一般属于法律性国际重复征税。

国际重复征税的存在无疑会对投资者利益、税负公平原则、国际经济交往以及国家间税收权益产生消极影响。主要表现在：第一，加重跨国纳税人的税收负担，影响投资者对外投资的积极性；第二，违背税收公平原则；第三，阻碍国际经济合作与发展；第四，影响有关国家之间的财权利益关系。

6. 国际税收协定

国际税收协定是指两个或两个以上的主权国家为了协调相互间在处理跨国纳税人征税事务和其他有关方面的税收关系，本着对等原则，经由政府谈判所签订的一种书面协议或条约，也称为国际税收条约。

国际税收协定属于国际经济法的一种，它调整的是国际经济关系中的国际税收关系，是国际经济关系发展的产物。国际税收协定按处理的税种不同，可分为所得税的国际税收协定、遗产税和赠与税的国际税收协定；按所涉及的缔约国数量，可分为双边税收协定、多边税收协定；按处理问题的范围，可分为综合性的国际税收协定和单项的国际税收协定。

国际税收协定是以国内税收法为基础的。在国际税收协定与其他国内税法的地位关系上，第一种模式是国际税收协定优于国内税法，第二种模式是国际税收协定与国内税法具有同等的法律效力，当出现冲突时按照“新法优于旧法”和“特别法优于普通法”等处理法律冲突的一般性原则来协调。目前，我国采用的是第一种原则，即国际税收协定优于国内税法。

我国对外签订的税收协定采用了《联合国范本》和《经合组织范本》的条

文结构，内容包括：协定适用的范围、对各项所得和财产分类确定征税权的划分、税收无差别待遇、消除双重征税方法、相互协商程序以及协定的生效和终止等。

截至2018年9月底，我国已对外正式签署了105个避免双重征税的协定，其中100个协定已经生效，和香港、澳门两个特别行政区签署了税收安排，与中国台湾签署了税收协议。

9.1.2 国际重复征税的免除

1. 国际重复征税产生的原因

如前所述，国际重复征税是一种管辖权性质的重复征税，涉及的是两个或多个征税权主体。如果同一纳税人（或不同纳税人的同一征税对象，或不同征税对象）涉及的只有一个征税权主体，即只受一国税收管辖，不会产生国际重复征税，这说明国际重复征税只在两个或多个征税权主体的征税权力同时存在而且互相交叉时才可能产生。换言之，国际上税收管辖权的不统一是国际重复征税产生的根本原因。税收管辖权的不统一源于各国税收管辖权的不同选择以及对税收管辖权行使依据和标准的不同选择。国际上客观存在属地原则的地域税收管辖权和属人原则的居民（公民）税收管辖权，在不违反原则的前提下，各国可以选择不同类型的税收管辖权，也可以根据不同标准确立自己对地域或对人的管辖范围。因此，税收管辖权的不统一又具体表现在三个方面：一是依据不同标准对同一笔所得的来源判定分别属于两个或多个国家，这些国家对同一笔所得同时实行税收管辖；二是依据不同标准对同一纳税人的居民（公民）身份判定分别属于两个或多个国家，它们便可对同一纳税人进行属人的税收管辖；三是依据不同原则对同一纳税人的所得分别进行属人的税收管辖和地域的税收管辖。

由于管辖权存在如上三个方面的不统一，因此产生了三种类型的国际重复征税。

（1）由行使地域税收管辖权标准不统一产生的国际重复征税。例如，对于同一笔利息所得，甲国根据贷款的实际使用地标准判定这笔利息应来源于该国而行使地域税收管辖权，乙国则根据利息的支付者是该国居民判定这笔利息是来源于该国而应由乙国行使地域税收管辖权，从而产生了国际重复征税。

（2）由行使居民（公民）税收管辖权标准不统一产生的国际重复征税。例如，一国可能将居民（公民）税收管辖连接点归于国籍或注册登记地，另一国则将连接点归于居住或管理机构所在地，而纳税人的这些管辖连接点可能分散在不同国家，从而会承担两国或多国的纳税义务。

（3）地域税收管辖权和居民（公民）税收管辖权之间的不统一产生的国际重复征税。在目前大多数国家同时按属地原则和属人原则确定自己的税收管辖权的情况下，这种管辖权之间不统一产生的国际重复征税十分普遍。

上述三种类型的国际重复征税，总的来看都是由税收管辖权的不统一造成的，但前面两种类型是由管辖权内部不统一造成的，后一种情况则是由管辖权之间的不统一造成的。

2. 免除国际重复征税的范围

对于国际重复征税，各国的态度是要加以免除。但从各国的具体实践来看，并非对跨国纳税人承担的任何重复税收都给予无条件、无限制的免除，而是要从范围上加以一定的限制。

从可以享受重复征税免除的纳税主体来看，只有属于一国的居民或公民的跨国纳税人，其在国外取得的收入所承担的税收才能在该国获得国际重复征税的免除。也就是说，只有那些被一个国家行使居民或公民税收管辖权的跨国纳税人，才能获得由其居住国或国籍国给予的免除国际重复征税的待遇。非居民或非公民的跨国纳税人是不能享受此项待遇的。

从可以享受重复征税免除的纳税客体来看，只有来源于一国以外的地方所获得的并已由收入来源国征税的那部分所得、收益或其他相关的收入等才构成该国国际重复征税免除的对象。也就是说，可以在居住国或国籍国得到国际重复征税免除的对象，一方面要求是来源于非居住国的所得、收益或一般财产价值，而不是其他征税对象；另一方面要求这些对象在非居住国或非国籍国已经承担了纳税义务，而未纳税的所得、收益或一般财产价值不能享受此项待遇。

从可以享受重复征税免除的税收来看，只有跨国纳税人在本国以外承担的所得税或一般财产税及其相关的税收才是一国国际重复征税免除的税种。也就是说，可以在居住国得到国际重复征税免除的税收，要求是跨国纳税人在非居住国或非国籍国缴纳的所得税和一般财产税以及与之有关的税种，而不是其缴纳的增值税、消费税等商品与服务课税税种和土地税、房屋税、车船税等个别财产税税种以及不属于税收的各种开办费、注册费、登记费等费用。

3. 免除国际重复征税的方式

国际上免除国际重复征税通常采取三种方式，即单边方式、双边方式和多边方式。

(1) 单边方式。单边方式是指由一个国家单方面采取措施来免除本国居民或公民来自全世界所得已经或可能出现的国际重复征税。在这种方式下，居住国或国籍国为了鼓励本国居民（公民）对外投资和从事其他国际经济活动，减轻其国际税收负担，在本国税法中单方面制定了一些旨在免除或减轻国际重复征税的规定，对本国居民（公民）来源于全世界的所得行使的居民或公民税收管辖权加以一定的限制，使这些跨国纳税人来自国外所得的国际重复征税得以免除或减轻。例如，一些国家在本国税法中规定本国居民来源于国外所得已承担的税款可以按税法的规定获得全额免税或部分免税，而不管其他国家是否也采取相同的办法对待跨国纳税人。

（2）双边方式。双边方式是指由两个国家在协商谈判的基础上，通过签订双边税收协定，采取一定的方法来免除双方居民或公民的国际重复征税。国际税收关系的特点决定了仅由一国单方面采取措施免除国际重复征税有很大的局限性，而且一国不可能要求其他国家按照自己的愿望去对待跨国纳税人。居住国或国籍国在给予跨国纳税人国外所得免税的同时，也希望收入来源国对地域税收管辖权加以一定的限制，但收入来源国不一定会这样做。在这种情况下，只能通过双方协商谈判，签订双边税收协定，在协定的有关条款中规定双方在免除国际重复征税方面应承担的义务和应采取的方法。双边方式是目前免除国际重复征税中最常见、最普遍的方式。

（3）多边方式。多边方式是指由两个以上的国家在协商谈判的基础上，通过签订多边税收协定，采取一定的方法来免除对跨国纳税人的国际重复征税。多边方式与双边方式的性质和原理基本相同，只是参与国较多而已。目前，它还不是免除国际重复征税的主要方式，但在未来，多边协定以及多边征管等多边税收工具必然是国际税收发展的方向。

9.2 国际纳税筹划的概念及原因

案例 9-2　各国打击跨境逃税避税重拳频出

2017年11月5日，国际调查记者联盟（ICIJ）公布了包括1 340万份文件的海量"天堂文件"，令全球权贵隐藏在离岸避税天堂的数万亿美元资产曝光。"天堂文件"引发了全球震动，更引起了相关国家税务部门的关注。澳大利亚、新西兰、希腊、印度和墨西哥等国税务局纷纷于次日发布声明，坚决彻查"天堂文件"中牵涉的本国居民纳税人，并在必要情况下与协定缔约国通过情报交换获取案件信息。

从2008年列支敦士登银行职员泄密事件到如今的"天堂文件"事件，细察其本质，无不是陈年旧疾的应激式爆发，始于一时一地，却可追溯久远，波及四方。这些看似偶然实则必然的事件，在让一部分逃税、避税者从"避税天堂"坠入"人间地狱"的同时，更让各国税务机关认识到：打击利用避税地逃税、避税依然前路漫漫，任重道远，必须勠力同心，携手共进。事实上，携手合作的一项重要机制已在2017年形成燎原之势。在G20的大力推动下，截至2017年9月14日，已有102个国家（地区）承诺实施金融账户涉税信息自动交换标准（CRS）。其中，49个国家（地区）依据承诺于2017年9月正式启动了首次信息交换，这对于CRS在全球范围内成功落地具有里程碑意义，将有利于全球税收透明度显著提升。

如果说"天堂文件"暴露了当今跨境逃避税现象的普遍性，那么欧盟对苹果公司开出"天价"税单，就是后BEPS时代最具典型性的税收事件。苹果公司运用"爱尔兰-荷兰三明治”架构，将旗下一家公司的实际有效税率降至0.005%，全球舆论哗然。2016年8月，欧盟宣布，爱尔兰的两份税收裁定给予苹果公司优于其他企业的突出优势，构成非法国家援助，命令爱尔兰向苹果公司追缴130亿欧元的税款另外加收利息，刷新了国家援助法下单笔最高补税金额的纪录。2017年12月4日，爱尔兰财政部长表示：爱尔兰政府已与苹果公司达成托管基金协议，苹果公司将从2018年第一季度开始向托管基金转账支付2016年欧盟裁定补缴的130亿欧元税款。至此，欧盟在推进BEPS成果落地方面取得了阶段性胜利，非法国家援助制度将成为欧盟解决“苹果们”侵蚀税基问题的有力法律武器。

资料来源：改编自2017：国际税收亮点纷呈．中国税务报，2018-02-07.

9.2.1 国际纳税筹划的概念与特点

1. 国际纳税筹划的概念

从广义上讲，纳税筹划是指纳税人在不违反税法规定的前提下，利用税法不完善以及意义不明确之处，尽量减少其纳税义务的行为。

国际纳税筹划则是指跨国纳税人在法律许可的范围内，根据各国政府的税收制度差异，通过对经营活动的事先筹划与安排，进行纳税方法的优化选择，以尽可能减轻税收负担，获得节税的税收收益，实现国际企业收益的最大化。

国际纳税筹划与国际逃税之间有着本质区别。国际逃税是指跨国纳税人采取虚报、谎报、隐瞒、伪造等各种非法的跨国税收手段，逃脱或减少其总纳税义务的违法行为。国际避税与国际逃税都是某国纳税人减少其全球总纳税义务的税收行为，都减少了有关国家预期的财政收入，但二者的性质存在根本不同。国际避税采用不违法的手段，国际逃税则采用非法手段，属于违法行为。对于国际避税，有关国家一般只要求纳税人对其行为的合理性进行解释和举证，对其不合理的收入和费用分配进行强制性调整，并要求补交所规避的税款。为防止国际避税的再次发生，有关国家主要通过加强合作，修改和完善有关国内税法和税收规定，制定反避税法律、法规或条款，以杜绝税法漏洞。对于国际逃税，则要根据国内税法追究法律责任，对不构成刑事犯罪的依照税法追缴税款、加处罚款，甚至冻结银行存款、查封或扣押财产；对构成刑事犯罪的，还要根据刑法追究刑事责任，按刑事处罚规定对逃税者进行处罚，包括判刑入狱。

2. 国际纳税筹划的特点

国际纳税筹划是国内纳税筹划在国际范围内的延伸和发展，其行为不仅跨越了国境，而且涉及两个或两个以上国家的税收政策，较之国内纳税筹划更为复杂。与国内纳税筹划相比，国际纳税筹划具有如下特殊性：

（1）国际纳税筹划的主体是跨国纳税人，包括法人和自然人。自然人是指从事对外经济活动的非公司形式的各类经营组织及个人。法人主要指跨国公司，包括母公司以及分布在与母公司非同一税收管辖区的其他国家中的子公司、分公司等，它们是国际纳税筹划的主体。

（2）纳税人的税收筹划活动具有国际性。国际性是指国际税收筹划是在国际范围内展开的。跨国公司在全球范围内迅速发展，成为推动经济全球化的内在动力和主体。随着国际企业在空间上的全球化扩展，税收筹划从空间跨度来看日益具有全球性质，涉及各国税收法规及国际税收协定。

（3）纳税人的税收筹划活动具有更大的风险性。跨国公司面对多个政府，管理位于不同国家和地区、不同文化背景下的企业，不仅受本国政府的监管、本国税法的约束，还受他国政府的监管、他国税法的约束；不仅面对税收政策、税收征管法规变动带来的税收风险，还面临各种政治风险、汇率风险以及外汇资金管制风险等。随着世界各国税法制度的逐渐完善和各国政府对税收管理的加强，以及世界经济变化的日益加剧，跨国公司的经营环境较国内公司具有更大的不确定性，国际纳税筹划也将面临更大的风险。

9.2.2 国际纳税筹划的原因

国际纳税筹划的产生原因不仅包括纳税人追求利益最大化的内在动因，而且包括国家间税收差异等外在原因。具体来说，企业进行国际纳税筹划的原因主要包括如下几个方面。

1. 纳税人追求经济利益最大化

减轻税负、追求经济利益最大化是纳税人进行国际纳税筹划的主要原因和内在动力。每个纳税义务人都有减轻自身纳税义务，实现自身经济利益最大化的欲望。在所得一定的情况下，纳税义务越轻，税后利润就越大。纳税人可以研究各国税收制度上的差异，通过纳税筹划的方式达到减轻税负的目的。

2. 各国税收管辖权不统一

在实践中，世界上没有哪个国家单纯地行使一种税收管辖权，各国的税收管辖权侧重点不同。在税收管辖权方面，世界各国根据各自的需要有不同的选择。例如，有的国家只采用地域管辖权，就来源于本国境内的所得征税，如巴拿马。大多数国家一般同时行使两种税收管辖权，如我国实行的是地域管辖权和居民管辖权。此外，即使行使同样的管辖权，各国管辖权的具体内容也会有所不同。例如，居民管辖权中，判断是否成为一国税收居民的标准包括注册地标准、机构所在地标准等。如我国判定法人居民身份以注册地和管理机构所在地为准，而美国却以注册所在地为准。

各国对税收管辖权的规定存在差异，由此形成某种重叠和漏洞，为国际纳税筹划创造了有利条件。所有这些不同的纳税规定客观上都可以使跨国经营者有条件地选择有利于自己的纳税制度和法律规定，以最低限度地承担国际纳税义务。

3. 各国税法对税收要素的规定不同

因国情不同，各国的税收制度存在极大差异，导致税收负担也存在差别，这为国际纳税人纳税筹划提供了可能，跨国纳税人可以巧妙利用这些差异进行国际纳税筹划。这些差异主要表现为：税率差异、税基差异、税制模式差异、税收优惠差异等。

（1）税率差异。税率是税收制度中的核心要素。如今世界各国大多采用两种税率制度，即比例税率和累进税率。以所得税为例，有的国家采用比例税率，有的国家采用累进税率。即使是实行统一税率制度的国家，由于各国的经济制度、社会经济发展水平等国情不同，具体的税率规定也千差万别。以企业所得税为例，中国和巴西实行 25%的比例税率，加拿大实行 38%的比例税率，而美国等国家分别实行不同级别的超额累进税率。税率差异是纳税筹划的一个基本条件。企业在进行跨国经营活动时，可以通过人、资金及所得的适当流动，制定周密的税务计划，选择合适的经营地点、登记注册地点、经营方式等，避开高税负国家，获取税负差异的收益。

（2）税基差异。税基是指课税的基础与依据。比如企业所得税的税基是指公司在一个纳税年度内的收入总额减去国家规定准予扣除项目金额后的余额。各国制定税法时所考虑的侧重点不同，虽然同为所得税课税的税基，外延却可能不同。各国成本费用扣除的标准不一样，对于一些特定的成本费用，有的国家规定可在税前扣除，有的国家则不允许，因此纳税人可以选择利用税基差异，巧妙地进行国际避税。

（3）税制模式差异。当今世界各国存在三种不同的税制模式。第一种以直接税为主体。直接税通常包括个人所得税、企业所得税、资本利得税、不动产税、财产税等。由于财产税占税收总额的比重小，几乎无足轻重，因此，以直接税为主体，实际上就是以所得税为主体。大多数经济发达国家采取这种税制。第二种以间接税为主体，采取这种税制的大多数是发展中国家。间接税通常包括消费税、增值税、关税以及印花税等。以间接税为主体，实际上就是以商品及劳务税为主体。第三种是低税模式，一些国家和地区被视为“避税港”，如百慕大、巴哈马等。由于避税地的国家或地区对股息收入或资本利得不征收或者只征收很少的税，因而成为跨国纳税人进行税收筹划的理想空间。

（4）税收优惠差异。为吸引外国投资，许多国家采取优惠措施，为投资者提供减免税及各种纳税扣除。特别是发展中国家，因经济发展需要大量投资，采取了许多对外资减免税的措施；而发达国家更倾向于国内资本向外流动，可能会规定对外投资减免税的措施。不同国家税收优惠的方法也有差异，发达国家较多采取与投入相关的间接性鼓励方法，如加速折旧、投资减免、再投资免税等；而发展中国家经常采用一般性的减免期或免税期的政策。各种税收优惠使得实际税率大大低于名义税率，这为国际纳税筹划提供了机会。

4. 国家之间宏观税负水平的差距

宏观税负水平是指政府在参与国民收入分配的过程中，以税收等方式所筹集的财政收入的价值总额占GDP的比率，它反映了一个国家的总体税负水平，是目前国际上公认的衡量一国税负水平高低的指标。按照宏观税负的高低来划分，世界上各个国家的宏观税负水平可分为高、中、低三类。

（1）高宏观税负水平的国家。大多数经济发达国家的宏观税负水平都比较高，其税收收入总量占GDP的比重在35%以上。宏观税负水平最高的国家如瑞典、丹麦、法国、荷兰等税收收入占GDP的比重在50%；其他欧洲国家的宏观税负水平在35%～45%之间；相对于欧洲国家，美国、澳大利亚等国家的宏观税负水平要低一些，但其税收收入占GDP的比例也在35%左右。

（2）中等宏观税负水平的国家。中等宏观税负水平的国家税收收入总量占GDP的比重在20%～30%之间，如印度、肯尼亚、南非、哥伦比亚等国家。

（3）低宏观税负水平的国家。低宏观税负水平的国家税收收入总量占GDP的比重不超过20%，大多在15%左右，有的国家不到10%。低宏观税负水平的国家也可以分为三类：一是世界上公认的避税地国家；二是经济不发达的国家，这类国家经济落后，税源匮乏，如玻利维亚等国家；三是自然资源非常丰富的国家，特别是石油输出国组织的成员国，如阿联酋、沙特阿拉伯、科威特、巴林、约旦、阿曼等国家，其财政收入很大部分不是来源于税收收入，而是来源于出售自然资源的收入。因此，跨国纳税人在进行国际纳税筹划时，要看所在地的宏观税负水平，以实现税收筹划的目标。

5. 存在避免国际双重征税的税收协定

对跨国纳税人所得的重复纳税，将加重纳税人的税收负担，严重损害跨国纳税人生产经营的积极性。各国从合理调整税收负担、充分运用国际资金流向方面考虑，都采取了免除国际双重征税的措施，然而各国使用的方法不同。有的国家采取免税法，有的国家采取抵免法，有的国家采取分国抵免限额；一些国家允许税收饶让，一些国家则不允许。国际重复征税问题必须通过各国税法和国际税收协定与合作来解决。这些方法的存在给跨国纳税人带来减轻税负的空间。

随着经济全球化进程的日益加快，税收协定不断拓展。目前，世界上国家与国家之间签订的双边税收协定已有3 000多个。税收协定对缔约国的居民纳税人提供了许多优惠待遇。跨国纳税人在选择投资地点时，可充分利用东道国对外缔结的税收协定中的优惠待遇。

6. 避税地的存在

避税地是指为跨国经营者所得或财产提供免税或低税待遇的国家或地区，为众多跨国投资者所青睐。国际上习惯把避税地分为三种类型。第一种为纯国际避税地，这些国家或地区不征收个人所得税、公司所得税和财产税，如巴哈马、百慕大、开曼群岛等。第二种为普通避税地，这些国家或地区完全放弃居民（公民）税收管辖权，只行使地域管辖权，如巴林、以色列、列支敦士登、瑞士、马来西亚、巴拿马和哥斯达黎加等。第三种为正常课税，这些国家或地区签订了众多的国际税收协议，对外资实行优惠政策，如荷兰、比利时、瑞典、英国等。因此，一个住所在高税负国家的纳税人，可以通过将住所迁往避税地，成为避税地的居民，达到少纳税的目的。避税地为跨国纳税人避税提供了理想之所。

9.2.3　国际纳税筹划的对象

国际企业进行国际纳税筹划的对象主要是国际企业的利润。为了使集团的全球利润最大化，必须使国际企业经营活动的主要税收最小化，这些税收包括直接税和间接税。

直接税包括：(1) 所得税。主要指公司所得税，对股息、利息和特许权使用费跨国转移征收的预提税，以及出售不动产和有价证券的资本利得税。(2) 财产税，包括资本税、财产税（不动产、土地）。(3) 社会保障税及其他直接税。

间接税包括：(1) 增值税和消费税。(2) 关税及其他附加税。(3) 交易税，指销售税、不动产交易税、股票交易税等。

国际纳税筹划主要是针对难以转嫁的直接税，如企业所得税，因股息、利息和特许权使用费跨境转移而在当地缴纳的预提税等，通过选择合适的方法，实现免除、减少或递延纳税义务等目标。

9.3　国际纳税筹划方式

案例 9-3　苹果公司的国际避税策略

美国苹果公司巧妙的避税魔术被称作“爱尔兰-荷兰三明治”。因为其手法主要是在两家爱尔兰子公司和一家荷兰子公司之间腾挪，就像两片面包夹着一片奶酪的三明治。

第一片面包是苹果公司在爱尔兰设立的苹果国际销售公司。这家公司负责从中国代加工厂商处廉价买到苹果产品，再以高价把产品卖到欧洲、非洲、大洋洲、中东和印度等地的苹果零售店或苹果经销公司，这样，它接收除了美国以外的全球所有销售收入。苹果公司之所以选择在爱尔兰“收钱”，其中一个原因是爱尔兰是欧盟国家，爱尔兰与欧盟其他成员国之间的交易免缴所得税。同时，爱尔兰的企业所得税税率只有12.5%，远低于美国和其他欧盟国家。不仅如此，苹果公司为爱尔兰在科克郡环保区建了一座玻璃墙环绕的工厂，而爱尔兰政府以苹果公司为当地提供了就业机会为由，为其提供税务减免的优惠条件。据统计，2011年，苹果国际销售公司为220亿美元的销售额仅支付了1 000万美元的所得税，税率仅为0.05%。

第二片面包是设在爱尔兰的苹果国际运营公司。爱尔兰的税率已经很低，但世界上还有免税的地方，那就是开曼群岛、百慕大、英属维尔京群岛等“避税天堂”。为了尽可能少缴所得税，苹果公司要把大部分营业收入以成本最低的方式转移到避税天堂。爱尔兰恰好又提供了向避税天堂转移营收的独特通道。根据爱尔兰独特的税法，即使是在爱尔兰注册的公司，只要其母公司（控制权）或总部（管理权）设在外国，就被认定为外国公司。于是，苹果公司设立了苹果国际运营公司。该公司注册地是爱尔兰科克郡，但总部设立在“避税天堂”英属维尔京群岛。由于是外国公司，它把收入汇到总部不需要向爱尔兰缴税，几乎是零成本。

苹果公司的这两家爱尔兰子公司的部分所有权属于英属维尔京群岛的鲍德温控股无限公司。该公司没有登记在册的办公地点和电话号码，登记在册的唯一一名管理人员是居住和工作地点都位于美国加州库比提诺的苹果公司财务总裁奥本海默。通向“避税天堂”的渠道已打通，接下来要考虑的是，怎么把苹果国际销售公司的销售收入低成本地转到苹果国际运营公司。如果直接在这两家公司之间转移销售收入，要向爱尔兰缴纳所得税。于是，苹果公司在两片面包之间加入了一片荷兰奶酪——在荷兰注册了苹果欧洲运营公司。

与爱尔兰不同，荷兰税法以公司注册地而不是总部所在地来认定公司的国籍，所以苹果国际销售、苹果国际运营和苹果欧洲运营在荷兰都被认定为欧盟的公司。爱尔兰和荷兰都规定，欧盟成员国公司之间的交易免缴所得税。在三家公司之间，苹果选择了一种看不见摸不着但又很值钱的知识产权充当转移收入的媒介。苹果国际运营公司持有大量苹果产品的相关专利和知识产权，如iPhone，iPad等软硬件终端服务和iTunes上的歌曲等。由于苹果国际销售公司在销售苹果产品时必须用到苹果的知识产权资产，因此苹果国际销售公司就需要向苹果国际运营公司支付知识产权专利使用费。于是，苹果国际销售公司通过荷兰的公司的中转，将销售收入以专利使用费的名义转到苹果国际运营公司，最终转到英属维尔京群岛上的总部。钱一旦进入避税天堂，就无法再被任何监管机构监控，而美国法律允许一家美国公司的海外子公司留存通过非美国无形资产取得的收入，直到这家海外子公司把利润转回美国才需要缴税。

于是，苹果公司成功利用“爱尔兰-荷兰三明治”逃避了大量的税款，仅2011年和2012年就至少避税125亿美元。

除此之外，苹果公司还利用直接在开曼群岛、新加坡等“避税天堂”注册的方式继续逃避税收。苹果公司在美国内华达州也注册了一家子公司，因为内华达州的公司所得税为零。苹果公司通过这家子公司汇总公司营收并进行投资，使部分投资收益避免向加利福尼亚州缴纳 8.84%的所得税。

苹果并不是唯一在全球避税的大公司。实际上，绝大部分跨国公司都在使用各种避税策略。早在 2010 年就有媒体报道过，谷歌几乎照抄苹果的模式将营业收入转移到避税天堂。另外，微软、雅虎、亚马逊、戴尔、星巴克、脸书、辉瑞、强生、通用汽车、福特、美国航空和花旗集团等国际知名公司通过类似的方式逃避的税收数额高得如同天文数字。

资料来源：改编自苹果公司是这样成功避税的. 都市快报，2013-05-26.

国际纳税筹划的方式多种多样，下面列举一些常用的纳税筹划方式。

9.3.1　利用组织形式进行国际纳税筹划

1. 避免成为常设机构

绝大多数国家利用“常设机构”的概念，作为对非居民公司征税的依据。构成常设机构的，就可以认定其所得来源于该国境内，可以行使地域管辖权，对其所得征税；不构成常设机构的，就不对其所得征税。这在国际税收中称为归属原则。

在国际税收协定中，常设机构是指企业进行全部或部分经营活动的固定场所。《经合组织范本》和《联合国范本》对常设机构的定义是“企业进行全部或部分营业的固定场所”。两个范本都采用列举的方式，指出常设机构包括管理场所、分支机构、办事处、工厂、作业场所等。

对跨国纳税人而言，在进入外国市场时，避免成为常设机构，就可以避免在该非居住国的纳税义务。这种税收筹划的重点在于：研究国际税收协定的相应条款，避开有可能构成常设机构的活动形式，即避免成为外国政府直接税和间接税的课税主体。

例如，一家法国公司向英国出口汽车，所有销售合同都在法国境内签订，而向英国订购者发货的汽车直接来自该公司在英国伦敦的仓库。法国公司在伦敦没有产品展示厅。根据英法税收协定，法国公司在英国的活动不构成常设机构，从而也不成为英国所得税的纳税人，无须在英国纳税。如果法国公司授权英国一家公司代理销售，而且这家英国公司的全部业务仅涉及为法国公司提供代理服务，则英国公司的活动构成法国公司在英国的常设机构。因此，法国需要向英国缴纳所得税。

2. 避免成为税收意义上的居民

在实行居民管辖权的国家，判定法人居民的标准主要有五类：一是法律标准，亦称组建地标准或注册登记地标准。它是将凡按本国法律组建并登记成立的公司规定为本国居民公司。二是总机构标准，是以一个公司的总管理机构，如总公司、总部是否设在本国境内为判定标准。如果一个公司总机构在本国境内，即为本国居民。三是管理机构所在地标准。以公司经营活动的实际控制和管理中心所在地为依据，凡是实际控制和管理中心所在地被认定在本国境内的公司为本国居民公司。按照有关国家规定，实际控制和管理中心所在地一般是指公司董事会所在地，或董事会有关经营决策会议的召开地点。四是主要经营活动标准。以公司经营业务的数量为依据。实行这一标准的国家通常规定，如果一个公司占最大比例的贸易额或利润额是在本国境内实现的，该公司就是本国居民公司。五是控股标准。以一个公司拥有控股表决权股份的股东的居民身份为依据，有控股表决权的股东是本国居民，该公司也为本国居民公司，并负有纳税义务。我国采取的是登记注册地和管理机构所在地相结合的标准。

第一个标准虽比后几个标准易于掌握，但国际企业可以采取变更注册登记地点的办法，避免成为该国的法人居民。如美国采用注册登记地标准，一个跨国公司要想避免成为美国的居民公司，可以把总机构或管理机构设在美国，而在别国注册登记。管理机构所在地标准的确定，主要以董事会所在地或经营决策中心所在地为准，这样，公司可以将董事会的开会地点或经营决策中心地点转移至低税国或无税国，尽量避免在高税国召开董事会会议，从而合法地避免成为该国的法人居民。法人居民地点的选择对于其纳税义务的多少至关重要。跨国公司是哪个国家的法人居民，就要把其世界范围的所得汇总到哪国纳税，高税国的居民公司承担较高的纳税义务。如果该公司把总部或管理机构、注册地改设在中国香港、巴拿马等仅实行收入来源管辖权的国家或地区，其所得税税率很低，并且对来源于其境外的所得不征税，就可以大大降低整个跨国公司的总税负。

总之，跨国公司可以采用各种手段，避免成为高税国的居民公司，甚至可以避免成为任何一个居住国的居民公司，从而达到避税目的。

3. 合理选择分公司或者子公司等组织形式进行纳税筹划

当一国企业决定对外投资时，是选择建立分公司还是选择设立子公司，往往需要反复权衡利弊，然后做出最有利的选择。事实上，分公司与子公司在享受待遇方面差异很大，在跨国纳税方面也有许多差别，可以说各有利弊。

（1）设立分公司。随着国际企业对外经营活动不断扩大和发展，在国外设立分公司是必要的。在国外管辖区设立的分公司，通常被认作常设机构，但并不是所在国的居民公司。

设立国外分公司，将面临两个国家税收管辖权对它的影响：一是分公司就自己的利润向所在国缴纳所得税和其他税收，包括增值税、财产税、各种地方税等；二是分公司的税后利润汇回总公司所在国、并入总公司利润后，还要向居住国缴纳所得税。一般来说，为避免由此带来的双重纳税，居住国一般允许总公司在纳税时抵免分公司在国外已缴纳的税收。

国际企业去国外开展任何一项经营活动，在初期可能会发生亏损，作为税收惯例，总公司所在国一般允许用国外分公司的亏损冲抵总公司利润。这一点正是分公司在国际纳税筹划中的长处。

设立国外分公司的主要优势包括：

1）总公司直接控制分公司的经营活动，并负法律责任，管理上比较方便。

2）可以在分公司所在地减少填报账表、审计和遵从公司法等许多麻烦，有关财务资料也不必全部公开。

3）设立分支机构的法律手续简单，可以免缴当地政府的资本注册登记税和印花税。

4）一般情况下可以将税后利润转回母国。

5）可以享用避免国际双重征税的有利形式，如免税法等。

6）分支机构在初期发生营业亏损时，可以冲减总机构的总利润。

同样，设立国外分公司也会产生一些弊端，主要有：

1）在所在国没有独立的法人地位，没有资格享受当地政府向居民企业提供的免税期或其他投资鼓励措施。

2）分公司没有自己的资产负债表，经营活动没有自主权。

3）母公司需要承担国外分公司的所有义务。

4）若分支机构转为子公司，要对由此产生的资本利得承担纳税义务。

5）分公司一旦取得利润，总公司就需在母国纳税。如果分支机构位于低税国，而总机构位于高税国，则该机构一般无法获得低税国给予的减免税好处。

6）总公司与分公司之间支付的利息或特许权使用费不能从利润中扣除，缺乏灵活性。

(2) 设立国外子公司。国外子公司的资产及相应的业务独立于母公司，作为外国的居民公司，应当缴纳当地居民的所有税收。因此，子公司只要将所得留在居住国，不汇回母公司，就可以避免母公司所在国征收税收，也可以避免东道国对外国子公司的双重征税。但如果子公司把所得以股息、利息或特许权使用费的形式汇回母公司，双重征税就难以避免。为了消除母子公司间的双重征税问题，世界上许多国家的对外税收协定规定，如果母公司拥有支付股利子公司的股份不少于10%，允许抵免母子公司之间股息收益的已缴纳额，即采用间接抵免法。但由于国外子公司资产的独立性，其亏损不得抵消母公司的利润，因此，建立国外子公司时，可采用抵免法降低税负，特别是当子公司所在国税率低于母公司所在国税率时。

建立国外子公司的优势主要体现在：

1）国际企业内部的财务战略可以灵活实施，如果子公司利润不向母公司分配，就可以进行再投资，以避免某些税收，如预提税等。

2）国外母公司不承担子公司的债务。

3）子公司可以享受所在地相关税收优惠。

4）实现递延纳税，获取资金的时间价值。

建立国外子公司的弊端主要在于：

1）公司的登记手续复杂、费用多、时间长，法律规定较为严格。

2）将分配的利润汇回母公司时，需要缴纳预提税。

3）当子公司所在国的税率提高到与母公司所在国相近或更高时，跨国纳税人通过在国外子公司保留利润所获得的延期纳税的好处就不存在了。

[例9-1]

某公司是一家国际企业，位于中国的母公司国内利润为18 000 000元，国外子公司的利润为2 000 000元。假设利润不汇回中国，母公司所在国的公司所得税税率为25%，子公司所在国的公司所得税税率为10%，则该国际企业的税收情况如表9-1所示。

表9-1

项目	中国母公司	国外子公司	国际企业
应税所得额（元）	18 000 000	2 000 000	20 000 000
应纳税额（元）	4 500 000（即25%）	200 000（即10%）	4 700 000
实际税率	25%	10%	23.5%

由此可见，国外子公司的建立使整个国际企业的税收负担减少了1.5%。

在国外设立分公司和子公司各有利弊，在选择对外投资的组织形式时，的确令企业决策者为难。不过，两种形式可以交替使用。一种常见的选择是，在营业初期以分公司形式经营，当分公司开始盈利之后，再转变为子公司。当然，若某些国家制定了相应的防范措施，这种纳税筹划方案的实施可能有一定难度。

9.3.2 利用融资安排进行国际纳税筹划

中国企业进行境外投资过程中，可以选择科学合理的融资方式，通过融资安排进行国际纳税筹划。

1. 母公司的债权融资与股权融资

各国对股利和利息的税收政策通常不同，对企业支付利息，往往允许其作为费用扣除，对企业分配股利则作为企业所得，不允许扣除；对企业汇出利息的预提税往往较低，对企业汇出股利的预提税则往往较高。在同样多的投资和同样高的回报率情况下，企业通过加大借款（债权性融资）从而减少权益性融资比例的方式增加税前扣除，可以降低企业税负，这也被称为资本弱化。

[例 9-2]

中国企业在某国设立子公司，有五种融资方案为子公司融资。通过比较，应该选择方案五（见表 9-2）。

表 9-2　子公司的五种融资方案对比

企业	项目	方案一	方案二	方案三	方案四	方案五
子公司	负债额	0	6 000	8 000	9 000	9 600
	权益资本额	12 000	6 000	4 000	3 000	2 400
	负债比例	0	1∶1	2∶1	3∶1	4∶1
	年息税前利润	1 200	1 200	1 200	1 200	1 200
	减：负债利息	—	360	720	900	1 152
	年税前利润	1 200	840	480	300	48
	所得税税率	40%	40%	40%	40%	40%
	应纳所得税	480	336	192	120	19.2
	年税后净利润	720	504	288	180	28.8
中国企业	子公司汇回的利息收入在当地缴纳的预提税（税率 10%）	—	36	72	90	115.2
	利息收入在中国缴纳的营业税和所得税（考虑抵免子公司已交税款后）	—	54	108	135	172.8
	税后利息净收益	—	270	540	675	864
中国企业与子公司税后利润合计		720	774	828	855	892.8

2. 母公司直接借款与间接借款

在直接借款模式下，国内母公司直接借款给境外被投资企业，按照市场公允利率向境外被投资企业收取利息。但是，投资东道国通常会对汇出本国的利息征收预提所得税。如果中国与投资东道国之间没有签订税收协定，或者签订的税收协定没有将利息的预提税限制在一个较低的水平，则该借款利息可能在东道国缴纳较高的预提税。

另外，根据中国的税法，中国母公司收到的利息须缴纳 69%的增值税和 25%的企业所得税（不过，该利息在境外缴纳的预提税通常可在一定限额内抵免中国企业所得税）。因此，直接借款给境外被投资企业，税负有可能较高。

在间接融资模式下，一般会在第三地设立融资公司。融资公司取得的利息收入通常需在当地缴纳所得税，而该利息收入在以利息的形式从融资公司所在地汇至母公司时，还可能需要缴纳当地预提税。因此，融资公司一般选择所得税税率较低、与东道国签订有税收协议、利息预提税税率较低的地点设立。

例如，假设某中国公司投资设立的美国子公司出于经营需要，计划向中国母公司借入一笔款项。根据中美避免双重征税协定，如果该利息直接支付给中国母公司，预提税可降低到10%。但是，如果该中国公司在瑞士等地投资设立一家子公司，专门为美国子公司提供融资，则根据美国和瑞士的税收协定，该美国子公司支付给瑞士公司的利息在一定条件下可以免交美国的预提税。瑞士公司要获得该利息收入，仍须缴纳一定的当地所得税，中国公司在最终取得该利息收入时，也需要按照25%的税率补缴中国企业所得税，但该笔收入在汇回中国之前，可以用来满足其他项目的资金需求，因此，在一定程度上降低或递延了整体税负。

9.3.3 通过转让定价进行国际纳税筹划

转让定价亦称转移价格、内部价格，是国际企业根据全球经营战略目标，在关联公司之间销售商品、提供劳务和技术、资金借贷等活动所确定的企业集团内部价格。它不取决于市场供求，只服从于国际企业整体利益的需要。

关联公司主要是指具有直接或间接控制与被控制法律关系的两个或两个以上的公司。这种控制与被控制的法律关系主要体现在参股上，因为参股比例决定参与管理及控制的程度。一般来说，一个国际企业的总机构与其分支机构、同一个总机构的不同分支机构、母公司与其子公司，以及同一个母公司的几个子公司之间都是互相关联的。但按照国际税收中的特定含义，关联公司主要是指母公司与其子公司之间以及子公司与子公司之间的关系。因此，这里所讨论的转让价格主要是指这一类关联公司之间的内部交易价格。

国际企业利用转让定价进行纳税筹划，根本原因在于各国税制设计的差异。只有在各国税负水平高低不等的前提下，跨国纳税人才有将利润进行国际转移的必要。国际关联企业内部交易的转让定价，使这种利润的转移成为可能。

关联公司利用转让定价进行税收筹划的方法很多，主要包括如下几种。

1. 购销业务中的转让定价

购销业务中的转让定价主要包括产品、设备、零部件等实物交易中的转让定价，这是目前转让定价中最重要、最频繁的一种方式。其主要手段是：通过对关联企业之间的原材料供应和产品销售实行“高进低出”或“低进高出”的办法，把收入尽量转移到税负低的企业，而把费用尽量转移到高税负的企业，借此转移利润，达到避税目的。具体运作原理是：高税国一方的关联企业，可以按低于市场价格甚至低于成本的价格向低税国一方的关联方出售商品，而以高于市场价格的价格从低税国一方的关联企业那里购进商品。这样，高税国一方关联企业的利润减少，低税国一方关联企业的利润增加，从而实现高税国企业利润向低税国企业转移的效果。

[例9-3]

甲国A公司是乙国B公司的母公司，A公司拥有B公司100%的股权。甲国的公司所得税税率为40%，乙国为30%。A公司对B公司销售一批零件，由B公司加工后出售。A公司的成本为50万元，B公司的成本是在A公司售价的基础上加25万元，A公司对B公司按正常价格销售零件，收入为100万元，但A公司也可以75万元的转让价格将零件卖给B公司，B公司加工后以200万元出售最终产品。比较两种定价下两家公司合计需要缴纳的税金。

正常价格下两家公司应纳税额合计为：

$$(100-50)\times40\%+[200-(100+25)]\times30\%=42.5(\text{万元})$$

利用转让价格两家公司应纳税额合计为：

$$(75-50)\times40\%+[200-(75+25)]\times30\%=40(\text{万元})$$

通过转让定价，公司少纳税2.5万元。

2. 提供劳务过程中的转让定价

关联企业之间相互提供劳务活动时，可以通过高作价或低作价方式收取劳务费，从而使关联企业之间的利润根据需要转移，达到减轻税收负担的目的。一般来说，关联企业在相互提供劳务时，应按照独立企业原则收取劳务费。但若关联企业一方税率较低或符合某项税收优惠政策，就可以通过调整劳务收费标准，转移利润。

[例9-4]

甲国A公司的所得税税率为15%，乙国B公司是A公司的全资子公司，B公司的所得税税率为25%。A公司向B公司提供一项劳务，由于市场上没有同类劳务，无法找到合适的市场价格。如果采用成本加成的定价方式，由于成本归集口径不一样，成本加成后的价格从200万元到2 000万元不等。假定A公司除该项收入外无其他任何收入和费用，B公司有收入6 000万元，除该劳务费外无其他任何劳务费用。公司如何为该项劳务费定价?

公司可以将劳务费的价格按照转让定价定在200万～2 000万元之间。

如果公司将劳务费的价格定为200万元，则

$$A\text{公司纳税}=200\times15\%=30(\text{万元})$$

$$B\text{公司纳税}=(6\,000-200)\times25\%=1\,450(\text{万元})$$

$$\text{两家公司应纳税额合计}=30+1\,450=1\,480(\text{万元})$$

如果公司将劳务费的价格定为2 000万元，则

A公司纳税=2 000×15%=300(万元)

B公司纳税=(6 000−2 000)×25%=1 000(万元)

两家公司应纳税额合计=300+1 000=1 300(万元)

通过将劳务费按较高的转让价格定价，公司少纳税180万元。

3. 贷款业务的转让定价

在资金借贷业务中，关联企业可以通过人为增加或减少贷款利息的方法转移利润，减少整体税收负担。例如，资金比较宽裕、利润较多的母公司，如果其所在地的税负较重，可以采用无偿提供贷款或预付款的方式借给关联公司使用，这样，这部分资金的利息全部由提供资金的母公司承担，从而增加母公司的成本，减轻税负，但可能会被限制债务比率，超过部分的利率不可扣除。又如，关联企业的一方为了增加另一方的盈利，可通过提供贷款、少收或不收利息的方式，减少另一方的财务费用，达到提高对方盈利的目的。反之，为造成关联企业亏损或微利，则可以较高的利率收取贷款利息，提高关联企业成本。

4. 固定资产的租赁定价

国际企业的关联公司还常常发生固定资产的租赁行为，其租金的高低也会直接影响国际企业内各关联企业的利润水平。国际企业可以通过固定资产租赁业务进行纳税筹划。一种方法是利用自定租金价格转移利润。例如，处在高税区的公司借入资金购买机器设备，以最低价格租赁给低税区的关联企业，后者再以高价租给另一高税区的关联企业。另一种方法是利用不同国家不同的折旧政策。例如，英国按机器设备的法定所有权计提折旧，美国按机器设备的经济所有权计提折旧，则不同规定下的关联公司可以利用设备租赁业务，计提两次折旧。

5. 无形资产的转让定价

无形资产是指企业长期使用但没有实物形态的资产，主要包括专有技术、注册商标、专利、著作权、土地使用权等。由于无形资产价值的评定比较困难，很难有统一的标准，而且由于其单一性和专有性的特点，转让价格没有统一的市场价格标准可以参照，其价格更难确定，因而比其他转让定价更为方便。这也使得国际企业可以通过安排无形资产转让定价，追求税收负担的最小化。具体操作步骤如下：国际公司内的关联企业可以通过签订许可证合同或技术援助、咨询合同等，提高约定的支付价格，从而转移利润；或者将本企业的生产配方、生产工艺技术、商标或特许权等无偿或低价提供给关联企业，其报酬不通过技术转让收入核算，而是从对方的企业留利中获取好处，从而减少应纳税款。

6. 管理费的转让定价

有些国家的税法规定，外国企业在本国境内设立的机构、场所，向总机构支付的同本机构、场所生产及经营有关的合理的管理费用，应当提供总机构出具的管理费用汇集范围、总额、分摊依据和方法的证明文件，并附有注册会计师的查证报告。但税法并没有具体规定管理费支付标准，这就为关联企业利用向上级公司支付管理费的方式转移利润、减轻税负提供了条件。通过管理费的转让定价进行国际纳税筹划的方法是：下属企业多付、少付甚至不付管理费，使下属企业的利润根据需要进行转移，以此避税。

国际企业运用转让定价进行纳税筹划，目的是获取最大限度的利润。利用转让定价的基本原理就是，根据所在国税率高低不同，通过转让定价的各种方式，把高税率国家中关联公司的利润转移到低税率国家的关联公司。低税率国家的关联公司的利润比以前相对增加，应纳税额也相应增加；但高税率国家的关联公司相应减少了应纳税款，由于所在国税率较高，因此减少的应纳税额比处于低税率国家的公司所增纳税额要大。因此，从总体上看，大大减少了国际企业的总税负。如果子公司所在国税率较低，母公司所在国税率较高，那么利润必然是从母公司流向子公司。母公司往往采取向子公司低价销售零部件和设备，少收取利息、特许权使用费，少分摊管理费用等方法，降低子公司的生产成本金额；子公司向母公司高价出售其产品，同样能增加子公司利润。相反，如果子公司所在国税率比母公司所在国税率高，则母公司采取相反的方法，如向子公司高价销售零部件和设备，贷款收取高利息，多分摊各种费用等，使利润从子公司流向母公司。

总之，国际企业内部的转让定价在国际企业的经营战略活动中具有举足轻重的地位。通过转让定价，国际企业可以避免激烈的市场竞争而获得高利，这也使得国际企业在经营战略中把转让定价放在相当重要的地位。

9.3.4　利用避税地进行国际纳税筹划

如前所述，避税地是指某一国家或地区在境内的全部或部分区域，对外实行低税甚至无税的政策。避税地可以是一个国家或地区，也可以是某个国家境内的港口、岛屿、沿海地带或交通方便的城市，因此又称“避税港”。一个国家或地区以及其境内的某个地方想成为国际避税地，并非仅仅提供一种或几种税收优惠就可以了。一个成功的避税地必须具备以下条件。首先，它必须在一种或几种税收征管上给予国外投资者和经营者免征或减征的优惠。其次，避税地的政治社会稳定，使投资者和经营者有足够的安全感。最后，避税地必须拥有良好的交通、通信、法律和金融服务等软硬件条件，能够满足投资者和经营者的要求。

跨国公司可以通过在避税地建立各种公司，如控股公司、信托公司、贸易公司等，达到纳税筹划的目的。

1. 设立控股公司

这是指在一个或多个子公司里控制着50%～100%的股份和表决权的公司。一个公司只持有其他公司的股票而没有具体的生产经营业务，是纯控股公司；既持有其他公司股票，同时自身也经营业务的公司，是混合控股公司。控股公司享有子公司的收益，但无须承担其全部债务。控股公司的收入主要是从子公司获得的股息和出售股份的资本利得。某些避税地对股息收入和资本利得不征税或只征很少的税，在这样的国家建立控股公司就能起到纳税筹划的作用。另外，控股公司在跨国公司的兼并、合营和解散中处理有关股份时，还可以获得免征资本利得税的好处。

2. 设立信托公司

法人利用信托公司进行纳税筹划，与自然人通过信托组织进行纳税筹划有相同之处。信托公司从事代管财产、代发公司股票和债券、筹集资金、办理信托投资、接受并管理抵押等业务。跨国公司通过在避税地建立信托公司，从而虚设信托财产，把在高税国的财产划归为信托公司的财产，那么信托资产的经营所得就可以名正言顺地挂在该公司名下，得到在避税地减税免税的好处。

3. 设立贸易公司

这类公司是从事货物和劳务交易的公司，主要从事购买、销售及租赁等业务，为这些活动开具凭证。通过贸易公司可以把高税国公司的利润转移到避税地。

9.3.5 利用国际重复征税的免除方法进行国际纳税筹划

一个企业或个人从事国际经济、贸易、服务等活动，往往涉及两个或两个以上国家，受两个或两个以上国家税收管辖权的约束，因而很有可能负有双重纳税义务，即不仅要向收入来源国政府纳税，而且要向其居住国（母国）纳税。

国际上的重复征税不仅直接影响跨国纳税人的切身利益，而且对所涉及的国际经济活动也带来极大影响。因此，各国政府纷纷采取措施避免或免除对跨国企业和个人的重复征税。有的国家通过本国国内税法的规定，采取单方面免除双重征税的办法；有些国家通过两个或两个以上国家之间协商、谈判、签订税收协定或条约的做法，达到免除国际重复征税的目的。无论是各国的国内税法规定，还是国家之间的税收协定，都采取一定措施和方法来避免或免除国际重复征税，如免税法、抵免法、扣除法、减免法和税收饶让等。这些方法的实施和推广，在避免或消除跨国纳税人重复征税的同时，也为跨国纳税人进行纳税筹划提供了机会。

1. 利用免税法进行国际纳税筹划

免税法是避免出现国际重复征税的基本方法之一。实行综合所得税制的国家或行使居民管辖权的国家采取免税法，对本国法人、自然人在国外因从事投资、经营活动而取得的收入予以免税，避免出现对本国纳税人的国外收入重复征税的情况。此外，本国纳税人的国外收入，凡已经在来源国申报纳税（包括享受国外免税等优惠），本国政府一律视同在国外已纳税而在本国国内可以不需要申报纳税。免税所得分为两种：一是本国纳税人的全部国外收入；二是本国纳税人汇回国内的国外收入。国家在实行免税时往往附加一些条件，如居民国外的税后收入要全部汇回国内，否则不可享受免税待遇等。免税法是国际纳税人将国外所得从低税区、避税地汇回本国时寻求免缴或少缴税款的有效工具。

免税法分全额豁免和累进豁免。全额豁免是指一国税务部门在对本国纳税人所得征税时，将来自国外的税后所得从总所得中扣除，仅对国内所得和某些不能免税的国外所得征税。由于全额豁免的免税额过多，因此多数国家不使用或不经常使用全额豁免，往往只实行累进豁免。累进豁免是指实行累进税制的国家为鼓励本国纳税人到国外投资和经营，对本国纳税人的国内、国外所得进行汇总，得出纳税人的总所得额，以总所得额适用的税率乘以纳税人的国外所得额得到的金额，作为纳税人可以豁免的税额。

[例 9-5]

假设某国的跨国纳税人 20×5 年取得应税利润 100 万元，该国实行累进企业所得税税率，与 100 万元相适应的税率为 40%。该纳税人 100 万元利润中，有 60 万元是在国内取得的，40 万元是在国外取得的。当某国对该居民纳税人来自国外所得实行累进豁免时，该纳税人可以豁免的税款是多少？

该纳税人应纳税额＝100×40%＝40(万元)

该纳税人可以豁免的税额＝40×40%＝16(万元)

该纳税人实际向当地政府缴纳的税额＝40－16＝24(万元)

如果该纳税人国外所得 40 万元是已纳税的净所得，假设国外收入来源国使用的税率是 20%，那么其国外应税所得应该是 50 万元，他在国外已缴纳税款 10 万元。国外缴纳的税款加上向本国缴纳的税款，该纳税人共计缴纳税款 34 万元。因此，累进豁免可以给该纳税人带来 6 万元（16－10）的税收利益。

如果该纳税人的国外收入来自避税地或低税负国家，那么累进豁免和国外所得会使该纳税人少缴纳更多的税款，最高可达 16 万元（16－0）。

如果该纳税人所在国不对纳税人的国外所得实行免税政策，那么，该纳税人国外缴纳的税款加上向某国缴纳的税款，总计为 50 万元。

免税法是国际上避免重复纳税的常用纳税筹划方法，但从结果上看，免税法不仅可以避免或消除对跨国纳税人的国际重复征税，还可以用来进行纳税筹划。对跨国纳税筹划人来说，这种方法是将其从避税地、低税区获取的收入自由汇回本国，又可享受国内免征税收的重要途径。在采用免税法的国家，其居民的国外收入若在国外已享受减税、免税等税收优惠待遇，回国后本国又给予免税待遇，这样，该居民不仅可以少承担甚至不用承担国外税负，而且连本国的税负也合法地回避了。

2. 利用抵免法进行国际纳税筹划

抵免法是当今世界上普遍采用的避免出现国际重复纳税的方法。实行抵免法的国家在向本国居民征收所得税时，准许其以在国外已缴纳的所得税税额冲减其应向本国缴纳的所得税税额。抵免法分为直接抵免、间接抵免、限额抵免三种。

（1）直接抵免。直接抵免适用于自然人和同一法人中的总公司和分公司。同一法人中的总公司和分公司，其分公司在国外已缴纳的税款，总公司可用于冲减总公司在国内应缴纳的税款。直接抵免分为全额抵免、普通抵免及补充差额抵免三种。

1）全额抵免。全额抵免是指税务当局将居民纳税人的国内、国外所得汇总计算，允许纳税人以其在国外已缴纳的税款冲减其国内应缴纳的税款。

[例9-6]

某国居民纳税人20×5年内共获得收入50万元，其中从居住地获得40万元，从国外获得10万元，纳税人居住国适用的税率为30%，国外所得在所在地国家适用的税率也是30%。纳税人居住国允许纳税人以其在国外已缴纳的税款冲减其国内应缴纳的税款。

该纳税人应缴纳本国税款额＝50×30%＝15(万元)

该纳税人国外所得在收入来源国已缴纳的税额＝10×30%＝3(万元)

该纳税人在居住国应纳税额＝15－3＝12(万元)

该纳税人实际缴纳的税款＝12－3＝9(万元)

2）普通抵免。普通抵免是指税务当局将纳税人的国内、国外所得汇总计算，允许纳税人以其在国外已缴纳的税款冲减其国内应缴纳的税款；但当其国外所得在收入来源国适用的税率高于在国内适用的税率时，最多抵免税额不得多于其在国外已缴纳的税额。

[例9-7]

某国居民纳税人20×5年内共获得收入50万元，其中从居住国获得40万元，从国外获得10万元，纳税人居住国适用的税率为30%，国外所得在所在地国家适用的税率是50%。纳税人居住国允许纳税人以其在国外所得按照30%的税率计算得出的数额冲减其国内应缴纳的税款，不允许其国外所得按照50%的税率计算得出的数额冲减其国内应缴纳的税款。

该纳税人应缴纳本国税款额＝50×30％＝15(万元)

该纳税人国外所得在收入来源国已缴纳的税额＝10×50％＝5(万元)

该纳税人可以抵免的税额＝10×30％＝3(万元)

该纳税人在当地实际缴纳的税款＝15－3＝12(万元)

该纳税人合计缴纳的税款＝12＋5＝17(万元)

纳税人在国外已缴纳的 5 万元税款中，还有 2 万元不能用于冲减其国内应缴纳的税款。

3）补充差额抵免。补充差额抵免是指税务当局将居民纳税人的国内、国外所得汇总计算，允许纳税人以其在国外已缴纳的税款冲减其国内应缴纳的税款；但当其国外所得在收入来源国适用的税率低于在国内适用的税率时，纳税人在国外已缴纳的税款低于其国外所得按照国内税法计算的税款时，纳税人应补缴差额部分。

[例 9－8]

某国纳税人 20×5 年内共获得收入 50 万元，其中从居住国获得 40 万元，从国外获得 10 万元，纳税人居住国适用的税率为 30％，国外所得在所在地国家适用的税率是 10％。纳税人居住国允许纳税人以其在国外所得按照 10％的税率计算得出的数额冲减其国内应缴纳的税款，其国外所得按照本国 30％的税率计算得出的数额多出其在国外已缴纳的税款的部分，纳税人应在国内缴纳相应的税款。

该纳税人全部所得应缴纳的本国税款额＝50×30％＝15(万元)

该纳税人从居住国取得的收入应缴纳的税额＝40×30％＝12(万元)

该纳税人国外所得在收入来源国已缴纳的税额＝10×10％＝1(万元)

该纳税人在当地应该补缴的差额税款＝10×30％－10×10％＝2(万元)

该纳税人在当地实际缴纳的税款＝12＋2＝14(万元)

该纳税人合计缴纳的税款＝14＋1＝15(万元)

通过上述示例可以发现，全额抵免和补足差额抵免可以消除国际重复征税，而普通抵免不能消除国际重复征税，只是在一定程度上减轻了因重复征税给纳税人造成的较重税负。对国际纳税人来说，熟悉和掌握直接抵免的具体做法，有助于计算和测度可减轻国内税负的程度。

(2) 间接抵免。间接抵免是指一国对居民纳税人征税时，允许其以从国外子公司取得的已纳过税的股息收入乘以子公司所在国征税税率得出可以抵免的数额，冲减居民纳税人应向本国政府缴纳的税款。由于母国的总公司与国外子公司并非同一经济实体，而是两个独立的法人，因此总公司在母国缴纳所得税时，不能把其国外子公司的所得并入总公司所得计算应纳税额。

[例9-9]

一家美国企业总部设在本土，在国内不从事生产经营活动，其生产经营活动都在国外的子公司中进行，即该企业在国内没有所得，其所得全部来源于国外公司。20×5年该企业从国外子公司获得股息收入2 000万美元，在扣除向子公司所在国政府缴纳的预提税200万美元之后，净收入为1 800万美元。该企业向美国政府缴纳企业所得税适用的税率为30%，子公司所在国所得税税率为20%。

1）如果美国采取直接抵免法，该美国企业的纳税情况为：

该企业来自国外子公司的收入向来源国政府缴纳预提税=200(万美元)

该企业来自国外子公司的收入为1 800万美元，则

应向美国政府缴纳的税款=1 800×30%=540(万美元)

直接抵免法允许该企业将在国外缴纳的200万美元税款用于冲减其应向美国政府缴纳的税款。

该企业实际向美国缴纳的税款=540−200=340(万美元)

2）如果美国采取间接抵免法，该美国企业的纳税情况为：

该企业来自国外子公司的股息所得按来源国所得税税率还原为税前所得=2 000/(1−20%)=2 500(万美元)

间接抵免法允许该企业可以冲减其国外子公司分配利润前向收入来源国缴纳的所得税税款=2 500−2 000=500(万美元)

国外子公司税前所得应向美国政府缴纳的税款=2 500×30%=750(万美元)

该企业实际向美国缴纳的税款=750−500=250(万美元)

通过上述计算不难看出，间接抵免法有时对跨国纳税人比较有利。当然，许多国家在实行间接抵免时往往附加一些条件。

（3）限额抵免。限额抵免分为综合限额抵免和分国限额抵免。综合限额抵免是指一国将居民纳税人的国内所得和国外所得汇总在一起，计算得出一个统一的抵免限额。如果该居民纳税人从某个国外子公司取得的收入超过其应分摊的限额，而从另一个国外子公司取得的收入低于其应分摊的限额，两相抵消可以避免分别计算的不利结果。综合限额抵免可以把居民纳税人的子公司在国外申报纳税时适用的税率高于或低于其在国内申报纳税时适用的税率拉平，从而为国际纳税人开展税收筹划提供可能和空间。

分国限额抵免是指按照居民纳税人来自每一个国外子公司的所得分别计算抵免限额。这种抵免方法对居民纳税人子公司在国外缴纳的税款高于本国限额的部分予以承认，低于限额的，要求纳税人按照国内税率补缴税款。

［例 9－10］

甲国某居民纳税人 20×5 年来自国内的应纳税所得额为 2 000 万元，所得税税率为 40％。该居民纳税人设在乙国、丙国的子公司各有应税所得 200 万元，两国所得税税率分别为 50％和 30％。

1）如果实行综合限额抵免法。

该居民纳税人来自国内、国外的应税所得＝2 000＋200＋200＝2 400（万元）

抵免前该纳税人应向居住国甲国缴纳税款＝2 400×40％＝960（万元）

该纳税人来自国外的所得在本国申报纳税时可抵免限额＝960×400/2 400＝160（万元）

2）如果实行分国限额抵免法。

该居民纳税人来自乙、丙两国的所得在本国甲国申报纳税时，可分别得到抵免限额＝200×40％＝80 万元。

在乙国缴纳的所得税＝200×50％＝100 万元，该数额大于可抵免限额 80 万元，有 20 万元不能得到抵免。

在丙国缴纳的所得税＝200×30％＝60 万元，该数额小于可抵免限额 80 万元，该纳税人还应向本国补缴 20 万元的税款。

因此，该纳税人来自国外的所得在本国申报纳税时得到的可抵补限额＝80＋60＝140 万元。通过上述示例可以看出，采用不同的抵免限额方法，对跨国纳税人的税负影响是很明显的。如果采用综合限额抵免法，该纳税人在乙国、丙国实际缴纳的 160 万元税款，在甲国境内申报纳税时可以冲减其应纳税款 160 万元，即得到了 160 万元的抵免限额。如果采用分国限额抵免法，该纳税人在乙国、丙国实际缴纳的 160 万元税款，在甲国境内申报纳税时只可以冲减其应纳税款 140 万元，即得到 140 万元的抵免限额。此外，还需要对纳税人来自丙国的所得补缴税款 20 万元。

3. 利用扣除法、减免法进行国际纳税筹划

（1）扣除法。扣除法是指一国对其居民纳税人来自国外所得征税时，允许居民纳税人将已向外国政府缴纳的所得税税款作为费用，冲减来自国外的应税所得，剩余的来自国外的应税所得并入来自国内的应税所得，用国内所得税税率申报纳税。以扣除法避免国际重复征税的效果并不理想，因为居民来自国外的所得是已经在国外纳过税的税后收入，这部分收入理论上不需要再申报纳税，否则就是一笔所得两次纳税。由于将国外已纳税款作为费用冲减其应税所得，意味着税前利润的费用扣除范围扩大，因此扣除法对国际纳税人有一定的吸引力，但包括国外已纳税款在内的海外费用总额不可能超过其海外收入总额，因此，利用扣除法开展国际税收筹划的空间不大。

（2）减免法。减免法是指一国允许其居民纳税人就来自国外并在收入来源国已纳税的所得，按低于本国正常税率申报纳税。换句话说，一国的居民纳税人在国外经过税收处理的收入所得汇回本国后，本国政府再以比本国正常税率低的税率对其再次征税。

［例 9-11］

美国的一个居民纳税人 20×5 年从加拿大获得 300 万加元的收入，加拿大的所得税税率为 20%，美国的所得税税率为 40%，但美国对其居民纳税人国外收入汇回美国的部分按 10%的特别优惠税率征税。

纳税人获得减免税款的计算过程如下：

该纳税人在加拿大实际缴纳的税款额＝300×20%＝60(万加元)

该纳税人在美国应该缴纳的税额＝300×40%＝120(万加元)

该纳税人按美国优惠税率实际缴纳的税额＝300×10%＝30(万加元)

该纳税人在国内、国外应该缴纳的税额＝60＋30＝90(万加元)

该纳税人因税收减免少缴纳的税款＝120－90＝30(万加元)

4. 运用税收饶让进行国际纳税筹划

税收饶让又称饶让抵免，是税收抵免方法的一种特殊方式。这种方式是一国政府对其居民在国外享受减免税而未缴纳的那一部分所得税款，视同已经缴纳，连同在国外实际缴纳的税款一起，给予税收抵免待遇，即允许从该居民国内外所得应向本国缴纳的所得税款中抵扣，但一般抵扣额不得超过其国外所得应向本国缴纳的税额。这种方式一般要通过有关国家间签订税收协定来加以确定，实际上是为贯彻某种经济政策，承认和鼓励本国跨国纳税人在低税区、免税区和税收优惠地区投资而采取的一种特殊的优惠措施。同时，它也为跨国纳税人实现双重纳税筹划创造了条件。

［例 9-12］

在某一纳税年度内，甲国总公司来自国内所得 1 000 万元，来自其设在乙国的分公司所得 500 万元。假定甲国政府规定的所得税税率为 40%，乙国政府规定的所得税税率为 40%，并根据有关税法规定给予该分公司减半征收公司所得税的优惠待遇。

在饶让抵免条件下：

该总公司国内外总所得应向甲国政府缴纳的所得税＝(1 000＋500)×40%＝600(万元)

分公司应向乙国政府缴纳的所得税＝500×40%＝200(万元)

分公司实际向乙国政府缴纳的税款＝500×40%×50%

＝100(万元)

抵免限额(分公司所得应向甲国政府缴纳的税额)＝500×40％
＝200(万元)

可抵免税额＝100＋(200－100)＝200(万元)

总公司实际向甲国政府缴纳的所得税＝600－200＝400(万元)

可见，该跨国公司来自乙国的所得500万元并未承担其本国（甲国）的税收负担（它向甲国缴纳的400万元税款实际上是其国内所得1 000万元部分承担的，即1 000万元×40％＝400万元)，而最多只承担了乙国的100万元税款的负担，实际税负只有20％。如果乙国给予该分公司免税待遇，则实际税负为零，因而纳税筹划效果最佳。

上述分析表明，避免和消除国际重复征税的方法，尤其是免税法和税收饶让抵免，不仅能够消除对跨国纳税人的国际重复征税，而且可以给跨国纳税人带来丰厚的税收利益。跨国纳税人为了追逐更多的额外利润，有时还可以通过转让定价等方式将其利润或收入尽量转移到免税区、低税区和税收优惠地区，经税务处理后，再汇回本国享受免税或饶让抵免待遇，从而实现纳税筹划的目的。

9.3.6　利用国际税收协定进行国际纳税筹划

利用国际税收协定进行国际纳税筹划，大体可归纳为以下三类。

1. 建立直接导管公司

直接导管公司是指为获取某一特定税收协定的好处，而在某一缔约国中建立的一种具有居民身份的中介公司。例如，A国甲公司原计划在B国设立子公司乙，但B国要对本国公司汇往A国的股利征收较高的预提税，税率为30％。B国与C国缔结有相互按5％征收股利预提税的税收协定，A国与C国也签订有相互按5％征收股利预提税的税收协定。此时，A国公司便可以在C国建立一个持股公司丙，通过丙公司收取来自B国公司的股利。这样，A国公司就可以减少其股利所得的总纳税义务。由于A国甲公司通过C国丙公司就能得到C国与A，B两国签订的税收协定的税收优惠，C国丙公司犹如一根直接吸取缔约国公司所得的导管，因此称为导管公司（见图9-1）。

2. 建立脚踏石导管公司

脚踏石导管公司是指为获取某些特定税收协定的好处，而在相关缔约国中建立的两个或两个以上具有居民身份的中介公司。这是在设立直接导管公司不能奏效的情况下采取的一种更间接、更迂回的税务筹划方式，涉及在两个或以上国家设立子公司，利用有关国家签订的两个或两个以上的税收协定。例如，A国甲公司原计划在B国设立子公司乙，但B国要对本国公司汇往A国的股

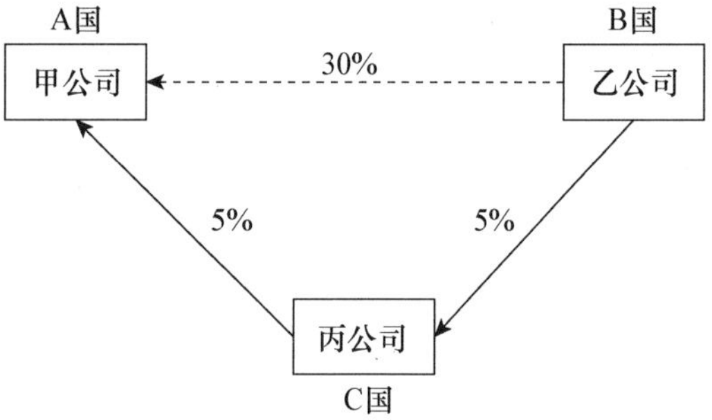

图9-1　导管公司示意图

利征收较高的预提税，税率为30%。B国与C国、A国与D国缔结有相互按5%征收股利预提税的税收协定，C国与D国签订有相互对持股公司免征股利预提税的税收协定。此时，A国公司便可以在D国设立一个持股公司丁，通过丁公司在C国建立一个持股公司丙，通过丙公司在B国建立一个子公司乙。这样，A国甲公司通过丁公司和丙公司，能取得B国乙公司股利并规避税负，丁公司和丙公司在其中犹如两块到达目的地所必需的踏脚石，通过它们作为中介吸取C国与D国、C国与B国税收协定给予的税收优惠，减轻税负，因此称为脚踏石导管公司（见图9-2）。

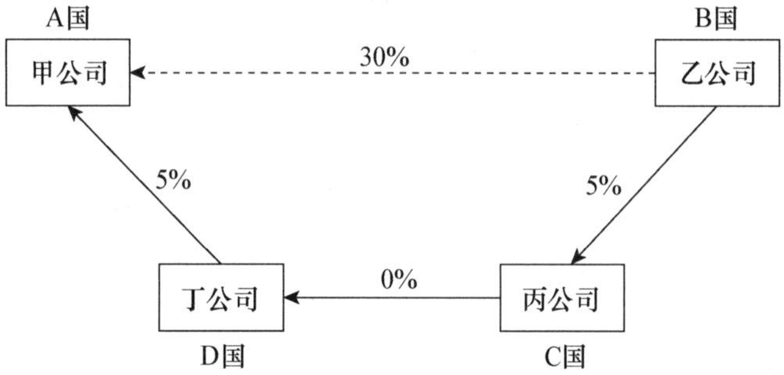

图9-2　脚踏石导管公司示意图

3. 直接利用双边关系设置高股权控股公司

一些国家对外签订的税收协定中明确规定，如果股权收益所有人是缔约国另一方居民，缔约国一方居民向股利受益所有人支付的股利享受协定优惠的必要条件是，在收益所有人直接拥有支付股利公司的股权不得低于一定比例。因此，这些国家的跨国公司在缔约国另一方建立子公司时，就需要将持有该子公司的股份设定在限额之上，以便股利能够享受优惠待遇。例如，按中国签订税收协定的惯例，将这一比例定为25%。假如某国的跨国公司拥有在中国的全资子公司，而两国之间签有上述税收协定，那么，该跨国公司从子公司取得的股利就可以享受5%预提税的优惠待遇（一般情况下为10%）。

9.3.7　进行国际纳税筹划的其他方法

1. 通过不合理保留利润进行纳税筹划

这种方式即利用延期付税的规定，不分或少分股息，以通过不合理保留利润进行纳税筹划。延期付税是指实行居民管辖权的国家对国外子公司取得的利润收入，在没有以股息等形式汇给母公司之前，对母公司不就国外子公司应分的股息征税，征税行为可以推迟到母公司收到股息之时。跨国公司可以设法使国外子公司将其税后利润长期积累在公司内部不予分配，或有意识地降低应分配股息的比例，从而可以相应地推迟或减少股东向母国缴纳的税收，达到合法纳税筹划的目的。延期付税等于纳税人获得了一笔长期无息贷款，同时也降低了所得税的实际课征率。

这种推迟分配股息或少分配股息的做法给股东带来了一举两得的利益，既可以减少税收负担，又可以获得股票升值的好处。因为股东少分配的那部分利润并非意味着股东权益的损失，子公司可以把未分配的利润以公积金的形式积存起来，把这部分利润转化为股东所持有的股票的升值额，起到积累利润的作用。随着以后年度生产规模的扩大和生产效益的提高，股息会增加。股票市价上升，股东可以通过出售股票获得更多的资本利得，而且一般情况下，资本利得税要比个人所得税或公司所得税低得多。

2. 通过不正常借款进行纳税筹划

通过借款来投资是跨国公司筹措资金的渠道之一，应区分正常借款和不正常借款。不正常借款包括关联公司之间的借款和公司向个人股东借款两种。关联公司之间的借款指国外子公司将自己当年的利润留下一部分不作为股息分配，借给母公司久欠不还。这样做一举两得，一方面可以少缴纳子公司所在国的所得税，另一方面母公司支付给子公司的利息可以作为费用得到扣除。公司向个人股东借款，如果发生在企业和原有股东之间，一般属于正常借款，因为对于一个经营若干年的公司企业来说，其股本通常已由其股东认购缴足，如果一时资金短缺而向本公司股东借款，公司支付的利息都可作为费用扣除。但如果是新开办的公司企业向股东借款，情况就有所不同了，极有可能是利用借款来虚提利息费用进行纳税筹划活动。如果股东在未缴足股本时就向本公司提供贷款，公司支付的利息作为费用扣除，会减少其应纳税所得额而逃避纳税义务。这种新开办的企业与本公司股东之间的不正常借款行为，通常会引起税务部门的极大关注。

3. 利用税收优惠进行纳税筹划

一般来说，世界各国都有各种税收优惠政策规定，诸如加速折旧、投资抵免、差别税率、专项免税、亏损结转、减免税期、延缓纳税等。跨国公司、企业往往可以利用税收优惠从事国际纳税筹划活动。

比如，某玻璃工业有限公司打算更新一套供水装置，具有循环或节水功能的，每套需要100万美元；普通功能的，每套需要80万美元。表面看购买前一种要多花钱，但税法规定，节水装置可享受40%的投资抵免。另外节约水耗，每年还可以少开支水费2万美元。对比之后，这家公司决定购买有节水功能的供水装置。

本章小结

国际纳税筹划是纳税筹划活动在国际范围的延伸和发展，是跨国纳税人利用各国税法规定的差别和不完善之处，以种种公开的合法手段减轻国际税负的行为。为此，本章首先对国际税收进行了简要介绍，进而介绍国际纳税筹划的特点及原因，并在此基础上介绍国际纳税筹划的主要方式。

国际税收在本质上与一般的税收概念有着很大的差别，这主要表现在国际税收的管辖权和各国税收制度的差别两个方面，而税收管辖权、各国税收制度的差别以及国际税收协定构成国际纳税筹划的环境基础。

国际企业可以采用如下一些纳税筹划方式避税：利用公司组织形式，选择合适的融资方式，通过转让定价，通过在避税地设立各种形式的公司，运用国际重复征税的免除方法，通过国际税收协定等。

名词术语

国际纳税筹划　　税收管辖权　　税收协定　　国际重复征税

练习题

一、思考题

1. 什么是国际纳税筹划？国际纳税筹划与一般国内纳税筹划有什么区别和联系？

2. 为什么会产生国际重复征税？国际重复征税对国际企业有什么影响？

3. 目前解决国际重复征税问题的做法有哪些？

4. 纳税筹划必然导致税收征管主体的税收收入减少，那么国际纳税筹划是一种道德的行为吗？

5. 国际纳税筹划产生的原因有哪些？

6. 国际纳税筹划有哪些主要方式？

7. 国际纳税筹划应注意哪些问题？

二、计算题

1. 某跨国公司总部设在A国，并在B国、C国、D国分设甲、乙、丙三家子公司。甲公司为在C国的乙公司提供1 000单位的原材料，按甲公司所在国的正常市场价，成本为每单位2 600元，这批原材料应以每单位3 000元出售给乙公司；再由乙公司加工成产品后转售给D国的丙公司，乙公司利润率为20%；各国税率水平分别为：B国50%，C国60%，D国30%。该跨国公司为少纳税，由甲公司以每单位2 800元的价格将原材料卖给D国的丙公司，然后由丙公司以每单位3 400元的价格转售给C国的乙公司，再由C国的乙公司按总价格3 600 000元在该国市场出售。

要求：

（1）计算该跨国公司采取后面的纳税筹划方法能够节约税负开支的金额。

（2）分析该纳税筹划方法的基本原理。

2. 我国甲公司在B国投资设立一家子公司，2012年税前利润1 000万B元，B国所得税税率为20%，子公司将税后利润的60%汇给甲公司作为股利。B国对该子公司汇出的股利要征收5%的预提税。甲公司还在A国设立一家分公司，该分公司2012年税前利润100万A元，A国所得税税率为30%，我国所得税税率为33%。汇率为1B元=5元人民币，1A元=2元人民币。

要求：计算甲公司应向我国缴纳的所得税数额。

三、课堂案例

美国的西格玛公司正打算在地中海地区建立一个附属机构。考虑的两个国家是西班牙和塞浦路斯，西格玛公司打算把附属机构所有税后收入汇回美国。它不能确定是建立分公司还是建立全资子公司。

在塞浦路斯，公司所得税税率是25%。外国分公司的利润被征以相同的税率。在西班牙，公司所得税税率为35%，与美国的税率相同。此外，外国分公司在西班牙也被征以35%的所得税。塞浦路斯对股利征收5%的预提税，西班牙对股利征收10%的预提税。

要求：公司财务经理要求你帮助他确定附属机构设在哪里，选择哪种组织形式。选址的决策主要考虑建立外国分公司还是全资子公司，在塞浦路斯还是在西班牙可以使总体税收负担最小。

四、课后上网练习

www. taxsites. com是一个内容相当丰富的网站，在Internation Tax Website和Internation Tax-general之下提供了许多其他网站的链接，包括country-specific. sites，IRS Resources，International Tax Associations，International Tax Treaties，Other Resource 等。

（1）访问 Other Resource 下的 World-tax，学习有关税收历史的内容，并比较不同国家的税率。

（2）访问 International Tax Website 下的 Hong Kong 中 General Tax，了解香港公司的税收信息。

五、真实案例在线文章

在网上寻找一篇近期的文章。文章内容（最好与某一特定国际企业有关）能够诠释本章所阐述的一个或多个概念。可以使用的搜索关键词包括国际纳税筹划、国际避税等。

第 10 章

国际财务报告与财务分析

知识要点

- 国际财务报告披露的主要内容
- 披露会计信息的成本
- 国际分部报告的披露内容
- 国际财务分析的框架
- 业绩评价指标的选择
- 国际业绩评价中的特殊问题

10.1 国际财务报告解读

10.1.1 国际财务报告概述

国际财务报告是指为了满足多个国家信息使用者的需要而编制的财务报告。国际财务报告的提供者主要是跨国公司①，需求者主要是跨国公司既有和潜在的投资者、债权人、母子公司所在国的政府部门等。跨国公司在两个或更多的国家经营业务，其资本环境和经营环境都是国际市场。跨国公司要在不同国家进行直接投资，要从国际金融市场上筹集资金，要在多个国家间从事经贸活动，这些都要求跨国公司向有关各方提供符合要求的财务报告。

目前，跨国公司提供国际财务报告的方式有：向国外使用者提供与国内使用者相同的财务报告；向国外使用者提供按照该国会计准则或国际会计准则重新编制的财务报告；向国外使用者提供翻译为某种语言和折算为某种货币的财

① 其实，不仅仅是跨国公司需要提供国际财务报告，国际企业在从事国际业务的过程中也需向有关各方提供国际财务报告。本章主要讨论跨国公司财务报告。

务报告；在公司财务报表的附注部分进行披露，提供适合国外使用者的补充信息；同时提供两套财务报告，即在正常的财务报告基础上，再提供一套适合特定需求者要求的财务报告。

虽然跨国公司提供国际财务报告的必要性已经为人们所认识，但是跨国公司究竟应提供何种形式包括哪些内容的财务报告，却没有统一的模式。从国际惯例来看，由母公司提供合并财务报表是各国对跨国公司财务报告的普遍要求，而且近年来对分部财务报告的要求也越来越强烈。在财务报告的内容方面，由于各国的法律要求不同，各国对财务报告披露内容的要求也有很大差异。不过，随着经济全球化趋势的加强，会计准则的国际趋同也得到了很大的发展。

从目前大多数跨国公司公布的年度财务报告来看，国际财务报告的披露内容主要包括：

（1）公司最高管理层的信息或报告，如董事会报告，涉及公司主要经营活动、营业情况的回顾及可能的发展，重要的资产负债表日后事项，建议的股利，董事会人员名单及持股情况，以及对政治和慈善事业的捐赠。

（2）公司经营业绩概况，公司主要经营业务、产品和劳务等方面已经达到的水平，占领的市场和未来的发展前景。

（3）公司财务报表，包括财务状况表、综合损益表、权益变动表和现金流量表。①

（4）财务报表附注，包括对会计政策的说明、报表中某些项目的详细说明、物价变动对公司财务报表产生的影响、分部报告等。

（5）公司管理人员会计责任的声明书。

（6）审计报告。有些公司还提供社会责任报告和环境报告。

10.1.2　编报国际财务报告中的压力、动力和阻力

编报国际财务报告已经成为跨国公司必须完成的一项工作，但其内容和格式却随着经济的发展而不断变化。影响国际财务报告编报及其内容、格式等的因素很多，通过了解编报国际财务报告中的压力、动力和阻力，可以对国际财务报告的现状和未来发展有更深刻的认识。

1. 编报国际财务报告中的压力

编报国际财务报告中的压力是指来自跨国公司外部的团体要求跨国公司编报国际财务报告披露更多信息的压力。这些团体也就是国际财务报告的需求者。

① 这是国际会计准则理事会的规定。按照我国会计准则，公司财务报表包括资产负债表、利润表、现金流量表和所有者权益变动表。

（1）国际融资的需要。跨国公司编报国际财务报告的主要压力是国际融资的需要。跨国公司的投资者和债权人是跨国公司资金的提供者，也是国际财务报告的主要需求者。它们需要国际财务报告提供详细的信息，以便作出投资决策、贷款决策和其他经济决策。投资者与债权人对跨国公司信息披露的可比性和统一性有着强烈的要求。它们一方面需要与本国会计准则相一致的财务报告，以便与本国其他企业相比较，确定资金投向；另一方面又需要比较跨国公司在各国的经营情况，以便调整资源配置。

（2）各国监管机构对信息披露管制的加强。20 世纪 70 年代以来，各国监管机构对信息披露的管制有不断加强的趋势。进入 21 世纪，美国曝出了安然公司、世界通信公司等大公司的会计丑闻，使得各国监管机构纷纷强化对信息披露的管制。这些管制措施要求跨国公司披露更多的信息，要求国际财务报告的内容更为详尽。联合国和经济合作与发展组织在这方面也作出了很多努力，致力于协调各国的差异，对国际财务报告的内容和格式等提出了建议和指南。

（3）政府和工会的压力。由于跨国公司的经营活动对一些东道国的国民经济和其他社会生活（诸如就业机会、货币的对外兑现价值、社会福利乃至人们的生活水平）等方面具有十分重要的影响，因此更加需要跨国公司披露信息。另外，由于跨国公司可以通过其内部产品的交换和转让较容易地转移资金和调节收入，因此引起各国政府对跨国公司保持高度警觉。出于这些方面的考虑，很多国家加强了对跨国公司的监管，要求跨国公司披露更多的信息。工会组织为了保护雇员的权利，也要求通过各种方式参与公司管理，从公司获得更多的信息，这也给跨国公司编报国际财务报告增加了更大的压力。

2. 编报国际财务报告中的动力

编报国际财务报告中的动力是指跨国公司出于自身利益的考虑，选择编报财务报告，披露更多信息的动力。

跨国公司的管理层认识到信息需求者对国际财务报告的需求，并且知道这些信息会对投资者、债权人等的决策产生重大影响，有动力自愿披露对自身有利的信息。如跨国公司可以通过披露有关公司财务状况、经营成果、现金流量状况以及公司未来前景的信息来改变投资者对公司看法的不确定性，从而影响公司的股票市价、资本成本和流动性。经营状况好的企业通过自愿披露相关信息消除了投资者的不确定性，对公司股票市价产生了积极的影响。同时投资者会认为没有披露相关信息的公司存在某些问题，从而对其股票市价产生消极的影响。这就迫使所有跨国公司都编报国际财务报告，提供更多信息。

3. 编报国际财务报告中的阻力

编报国际财务报告中的阻力是指编报国际财务报告给跨国公司带来的成本以及国际财务报告编报技术方面的问题，对跨国公司编报财务报告形成的阻力。

（1）来自跨国公司编报成本方面的阻力。具有不同政治、经济背景的财务报告使用者对国际财务报告提出了多方面的要求，为了满足这些要求所提供的会计信息，无论在深度还是广度上都要远远超过国内财务报告，所以跨国公司在编报国际财务报告时，对会计信息成本方面的考虑成为跨国公司编报国际财务报告中的阻力。

披露会计信息的成本主要包括三类①：

一是处理和提供信息的成本。处理和提供信息的成本包括搜集、处理、审计以及传输信息的成本。这些成本还包括对已披露信息的质询进行处理和答复的成本。国际财务报告的编报往往涉及不同语言、不同信息载体之间的交流，这会增加跨国公司处理和提供信息的成本。

二是诉讼成本。此处所说的诉讼成本是指由于信息披露导致错误指控增加所带来的成本。② 错误指控频繁发生，会使跨国公司付出巨额代价，包括诉讼费、立案费、结案费、公关费以及由于分散了管理人员的精力而发生的损失。

三是竞争劣势。信息披露过多可能会使公司处于竞争劣势，损害披露信息的公司的利益。可能导致竞争劣势的信息类型有以下几种：第一，有关技术和管理创新的信息。例如，生产过程、更为有效的质量改进技术、营销技巧等。第二，战略、计划、策略。例如，计划中的产品开发、新的市场目标等。第三，有关经营的信息。例如，分部门的销售和生产成本数据、生产率统计等。以上这些信息是否会导致企业的竞争劣势，取决于四个因素：信息使用者、信息类型、详略程度、披露的时间。对资本供给者提供信息，一般不会导致竞争劣势，而同样的信息如果披露给同行，则可能导致竞争劣势。相对于产品开发方面的信息，日常经营的数据对竞争的消极影响要小一些。信息越详尽（比如，信息中包括所有的显著特征和潜在优势），导致竞争劣势的可能性越大。披露的时机对竞争劣势有潜在的影响，披露的时机恰当，往往会弱化对竞争劣势的影响。从一个企业的经营行为可以推知其经营战略，因此，有关企业战略的信息不会导致竞争劣势。开发中的新产品终有一天会面世，信息披露的时间离新产品面世的时间越近，竞争对手作出反应的时间就越少。

（2）来自国际财务报告编报技术方面的阻力。编报国际财务报告涉及很多复杂的技术问题，这些棘手的技术问题也成了跨国公司编报国际财务报告中的

---

① 本部分参考美国注册会计师协会财务报告特别委员会综合报告：论改进企业报告．北京：中国财政经济出版社，1997。

② 要了解信息披露与诉讼成本之间的关系，应当将纯粹由于信息披露而发生的诉讼案件与仅牵涉信息披露的案件区别开来。首先，应当区分由于指责信息披露不充分而引起的诉讼与由于指控信息误导而引起的诉讼，只有后者才是因信息披露而产生的。其次，应当区分确系信息误导而引起的诉讼与错误地指控信息误导而引起的诉讼。确系信息误导而引起的诉讼不是我们所讲的信息披露的诉讼成本，也就是说，由公司自身的原因所引起的诉讼不属于信息披露的诉讼成本。我们所讲的信息披露的诉讼成本是指由于信息披露这一制度安排而非执行制度者所引起的诉讼成本。

阻力。

1）会计准则的选择。跨国公司母公司和子公司分别处于不同的国家从事生产经营活动，跨国公司要在母公司所在国的会计准则与子公司所在国的会计准则间作出选择，决定按照何种会计准则来进行会计处理和提供财务报告。由于整个跨国公司可能涉及多个国家的会计准则和报告要求，因此跨国公司要对不同会计准则进行调整，或者按照不同的报告规则编制多套财务报告。

2）报告语言和报告货币。国际财务报告明显区别于国内财务报告的一个方面就是对报告语言和报告货币的选择。国际财务报告的使用者分属不同的国家，使用不同的语言和货币，为了满足财务报告使用者的需要，跨国公司要在各种语言和货币间作出选择。

3）审计。国际财务报告的审计涉及两个方面的选择：一是对会计师事务所的选择。即是由一个国际会计师事务所对跨国公司进行审计还是由多个会计师事务所进行审计，在后一种情况下存在各事务所之间如何协调的问题，无论哪种情况都有利用其他审计师和专家工作的问题。二是对审计准则的选择。各国间的审计准则存在差异，在国际财务报告审计中应采用哪种审计准则，各国审计准则间应该如何协调，这些问题也是编报国际财务报告时必须解决的。

10.1.3　国际分部报告

跨国公司在多个国家开展经营活动，这些国家具有不同的利润率、发展机会、未来前景和风险，而且跨国公司往往还提供各类产品和劳务，所以国际财务报告的使用者希望了解跨国公司在不同行业、不同国家或地区的经营情况，据以判断跨国公司经营活动面临的具体风险和报酬，作出决策。这样一来，虽然跨国公司的合并财务报表所提供的反映跨国公司整体财务状况、经营成果和现金流量状况的信息对报告使用者非常有用，但合并财务报表只能反映公司全貌、无法揭示细节的缺点也非常明显。故而在国际财务报告中，一般都包括分部报告。分部报告是对合并财务报表的有益补充和完善，使国际财务报告趋于合理。分部报告能够帮助报告使用者更好地了解企业以往的业绩，更好地评估企业的风险和回报，从整体上对企业作出更有根据的判断。

英国是最早要求提供分部报告的国家。1965 年，英国的股票交易所首先对上市公司提出了编制分部报告的要求，当时要求上市公司披露分行业的营业额和利润额以及分地区的营业额。1967 年的公司法提出了公司应披露分部信息的法定要求。1981 年的公司法继续对分部报告作出规定，要求按地区披露营业额和按行业披露营业额及利润额。1981 年公司法的新要求是分部信息必须包括在报表附注之中，因而首次要求分部信息必须经过审计。不过，英国的公司法对分部报告中分部的确认问题一直未做明确的规定。1990 年英国原会计准则委员会在被取代前发布了最后一个标准会计实务说明书 SSAP 25《分部报告》，综合了当时的法定要求和股票交易所的要求。美国也是较早要求提供分部报告的国家。1969年美国证券交易委员会就开始要求在证券交易委员会注册的公司披露行业信息，一年后对上市公司每年提交的年度报告（10-K年度报告）提出了相应要求。

美国财务会计准则委员会于1976年发布了《财务会计准则公告第14号——企业分部的财务报告》，要求企业按照产品、行业、地区和主要客户分部来提供分部报告；1997年发布了《财务会计准则公告第131号——企业分部和相关信息的披露》，取代第14号财务会计准则公告。

国际会计准则委员会于1981年发布了《国际会计准则第14号——分部报告的财务信息》，1997年对该准则进行了修订。2006年，国际会计准则理事会发布了《国际财务报告准则第8号——经营分部》，取代《国际会计准则第14号——分部报告的财务信息》。①

（1）范围。该准则适用于负债或权益性工具在公开市场上交易的主体，以及在公开市场发行任何种类工具，而向证券交易委员会或其他监督机构提交或正在提交财务报表的主体。

（2）经营分部。一个经营分部是主体的组成部分，具备以下特征：该部分从事可取得收入并产生费用的经营活动（包括与同一主体其他组成部分进行交易产生的收入和费用）；主体首席经营决策者定期评价该部分的经营成果，以决定向其分配资源和评价其业绩；能获得该部分单独的财务信息。一个经营分部可能从事尚未产生收入的经营活动，例如刚开业尚未取得收入。

需要注意的是，不是主体的每一部分都必须是经营分部或经营分部的一部分。例如，公司总部某些职能部门可能不赚取收入，或对于主体的经营活动而言，其赚取收入仅仅是偶发性的，则不是经营分部。首席经营决策者指的是一种职能，而不必是具有特定头衔的某一管理人员。该职能事项主体向其经营分部分配资源，并评价其业绩。例如，首席经营决策者通常是主体的首席执行官或首席运营官，也可以是由执行董事或其他人组成的团队。

（3）报告分部。主体应单独报告按照前述规定界定为经营分部，并且超过量化界限的经营分部的信息。

该准则规定，如果经营分部满足以下任一量化界限，主体应单独报告该经营分部的信息：1）该分部的报告收入，包括对外部客户的销售和内部跨分部销售或转移，达到或超过所有经营分部合并（内部和外部）收入的10%。2）该报告分部的利润或亏损绝对数达到或超过以下两项绝对数中较大者的10%：a. 未报告亏损的所有经营分部的合并报告利润；b. 报告亏损的所有经营分部的合并报告亏损。3）该分部的资产达到或超过所有经营分部资产合计

① 国际会计准则理事会（IASB）于2001年成立，取代之前的国际会计准则委员会（IASC）。

数的 10%。

不满足以上任一量化条件的经营分部也可能作为报告分部，并单独进行披露，前提是管理层认为这些分部报告的信息对信息使用者来说是有用的。

如果经营分部报告的总外部收入少于主体收入的 75%，应将其他的经营分部确认为报告分部（即使它们不满足量化界限的条件），直到主体收入的至少 75%包括在报告分部中。

（4）披露。主体应向财务报表使用者披露信息，使其能够评价主体所从事经营活动的性质和财务影响，以及其经营所处的经济环境。按照上述原则，主体应在编制综合损益表的每一期间披露下列信息：

1）一般性信息。确定主体报告分部所考虑的因素，以及报告分部取得收入的产品和服务的类型。

2）报告分部利润或亏损信息。该信息包括包含在报告分部利润或亏损中的特定收入和费用、分部资产、分部负债和计量基础。

3）其他信息。将分部收入总和、报告分部利润或亏损、分部资产、分部负债和其他重要的分部项目，与按照该准则描述的主体的对应数据进行调节的信息。

《国际财务报告准则第 8 号——经营分部》与《财务会计准则公告第 131 号——企业分部和相关信息的披露》的规定基本一致，只有些许差异。例如，后者并不要求披露分部负债的计量，前者则要求，如果数据定期提供给首席经营决策者，则应披露分部负债。

10.2 国际财务分析

国际财务分析是指对国际企业财务报告的分析。各国的会计规范不同，同样的数字在不同的国家可能具有不同的含义。在进行国际财务分析时，首先应该了解各国的会计实务，不过这已经超出本书的范围，读者可以阅读国际会计方面的有关书籍来了解财务报告方面的国际差异。在本节，我们主要介绍国际财务分析的方法。

10.2.1 财务分析概述

在分析手段上，国际财务分析与国内财务分析并没有太大的区别。财务报表分析的技术可分为两大类：横截面技术和时间序列技术。这些分析方法在初级财务管理书籍中已经有详细介绍，下面我们对这两种技术方法作框架性的介绍。

1. 横截面技术

常见的横截面技术包括共同比财务报表和财务比率分析。

编制共同比财务报表的目的是对不同规模企业的报表进行比较。在资产负债表中，将资产总额定为100%，其他项目以其占总资产的比例列示；损益表中将总收入（或主营业务收入）定为100%，其他项目以其占总收入的比例列示。

最常见的横截面技术是比较各个企业的财务比率。财务比率可以分为六类：

（1）变现能力比率，如流动比率、速动比率、现金流量指标等；

（2）资产管理比率，如流动资产周转率、存货周转率、应收账款周转率、营业周期等；

（3）负债比率，如资产负债率、产权比率、已获利息倍数等；

（4）盈利能力比率，如销售利润率、资产报酬率、权益报酬率、每股收益、市盈率等；

（5）获取现金能力比率，如销售现金比率、每股营业现金流量、全部资产现金回收率等；

（6）财务弹性比率，如现金满足投资比率、现金股利保障倍数等。

2. 时间序列技术

（1）趋势报表。在构建趋势报表时，要选择某一年作为基期，其他年度的报表项目按照与基期相比的相对价值列示。为方便起见，一般将基期的价值视为100。例如，某国际企业2007—2010年的销售收入总额如表10-1所示。

表10-1　　销售收入　　单位：万美元

年份	2007	2008	2009	2010
销售收入	840.784	931.940	1 000.567	1 325.632

在趋势报表中该项目的列示如表10-2所示。

表10-2　　销售趋势报表

年份	2007	2008	2009	2010
销售收入	100	110.8	119.0	157.7

其中　　$2008\text{年的销售收入增长率}=\frac{931.940}{840.784}\times 100=110.8$

（2）财务比率分析。时间序列技术中的财务比率分析是指分析财务比率的变动趋势，其基本思路与趋势报表相同，只是报表项目换成了财务比率。比如，可以分析企业5年来的流动比率，从中找出变动趋势。

有两个观点对于正确认识财务分析很有帮助：一是财务分析不等于财务报表分析。财务分析的重点是财务报表分析，但财务报表分析并不是财务分析的全部内容。除了报表以外，还应对财务报告的其他部分予以分析。而且，有关产品市场和资本市场的信息也能够帮助分析者更全面地了解企业的状况。二是财务分析不等于财务比率分析。财务比率分析是财务分析的主要手段，但不是财务分析的全部，比较分析、趋势分析等都是财务分析的重要手段。

10.2.2　国际企业分析框架

佩普、伯纳德和黑利（Palepu，Bernard，and Healy）在 1996 年出版的《利用财务报表进行企业分析和估价》一书中提出了一个企业分析框架①，该框架由四个部分组成：企业战略分析、会计分析、财务分析、前景分析。下面对这四个部分逐一进行介绍。

1. 企业战略分析

企业战略分析是财务分析的第一个必要步骤。它是对公司所处环境的分析，目的是了解公司与竞争对手的竞争态势和经济环境。在进行企业战略分析时，分析者应该明确公司成功的关键因素与企业所面临的风险，进而预测公司的未来发展。分析者可以考察公司的财务报告和其他出版物，与公司员工、分析师交谈，或者从新闻出版物、互联网等渠道了解公司的有关信息。

在全球背景下预测公司未来发展是一件很困难的事，近 20 年来发生的一些重大事件可以作为佐证。如 1997 年的东南亚金融危机对该地区的公司盈利能力和未来前景产生了重大影响，使人们改变了这一地区经济将持续快速增长的预期。进入 21 世纪，网络经济的严冬到来，网络公司的股价一泻千里，人们对原先充满信心的发展模式又产生了怀疑。2001 年美国安然公司惊曝会计丑闻，随后，世界通信公司、施乐公司、朗讯公司等均被发现有会计造假现象，一向被认为是市场经济发展典范的美国，监管制度竟如此脆弱，这改变了人们对美国公司盈利能力及未来发展的乐观看法。

2. 会计分析

会计分析的目的是评价公司会计数据反映经济现实的程度。分析者需要评价公司的会计政策与会计估计，了解公司管理当局对会计政策的选择取向。因为各国的会计惯例迥异，分析者还需要对某些会计数据做调整，以便消除其认为被歪曲的会计数据。

一般来讲，公司管理当局有选择会计政策、作出会计判断的权力，它们决定了公司的会计灵活性（即对特定会计事项运用什么会计政策和作出什么估计的管理抉择），这是因为管理当局最了解公司的经营和财务状况。不过，管理

① Krishna G. Palepu，Victor L. Bernard，Paul M. Healy. Business Analysis and Valuation Using Financial Statements. South-Western College Publishing，1996；Frederick D. S. Choi，Carol Ann Frost，Gray K. Meek. International Accounting. Third Edition. Prentice Hall，1999.

当局可能会利用这种会计政策选择的权力来进行盈余管理，进而操纵会计利润，也即所谓的“创造性会计”①。

评价公司会计质量的程序如下：明确关键的会计政策；评价会计灵活性；评价会计战略；评价披露质量；辨明潜在亏损（如不正常的大额资产注销；未做解释的夸大利润的收益；公司会计利润与经营活动现金流量之间的差异）；消除会计扭曲。

在进行会计分析时，有两个问题需要特别关注：一是各国会计计量质量、披露质量和审计质量的差异；二是如何取得进行会计分析所需的信息。

2004年，普华永道发布一份关于不透明指数（opacity index）的调查报告。该报告以48个国家或地区为调查对象，从腐败、法律、财经政策、会计准则与实务、政府管制等五个方面对不透明指数进行评分和排序。表10-3是该报告对48个国家或地区会计准则与公司治理的评分。分值越高，说明不透明程度越大。会计准则与公司治理的不透明指数可以作为分析者评判会计质量的参考。②

表10-3　　会计准则与公司治理的不透明指数评分

国家（地区）	不透明指数	国家（地区）	不透明指数	国家（地区）	不透明指数	国家（地区）	不透明指数
芬兰	17	哥伦比亚	29	丹麦	33	黎巴嫩	44
德国	17	委内瑞拉	30	巴基斯坦	33	捷克	44
比利时	17	马来西亚	30	澳大利亚	33	印度	46
以色列	20	韩国	30	奥地利	33	印度尼西亚	49
智利	20	阿尔及利亚	30	菲律宾	36	匈牙利	50
泰国	20	俄罗斯	31	新西兰	38	新加坡	50
美国	20	英国	33	爱尔兰	38	希腊	50
加拿大	20	中国香港	33	中国台湾	40	西班牙	50
日本	22	沙特阿拉伯	33	波兰	40	葡萄牙	50
瑞士	25	南非	33	巴西	40	尼日利亚	50
瑞典	25	墨西哥	33	中国大陆	43	埃及	51
厄瓜多尔	25	法国	33	土耳其	44	意大利	63

资料来源：Joel Kurtzman，Glenn Yago，Triphon Phumiwasana. The Opacity Index：Research Overview 2004，The Global Costs of Opacity，Measuring business and investment risk worldwide. MIT Sloan Management Review，2004（10）.

表10-4列示了世界各国会计方法的比较分析。从中我们可以看到，各国

① 规则基础的会计准则给创造性会计提供了肥沃的土壤，在这样的模式下，无论规则制定得多么详细，别有用心的公司与个人总能找出准则的漏洞，即所谓“道高一尺，魔高一丈”。安然事件发生后，对规则基础的批评不绝于耳，更依赖专业判断的原则基础正得到越来越多人的认可。

② 不过该报告有很多地方是值得质疑的。如在测定中国会计的不透明指数时普华永道的调查设计与其他国家（地区）的受访对象不同，因而最终的可比性受到影响。详见魏明海，刘峰，施鲲翔. 论会计透明度. 会计研究，2001（9）。而且，随着中国财政部在2006年2月15日发布1项企业会计基本准则和38项企业会计具体准则，实现了与国际财务报告准则（IFRS）的实质性趋同，中国会计的透明度将大大提高。

表 10-4 **世界各国会计选择的比较分析**

项目	美国	日本	英国	法国	德国	荷兰	瑞士	意大利	巴西	加拿大	国际允许的替代性标准	
研究与开发费用资本化	不允许	在特定环境下允许	在特定环境下允许	在特定环境下允许	不允许	在特定环境下允许	在特定环境下允许	在特定环境下允许	允许	在特定环境下允许	在特定环境下要求	无
固定资产：按超过成本的重估价值列示	不允许	不允许	允许	允许	不允许	在特定环境下允许	在特定环境下允许	在特定环境下要求	允许	不允许	不允许	允许
存货计价使用后进先出法	允许	允许	允许但很少做	允许	在特定环境下允许	允许	允许	允许	允许但很少做	允许	不允许	允许
融资租赁资本化	要求	在特定环境下允许	要求	允许	在特定环境下允许	要求	允许	不允许	在特定环境下允许	要求	要求	无
在服务期间计提养老金费用	要求	允许	要求	允许	要求	要求	允许	允许	允许	要求	要求	无
记录所得税的时间性差异，在资产负债表上列示为递延税款	要求	在特定环境下允许	在特定环境下要求	要求	在特定环境下允许	要求	允许	通常要求	要求	要求	允许	无
外币折算采用现行汇率法	对功能货币不是报告货币的国外经营要求	通常要求	要求	对自主的国外经营要求	允许	对自主的国外经营要求	允许	要求	要求	对自主的国外经营要求	对自主的国外经营要求	无
合并采用权益结合法	在特定环境下要求	允许	在特定环境下要求	不允许	在特定环境下允许	允许但很少做	允许但很少做	在很少的环境下允许	允许但很少做	在很少的环境下允许	在特定环境下要求	无
20%～50%股权采用权益法	要求	要求	要求	要求	要求	要求	在特定环境下允许	允许	要求	要求	要求	无

资料来源：William E. Decker，Jr.，and Paul Brunner. "Summary of Accounting Principle Differences Around the World"，in Frederick D. S. Choi，ed.. International Accounting and Finance Handbook，3rd ed.（New York：John Wiley & Sons，INC. 2002).

会计惯例的差异是普遍存在的，许多国家在研究与开发成本、固定资产重估价值、养老金费用计提等方面的会计处理上给管理者提供了较大的选择余地。

3. 财务分析

财务分析的目的是评价公司当前和过去的业绩，并判断其可持续性。如前面讲到的那样，财务分析的基本思路为横截面分析与时间序列分析，分析工具主要是财务比率。

各国会计原则的巨大差异，以及各国融资体系、政府影响和财务报告理念的诸多差异导致财务报表数据和财务比率存在明显的国别差异。表 10-5 比较了法国、德国、日本、英国和美国各 80 家公司的销售收入、净收益和财务杠杆（负债总额/股东权益总额）。这 5 组 80 家公司规模类似，而且均属于制造业。表 10-5 表明，3 项财务指标在国别样本中有显著不同，如财务杠杆中值在英国和美国比在德国和日本低。原因之一是德国和日本在会计实务中更强调稳健性原则，使得其股东权益较低。再者就是德国、日本和法国对银行等金融机构有很大的依赖性。

表 10-5　　5 个国家 400 家公司的财务特征和大股东持股平均数和中值

项目		法国	德国	日本	英国	美国
样本中的公司数量		80	80	80	80	80
销售收入 （百万美元）	平均数 （中值）	2 262.293 （617.039）	3 571.104 （760.686）	2 053.024 （405.415）	1 310.285 （289.887）	1 645.58 （426.98）
净收益 （百万美元）	平均数 （中值）	41.289 （8.296）	−21.884 （1.808）	−15.222 （0.894）	67.098 （19.688）	50.413 （13.188）
财务杠杆 （负债/股东权益）	平均数 （中值）	1.007 （0.665）	1.116 （0.560）	2.032 （1.282）	0.852 （0.330）	0.514 （0.400）
大股东持股占对外发行股份总数的百分比*	平均数 （中值）	0.597 （0.589）	0.595 （0.600）	0.445 （0.403）	0.233 （0.149）	0.336 （0.304）

* 大股东指持股比例在 5%以上的股东。

资料来源：Frederick D. S. Choi，Carol Ann Frost，Gray K. Meek. International Accounting. Third Edition. Prentice Hall，1999.

案例 10-1

中国石化在中国企业会计准则与国际财务报告准则下的净利润差异

中国石化同时在中国内地和中国香港两地的证券交易所上市，因此，2010 年年报附注中，披露了它按中国企业会计准则计算的净利润和按国际财务报告准则计算的本年度利润的重大差异的影响，如表 10-6 所示。

表 10-6　　中国石化本年度利润差异　　单位：百万元人民币

项目	2010 年	2009 年
按中国企业会计准则编制的财务报表之净利润	76 843	66 521

续前表

项目	2010年	2009年
调整：	—	—
土地使用权重估	30	30
政府补助	100	462
安全生产费	1 385	—
以上调整对税务之影响	−354	8
按国际财务报告准则编制的财务报表之本年度利润	78 004	67 005

资料来源：中国石化2010年年度报告.

对于会计准则的国别差异，分析者可以把外国的会计指标按照国际公认的原则（如国际会计准则）重新表述。随着全球经济一体化进程的加快，很多希望参与国际资本市场的公司都提供按照某种国际公认的原则编制的报表。分析者还可以专门研究几个国家的会计标准，主要对这几个国家的财务报告进行分析。

4. 前景分析

前景分析是指对公司未来的预测，是企业分析框架的最后一步。前景分析包括预测和估价。

预测不是一项单独的活动，而是一种总括公司战略分析、会计分析和财务分析结果的方式。例如，在预测时要回答以下问题：公司经营战略的变化对未来的销售收入和利润有何影响？最近公司采取了什么样的新会计政策？这种会计政策是管理当局盈余管理的表现吗？财务分析中发现的趋势会持续到将来吗？

估价是指把量化的预测转变为对公司价值的估计。估价的方法有很多，简单的如市盈率估价模型，即首先根据行业状况确定公司的市盈率，然后用预测得出的每股盈余与之相乘，就可以得出公司未来的每股股价。① 复杂的有各种现金流量估价模型，如在实体现金流量折现模型中，首先预测公司未来的自由现金流量②，按照加权平均资本成本折现，即为公司的业务价值。再将对债权人的现金流量折现算出债务价值，这样，将公司的业务价值（可向所有投资者提供的实体价值）减去债务价值及其他优于普通股的投资者要求即可获得对公司股本的估值。③

① 因为市盈率＝每股市价/每股盈余，所以未来的每股市价＝市盈率×预测的每股盈余。

② 自由现金流量（free cash flow）有很多种定义，一种常见的定义为经营活动现金流量减资本性支出。

③ 科普兰，等. 价值评估——公司价值的衡量与管理. 北京：中国大百科全书出版社，1998.

10.3 国际业绩评价

业绩评价是企业财务管理中的重要环节，其目的在于将组织高层的目标转化为对低层决策者的激励。在国际企业中，由于国外经营带来了通货膨胀、汇率变动、转移定价等特殊问题，使得其业绩评价更为复杂。在本节中，我们将介绍国际业绩评价。国际业绩评价是指国际企业对国外经营情况的评价，这种评价一般是站在母公司的立场上进行的，其目的是帮助国际企业的最高管理当局判断目前的经营状况，发现存在的问题并及时作出修正，从而有效地配置公司的有限资源。

10.3.1 子公司业绩与管理者业绩

在对国外的经营活动进行业绩评价时，面临的一个基本问题就是是否对子公司业绩与管理者业绩作出区分。一种观点认为，子公司的业绩就是子公司管理者的业绩；另一种观点认为，子公司的业绩与子公司管理者的业绩应有所区别。多数人赞成后一种观点。

子公司的业绩不仅仅由管理者的行动决定，许多不可控事件对子公司的业绩也有重大影响。例如，国际企业总部决策、东道国政府的政策都会影响子公司的业绩。因此，一般认为应区分子公司业绩与管理者业绩，不能让子公司的管理者对他们不能控制的因素所造成的影响承担责任，这样才能恰当评价和激励国外子公司管理者的业绩。也就是说，只能依据子公司管理者可以影响的资产负债表和损益表的项目来评价。在实务中，这种评价可以通过把每个资产负债表和收益表项目划分为可控制的和不可控制的组成部分来完成，如表 10－7 所示。

表 10－7　　区分可控与不可控项目的财务报表（当地货币）

财务报表项目	当地可控的	当地不可控的
资产负债表		
资产（详细项目）	××	××
负债（详细项目）	××	××
权益（详细项目）	××	××
损益表		
收入	××	××
营业费用	××	××

续前表

财务报表项目	当地可控的	当地不可控的
利息	××	××
其他	××	××
所得税	××	××
净收益	××	××

资料来源：Frederick D. S. Choi，Carol Ann Frost，Gray K. Meek. International Accounting. Third Edition. Prentice Hall，1999.

但是，在业绩评价中，切不可滥用可控性原则。可控性原则如果作为一个一般规律是会产生误导和功能紊乱的。因为尽管许多事件在管理者的控制之外，但这些事件的结果并不一定在管理者的控制之外。因此，将管理者与“不可控者”分离是危险的，这样做会歪曲对管理这些事件结果的经理的激励。一般来讲，如果尽力使得业绩指标更可控，就会歪曲对管理者的激励。

例如，在此框架下，一家美国公司的韩国子公司经理不应对由公司财务部门委托代借的日元的利息支出负责。借款决策是由公司总部作出的，总部管理当局应对利息支出负责。

又如，一名工厂经理对生产程序有决策权，但不能控制原材料的价格。在考核业绩时，企业应该将投入价格的影响剔除吗？答案是否定的！因为经理可以调整或改变生产程序，根据材料价格的变化改变材料的用量。如果经理不需要对其不可控的因素负责，就没有动力来改进生产流程了。

我们并不是要否定可控性原则，而是要指出在应用可控性原则时要持谨慎态度。通常越总括的业绩指标越具不可控性，但对管理者的歪曲激励越小。可控性与歪曲激励的权衡是业绩评价中最核心的问题。国际企业管理层在进行国际业绩评价时要考虑这一因素。

10. 3. 2　业绩评价指标

从理论上讲，一个健全的业绩评价系统由三部分组成：一是评价指标，即采用何种业绩评价尺度作为考察对象，如财务指标、非财务指标等；二是评价依据，即如何判别业绩的好坏，如是根据历史水平还是根据行业平均水平来确定业绩的优劣；三是奖惩机制。实务中谈到业绩评价时，一般仅指前两个部分，即狭义的业绩评价包含的内容。在本节中，我们主要对前两个部分做详细介绍。

业绩评价指标就是衡量业绩的指标。业绩评价指标既可以是外部指标，也可以是内部指标。外部指标指来自企业外部的指标，如股价、咨询机构的评级等；内部指标指来自企业内部的指标，如净利润、权益报酬率等。业绩评价指标既可以是财务指标，也可以是非财务指标。财务指标有投资报酬率、净资产收益率等，非财务指标有市场占有率、雇员满意度、顾客满意度等。

1. 财务指标

国际企业业绩评价中使用的财务指标可以分为三大类：第一类是与各种口径的利润相联系的一系列指标，表现为利润绝对值指标或各种报酬率指标，如与净利润相联系的资产利润率、净资产利润率、每股收益、销售利润率等；第二类是考虑资本成本的剩余收益指标，如经济增加值；第三类是现金流量指标，如营业现金流量、自由现金流量等。下面我们在三类指标中各选一个比较重要的指标做详细介绍。

（1）投资报酬率（ROI）。投资报酬率等于利润与投入资本之比，它可以反映投资的效率，是监控资产管理和经营策略有效性的有用工具。

投资报酬率中分子分母的计算可以采用各种不同的尺度。比如，分子可以是利润总额，也可以是净利润，或者是息税前利润。分母可以是总资产，也可以是股东权益，或者是股东权益加上计息债务。在实践中，不同尺度的投资报酬率都在使用。如股东权益收益率（净利润/股东权益）就是一个很常用的指标，它是杜邦财务分析体系的核心。投资报酬率的优点主要体现在以下几个方面①：

1）投资报酬率能反映公司的综合盈利能力。投资报酬率由三项指标构成：收入、成本和投资。提高投资报酬率既可以通过增收节支，也可以通过减少投入资本来实现。不仅如此，投资报酬率还可以分成两个指标（如资产周转率与销售利润率），直至分析出财务报表的若干要素，综合力极强。

2）投资报酬率具有横向可比性。作为效率指标，投资报酬率体现了资本的获利能力，剔除了因投资额不同而导致净利润差异的不可比因素，有利于判断各公司经营业绩的优劣。

3）投资报酬率可作为选择投资机会的依据，有利于调整资本流量和存量，作为配置资源的参考依据。

4）将投资报酬率作为评价公司经营业绩的尺度，有利于正确引导公司管理行为。

5）投资报酬率可以采取资产收益率的形式，反映公司运用资产并使资产增值的能力，资产运用的任何不当行为都将降低投资报酬率。所以，以此为评价尺度，将促使公司用活闲置资金，合理确定存货水平，加强对应收账款及固定资产的管理，及时处理积压商品。

6）投资报酬率还将敦促公司寻求更有利的投资机会，包括技术改造、新产品研制与开发、开拓新市场等。

---

① 徐经长，杜胜利，陈轲. 国际会计学. 2版. 北京：中国人民大学出版社，2004.

投资报酬率的这些优点使它一度成为使用最多的一种财务指标，直到现在还有很多企业在使用。但是投资报酬率自身存在一些缺陷，其重要性已经大大下降。投资报酬率的局限性主要体现在以下几个方面①：

1）过分强调短期的经营活动成果。

2）过分强调利润，而对质量、与员工的关系、下级组织的发展、市场占有率和新产品开发等方面强调不够。

3）各国在有关投资的会计处理上不尽相同，使得投资额中包含的内容也不一样，其结果肯定会影响投资报酬率计算的一致性。

4）在各国经济和会计处理方面有重大差别的情况下，国际企业子公司之间的比较，或国内子公司与国际子公司之间的比较都是无意义的。

5）在企业内部调拨多，而调拨又不按正常交易价格结算的情况下，投资报酬率公式中的利润就会成为虚构的，它将影响信息的可靠程度。

（2）经济增加值。经济增加值（economic value added，EVA）是由美国的思腾思特咨询公司提出的，该指标实际上是改进后的剩余收益。② EVA 是公司经过调整的营业净利润（NOPAT）减去公司现有资产经济价值的机会成本后的余额，其计算公式为：

$$\mathrm{EVA}=\mathrm{NOPAT}-k_W\times(NA)$$

式中，k_W 为企业的加权平均资本成本；NA 为公司期初的经济价值。NOPAT 是以报告期营业利润为基础，经过下述调整得到的：加上坏账准备的增加；加上后进先出（LIFO）计价方法下存货的增加；加上商誉的摊销；加上净资本化研究费用的增加；加上其他营业收入（包括投资收益）；减去现金营业税。

企业的加权平均资本成本（$\mathrm{WACC}\equiv k_W$）通过以下公式得出：

$$k_W=\frac{D_M}{D_M+E_M}\times(1-T)\times k_D+\frac{E_M}{D_M+E_M}\times k_E$$

式中，D_M 为公司负债总额的市场价值；E_M 为公司所有者权益的市场价值；k_D 为负债的税前成本；T 为公司的边际税率；k_E 为所有者权益的成本。

下面的公式可以很好地说明 EVA 的构成③：

---

① 王德升，白肇鲁，阎金锷. 国际会计. 北京：中国审计出版社，1996：518.

② 传统的剩余收益是指净收益与投资成本的差异，计算公式为：

剩余收益＝净收益－投资额×资金成本

③ Gary C. Biddle，Robert M. Brown，James S. Wallace. Does EVA Beat Earnings? Evidence on Association with Stock Return and Firm Values. Journal of Accounting and Economics，1997（24），pp. 301－336.

EVA=CFO+Accrual+ATInt−CapChg+AcctAdj

收益（EBIT）

营业利润（NOPAT）

剩余收益（RI）

经济增加值（EVA）

式中，CFO 为经营活动净现金流量；Accrual 为所有与经营活动有关的应计项目，如折旧、摊销、非现金流动资产的增加，流动负债（除去应付票据和一年内到期的长期负债）的增加，以及非流动部分的递延税款增加；ATInt 为税后的利息费用。CapChg$=k\times$Capital，k 为企业的加权平均资本成本；Capital 为投入持续经营活动的资产（扣除折旧后的净额）。AcctAdj $=$ $AcctAdj_{op}$ $-$ $(k\times AcctAdj_c)$，$AcctAdj_{op}$ 为对营业利润的调整；$AcctAdj_c$ 为对资本的调整。调整主要是为了将研究与开发费用资本化和摊销。

EVA 扩展了剩余收益概念，它的优点有二：一是它所利用的加权平均资本成本反映了以市场为基础的风险水平，这样就相当于从营业利润中扣除了股东投资的机会成本，这才是股东从经营活动中得到的增值收益；二是它是在对因财务报告需要而被公认会计原则曲解的信息进行调整后计算得出的。

后来又有学者提出了修正的经济增加值指标（REVA）。该指标认为，公司用于创造利润的资本价值总额既不是公司资产的账面价值，也不是公司资产的经济价值，而是其市场价值。因此要以资产的市场价值为基础来衡量企业的经营业绩，其计算公式为：

$$REVA_t = NOPAT_t - k_W \times (MV_{t-1})$$

式中，$NOPAT_t$ 为 t 期末公司调整后的营业净利润；MV_{t-1} 为 $t-1$ 期末公司资产的市场总价值，等于公司所有者权益的市场价值加上经过调整的公司负债价值（$t-1$ 期的总负债减去无利息的流动负债）。

（3）自由现金流量。自由现金流量是评估企业价值时最常用的指标之一，由哈佛大学的詹森教授（Jensen）于 1986 年提出。该指标没有严格的定义，却有众多的名称，如袭击者现金流量（raiders' cash flow）、超额现金流量（surplus cash flow）、多余现金流量（excess cash flow）、可分配现金流量（distributable cash flow）、可自由使用的现金流量（disposable cash flow）等。自由现金流量不受会计方法的影响，也不受经理的操纵。自由现金流量是公司不必进行再投资以维持当前增长速度的经营现金流量，等于来自顾客的现金净额减去用以保持当前增长率所需的现金支出。也就是说，自由现金流量是指除了库存、厂房、设备、长期股权等类似资产所需的投入外，企业能够产生的额外现金流量。用经营活动现金净流量减去资本性支出，我们可以得到自由现金流量的近似值，这也是自由现金流量的传统定义。

但如果考虑到有些资本性支出具有一定的随意性，如研发、采购等，在计算自由现金流量时就要审查企业的资本性支出是否必要，可以将销售成本的增长率与资本支出的增长率进行比较。假设为了维持某一特定的销售成本增长率，资本支出应该有大致相同的增长。如果发现在某一会计期间内资本支出的增长率明显高于销售成本的增长率，就有理由认为是投资过度，并且这个过度投资就是随意性资本支出，它可以被看成是自由现金流量。

所以较准确的自由现金流量等于经营活动现金净流量减总资本支出加上随意资本支出。公式的推导如下①：

假设现金来源和使用完全相等，所以有

$$OCF+NetDebt+NetEquity=Div+Invest+Changecash$$

式中，OCF为经营现金净流量；NetDebt和NetEquity分别为通过举债和发行股票收到的净现金；Div为公司支付的现金股利；Invest为用于资本支出和类似投资的现金投资；Changecash为期末和期初的现金变化。

变换上式，得

$$OCF-Invest=Changecash+Div-NetDebt-NetEquity$$

等式的左边是自由现金流量的传统定义，即经营现金净流量减去该期间的净投资（资本支出）。由于资本支出中的某些投资可以看成是随意性支出，类似地，某些现金支出，如对雇员和供应商的付款、研发费用也有随意性支出。用DiscOCF表示可随意支配的现金流出，用NonOCF表示经营中非随意支配的现金，上式可表示为：

$$(NonOCF-DiscOCF)-(NonDiscInv+DiscInv)$$
$$=Div+Changecash-NetDebt-NetEquity$$

即

$$NonOCF-NonDiscInv=Div+Changecash-NetDebt-NetEquity$$
$$+DiscOCF+DiscInv$$

2. 非财务指标

前面我们已经指出，以投资报酬率为代表的传统财务指标的缺陷十分明显。在这一背景下，业绩评价指标朝两个方向演变：一是对传统财务指标进行改进，如EVA；二是在业绩评价中引入非财务指标。非财务指标在业绩评价中的重要性已经得到人们的认可，越来越多的国际企业开始在国际业绩评价中使用非财务指标。

目前得到公认的评价国际企业业绩的非财务指标有：

① 肯尼斯·汉克尔，尤西·李凡特. 现金流量与证券分析. 北京：华夏出版社，2001：278.

（1）市场占有率；

（2）产品质量与服务指标，包括产品瑕疵率、返修率、退货率等；

（3）顾客满意度指标；

（4）生产率指标，可以用单位雇员增值额和每一直接人工小时生产量来表示；

（5）人力资源指标；

（6）子公司创新能力指标；

（7）过程控制指标。

业绩评价指标中财务指标和非财务指标的竞争体现在两方面：第一，体现了长期与短期之争。相对于仅反映前期成果的利润指标，顾客满意度、市场占有率等指标更能体现企业的长期发展态势，而结合企业生命周期的分析将更好地揭示企业的成长性。第二，体现了在可操作程度与准确性之间的取舍。量化的财务指标虽易操作，但在某些情况下失之偏颇，结合非财务指标可能更为准确，不过可操作性会打折扣。所以，在现实中往往表现出一种矛盾的状态：理论上赞同非财务指标，实践中却更多地使用财务指标。林格和斯奇曼（Lingle and Schiemann）1996 年调查了 203 位经理人员对各种财务与非财务指标的质量、使用和重要性的看法，结果如表 10-8 所示。①

表 10-8　财务与非财务指标的质量、使用和重要性调查结果（%）

指标	业绩指标类型					
	财务指标	顾客满意度	经营效率	员工业绩	社区与环境	创新与变革
最有价值的信息	82	85	79	67	53	52
愿意根据信息的质量来评判工作	61	29	41	16	25	16
在业绩考核中，指标被明确地界定	92	48	68	17	25	13
指标在日常管理中使用	98	76	82	57	44	33
指标被用以驱动组织创新	80	48	62	29	9	23
指标与薪酬相联系	94	37	54	20	6	12

从表 10-8 中可以看出，尽管只有 82%的被调查者认为财务指标具有较高价值，但 90%以上的被调查者在业绩考核中明确界定了财务指标，在日常管理中使用财务指标，并将薪酬与财务指标相联系；相反，虽然 85%的被调查者认为顾客满意度具有较高价值，但只有 76%的被调查者在日常管理中使用顾客满意度，仅有 48%的被调查者在业绩考核中明确界定了顾客满意度或用顾客满意度驱动组织创新，并且只有 37%的被调查者将薪酬与顾客满意度相联系。同样的情形也出现在经营效率、员工业绩、社区与环境以及创新与变

① Lingle，Schiemann. From Balanced Scorecard to Strategic Gauges：Is Measurement Worth It? Management Review（March），1996.

革上。这说明，虽然非财务指标越来越重要，但是在业绩评价的实践中，却由于自身的缺陷而导致人们慎于使用。只有将财务指标与非财务指标结合在一起，克服二者缺陷的业绩评价体系才能满足实践的需要。比如卡普兰（Robert S. Kaplan）提出的平衡计分卡（balanced scorecard）就提供了将财务指标与非财务指标结合在一起的一种思路，它以战略为核心，考察财务、客户、内部运营、创新与学习等四个方面。

10.3.3　业绩评价依据

业绩评价的第二个层面是评价依据，即业绩评价中的参照系选择。常见的评价依据有预算标准、历史标准、自由决定的标准（discretionary standard）、外部标准、长期有效的标准（timeless standard）和资本成本。

预算标准是指在评价国外子公司时采用经营预算中预定的指标，如预算中确定的净利润指标。如果预算制定得很合理，它与其他评价依据相比就有明显的优势。因为预算考虑了国外子公司面临的机遇与挑战，更多地从子公司自身出发。实际业绩与预算的对比能使母公司管理当局区分哪些是子公司经理可以控制的结果，哪些是他们无法控制的结果。

历史标准是指以子公司以往的业绩为依据来进行业绩评价，可以是前几年的平均业绩、历史最高水平或上一年的业绩，如销售收入、每股利润的增长率。历史标准最大的优点是便于操作，但这种标准承认历史的合理性（否则无法作为依据），这样就把子公司以往的不足之处也带到了以后。

自由决定的标准是指母公司管理当局根据子公司的经营计划、上一年的业绩、预算的业绩及对完成预算业绩难度的评价而主观确定的业绩目标。

外部标准是指根据子公司与同行业企业或市场指数来评判子公司的业绩。

长期有效的标准是指按照固定的标准来评判子公司的业绩，如 10%的资产报酬率，这个 10%是不随时间改变的。

资本成本是指基于子公司资本成本的业绩标准，如以经济增加值为基础的业绩评价系统。

10.3.4　国际业绩评价中的特殊问题

通货膨胀、外币折算与转移价格是国际业绩评价中经常需要面对的问题。在业绩评价时必须考虑这些因素的影响并相应作出调整，否则就有可能作出错误的业绩评价，进而影响公司资源的最佳配置。

通货膨胀对历史会计报表造成的影响，可能给业绩评价带来如下不利后果：

（1）与当前销售收入相比，销售成本被低估了。

（2）与当前价格相比，使用资本被低估了。

（3）由于（1）和（2），资本回报率被加倍高估了。

（4）对使用不同账龄的同类固定资产的分部来说，它们的业绩对比将是谬误的。

（5）位于不同国家的子公司的业绩比较是没有意义的。

（6）在不同期间的业绩对比也将是无效的。①

有的国际企业采用在内部报告系统中结合现行成本调整的办法来消除通货膨胀的影响。例如，在计算现金流量时，重点在于判断每类产品是否可以赚取足够的钱来支付工厂重置成本、所分摊的总部成本份额以及足以保证一定增长水平的利润。而且可以对投资报酬率做修正，如现行成本的息税前利润与现行成本固定资产加净营运资本之比。通过现行成本的调整，国际企业就可以在不同国家和不同期间对所属企业进行对比。

子公司的会计记录与财务报表一般都是按当地货币来表示的，国际企业需要对这些用外币表示的财务报表进行折算，以利于国际业绩评价。在外币折算时，可以采用历史汇率、现行汇率、报告期平均汇率等。

国际企业出于整体利益的考虑，制定了不同的转移定价策略。在国际业绩评价时，一般要剔除转移价格给子公司业绩带来的正面或负面影响，以正确评价子公司业绩。

本章小结

国际财务报告是指为了满足多个国家信息使用者的需要而编制的财务报告。虽然跨国公司提交国际财务报告的必要性已经为人们所认识，但是跨国公司究竟应提供何种形式、包括哪些内容的财务报告，却没有统一的模式。跨国公司面临来自外界和自身的各种编制国际财务报告的压力、动力和阻力。我们可以将企业战略分析、会计分析、财务分析、前景分析四个方面相结合进行国际财务分析。在对国外的经营活动进行业绩评价时，要注意区分子公司业绩和管理者业绩，并且要对业绩评价指标和业绩评价依据作出正确选择。

名词术语

国际财务报告　　国际分部报告　　业务分部　　行业分部

① 弗雷德里克·乔伊，等. 国际会计学. 大连：东北财经大学出版社，2000：400.

不透明指数 经济增加值 自由现金流量

练习题

一、思考题

1. 跨国公司为什么需要编制国际财务报告?
2. 谈谈会计准则国际趋同对国际财务报告的影响。
3. 比较美国的公认会计原则(GAAP)与国际会计准则理事会(IASB)的国际财务报告准则(IFRS)在分部报告方面的差异。
4. 如何构建一个框架来进行国际财务报告分析?
5. 谈谈在国际业绩评价中可控性原则的应用。
6. 什么是经济增加值?如何在业绩评价中应用?
7. 如何理解自由现金流量?
8. 如何选择业绩评价依据?
9. 通货膨胀、外币折算和转移价格等因素如何影响国际业绩评价?

二、课堂案例

瑞杰技术公司是一家中国公司,生产高科技产品。5年前,它在中国香港、墨西哥和日本都设立了子公司。每个子公司每年赚取的收入都折算成人民币(以年平均汇率折算),见表10-9。每个子公司用来经营业务的资源数量相同,劳动力工资在各地也类似,通货膨胀率、经济增长和竞争情况在各地都比较相似。各种货币过去5年的平均汇率如表10-10所示。在各地赚取的收入都在当地进行再投资而不是汇回母公司,将来的收入也没有计划汇回母公司。副总裁委员会要开会评估过去5年间各子公司的经营业绩,讨论母公司拥有的多余现金应投往何处。因为相关汇率受到许多因素的影响,财务经理承认汇率未来变动有大量的不确定性因素。但财务经理也认为,没有哪种货币总是升值或总是贬值,去年的平均汇率可作为对未来几年汇率的一个猜测。

表10-9 每个子公司收入情况 单位:百万元人民币

年份	每个子公司年收入换算成人民币的值		
	中国香港	墨西哥	日本
1	20	21	30
2	24	24	32
3	28	24	35
4	32	36	41
5	36	42	46

表10-10　　汇率变动情况

年份	港元	墨西哥比索	日元
1	0.84	0.10	0.004 0
2	0.84	0.12	0.004 3
3	0.83	0.16	0.004 6
4	0.81	0.20	0.005 5
5	0.81	0.24	0.006 4

要求：

（1）用你认为合适的方法给每个负责子公司的经营人员的管理业绩排队。

（2）用你认为合适的任何方法计算母公司应把多余资金投往哪一家子公司，请解释理由。

（3）如果子公司投资赚取的所有收入每年都要汇回母公司，你会改变（2）中的决策吗？

（4）该委员会的最后一个任务是提出关于是否从一些子公司撤资的建议。一位副总裁认为，对折算成人民币的收入进行评估，可看出香港子公司和墨西哥子公司的业绩高度相关。该副总裁认为有两个这样的子公司并不能获得太多的多样化优势，因此卖掉香港子公司或墨西哥子公司中的任意一家，也不会丧失多样化利益。你同意他的观点吗？为什么？

三、课后上网练习

以你在第1章课后上网练习中选定的中国国际企业为主体，上网收集该国际企业任一国外子公司近3～5年的相关财务信息，回答以下问题：

（1）你如何评价该国际企业国外子公司近3～5年的经营业绩？

（2）哪些因素可能会影响对该国外子公司业绩评价的客观性？如何调整？

四、真实案例在线文章

在网上寻找一篇近期的文章。文章内容（最好与某一特定国际企业有关）能够诠释本章所阐述的一个或多个概念。可以使用的搜索关键词包括国际财务报告、国际财务报告分析、国外子公司业绩评价等。

图书在版编目（CIP）数据

国际财务管理学/王建英等编著. —5版. —北京：中国人民大学出版社，2019.2
新编21世纪财务管理系列教材
ISBN 978-7-300-26532-2

Ⅰ.①国… Ⅱ.①王… Ⅲ.①国际财务管理-高等学校-教材 Ⅳ.①F811.2

中国版本图书馆CIP数据核字（2019）第000217号

“十二五”普通高等教育本科国家级规划教材
新编21世纪财务管理系列教材
国际财务管理学（第5版）
王建英　支晓强　许艳芳　袁　淳　编著
Guoji Caiwu Guanlixue

出版发行	中国人民大学出版社		
社　　址	北京中关村大街31号	**邮政编码**	100080
电　　话	010－62511242（总编室）		010－62511770（质管部）
	010－82501766（邮购部）		010－62514148（门市部）
	010－62515195（发行公司）		010－62515275（盗版举报）
网　　址	http://www.crup.com.cn		
经　　销	新华书店		
印　　刷	中煤（北京）印务有限公司	**版　　次**	2003年5月第1版
规　　格	185 mm×260 mm　16开本		2019年2月第5版
印　　张	22	**印　　次**	2021年12月第6次印刷
字　　数	418 000	**定　　价**	42.00元

教师教学服务说明

中国人民大学出版社财会出版分社以出版经典、高品质的会计、财务管理、审计等领域各层次教材为宗旨。

为了更好地为一线教师服务，近年来财会出版分社着力建设了一批数字化、立体化的网络教学资源。教师可以通过以下方式获得免费下载教学资源的权限：

在中国人民大学出版社网站 www. crup. com. cn 进行注册，注册后进入“会员中心”，在左侧点击“我的教师认证”，填写相关信息，提交后等待审核。我们将在一个工作日内为您开通相关资源的下载权限。

如您急需教学资源或需要其他帮助，请在工作时间与我们联络：

中国人民大学出版社　财会出版分社

联系电话：010-62515987，62511076

电子邮箱：ckcbfs@crup. com. cn

通讯地址：北京市海淀区中关村大街甲 59 号文化大厦 1501 室（100872）